Springer-Lehrbuch

Peter Fischer

Kathrin Jander

Joachim Krueger

Sozialpsychologie für Bachelor

2. Auflage

Mit 55 Abbildungen

Prof. Dr. Peter Fischer
Universität Regensburg, Regensburg, Germany

Dr. Kathrin Jander
Ausdauerakademie, Weiden i. d. OPf., Germany

Prof. Dr. Joachim Krueger
Brown University, Providence, RI, USA

Zusätzliches Material zu diesem Buch finden Sie auf
http://www.lehrbuch-psychologie.springer.com

ISSN 0937-7433
Springer Lehrbuch
ISBN 978-3-662-56738-8   ISBN 978-3-662-56739-5 (eBook)
https://doi.org/10.1007/978-3-662-56739-5

Die Deutsche Nationalbibliothek verzeichnet diese Publikation in der Deutschen Nationalbibliografie;
detaillierte bibliografische Daten sind im Internet über http://dnb.d-nb.de abrufbar.

Umschlaggestaltung: deblik Berlin
Einbandabbildung: © Jacob Lund/stock.adobe.com

Springer ist ein Imprint der eingetragenen Gesellschaft Springer-Verlag GmbH, DE und ist ein Teil
von Springer Nature
Die Anschrift der Gesellschaft ist: Heidelberger Platz 3, 14197 Berlin, Germany

Vorwort

Getreu dem Motto »So verständlich wie möglich und so detailliert wie nötig« versuchen wir mit diesem Lehrbuch, den Gegenstand der Sozialpsychologie anschaulich darzustellen. Wir richten uns dabei vorrangig an Bachelor-Studierende der Psychologie, doch ist das Buch auch für all diejenigen gedacht, die sich für die sozialen Phänomene des Alltags interessieren, auch wenn sie keine psychologischen Vorkenntnisse haben.

Für alle aufgegriffenen Themenbereiche sind zwei Aspekte zentral: zum einen die Vermittlung relevanter Theorien und entsprechender empirischer Befunde; zum anderen deren praktische Anwendung in den verschiedensten beruflichen und gesellschaftlichen Disziplinen. Wir haben deshalb versucht, politische Themen wie z. B. den Irakkrieg oder den deutschen Atomausstieg mit einzubeziehen, um die Inhalte für die Leserinnen und Leser spannender in der Lektüre und brauchbarer für ihr praktisches Leben zu machen. Genauso soll der theoretische Hintergrund auch durch plastische Alltagsbeispiele greifbarer werden. Um zusätzlich für ein unterhaltsames Lesen zu sorgen, haben wir an vielen Stellen auf »klassische« Abbildungen verzichtet und stattdessen selbst gestaltete Cartoons eingefügt.

In diesem Zusammenhang möchten wir der Zeichnerin des Springer-Verlags, Frau Claudia Styrsky, ganz herzlich für die gelungene Umsetzung unserer Ideen danken. Unser besonderer Dank gilt zudem Herrn Joachim Coch, der uns in allen Phasen des Schreibprozesses begleitet und stets sachkundig unterstützt hat. Ebenso danken wir Frau Dr. Christiane Grosser für die Übernahme der Lektoratsarbeiten an diesem Buch.

Es soll an dieser Stelle auch angemerkt werden, dass alle drei Autoren in gleichem Maße zum Gelingen dieses Lehrbuches beigetragen haben. Hinsichtlich der verwendeten Geschlechterform möchten wir darauf hinweisen, dass wir lediglich aus Gründen der Einfachheit und des besseren Leseflusses überwiegend die männliche Form in unseren Beschreibungen gewählt haben.

Das vorliegende Buch ist eine leicht überarbeitete Fassung des 2013 unter den Namen Fischer, Asal und Krueger erschienenen Bandes. Wir wünschen Ihnen nun viel Spaß und vor allem viele Einsichten bei der Lektüre unseres Buches. Wir hoffen dadurch ihr Interesse an sozialpsychologischen Themen zu wecken und grundsätzlich die Bedeutung der Sozialpsychologie für verschiedenste Anwendungsbereiche aufzuzeigen.

Peter Fischer, Kathrin Jander (geb. Asal), Joachim I. Krueger
Regensburg, im Februar 2018

Inhaltsverzeichnis

Fischer, Jander, Krueger
Sozialpsychologie für Bachelor
Der Wegweiser zu diesem Lehrbuch

Was erwartet mich? Lernziele zeigen, worauf es im Folgenden ankommt.

Lernziele

- Die Begriffe Stereotyp, Vorurteil und Diskriminierung definieren und voneinander abgrenzen können.
- Verschiedene Methoden zur Messung von Stereotypen/Vorurteilen darstellen können.
- Unter Bezugnahme des »aversiven Rassismus« die geschichtliche Entwicklung von Stereotypen und Vorurteilen darlegen können.

Verständlich: Anschauliches Wissen dank zahlreicher **Beispiele.**

Griffregister: zur schnellen Orientierung.

Beispiel

Stellen Sie sich vor, Sie müssten sich für die Einstellung eines Mitarbeiters zwischen einem dunkelhäutigen und einem weißen Bewerber entscheiden und hätten jeweils Informationen zur Qualifikation dieser Kandidaten (Dovidio & Gaertner, 2000). Weisen beide die gleichen Qualifikationen auf (entweder hoch oder niedrig) und Sie entscheiden sich für den weißen Bewerber, so könnte schnell der Eindruck entstehen, sie hätten Vorurteile. Denn wie könnten Sie Ihre Wahl auch rechtfertigen als über das Kriterium der ethnischen Zugehörigkeit? Um also nicht als parteiisch zu gelten, würden Sie vermutlich eher den dunkelhäutigen Bewerber auswählen oder zumindest beide Bewerber mit der derselben Wahrscheinlichkeit. Ist die Situation jedoch nicht eindeutig, d. h., liegen keine Angaben zur Qualifikation vor, so könnte die Einstellung des weißen Bewerbers damit begründet werden.

Wenn Sie es genau wissen wollen: Exkurse vertiefen das Wissen.

Exkurs

Experimentelles Vorgehen in einer typischen »Media-Violence-Studie«

Versuchsteilnehmende spielen für ca. 30 Minuten entweder ein gewaltverherrlichendes Spiel (Experimentalgruppe) oder ein nicht gewaltverherrlichendes Spiel (Kontrollgruppe).

Es wird gemessen, wie sehr Versuchspersonen bereit sind, einer anderen Person in aggressiver Weise Schaden zuzufügen bzw. dies auch tatsächlich tun (aggressive Verhaltensabsicht bzw. aggressives Verhalten).

Lernen auf der Überholspur: kompakte Zusammenfassungen in der fast-track-Randspalte ermöglichen schnelles Erfassen der wichtigsten Inhalte.

Die Forschung zum **Stereotype-Threat-Effekt** untersucht die Auswirkung von Stereotypen auf Personen, die stereotypisiert werden.

7.6   Stereotype Threat – Bedrohung durch Stereotype

Bisher haben wir die Thematik hauptsächlich aus der »Täterperspektive« betrachtet, d. h., ausgehend von derjenigen Person, die Stereotype und Vorurteile hat. Doch wie verhält sich ein Mensch, gegen den diese Stereotype gerichtet werden? Treffen diese tatsächlich zu und Stereotype und Verhalten entsprechen einander oder wird durch gegenteiliges Verhalten der Person erkennbar, dass die Vorurteile nicht korrekt sind?

◻ **Tab. 7.1** Mittlere Anzahl an beobachteten aggressiven Verhaltensweisen, getrennt nach Bedingung und Art der Aggression (vereinfachte Darstellung nach Bandura et al., 1963).

Art der Aggression	Reales Modell	Film	Comic	Kontrollgruppe
Imitierende Aggression gegen Puppe				
w	14,2	9,0	7,8	1,8
m	28,4	23,8	16,2	3,9
gesamt	21,3	16,4	12,0	2,9
Schlagen anderer Objekte				
w	18,0	34,4	36,8	13,1
m	22,2	18,4	12,5	13,5
gesamt	20,1	26,4	24,7	13,3
Aggressives Waffenspiel				
w	3,2	10,7	8,8	3,7
m	11,6	18,3	16,6	14,3
gesamt	7,4	14,5	12,7	9,0

Anschaulich: mit 55 Abbildungen und 3 Tabellen.

7.6 · Stereotype Threat – Bedrohung durch Stereotype

Definition

Die Angst davor, die bestehenden Stereotype gegenüber der eigenen Gruppe zu erfüllen, führt dazu, dass sich Menschen erst recht so verhalten, wie es die Stereotype vorhersagen. Dies wird auch als »**stereotype threat**« oder »Bedrohung durch Stereotype« bezeichnet (Steele & Aronson, 1995).

▶ **Definition**
   Stereotype Threat

Ein interessantes Phänomen in diesem Zusammenhang ist, dass sich Menschen aus der Angst heraus, ein bestimmtes Stereotyp zu bestätigen, erst recht entsprechend diesem Stereotyp verhalten. Sprich, Personen einer bestimmten Gruppe wissen um bestehende Vorurteile ihnen gegenüber und möchten mit allen Mitteln vermeiden, dass sie diese durch ihr eigenes Verhalten bestätigen. Gerade deshalb tritt jedoch das befürchtete Ereignis im Sinne einer »sich selbst erfüllenden Prophezeiung« (»self-fulfilling-prophecy«; Merton, 1948) ein und sie verhalten sich tatsächlich analog dem Stereotyp. Steele und Aronson (1995) prägten hierfür den Begriff »**stereotype threat**« oder »**Bedrohung durch Stereotype.**«

Studie

Stirnrunzeln als Indikator für bestehende Vorurteile
(Vanman, Saltz, Nathan & Warren, 2004)
In dieser Studie bekamen Studierende weißer Hautfarbe zunächst die Bewerbungsunterlagen (inkl. Foto) von einem dunkelhäutigen und zwei weißen Doktoranden vorgelegt. Ihre Aufgabe bestand darin, diejenige Person auszuwählen, die ihrer Meinung nach am besten qualifiziert ist für ein Sti-

pendium im Lehrtätigkeitsbereich. Etwa 3 Wochen später wurden dieselben Versuchspersonen ein weiteres Mal einbestellt. Nun wurden ihnen jeweils 8 Fotos von weißen und dunkelhäutigen Studenten dargeboten, wobei sie mündlich deren Sympathie beurteilen sollten. Während der Darbietung wurde bei den Versuchspersonen ein EMG abgeleitet.

Spannende Wissenschaft: Die wichtigsten **Studien** ausführlich erläutert.

◻ **Abb. 7.5** Stereotype Threat

❓ Kontrollfragen

1. Definieren Sie den Begriff »Vorurteil« und grenzen ihn von der Bezeichnung »Stereotyp« ab!
2. Worin bestehen die Unterschiede zwischen dem Impliziten Assoziationstest (IAT) und der Bogus Pipeline zur Messung von Stereotypen und Vorurteilen?
3. Inwiefern kann die Anwendung von Vorurteilen mithilfe der beiden Denkmodi »System 1 bzw. System 2« (Kahneman, 2011) erklärt werden?

Ames, D. R., Weber, E. U. & Zou, X. (2012). Mind-reading in strategic interaction: The impact of perceived similarity on projection and stereotyping. *Organizational Behavior and human Decision Processes, 117*, 96–110.

Devine, P. G., Plant, E. A., Amodio, D. M., Harmon-Jones, E. & Vance, S. L. (2002). The regulation of explicit and implicit race bias: The role of motivations to respond without prejudice. *Journal of Personality and Social Psychology, 82*, 835–848.

▶ **Weiterführende Literatur**

Noch nicht genug? Tipps für die **Weiterführende Literatur**.

Alles verstanden? Wissensüberprüfung mit **Verständnisfragen und Antworten** auf **www.lehrbuch-psychologie.springer.com**

Peter Fischer · Kathrin Jander
Joachim Krueger

Sozialpsychologie für Bachelor

2. Auflage

EXTRAS ONLINE ⌂ Springer

Lernmaterialien zum Lehrbuch »Sozialpsychologie für Bachelor« im Internet – www.lehrbuch-psychologie.springer.com

- Alles für die Lehre – fertig zum Download: Foliensätze, Tabellen und Abbildungen für Dozentinnen und Dozenten
- Schnelles Nachschlagen: Glossar mit über 100 Fachbegriffen
- Zusammenfassungen der 12 Buchkapitel: Das steckt drin im Lehrbuch
- Karteikarten: Prüfen Sie Ihr Wissen
- Verständisfragen und Antworten
- Hörbeiträge zur Sozialpsychologie: vollständige Kapitel im MP3-Format zum kostenlosen Download

Weitere Websites unter www.lehrbuch-psychologie.springer.com

Arnold Lohaus · Marc Vierhaus

Entwicklungspsychologie

des Kindes- und Jugendalters für Bachelor
3. Auflage

⌂ Springer

- Alle Kapitel als Hörbeiträge
- Videos – anschaulicher geht's nicht
- Glossar und Karteikarten – Fachbegriffe pauken
- Multiple Choice-Quiz zur Prüfungsvorbereitung
- Dozentenmaterialien: Vorlesungsfolien, Abbildungen und Tabellen

Hussy · Schreier · Echterhoff

Forschungsmethoden

2. Auflage

in Psychologie und Sozialwissenschaften

⌂ Springer

- Kapitelzusammenfassungen
- Karteikarten: Fachbegriffe pauken
- Kommentierte Linksammlung
- Verständnisfragen und Antworten
- Dozentenmaterialien: Vorlesungsfolien, Abbildungen und Tabellen

Simone Kauffeld *Hrsg.*

Arbeits-, Organisations- und Personalpsychologie für Bachelor

3. Auflage

EXTRAS ONLINE ⌂ Springer

- Glossar mit zahlreichen Fachbegriffen
- Karteikarten (auch Deutsch/Englisch): Überprüfen Sie Ihr Wissen
- Hörbeiträge kostenlos zum Download
- Verständnisfragen & Antworten: Üben Sie für die Prüfung
- Dozentenmaterialien: Prüfungsfragen, Vorlesungsfolien, Abbildungen und Tabellen

Berking · Rief

Klinische Psychologie und Psychotherapie

Band I
Grundlagen und Störungswissen

⌂ Springer

- Zwei Bände - alle Kapitel als Hörbeiträge
- Glossar mit zahlreichen Fachbegriffen
- Karteikarten
- Die Fragen aus dem Buch – mit Musterantworten
- Dozentenmaterialien: Folien, Abbildungen und Tabellen

Veronika Brandstätter · Julia Schüler
Rosa Maria Puca · Ljubica Lozo

Motivation und Emotion

Allgemeine Psychologie für Bachelor
2. Auflage

EXTRAS ONLINE ⌂ Springer

- Glossar mit zahlreichen Fachbegriffen
- Karteikarten: Überprüfen Sie Ihr Wissen
- Hörbeiträge aller Kapitel zum Download
- Kapitelzusammenfassungen
- Dozentenmaterialien: Foliensätze, Abbildungen und Tabellen

Allgemeine Psychologie

Hagendorf · Müller
Krummenacher · Schubert

Wahrnehmung Aufmerksamkeit

⌂ Springer

- Zusammenfassungen der Kapitel
- Glossar: Im Web nachschlagen
- Karteikarten: Überprüfen Sie Ihr Wissen
- Fragen & Antworten zur Prüfungsvorbereitung
- Dozentenmaterialien: Abbildungen und Tabellen

Einfach lesen, hören, lernen im Web – ganz ohne Registrierung!
Fragen? redaktion@lehrbuch-psychologie.de

1 Definitorische, wissenschaftstheoretische und methodische Grundlagen der Sozialpsychologie

© Springer-Verlag GmbH Deutschland, ein Teil von Springer Nature 2018
P. Fischer et al. (Hrsg.), *Sozialpsychologie für Bachelor*, Springer-Lehrbuch
https://doi.org/10.1007/978-3-662-56739-5_1

Lernziele

- Wie definiert sich die Sozialpsychologie?
- Wie grenzt sich die Sozialpsychologie gegenüber anderen sozialwissenschaftlichen Disziplinen ab?
- Welche wissenschaftstheoretische Position vertritt die Sozialpsychologie?
- Welche Methoden verwendet die Sozialpsychologie?
- Was ist der große Vorteil des Experiments?
- Welches sind die ethischen Grundlagen empirisch-psychologischer Forschung?

1.1 Definition und Geschichte der Sozialpsychologie

Wir müssen nicht weit ausholen, um den Gegenstand der Sozialpsychologie greifbar zu machen – im Grunde haben wir tagtäglich damit zu tun, auch wenn es uns vielleicht nicht immer bewusst ist. Als Student bzw. Studentin haben Sie sich möglicherweise schon einmal gefragt, warum in den Vorlesungen bevorzugt die hinteren Reihen belegt werden? Oder Ihnen ist aufgefallen, dass sich viele Ihrer Kommilitonen bemühen, sich vor dem Dozenten bzw. der Dozentin in einem möglichst positiven Licht zu präsentieren und sich dabei gänzlich anders verhalten als privat? Oder Sie bemerken bei sich selbst, dass Sie Ihr Wissen vor einer Gruppe von Kommilitonen nicht so gut präsentieren können wie alleine? All diese Fragen sind sozialpsychologischer Art, denn die **Sozialpsychologie** erforscht das Erleben und Verhalten von Menschen in Interaktion mit ihrer sozialen Umwelt. Die **soziale Umwelt** umfasst dabei andere Personen,

> Sozialpsychologie befasst sich mit vielen verschiedenen Alltagsphänomenen des menschlichen Erlebens und Verhaltens in Interaktion mit der sozialen Umwelt.

Situationen, Objekte, die sowohl tatsächlich anwesend oder aber auch nur vorgestellt (imaginiert) sein können (Allport, 1968). Insofern ist das Themengebiet sehr umfassend und geht natürlich weit über die oben gestellten Fragen hinaus. Typische **sozialpsychologische Forschungsthemen** sind dabei Aggression, Konflikt und Krieg, Hilfeverhalten und Zivilcourage, Urteilen und Entscheiden, Eigenschaften des Selbst und Selbstwerterhöhung, Gruppen- und Massenphänomene sowie Stereotype, Vorurteile und Rassismus.

▶ Definition
Sozialpsychologie

┌─ Definition ───

Sozialpsychologie beschäftigt sich mit dem Erleben und Verhalten von Menschen in Interaktion mit ihrer sozialen Umwelt. Gegenstand ist also zum einen das Individuum alleine, zum anderen der Einzelne im Kontext der Gruppe.

└──

1.1.1 Historische Entwicklung

Im **methodologischen Individualismus** ging man davon aus, dass das Verhalten von Gruppen durch das Verständnis der Psychologie des Individuums ausreichend erklärt werden kann.

Die Ursprünge der Sozialpsychologie liegen in der französischen **Massenpsychologie**, insbesondere der Arbeit von Gustave Le Bon (1895). Im frühen 20. Jahrhundert erschienen die ersten Abhandlungen in Buchform (McDougall, 1908; Ross, 1908). Floyd Allports Werk »Social Psychology« (Allport, 1924) gilt als der Beginn der experimentellen Sozialpsychologie im modernen Sinne. Allport konnte zu jener Zeit allerdings nur auf wenige experimentelle Befunde hinweisen, wie zum Beispiel Tripletts Studien zur sozialen Erleichterung (Triplett, 1898). Triplett hatte gezeigt, dass Menschen zusätzliche Energie freisetzen und beispielsweise schneller reagieren, wenn sie sich in einer Gruppe befinden, als wenn sie alleine handeln. So fährt ein Radfahrer im Rennen mit anderen schneller als in einer Übung, in der es nur um die eigene Bestzeit geht. Allport nahm Befunde wie diese als Argument für den »**methodologischen Individualismus**«. Dieser wissenschaftstheoretischen Orientierung zufolge ist lediglich das Individuum das geeignete Objekt von Theorie und Experiment. Für Allport hieß das, dass massenpsychologische Phänomene durch das Verhalten von Individuen erklärt werden können. Ausgangspunkt stellt somit das Verhalten der beteiligten Individuen dar, von dem man auf übergreifende soziale Phänomene schließen kann. Grundlegend dafür, so Allport, sei die Tatsache, dass sich der Mensch innerhalb einer Gruppe ebenso verhält wie als Individuum, nur eben mit höherer Intensität.

Die moderne Sozialpsychologie schreibt dem **durchschnittlichen Erleben und Verhalten** einer Stichprobe von Personen den höchsten Erklärungs- und **Vorhersagewert** von allgemeinem menschlichem Erleben und Verhalten zu.

Allports Sozialpsychologie war somit ein Bruch mit der bisherigen psychologischen Auffassung von der Masse bzw. Gruppe als einem eigenständigen Gebilde oder gar einem eigenständigen Organismus. Diese Umorientierung war es, die das Individuum zu einem Forschungsobjekt machte, das sich experimentell untersuchen ließ. Bis heute gehört es zum populärsten Vorgehen in der Sozialpsychologie, eine Stichprobe von Versuchspersonen zu untersuchen, wobei dem **durchschnittlichen Verhalten dieser Einzelpersonen** der höchste Aussagewert zugeschrieben wird (Danziger, 1990).

Zentral ist also, dass das Verhalten von Menschen mit **naturwissenschaftlichen Methoden** systematisch untersucht wurde. Insofern ging

Allport als Behaviorist (engl. »behavior« = Verhalten) in die Geschichte der Sozialpsychologie ein, obwohl seine Theorien – über den verhaltensbezogenen Aspekt – auch zahlreiche kognitive Merkmale aufweisen. So gilt Allport mit seinen Konzepten der sozialen Projektion (cf. Krueger, 1998) und der pluralistischen Ignoranz (Prentice & Miller, 1996), welche auch heute wieder aktuell sind, als Pionier der sozialen Wahrnehmung.

Als **soziale Projektion** bezeichnet man dabei die Wahrnehmung, dass die meisten anderen Menschen sich so verhalten oder genauso denken wie man selbst. Eine Großmutter könnte so beispielsweise ihrem Enkelkind einen Wollpullover stricken, ganz nach ihrem eigenen Geschmack, da sie davon ausgeht, dass dieser dem Enkelkind bestimmt genauso gefallen wird wie ihr selbst. Doch jeder kann erahnen, und hat es bestimmt auch schon selbst erfahren, dass dem nicht immer so sein muss! Soziale Projektion bedeutet also, dass man eigene Einstellungen, Merkmale, Verhaltensweisen, etc. auf das Gegenüber überträgt (projiziert). Das Adjektiv »sozial« bezieht sich dabei darauf, dass der Kontext der Projektion natürlich sozialer Art ist. Diese Übertragung ist jedoch nur eine sehr einfache Strategie, um Wissen über den anderen zu bekommen und muss daher nicht mit der Realität übereinstimmen.

Der Begriff der **pluralistischen Ignoranz** ist etwas komplexer: Hier handelt es sich um die Idee, dass unter bestimmten Bedingungen viele Menschen ihre Ähnlichkeiten unterschätzen. Wenn z. B. die Professorin fragt, ob jemand noch eine Erläuterung zu der eben besprochenen Differenzialgleichung benötigt, mag jeder einzelne Studierende aus dem betretenen Schweigen der anderen schließen, dass nur er die Lösung nicht verstanden hat. Auch wenn dieser Schluss vermutlich nicht korrekt ist – schließlich mag man eigene Schwächen ja nicht immer öffentlich zugeben –, so wird der zentrale Aspekt der pluralistischen Ignoranz deutlich: Andere Personen bzw. deren Reaktionen dienen als Informationsquelle, um uneindeutige soziale Situationen einschätzen zu können.

1.1.2 Gegenstand der Sozialpsychologie – situative oder persönliche Erklärung menschlichen Verhaltens?

Sowohl der Einfluss von Allport, der über einen rein verhaltensbezogenen Ansatz hinausging, als auch der Einfluss der Gestaltpsychologie (z. B. Wertheimer, 1925) bewahrte die Sozialpsychologie davor, ganz vom Behaviorismus verschluckt zu werden. Der Behaviorismus war allerdings wissenschaftlich relevant bei der Frage, mit welchen unterschiedlichen Situationen Personen konfrontiert werden (Stimulus) und wie sie darauf reagieren (Reaktion). Für die Gruppe Studierender wäre hier beispielsweise die Frage interessant, welchen Einfluss Stress auf das Verhalten hat. Wie reagiert eine Studentin bzw. ein Student in einer mündlichen Prüfungssituation? Zusätzlich zu diesem »**Stimulus-Response-Schema**« bzw. dem behavioristischen Ansatz war und ist für die Sozialpsychologie aber eine weitere psychologische Dimension von Bedeutung: Sie beschäftigt sich nämlich mit dem Denken **(Kognition)** und Fühlen **(Emotion)** von Personen, während diese mit einer bestimmten Situation konfrontiert sind. Die Sozialpsychologie geht dabei davon aus, dass gerade diese vermittelnden Gedanken und Gefühle das später

Allport war der Wegbereiter der Sozialpsychologie als einer Disziplin, die das Verhalten von Menschen mit **naturwissenschaftlichen Methoden** untersucht.

Als **soziale Projektion** bezeichnet man die Wahrnehmung, dass sich die meisten anderen Menschen genauso verhalten oder genauso denken wie man selbst.

Unter **pluralistischer Ignoranz** versteht man die Tendenz, sich in bestimmten Situationen am Verhalten anderer Personen zu orientieren, um so die jeweilige Situation (vermeintlich) besser einschätzen zu können. Dies führt häufig zu einer Unterschätzung der Gemeinsamkeiten, die man mit anderen Personen hat.

Die Sozialpsychologie geht davon aus, dass **Kognitionen und Emotionen** wichtige Determinanten menschlichen **Verhaltens** sind.

Situative Faktoren können erklären, weshalb sich Menschen gut oder böse verhalten.

Die Wechselwirkung zwischen **Situationseigenschaften und Persönlichkeitseigenschaften** kann menschliches Erleben und Verhalten am zutreffendsten erklären.

beobachtbare Verhalten am besten vorhersagen. In Bezug auf das obige Beispiel wäre hier möglicherweise wichtig zu wissen, wie hoch das Ausmaß des erlebten Stresses ist, ob sich die Studierenden ängstlich zeigen, ob sie sich fachlich kompetent einschätzen, etc. Alle diese Faktoren können das nachfolgende Verhalten erheblich beeinflussen oder dieses auch in seiner Richtung umkehren.

Neben dem Behaviorismus wurde die klassische Sozialpsychologie stark von der Schreckensherrschaft des Nationalsozialismus in Deutschland von 1933–1945 geprägt. So fragte (und fragt) sie beispielsweise nach den Ursachen dafür, dass Millionen von Menschen die Zerstörung einer zivilisierten Gesellschaft duldeten und überfallartige Kriegsführung, Deportationen und Völkermord passiv oder gar aktiv unterstützen konnten. So geht vor allem die Sozialpsychologie der Nachkriegszeit (1950–1970) davon aus, dass der Mensch grundsätzlich eine böse Seite besitzt, die erforscht, verstanden und somit kontrolliert werden muss (s. auch Adorno, Frenkel-Brunswik, Levinson & Sanford, 1950, Arbeiten zur autoritären Persönlichkeit; neuere Arbeiten s. Altemeyer, 1996). Nach Ende des kalten Krieges hellte sich das Menschenbild der Sozialpsychologie allerdings zunehmend auf. Im Fokus der sog. »ausgewogenen Sozialpsychologie« (Krueger & Funder, 2004) stand die Frage, wie Menschen ihr soziales Umfeld (z. B. Gruppenzugehörigkeiten, Freunde, Familie) als positive Ressource nutzen können, um beispielsweise ihre psychologische Gesundheit aufrecht zu erhalten, um prosoziales Verhalten zu zeigen oder über kritische Lebensereignisse hinwegzukommen (Fischer et al., 2011; Greitemeyer, Fischer, Kastenmüller & Frey, 2006). Hier zeigte sich, dass das **soziale Umfeld** Menschen entweder in sehr negativer oder aber auch in sehr positiver Weise beeinflussen kann. Folglich kann daraus sowohl grausames als auch prosoziales menschliches Verhalten resultieren, was vorwiegend von der Art und Beschaffenheit der Situation abhängt (z. B. Zimbardo, 2007).

Hier erkennt man, dass der Einfluss der Situation zentral ist für die Art des nachfolgenden menschlichen Verhaltens. Man spricht daher auch von **Situationismus**. Das Gegenstück hierzu ist der sog. **Dispositionismus**. Bei Letzterem steht die Person mit ihren überdauernden (dispositionalen) Eigenschaften und Merkmalen im Zentrum des Interesses. In seiner stärksten Ausprägung nimmt der Dispositionismus an, dass Personen ihr eigenes Handeln regulieren, egal welches Verhalten die Situation suggerieren mag. Sprich, das Verhalten einer Person ist allein von deren Persönlichkeitseigenschaften abhängig, während die Situation keinen Einfluss hat. Neuere Ansätze wenden sich allerdings von einer einseitigen Betrachtungsweise – also entweder reinem Situationismus oder reinem Dispositionismus – ab und gehen davon aus, dass interaktionale Modelle (Interaktion zwischen Person und Umwelt) besser geeignet sind, um Verhalten zu erklären und vorherzusagen (Krueger, 2009). Diese sind dann auch in der Lage, den Fortschritt in der Verhaltensforschung voranzutreiben, während ein Wettstreit zwischen beiden Positionen diese Tendenz eher blockiert. Als Beispiel für eine solche **interaktionistische Sichtweise** dient die berühmte Stanford Gefängnisstudie (▶ Studie: Das Stanford-Prison-Experiment; Haney, Banks & Zimbardo, 1973).

Studie

Das Stanford-Prison-Experiment

Dieses berühmte Experiment (Zimbardo, 1972) stellt einen Meilenstein dar bei der Beschreibung und Erklärung menschlichen Verhaltens in einer simulierten Gefangenensituation. Den freiwilligen Teilnehmern wurde hierbei nach dem Zufallsprinzip entweder die Rolle eines Gefangenen oder eines Aufsehers zugewiesen. Innerhalb weniger Tage, ja Stunden, verhielten sich die simulierten Gefangenen wie echte Gefangene und die simulierten Aufseher wie echte Aufseher. Bei den Gefangenen wurde beobachtet, dass sie sich entweder ihrem Schicksal fügten und gehorchten oder aber rebellierten. Auch wenn diese Verhaltensweisen gegenteilig sind, so können sie beide der konkreten Situation zugeschrieben werden. Was die Aufseher betrifft, so langweilten sie sich entweder oder sie dachten sich clevere Methoden aus, um die Gefangenen zu schikanieren und zu demütigen. Für beide Gruppierungen war die Situation dergestalt relevant, dass die Gefangenen keine Befehle erteilten und die Aufseher nicht rebellierten oder aus Frustration Randale starteten. Mit anderen Worten: Die Situation des Gefängnisses in Zusammenhang mit einem konventionellen Rollenverständnis von Häftling und Wärter machte manche Verhaltensweisen unmöglich, während sie zu anderen animierte.

Die wissenschaftlich dokumentierten Einflüsse von sozialen Situationen auf das Verhalten machen es unmöglich, rollenkonformes Verhalten pauschal den Persönlichkeitseigenschaften (oder Dispositionen) der beteiligten Personen zuzuschreiben. Bis zu diesem Punkt wäre die situationistische Sichtweise erhellend. Die Befunde lassen allerdings nicht den Schluss zu, dass Persönlichkeit und individuelle Unterschiede *innerhalb* einer Situation irrelevant sind. Mit der sensiblen Aufmerksamkeit eines Psychoanalytikers hat Zimbardo (2007) selbst Unterschiede zwischen verschiedenen Gefangenen und zwischen Aufsehern bemerkt und dokumentiert: Während sich der eine Gefangene z. B. mit der Situation arrangierte, wurde der andere psychosomatisch krank. Während ein Aufseher versuchte, sich von Konflikten fernzuhalten, machte sich ein anderer wiederum einen Sport daraus, solche zu provozieren.

> Der starke **Einfluss der Situation** auf Verhalten scheint durch spezifische **Personenmerkmale** moderiert zu werden.

Es ist heute klar, dass der Versuch fehlgeschlagen ist, die Situation gegen die Persönlichkeit auszuspielen. Ein tiefes Verständnis des menschlichen Sozialverhaltens erfordert das Studium von individuellem Verhalten im Zusammenhang mit Situationen.

> Menschliches Verhalten ist eine komplexe **Interaktion** aus **Kontextmerkmalen** und **Persönlichkeitseigenschaften**.

1.1.3 Europäische versus amerikanische Sichtweise

Neben dieser Kontroverse gibt es eine weitere Debatte, von der zu hoffen ist, dass sie bald überwunden sein möge: die Kluft zwischen der europäischen und der amerikanischen sozialpsychologischen Tradition (Aronson, Wilson & Akert, 2008). Die **europäische Sozialpsychologie** legt den Fokus auf den Einfluss von Gruppenzugehörigkeiten, auf das Erleben und Verhalten. Sie ist also stärker geprägt von Forschungen aus dem Bereich der sozialen Identität (Haslam, 2004; Tajfel & Turner, 1979). Die **amerikanische Sozialpsychologie** ist dagegen stärker individuumzentriert, d. h., die Eigenschaften des Individuums in seiner Interaktion mit dem sozialen Umfeld stehen dabei besonders im Vordergrund. Somit ist der kulturelle Gegensatz, der mit der nordamerikanischen Reaktion (Allport, 1924) auf die kontinentale Massenpsychologie (Le Bon, 1895) begann, heute allenfalls verblasst, aber noch nicht vollständig verschwunden. Die Zusammenarbeit der Autoren dieses Lehrbuchs stellt

> Die **europäische Sozialpsychologie** befasst sich stark mit Gruppenphänomenen, während die **amerikanische Sozialpsychologie** stärker auf individuelle Aspekte menschlichen Erlebens und Verhaltens fokussiert.

somit einen kleinen Versuch hinsichtlich der Nivellierung dieser Unterschiede dar.

1.1.4 Abgrenzung zu Nachbardisziplinen

> Die **Sozialpsychologie** befasst sich mit vielen **philosophischen Themen**, allerdings auf eine empirisch-quantitative Art und Weise.

Neben einer kulturellen Abgrenzung ist es zudem wichtig zu verstehen, wie sich die Sozialpsychologie von ihren Nachbardisziplinen unterscheidet. Ebenso wie die **Philosophie** befasst sich auch die Sozialpsychologie mit Themen wie z. B. dem Erleben und der Konstruktion subjektiver Realität. Während sich die Philosophie mit diesen Bereichen allerdings ausschließlich erkenntnistheoretisch befasst, leistet die Sozialpsychologie hier eine empirische Überprüfung (Aronson et al., 2008).

> Die **Soziologie** befasst sich mit ähnlichen Themen wie die Sozialpsychologie, allerdings auf einer **gesamtgesellschaftlichen bzw. institutionellen Ebene** und nicht auf einer individuellen bzw. Kleingruppenorientierten Ebene.

Des Weiteren muss die Sozialpsychologie von der **Soziologie** abgegrenzt werden: Die Soziologie untersucht gesamtgesellschaftliche Phänomene (z. B. die Ursachen für das Versagen von Institutionen bei der Bekämpfung von Korruption oder dem Einfluss von Institutionen auf Wirtschaftskrisen), wohingegen die Sozialpsychologie das Individuum in seinem sozialen Kontext bzw. im Kontext kleinerer Gruppen betrachtet.

> Die **Persönlichkeitspsychologie** befasst sich mit ähnlichen Themen wie die Sozialpsychologie. Allerdings erklärt sie Verhalten überwiegend auf Basis von **Persönlichkeitsdispositionen**, während die **Sozialpsychologie** von einer komplexen **Interaktion** zwischen Person und Umwelt ausgeht.

Schließlich bedarf es auch einer Differenzierung zwischen Sozialpsychologie und **Persönlichkeitspsychologie**. Zwar sind die Themen beider Disziplinen oft ähnlich, allerdings unterscheiden sich die zugrunde liegenden Erklärungen fundamental. So geht die Persönlichkeitspsychologie davon aus, dass menschliches Erleben und Verhalten vorwiegend durch bereits bestehende, d. h. angeborene oder erlernte Persönlichkeitsunterschiede determiniert werden (vgl. Dispositionismus). Wie bereits erwähnt, nimmt die Sozialpsychologie hingegen an, dass die soziale Situation in Interaktion mit Persönlichkeitseigenschaften darüber entscheidet, ob sich eine Person beispielsweise aggressiv oder prosozial verhält.

1.2   Wissenschaftstheoretische Grundlagen

> Die Sozialpsychologie ist grundsätzlich an der **Kausalität von Erlebens- und Verhaltenseffekten** interessiert, sowie deren psychologischen **vermittelnden Mechanismen**.

Die Sozialpsychologie ist grundsätzlich an der **Kausalität** von Erlebens- und Verhaltenseffekten interessiert. Man möchte wissen, warum Personen in bestimmten Situationen ein bestimmtes Verhalten zeigen. Zudem ist man an psychologischen (kognitiven und affektiven) Vermittlungsvariablen (Mediatoren; Baron & Kenny, 1986; Judd & Kenny, 2010) interessiert. Man möchte also wissen, was im Kopf von Personen vorgeht, wenn sie mit bestimmten Situationen konfrontiert sind und deshalb ein bestimmtes Verhalten zeigen.

> Die grundlegende wissenschaftliche Einstellung der Sozialpsychologie ist der **Empirismus**.

Die grundlegende wissenschaftliche Einstellung ist dabei der **Empirismus**, d. h. die Idee, dass empirische Daten oder Beobachtungen Schlussfolgerungen über theoretisch relevante Hypothesen zulassen. Die einfachste Form des Empirismus ist die Enumeration oder Auszählung (bzw. Auflistung); dabei ist die einfachste, aber auch stärkste Form einer Hypothese diejenige, die keine Ausnahmen zulässt. Beispielsweise könnte man als Gesetzmäßigkeit postulieren, dass alle Schwäne weiß seien. Bei der Auszählung ist die Frage dann nur, ob oder wann ein Schwan erscheint, der nicht weiß ist. An diesem Punkt wäre die Hypothese widerlegt.

Der schottische Philosoph **David Hume** (1748) wies darauf hin, dass keine Hypothese durch Auszählung bewiesen werden kann. Dies sei logisch unmöglich, da immer die Möglichkeit bestünde, dass zukünftige Beobachtungen den bisherigen widersprächen. Man könne daher nicht einfach aus vergangenen Ereignissen auf zukünftige Ereignisse schließen. Demnach wäre es beispielsweise nicht zulässig, aus der Tatsache, dass ich bisher Glück hatte und mir bei meinen waghalsigen Bergtouren kein Schaden zustieß, den Schluss zu ziehen, dass Bergtouren stets ungefährlich sind und ich daher auch zukünftig unversehrt bleiben werde. Trotz dieses Hume'schen Problems, das auch als »**Induktionsproblem**« bezeichnet wird, blieb das **Verifikationsprinzip** in der Wissenschaft populär. So gilt eine Hypothese als verifiziert, wenn die Beobachtungen mit den Vorhersagen – zumindest innerhalb eines statistischen Toleranzbereichs – übereinstimmen (Carnap, 1950; Reichenbach, 1935).

> Trotz logischer Probleme ist das **Verifikationsprinzip** wegen seiner Eingängigkeit in der Wissenschaft nach wie vor populär.

Als Alternative zum »positivistischen« (also auf Bestätigung ausgerichteten) Empirismus entwickelte **Karl Popper** 1934 den **kritischen Rationalismus**. Er argumentierte, dass der wissenschaftliche Fortschritt zügiger vonstatten gehe, wenn Hypothesen durch unstimmige Beobachtungen verworfen bzw. widerlegt würden. Wie bei der biologischen Evolution gibt es hierfür allerdings kein endgültiges Kriterium der Güte, sondern nur die Aussortierung des Mangelhaften. Poppers Theorie ist somit stärker an Humes Kritik der herkömmlichen Induktion (d. h. ausgehend von Einzelbeobachtungen auf allgemeingültige Gesetze schließen) orientiert. Auch Popper war der Ansicht, dass ein Beweis durch Induktion nicht zulässig sei. In der Sozialpsychologie werden typischerweise experimentell gewonnene Daten statistisch ausgewertet – mit dem Ziel, eine Nullhypothese (d. h. die Annahme, dass es keine statistisch relevanten Unterschiede zwischen zwei Versuchsgruppen gibt) zu verwerfen (Krueger, 2001). Somit findet sich auch in der statistischen Auswertung das **Prinzip des Falsifizierens** wieder. Die meisten Hypothesen sind dabei so formuliert, dass sie nur die Richtung, nicht aber die exakte Stärke einer Kausalbeziehung bestimmen.

> Der **kritische Rationalismus** verfolgt den Ansatz, Hypothesen durch unstimmige Beobachtungen zu verwerfen.

Beispiel

Zum Beispiel führt die Theorie der sozialen Erleichterung zu der Hypothese, dass Menschen (wie auch Tiere) mehr und schneller essen, wenn sie unter Artgenossen sind als wenn sie allein sind. In diesem Fall besagt die Nullhypothese, dass im Durchschnitt kein Unterschied zwischen diesen Versuchsbedingungen (Essen allein vs. in Gesellschaft) besteht. Wenn die Daten daher einen Unterschied aufweisen, der unter der Annahme der Nullhypothese unwahrscheinlich wäre, dann wird konventionell die Nullhypothese als falsifiziert (widerlegt) bzw. die Hypothese, dass Menschen in Gegenwart anderer mehr und schneller essen, als bestätigt angesehen (Abb. 1.1).

Mit dieser Herangehensweise geht man also nicht von einer Nullhypothese aus, die besagt, *dass* ein Unterschied besteht. Insofern wird diese Annahme auch nicht falsifiziert. Als weitere Folge kann der statistische Unterschied zwischen den beiden Gruppen auch nicht als Beweis dafür angesehen werden kann, dass es diesen Unterschied tatsächlich auch gibt. In der Wissenschaft wie auch in anderen Lebensbereichen kann nichts bewiesen, sondern lediglich falsifiziert werden (Frey, Schmalzried, Jonas, Fischer & Dirmeier, 2011; Meehl, 1978).

◘ **Abb. 1.1** Falsifikation der Null-hypothese als klassische wissen-schaftliche Herangehensweise

1.3   Methoden der Sozialpsychologie

Obwohl sich die **Sozialpsychologie** mit vielen alltäglichen Phänomenen wissenschaftlich befasst, ist sie **keine** schlichte **Alltagspsychologie** des Menschen.

Leider besteht oft die fälschliche Annahme, dass Sozialpsychologie, bzw. die Psychologie im Allgemeinen, keine richtige Wissenschaft sei und eher den Charakter einer Alltagspsychologie habe. Kritiker behaupten, es handle sich dabei lediglich um subjektive Annahmen, die man mit der eigenen Forschung zu bestätigen versuche – und das auf nichtwissenschaftlichem Wege (z. B. Lilienfeld, 2011). Woher diese Vorurteile kommen, soll hier nicht weiter erläutert werden; ein wichtiger Punkt könnte sein, dass der Gegenstand der Sozialpsychologie jeden Menschen von uns betrifft, der sich – ob nun als Mechaniker oder Musiker – seine Gedanken dazu macht und gewisse Annahmen bildet. Wie wir in einem späteren Kapitel noch erfahren werden, neigen wir Menschen dazu, für bestimmte Ereignisse Erklärungen zu suchen und Schemata zu schaffen, die uns Klarheit geben sollen.

Die **Sozialpsychologie** ist eine etablierte grundlagenwissenschaftliche Disziplin, die sich verschiedener **wissenschaftlicher Methoden** bedient.

Dabei gehen wir jedoch nicht immer akkurat vor, sondern tendieren zu Verzerrungen, sammeln möglicherweise nur Informationen, die uns gefallen, vergessen widersprüchliche Befunde am liebsten ganz schnell oder beurteilen Situationen aufgrund unserer Vorerfahrung nicht objektiv. Dies sind Dinge, die wir bestimmt ganz gut an uns selbst kennen. Doch in der sozialpsychologischen Forschung haben sie keinen Platz, da die Sozialpsychologie eine **Wissenschaft** ist und folglich die jeweiligen **methodischen Standards** erfüllt. Sie bedient sich dabei fünf verschiedener wissenschaftlicher Methoden:
1. qualitative Befragung bzw. Interview,
2. quantitative Befragung,
3. Verhaltensbeobachtung,
4. Korrelationsstudie, Feldstudie bzw. Quasi-Experiment und
5. echtes Experiment.

1.3.1 Qualitative Methode

Bei der **qualitativen Methode** werden die Versuchspersonen mittels spezifischer Fragen interviewt. Diese Methodik wird häufig dann verwendet, wenn experimentelle oder andere quantitative Methoden aus praktischen und/oder ethischen Gründen nicht anwendbar sind.

Die grundlegende Methode ist die **qualitative Befragung** (also eine Befragung ohne quantitative statistische Analysen). Sie wird für explorative (lat. »explorare« = erforschen) Zwecke eingesetzt oder wenn Experimente oder andere Formen quantitativer Forschung aus methodischen oder ethischen Gründen nicht durchgeführt werden können. Dies ist beispielsweise der Fall, wenn man herausfinden will, weshalb so viele Menschen auf Betrug-E-Mails im Internet reagieren und dabei Geld verlieren

(z. B. wird allein in Großbritannien der wirtschaftliche Schaden durch Betrug-E-Mails auf über 3 Mrd. Pfund jährlich geschätzt; Fischer, Lea & Evans, in press; Office for Fair Trading, 2008). Es wäre unethisch, hier ein Experiment durchzuführen und Personen ohne Vorwarnung selbstkonstruierte Betrug-E-Mails zu schicken und sie anschließend um wirkliches Geld zu bitten. Korrelationsstudien (Zusammenhangsstudien) sind aufgrund der geringen Stichprobe ebenfalls problematisch. Und zudem ist es natürlich nicht möglich, Personen im realen Umfeld dabei zu beobachten, wie sie Betrug-E-Mails an ihrem Rechner öffnen. Deshalb bleibt einem Forscher in so einem Fall lediglich das qualitative Interview übrig, mit Hilfe dessen er versucht, Opfer von Internetbetrug zu finden und diese nach den jeweiligen Gründen zu befragen, weshalb sie ihrer Meinung nach auf den Betrug hereingefallen sind. Dem Opfer würde man dann Fragen stellen, wie z. B. »Was fanden Sie an der E-Mail besonders attraktiv? Was haben Sie gedacht, als Sie die E-Mail geöffnet haben? Wie haben Sie sich gefühlt, als Ihnen eine große Geldsumme versprochen wurde?«

Problematisch an der qualitativen Methode ist zum einen, dass sie **keine Ursache-Wirkungs-Zusammenhänge** untersuchen kann und daher aus Ergebnissen auch keine Rückschlüsse auf mögliche Ursachen gezogen werden können. Des Weiteren ist sie sehr anfällig für **subjektive Verzerrungen** – sowohl der befragten Person als auch des Forschers – und darüber hinaus liefert sie **keine quantifizierbaren** und objektiv vergleichbaren **Ergebnisse**. Daher wird die qualitative Methode von quantitativ arbeitenden Sozialpsychologinnen und Sozialpsychologen häufig nur zur Generierung (Bildung) von Hypothesen verwendet, welche dann später in einem echten Experiment direkt überprüft werden. Von reflexiven bzw. hermeneutisch orientierten Sozialpsychologen (d. h. Sozialpsychologinnen und Sozialpsychologen, für die die Auslegung und Interpretation des jeweiligen Gegenstandes anhand bestimmter Merkmale oder »Zeichen« zentral und das Ziel dabei das korrekte Verstehen ist) wird qualitative Forschung dagegen als Methode der Wahl angewandt (z. B. Flick, von Kardorff, Keupp, von Rosenstiel & Wolff, 1991; Horkheimer & Adorno, 1947); hier steht das Individuum in seiner subjektiven Realität im Mittelpunkt.

> Probleme der qualitativen Methode sind, dass:
> - **keine Ursache-Wirkungs-Zusammenhänge** benennbar sind,
> - **subjektive Verzerrungen** auftreten können und
> - **keine objektiv vergleichbare Ergebnisse** erhalten werden.

1.3.2 Verhaltensbeobachtung

Ein ausgezeichnetes Beispiel für dieses Vorgehen stellt eine Untersuchung von Jahoda, Lazarsfeld und Zeisel (1933) dar, die unter dem Namen »Die Arbeitslosen von Marienthal« bekannt wurde (▶ Studie: Die Arbeitslosen von Marienthal).

Studie

Die Arbeitslosen von Marienthal

Der Hintergrund dieser Forschung war die Schließung einer Fabrik in Marienthal bei Wien. Die Schließung führte zu hoher Arbeitslosigkeit. Die Forscher wollten nun Informationen über diese Bevölkerungsgruppe erhalten und damit die unterschiedlichen Aspekte bzw. Folgen von Arbeitslosigkeit untersuchen. Hierzu traten sie vor Ort in Kontakt mit den betroffenen Menschen, zeichneten Befragungen bzw. Interviews mit diesen auf, boten Sprechstunden an, führten Beobachtungen in den einzelnen Haushalten durch, starteten Hilfsaktionen usw.

Durch die umfassende Dokumentation ihrer Arbeitsschritte, sowohl mit qualitativen als auch quantitativen Methoden, gewann die Forschergruppe einen tiefen Einblick in die damalige Situation der Arbeitslosen. Der bemerkenswerteste Befund betrifft dabei die psychischen Auswirkungen der Arbeitslosigkeit: Ein Großteil der Betroffenen nahm eine resignierte Haltung ein, zeigte kaum Widerstandskraft (so wurde es aufgegeben, beim Diebstahl von Lebensmitteln Anzeige zu erstatten) und war unfähig, die viele Zeit sinnvoll zu füllen. Statt Aktivität (etwa Beitritt in Vereine) war Rückzug und passives Verhalten zu beobachten (vgl. Jahoda, Lazarsfeld & Zeisel, 1975).

Die **Beobachtung von Verhalten** ist ein wichtiger Baustein im Methodenkanon der Sozialpsychologie.

Die Ergebnisse der Marienthal-Studie sind besonders deshalb wichtig, weil sie nicht an Aktualität verloren haben: Arbeitslosigkeit ist nach wie vor ein großes Problem und die Themen Rezession und Finanzkrise scheinen allgegenwärtig zu sein. Die Medien berichten von einer sinkenden Wirtschaftsleistung und Konjunkturexperten halten eine Senkung des Bruttoinlandsprodukts im Zuge der Eurokrise für möglich. Die Fragen nach möglichen psychischen Auswirkungen (etwa Resignation) sind demnach heute genauso zu stellen; und daran anknüpfend sollten geeignete Umgangsweisen damit gefunden werden.

Nichtreaktive bzw. verdeckte Methoden der Verhaltensbeobachtung erfolgen ohne direkte Teilnahme des Forschers. Sie erlauben es, menschliche Einstellungen oder auch Persönlichkeitseigenschaften aus den Spuren des Verhaltens der Beobachteten zu erschließen.

Andere Varianten der Verhaltensbeobachtung kommen ohne direkte Teilnahme des Forschers aus. Hier sind besonders die sog. **nichtreaktiven Methoden** interessant, die es erlauben, menschliche Einstellungen oder auch Persönlichkeitseigenschaften aus den Spuren des Verhaltens der Beobachteten zu erschließen. Man spricht hier deshalb auch von »verdeckten« Methoden, da der Forscher selbst nicht an der Beobachtung teilnimmt und das Ergebnis daher auch selbst nicht beeinflussen kann. Robert Cialdini und sein Forscherteam an der Arizona State University haben zahlreiche Studien zum »Littering« (Umweltverschmutzung durch Wegwerfen von Müll) durchgeführt (z. B. Cialdini & Baumann, 1981). So konnten sie beispielsweise feststellen, dass sie den Wahlausgang durch das Zählen der weggeworfenen Wahlpamphlete, welche sie vorher ausgeteilt hatten, vorhersagen konnten, da die Anhänger des Wahlsiegers eher an den Pamphleten festhielten. Einen ähnlichen Ansatz wählte Sam Gosling (2009) von der University of Texas in Austin, welcher den Einfluss des äußeren Zustands von Büro und Schlafzimmer bzw. die jeweilige Einrichtung auf einen Menschen erforschte. Er fand z. B., dass im Büro ein unordentlicher Schreibtisch auf fehlende Gewissenhaftigkeit der jeweiligen Person hindeutet.

Verhaltensbeobachtung ist sehr **realitätsnah und aussagekräftig** für tatsächliches menschliches Verhalten. Allerdings ist die Verhaltensbeobachtung auch sehr anfällig für viele Arten von **Verzerrungen und Fehlschlüsse**.

Vorteile der Verhaltensbeobachtung (und der »Spurenlese«) sind, dass sie sehr realitätsnah, unmittelbar und verhaltensbasiert ist. Als **Nachteile** hingegen lassen sich festhalten, dass bestimmte Verhaltensweisen (z. B. Intimität und Liebe) nur schwer beobachtbar sind, dass Schlussfolgerungen sehr leicht Verzerrungen unterliegen können (d. h., es liegt oft im Auge des Betrachters, was ein bestimmtes Verhalten ist oder nicht ist, sodass die Beobachter nicht zwangsläufig übereinstimmen müssen), dass die Verhaltensbeobachtung keine Aussagen über Ursache und Wirkung zulässt und sie auch keinen Aufschluss darüber gibt, was Menschen denken und fühlen, bevor, während und nachdem sie ein bestimmtes Verhalten gezeigt haben (vermittelnde psychologische Mediatoren; Prozessvariablen).

1.3.3 Quantitative Befragungsmethode

Das Ziel der **quantitativen Untersuchungsmethode** ist die numerische Darstellung eines empirischen Sachverhaltes, es geht also um Zahlen. Bei dieser Methode werden den Untersuchungspersonen vorwiegend Fragebögen zu bestimmten Sachverhalten vorgelegt. Zum Beispiel werden Eltern gefragt, wie häufig ihre Kinder pro Woche aggressive Medieninhalte (Filme, Videospiele) konsumieren. Diese Angaben werden meist auf Messskalen (z. B. Likertskala: 1 = nicht häufig; 7 = sehr häufig) erfasst. Mittels statistischer Methoden (z. B. Mittelwertvergleich, Korrelationsanalyse, Varianzanalyse, Faktorenanalyse etc.) können diese Skalenwerte dann den entsprechenden psychologischen Konstrukten (z. B. Aggressionspotenzial, prosoziale Einstellung) zugeordnet und im Anschluss daran analysiert werden.

> Das Ziel der **quantitativen Untersuchungsmethode** ist die numerische Darstellung eines empirischen Sachverhaltes.

Die **Vorteile** dieser Methode liegen in der Quantifizierbarkeit von Aussagen, im relativ geringen Kosten- und Arbeitsaufwand für die Durchführung der Studie sowie in der Möglichkeit der Introspektion (d. h. Personen können auch nach ihren Gedanken und nach ihren Gefühlszuständen befragt werden). **Nachteile** dieser Methode sind allerdings die leichte Verfälschbarkeit der Antworten (z. B. tendieren Personen dazu, ihre Angaben zu beschönigen), die fehlende Erkennbarkeit von Ursache-Wirkungs-Zusammenhängen und dass Unklarheit darüber besteht, ob den Versuchspersonen die erfragten zentralen psychologischen Prozesse überhaupt bewusst sind oder nicht und sie deshalb die Fragebögen dazu nicht valide beantworten können (vgl. auch Aronson et al., 2008).

> **Vorteile** der quantitativen Befragungsmethode sind der geringe Kosten- und Arbeitsaufwand sowie die Möglichkeit der Introspektion, ihre **Nachteile** die leichte Verfälschbarkeit sowie die fehlende Einsicht in Ursache und Wirkung.

Als Beispiel für diese Art der Datenerhebung kann eine von Franco, Blau und Zimbardo (2011) publizierte Studie dienen, welche in einer Online-Untersuchung Personen zu Heldentum und Altruismus befragten. Aus den Antworten (Selbstbericht der befragten Personen) erhielten die Autoren einen Eindruck davon, wie häufig diese Phänomene überhaupt in der Realität auftreten. Viele dieser Untersuchungen werden mittlerweile ökonomisch und kostengünstig online im Internet durchgeführt.

> Die **quantitative Befragungsmethode** wird heute häufig und kostengünstig über das Internet eingesetzt.

1.3.4 Korrelationsmethode bzw. Quasi-Experiment

Bei der **Korrelationsmethode** werden **statistische Zusammenhänge** zwischen Variablen hergestellt. Zum Beispiel könnte gefragt werden, ob Jugendliche, die sich häufig mit aggressiven Videospielen, wie z. B. Ego-Shooter, die Zeit vertreiben, auch häufiger durch aggressives Verhalten in der Schule oder Gesellschaft auffallen (für einen Überblick s. Anderson et al., 2010). Man würde dazu zum einen erfassen, wie häufig ein Jugendlicher aggressive Videospiele spielt (z. B. Häufigkeit pro Woche oder Monat) und zum anderen, wie häufig er bereits durch aggressives Verhalten aufgefallen ist (z. B. Einschätzung der Lehrkraft, Anzahl der Verweise wegen Raufens, Anzeigen und Vorstrafen wegen aggressivem Verhalten). Sobald man diese beiden Indikatoren gemessen hat, ist es möglich, ein statistisches Zusammenhangsmaß – die Korrelation r – zu berechnen. Dieser Zusammenhang r kann dabei zwischen -1 und $+1$ liegen. Der maximale Wert von $r=+1$ reflektiert einen perfekten positiven Zusammenhang zwischen den beiden Messvariablen. Beispielsweise

> Der **Korrelationskoeffizient** gibt Aufschluss über die Richtung und Stärke eines statistischen Zusammenhangs zwischen zwei (psychologischen) Variablen.

könnte sich herausstellen, dass die Menge des Konsums aggressiver Medien perfekt mit der Häufigkeit oder Intensität aggressiven Verhaltens einhergeht. Im Gegensatz dazu würde eine Korrelation von $r=-1$ einen perfekten negativen Zusammenhang beschreiben; je höher der Konsum aggressiver Medienprodukte wäre, desto geringer wäre die Aggressivität. Schließlich besagt ein **Korrelationskoeffizient** vom Wert 0, dass kein systematischer Zusammenhang zwischen den Messvariablen besteht. In diesem Fall hätte die Tatsache, dass ein Jugendlicher sehr häufig aggressive Videospiele konsumiert, nichts mit dessen möglicherweise aggressivem Verhalten zu tun.

Korrelationsstudien sind **einfach und kostengünstig** durchzuführen. Zudem lassen sich auch Hypothesen untersuchen, die aus **ethischen Gründen** experimentell nicht untersuchbar sind.

Zu den **Vorteilen** von Korrelationsstudien gehört, dass sie relativ leicht im Feld (d. h. nicht im Labor) durchgeführt werden können und relativ kostengünstig sind. Hinzu kommt, dass einige Phänomene aufgrund ethischer Überlegungen lediglich als Korrelationsstudie untersucht werden können, wie etwa der Zusammenhang zwischen Rauchen und Lungenkrebs.

Der zentrale **Nachteil der Korrelationsmethode** besteht darin, dass mit ihr **keine Kausalzusammenhänge** überprüft werden können.

Der größte **Nachteil** der Korrelationsstudie ist allerdings, dass sie **keine Kausalschlüsse** zulässt. So bleibt unklar, ob der Konsum aggressiver Videospiele den Menschen aggressiver macht (also der Konsum ursächlich für eine gesteigerte Aggressivität ist) oder ob sich aggressive Menschen grundsätzlich stärker zu solchen Spielen hingezogen fühlen. Darüber hinaus bleibt die Frage offen, ob möglicherweise nicht gemessene Drittvariablen für den statistischen Zusammenhang zweier Variablen verantwortlich sind. Beispiele für solche typische Drittvariablen wären Alter, Geschlecht oder soziale Schichtzugehörigkeit der Versuchspersonen oder des Versuchsleiters, deren Persönlichkeitsunterschiede oder auch die Tageszeit der Erhebung. So könnte der tatsächlich gefundene positive Zusammenhang zwischen aggressivem Videospielkonsum und aggressivem Verhalten (vgl., Anderson et al., 2010; Anderson & Bushman, 2002; Bushman, 1998) in oben genanntem Beispiel auch alternativ dadurch erklärt werden, dass Personen, die a priori das Persönlichkeitsmerkmal der Aggressivität aufweisen, mit höherer Wahrscheinlichkeit ihre Umwelt so gestalten, dass darin aggressive Inhalte vorkommen. Insbesondere wäre zu erwarten, dass solche Personen aggressive Videospiele den nicht aggressiven Spielen vorziehen. Grundsätzlich gilt, dass die Zahl der möglichen Drittvariablen zahlenmäßig nicht beschränkt ist. Auch **Quasi-Experimente**, bei welchen Stichproben aus a priori bereits vorhandenen Gruppen bestehen und dann verglichen werden (z. B. Vergleich des Sozialverhaltens von Rauchern vs. Nichtrauchern; diese beiden Gruppen bestehen ja bereits vor der Untersuchung und werden nicht durch den Experimentator selbst bestimmt) können dies nicht leisten. Die einzige Möglichkeit, Drittvariablen definitiv auszuschließen, ist die Durchführung eines echten Experiments.

1.3.5 Echtes Experiment

Das **Experiment** ist die einzige Möglichkeit **Ursache und Wirkung** definitiv zu bestimmen. Hierbei wird eine unabhängige Variable variiert und deren Auswirkungen auf eine abhängige Variable gemessen.

Das echte **Experiment** gilt in der Sozialpsychologie und auch darüber hinaus als der **Königsweg**, um Informationen über **Ursache und Wirkung** zu erlangen. Wilhelm Wundt (1874), der Gründervater der wissenschaftlichen Psychologie, legte dar, wie experimentelle Methoden für die Erforschung des menschlichen Erlebens und Verhaltens genutzt werden können (s. Wilson, Aronson & Carlsmith, 2010, für eine zeitgemäße Darstellung). Bei der experimentellen Methode variiert man eine unabhängige Variable und misst deren Auswirkung auf die abhängige Variable. Will man z. B. herausfinden, ob aggressive Videospiele die Aggressivität der Spieler auch jenseits des Spielzusammenhanges erhöhen (also einen länger andauernden Effekt haben), würde man eine Experimentalgruppe ein aggressives Videospiel und eine Kontrollgruppe ein nicht aggressives Videospiel spielen lassen. Als abhängige Variable könnte man messen, ob Spieler in der Aggressionsbedingung eine andere Person stärker bestrafen, also aggressiveres Verhalten zeigen, als Spieler in der Nicht-Aggressionsbedingung.

Der besondere Vorzug des Experiments ist es, dass sich die Befunde kausal interpretieren lassen. Wie ist dies möglich? Eine der wichtigsten Eigenschaften des Experimentes ist es, dass Versuchspersonen nach dem **Zufallsprinzip** den verschiedenen Versuchsbedingungen zugeordnet werden (**Randomisierung**). Dieses Vorgehen besitzt den Vorteil, dass sich a priori Unterschiede der Untersuchungsteilnehmer »herausmitteln«. So sind Personen, die Aggressivität als stark ausgeprägtes Persönlichkeitsmerkmal aufweisen, mit gleicher Wahrscheinlichkeit in der Experimental- und in der Kontrollgruppe zu finden. Mögliche Verzerrungen, die durch diese Extremwerte entstehen, gleichen sich bei steigender Anzahl der Versuchspersonen statistisch aus. Gefundene Unterschiede in der abhängigen Variable (gezeigtes aggressives Verhalten, z.B. Bestrafen anderer Personen) können demnach nicht von Drittvariablen, wie z. B. nicht näher untersuchten Persönlichkeitseigenschaften der getesteten Personen, stammen, sondern sind eindeutig auf den Einfluss der unabhängigen Variable (aggressives Videospiel vs. nicht-aggressives Videospiel) zurückzuführen (◻ Abb. 1.2).

Eine wichtige Unterscheidung zu den anderen präsentierten Erhebungsmethoden ist zudem die interne versus externe Validität von Experimenten (Cook & Campbell, 1979). Unter **interner Validität** versteht man die Frage, ob sich die Variation der unabhängigen Variablen auch tatsächlich auf die beobachtete Variation in der abhängigen Variable auswirkt oder ob dieser Zusammenhang durch eine Drittvariable (Störvariable) versehentlich verursacht wurde. Typischerweise besitzt ein echtes Experiment die höchste interne Validität, wie eben beschrieben, da alle erdenklichen Störvariablen durch die Randomisierung (eine zumindest theoretisch zufällige Zuteilung zu den Gruppen) ausgefiltert werden. Bei allen anderen Methoden, wie etwa der qualitativen oder korrelativen Methode, ist die interne Validität dagegen geringer als beim Experiment,

Unter **Randomisierung** versteht man die Einteilung von Personen in unterschiedliche Versuchsgruppen nach dem Zufallsprinzip.

Interne Validität: Ist die Variation in der abhängigen Variablen tatsächlich auf eine Variation in der unabhängigen Variablen zurückzuführen? **Externe Validität**: Kann ein experimenteller Laborbefund auch tatsächlich in der wirklichen Welt beobachtet werden?

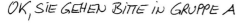

◻ **Abb. 1.2** Randomisierte Gruppenzuweisung

da hier keinerlei Kausalschlüsse gezogen werden können. Hingegen stellt bei Experimenten die **externe Validität** häufiger ein Problem dar. Sie bezieht sich auf die Frage, ob ein bestimmter Laborbefund auch tatsächlich auf die wirkliche Welt übertragen werden kann. Bezogen auf unser Medienbeispiel wäre hier also die Frage zu stellen, ob die beobachtete erhöhte Aggression nach dem Konsum eines aggressiven Videospiels im Labor auch tatsächlich in der wirklichen Welt außerhalb des Labors auftreten würde.

> Es kann **keine hohe externe Validität ohne eine zugleich hohe interne Validität** geben. Im Gegensatz dazu ist aber eine **hohe interne Validität ohne eine zugleich hohe externe Validität** möglich.

Jetzt liegt natürlich der Schluss nahe, dass qualitative Interviews sowie Feld- und Korrelationsstudien im Gegensatz zu Laborstudien eine besonders hohe externe Validität besitzen sollten; schließlich ist hier die reale Welt Schauplatz der Untersuchung. Dies ist jedoch nicht unter allen Umständen so. Zwar ist es richtig, dass Feldstudien näher an die psychische und verhaltensmäßige Wirklichkeit von Menschen herankommen; de facto ist es aber so, dass diese Studien normalerweise nichts über die Kausalität eines bestimmten Effektes aussagen können. Außerdem kann es hohe externe Validität nur unter der Bedingung hoher interner Validität geben. Ist ein bestimmter Effekt im Laborexperiment daher nicht kausal auf bestimmte Einflussfaktoren zurückzuführen, kann es diesen Zusammenhang in der wirklichen Welt auch nicht geben (d. h. er wäre dann in der Realität vielleicht beobachtbar, aber tatsächlich durch eine andere unbekannte Drittvariable bedingt). Im Gegensatz dazu ist es durchaus möglich, dass ein Laborexperiment zu einem bestimmten Effekt sehr hohe interne Validität aufweist (d. h. Ursache und Wirkung sind eindeutig geklärt), dieser Effekt aber in Wirklichkeit nicht oder zumindest noch nicht auftritt.

1.4 Forschungsethik in der Sozialpsychologie

> Die **wichtigste ethische Maxime** eines jeden empirischen Forschers ist, dass durch die Teilnahme an einer Studie Versuchspersonen **weder zu psychischem noch physischem Schaden** kommen dürfen.

Prinzipiell sind die ethischen Grundlagen der Psychologie im Allgemeinen für alle wissenschaftlich arbeitenden Psychologinnen und Psychologen von den Ethical Principles of Psychologists and Code of Conduct der APA (2010) geregelt. Dabei ist die wichtigste ethische Maxime eines jeden empirischen Forschers, dass durch die Teilnahme an einer Studie **Versuchspersonen weder zu psychischen noch physischen Schaden kommen dürfen**. Gerade die klassischen High-Impact-Studien wie z. B. die Milgram-Studien (Milgram, 1974; ▶ Kap. 9) oder die Stanford-Prison-Studie (Zimbardo, 1972; s. oben) haben besonders zu diesem Einstellungswandel beigetragen (s. auch Aronson et al., 2008). Eine zentrale Aufgabe des Versuchsleiters stellt zudem die detaillierte **Aufklärung der Untersuchungsteilnehmer** nach dem Experiment über die Inhalte und Hypothesen der Untersuchung dar. Dies ist in der Sozialpsychologie besonders wichtig, da hier häufig mit sog. »Täuschungsszenarien« gearbeitet wird. Hierbei werden Versuchspersonen Instruktionen vorgelegt, die vom wahren Ziel der Untersuchung ablenken (da man sonst erwarten würde, dass Versuchspersonen sich entsprechend oder genau gegenteilig der Hypothesen verhalten und so die Ergebnisse der Studie verfälschen).

? Kontrollfragen

1. Worin besteht der Unterschied zwischen Sozialpsychologie und Soziologie?

2. Worin besteht der Unterschied zwischen Sozialpsychologie und Persönlichkeitspsychologie?

3. Welches ist die Hauptposition des kritischen Rationalismus?

4. Warum kann man die Befunde von echten Experimenten kausal interpretieren?

5. Was müssen psychologisch Forschende unter allen Umständen vermeiden?

Bühner, M. & Ziegler, M. (2010). *Statistik für Psychologen und Sozialwissenschaftler*. München: Pearson Studium.

Frey, D. & Irle, M. (2009). *Theorien der Sozialpsychologie I-III* (2. überarbeitete und erweiterte Aufl.). Bern: Hans Huber.

Huber, O. (2005). *Das psychologische Experiment: Eine Einführung* (4. Aufl.). Bern: Hans Huber.

Stroebe, W., Jonas, K. & Hewstone, M. (Hrsg.). (2002). *Sozialpsychologie: Eine Einführung* (4. Aufl.). Berlin: Springer.

► **Weiterführende Literatur**

Literatur

Adorno, T. W., Frenkel-Brunswik, E., Levinson, D. J. & Sanford, R. N. (1950). *The authoritarian personality*. New York: New Harper and Brothers.

Allport, F. H. (1924). *Social psychology*. Boston: Houghton Mifflin.

Allport, G. W. (1968). The historical background of modern social psychology. In G. Lindzey & E. Aronson (Eds.), *The handbook of social psychology* (Vol. 1, pp. 1–80). Reading: Addison-Wesley.

Altemeyer, R. (1996). *The authoritarian specter*. Cambridge: Harvard University Press.

American Psycholocigal Association (2010). *Ethical principles of psychologists and Code of Conduct*. 2010 Amendments. Verfügbar unter http://www.apa.org/ethics/code/index.aspx (Stand: 27.06.2011).

Anderson, C. A. & Bushman, B. (2002). Human aggression. *Annual Review of Psychology, 53*, 27–51.

Anderson, C. A., Shibuya, A., Ihori, N., Swing, E. L., Bushman, B. J., Sakamoto, A. Rothstein, H. R. & Saleem, M. (2010). Violent video game effects on aggression, empathy and prosocial behavior in Eastern and Western countries: A meta-analytic review. *Psychological Bulletin, 136*, 151–173.

Aronson, E., Wilson, T. D. & Akert, R. M. (2008). *Sozialpsychologie* (6., aktualisierte Aufl.). München: Pearson Studium.

Baron, R. M. & Kenny, D. A. (1986). The moderator-mediator variable distinction in social psychological research: Conceptual, strategic and statistical considerations. *Journal of Personality and Social Psychology, 51*, 1173–1182.

Bushman, B. (1998). Priming effects of media violence on the accessibility of aggressive constructs in memory. *Personality and Social Psychology Bulletin, 28*, 1679–1686.

Carnap, R. (1950). *Logical foundations of probability*. Chicago: University Press.

Cialdini, R. B. & Baumann, D. J. (1981). Littering: A new unobstrusive measure of attitude. *Social Psychology Quarterly, 44*, 254–259.

Cook, T. D. & Campell, D. T. (1979). *Quasi-experimentation: design & analysis issues for field settings*. Boston: Houghton Mifflin Company.

Danziger, K. (1990). *Constructing the subject: Historical origins of psychological research*. Cambridge: Cambridge University Press.

Fischer, P., Krueger, J. I., Greitemeyer, T., Kastenmüller, A., Vogrincic, C., Frey, D., Heene, M., Wicher, M. & Kainbacher, M. (2011). The bystander-effect: a meta-analytic review on bystander intervention in dangerous and non-dangerous emergencies. *Psychological Bulletin, 137*, 517–537.

Fischer, P., Lea, S. E. G. & Evans, K. M. (in press). Why do individuals respond to fraudulent scam communication and loose money? The psychological determinants of scam compliance. *Journal of Applied Social Psychology*.

Flick, U., von Kardorff, E., Keupp, H, von Rosenstiel, L. & Wolff, S. (1991). *Handbuch Qualitative Sozialforschung. Grundlagen, Konzepte, Methoden und Anwendungen*. München: Psychologie Verlags Union.

Franco, Z. E., Blau, K. & Zimbardo, P. G. (2011). Heroism: A conceptual analysis and differentiation between heroic action and altruism. *Review of General Psychology, 15*, 99–113.

Frey, D., Schmalzried, L., Jonas, E., Fischer, P. & Dirmeier, G. (2011). Wissenschaftstheorie und Psychologie – Einführung in den kritischen Rationalismus von Karl Popper. In H.-W. Bierhoff und D. Frey (Hrsg.), *Bachelorstudium Psychologie, Band 22, Sozialpsychologie – Interaktion und Gruppe*. Göttingen: Hogrefe.

Gosling, S. (2009). *Snoop: What your stuff says about you*. New York: Basic Books.

Greitemeyer, T., Fischer, P., Kastenmüller, A. & Frey, D. (2006). Civil courage and helping behaviour: Differences and similarities. *European Psychologist, 11*, 90–98.

Haney, C., Banks, W. C. & Zimbardo, P. G. (1973). Interpersonal dynamics in a simulated prison. *International Journal of Criminology and Penology, 1*, 69–97.

Haslam, S. A. (2004). *Psychology in organizations: The social identity approach*. Thousand Oaks: Sage.

Horkheimer, M. & Adorno, T. W. (1947). *Dialektik der Aufklärung. Philosophische Fragmente*. Amsterdam: Querido.

Hume, D. (1748). Philosophical essays concerning human understanding. London: printed for A. Millar.

Jahoda, M., Lazarsfeld, P. F. & Zeisel, H. (1933). Die Arbeitslosen von Marienthal. Ein soziographischer Versuch über die Wirkungen langandauernder Arbeitslosigkeit. In K. Bühler (Hrsg.), *Psychologische Monographien (Band 5)*. Leipzig: Hirzel. Neuauflage 1975, Frankfurt am Main: Suhrkamp.

Judd, C. M. & Kenny, D. A. (2010). Data analysis in social psychology: Recent and recurring issues. In S. T. Fiske, D. T. Gilbert & G. Lindzey (Hrsg.), *Handbook of social psychology* (5th ed., vol. 1, pp. 115–139). Hoboken: Wiley & Sons.

Krueger, J. (1998). On the perception of social consensus. *Advances in Experimental Social Psychology, 30*, 163–240.

Krueger, J. (2001). Null hypothesis significance testing: On the survival of a flawed method. *American Psychologist, 56*, 16–26.

Krueger, J. I. (2009). A componential model of situation effects, person effects and situation-by-person interaction effects on social behavior. *Journal of Research in Personality, 43*, 127–136.

Krueger, J. I. & Funder, D. C. (2004). Towards a balanced social psychology: Causes, consequences and cures fort he problem-seeking approach to social behavior and cognition. *Behavioral and Brain Sciences, 27*, 313–327.

LeBon, G. (1895). *Psychologie des foules*. Paris: Félix Alcan.

Lilienfeld, S. O. (2011). Public skepticism of psychology: Why many people perceive the study of human behavior as unscientific. *American Psychologist, 67*, 111–129.

McDougall, W. (1908). *An introduction to social psychology*. London: Methuen.

Meehl, P. E. (1978). Theoretical risks and tabular asterisks: Sir Karl, Sir Ronald and the slow progress of soft psychology. *Journal of Consulting and Clinical Psychology, 46*, 806–834.

Milgram, S. (1974). *Obedience to authority. An experimental view*. New York: Harper.

Office of Fair Trading (2008). Mail and phone scams catch out 3m. Retrieved from http://www.guardian.co.uk/money/2008/sep/08/scamsandfraud

Popper, K. R. (1934). *Logik der Forschung*. Wien: Springer.

Prentice, D. A. & Miller, D. T. (1996). Pluralistic ignorance and the perpetuation of social norms by unwitting actors. *Advances in Experimental Social Psychology, 28*, 161–209.

Reichenbach, H. (1935). *Wahrscheinlichkeitslehre: Eine Untersuchung über die logischen und mathematischen Grundlagen der Wahrscheinlichkeitsrechnung*. Leiden: Sijthoff.

Ross, E. A. (1908). *Social psychology: An outline and source book*. New York: Macmillan.

Tajfel, H. & Turner, J. C. (1979). An integrative theory of intergroup conflict. In W. G. Austin & S. Worchel (Eds.), *The social psychology of intergroup relations* (pp. 33–47). Monterey: Brooks/Cole.

Triplett, N. (1898). The dynamogenic factors in pacemaking and competition. *American Journal of Psychology, 9*, 507–533.

Wertheimer, M. (1925). *Drei Abhandlungen zur Gestalttheorie* . Erlangen: Verlag der Philosophischen Akademie.

Wundt, W. M. (1874). *Grundzüge der physiologischen Psychologie*. Leipzig: Engelmann.

Wilson, T. D., Aronson, E. & Carlsmith, K. (2010). The art of laboratory experimentation. In S. T. Fiske, D. T. Gilbert & G. Lindzey (Hrsg.), *Handbook of social psychology* (vol. 1, 51–81). Hoboken: Wiley.

Zimbardo, P. G. (1972). *Stanford prison experiment: A simulation study of psychology of imprisonment*. Retrieved from http://www.prisonexp.org/

Zimbardo, P. G. (2007). *The Lucifer Effect. Understanding how good people turn evil*. New York: Random House.

2 Der Mensch als rationalisierendes Wesen: Kognitive Dissonanz und Selbstrechtfertigung

© Springer-Verlag GmbH Deutschland, ein Teil von Springer Nature 2018
P. Fischer et al. (Hrsg.), *Sozialpsychologie für Bachelor*, Springer-Lehrbuch
https://doi.org/10.1007/978-3-662-56739-5_2

Lernziele

— Die Theorie der kognitiven Dissonanz umfassend darstellen können (klassische Formulierung, Möglichkeiten zur Dissonanzreduktion, typische Forschungsparadigmen).

— Die praktische Relevanz bzw. die Risiken individueller und kollektiver Dissonanzreduktion sowie selektiver Informationssuche aufzeigen können.

— Die Weiterentwicklungen der Dissonanztheorie wiedergeben können.

Bestimmt kennen Sie diese oder eine ähnliche Situation: Sie sitzen abends gemütlich mit Freunden beisammen, die Stimmung ist gut, die Stunde wird immer später und an Heimgehen ist nicht zu denken. Noch ein weiteres Getränk bestellen? Wenn da nur nicht das schlechte Gewissen wäre – das Wissen um die morgige Veranstaltung an der Uni, zu der Sie gehen wollten, da die nächste Klausur ansteht. Und darüber hinaus das Wissen um einen möglicherweise verkaterten nächsten Tag, an dem Sie eigentlich noch einiges zu lernen hätten. Wie Sie sich auch entscheiden werden, ein **ungutes Gefühl** wird vermutlich in jedem Fall bestehen bleiben.

Mit diesem kleinen Beispiel sind wir bereits direkt in der Sozialpsychologie angelangt, genauer bei der **Theorie der kognitiven Dissonanz** (Festinger, 1957), einer der einflussreichsten und prominentesten Theorien innerhalb der Sozialpsychologie. Allein in den letzten 50 Jahren sind dazu weit über 1000 empirische Studien veröffentlicht worden. Das Bestechende an der Dissonanztheorie ist, dass sie nicht nur die Sozialpsychologie als stark theoriegeleitete Disziplin sehr beeinflusst und geprägt hat, sondern dass sie auch in der Lage ist, eine Vielzahl praktischer individueller und gesellschaftlicher Phänomene zu erklären.

Das Treffen einer Entscheidung verursacht oft ein **unangenehmes Gefühl**.

Die **Theorie der kognitiven Dissonanz** (Festinger, 1957) ist eine der der **einflussreichsten** Theorien der Sozialpsychologie.

Abb. 2.1 Möglichkeiten der Dissonanzreduktion. (Nach Frey & Gaska, 2009, mit freundlicher Genehmigung von Hogrefe)

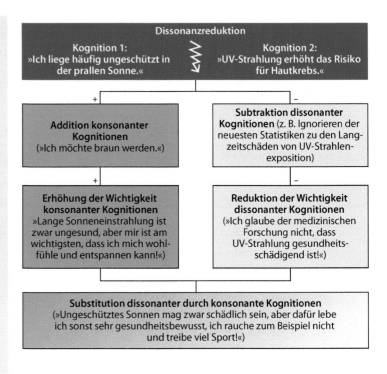

Dissonanzreduktion

| Kognition 1: »Ich liege häufig ungeschützt in der prallen Sonne.« | Kognition 2: »UV-Strahlung erhöht das Risiko für Hautkrebs.« |

Addition konsonanter Kognitionen (»Ich möchte braun werden.«)

Subtraktion dissonanter Kognitionen (z. B. Ignorieren der neuesten Statistiken zu den Langzeitschäden von UV-Strahlenexposition)

Erhöhung der Wichtigkeit konsonanter Kognitionen »Lange Sonneneinstrahlung ist zwar ungesund, aber mir ist am wichtigsten, dass ich mich wohlfühle und entspannen kann!«

Reduktion der Wichtigkeit dissonanter Kognitionen (»Ich glaube der medizinischen Forschung nicht, dass UV-Strahlung gesundheitsschädigend ist!«)

Substitution dissonanter durch konsonante Kognitionen (»Ungeschütztes Sonnen mag zwar schädlich sein, aber dafür lebe ich sonst sehr gesundheitsbewusst, ich rauche zum Beispiel nicht und treibe viel Sport!«)

2.1 Klassische Formulierung der Dissonanztheorie

> Kognitive Dissonanz entsteht, wenn mindestens zwei unserer Kognitionen nicht zusammenpassen.

Kognitive Dissonanz entsteht immer dann, wenn mindestens **zwei verschiedene kognitive Inhalte**, die wir erleben (z. B. Gedanken, Überzeugungen, Einstellungen, Wahrnehmung eigener Verhaltensweisen) nicht oder nur **schwer miteinander vereinbar** sind. In anderen Worten: Dissonanz entsteht immer dann, wenn eine bestimmte Kognition das genaue Gegenteil einer anderen Kognition impliziert. Ein mögliches Beispiel hierfür wäre folgendes Szenario: Kognition 1: »Ich liege häufig ungeschützt in der prallen Sonne«; Kognition 2: »UV-Strahlung erhöht das Risiko für Hautkrebs«. In diesem Fall stehen sich beide Kognitionen gegenüber und sollten entsprechend der Theorie hohe Dissonanz auslösen.

> ► Definition
> Kognitive Dissonanz

┌─ Definition ──────────────────────────────
│ Kognitive Dissonanz lässt sich als ein aversiver motivationaler Zu-
│ stand beschreiben, der das Individuum dazu motiviert, diesen
│ unangenehmen Zustand abzubauen (Festinger, 1957).
└───

> Die **persönliche Wichtigkeit und Bedeutung** der widerstreitenden Kognitionen bestimmen das **Ausmaß** der erlebten **Dissonanz**.

Dabei ist die entstehende **Dissonanz umso höher, je wichtiger die widerstreitenden Kognitionen** für die Person sind, die sie erlebt und je stärker sie einem persönlichen Standard entsprechen.

Dissonanz kann auf fünf verschiedene Weisen **reduziert** werden (vgl. Frey & Gaska, 2009; **▢** Abb. 2.1):

1. **Addition konsonanter Kognitionen** –Hinzufügen von Argumenten, die meinen ursprünglichen Gedanken stützen bzw. meiner Empfindung entsprechen, z. B. »Ich möchte braun werden!«

2. **Subtraktion dissonanter Kognitionen** – Vermeidung von Informationen, die z. B. zeigen, dass UV-Strahlung tatsächlich krebsfördernd ist; etwa durch Ignorieren der neuesten Statistiken zu den Langzeitschäden von UV-Strahlenexposition.
3. **Substitution dissonanter durch konsonante Kognitionen** – Hervorheben von positiven Bereichen, die unabhängig von der erlebten Dissonanz sind, z. B. »Ungeschütztes Sonnen mag zwar schädlich sein, aber dafür lebe ich sonst sehr gesundheitsbewusst: Ich rauche nicht und treibe viel Sport!«
4. **Erhöhung der Wichtigkeit konsonanter Kognitionen** – z. B. »Lange Sonneneinstrahlung ist zwar ungesund, aber mir ist am wichtigsten, dass ich mich wohlfühle und entspannen kann!«
5. **Reduktion der Wichtigkeit dissonanter Kognitionen** – Trivialisierung, z. B. »Ich glaube der medizinischen Forschung nicht, dass UV-Strahlung gesundheitsschädigend ist!«

> Es gibt **5 Möglichkeiten zur Dissonanzreduktion:**
> 1. Addition konsonanter Kognitionen,
> 2. Subtraktion dissonanter Kognitionen,
> 3. Substitution dissonanter durch konsonante Kognitionen,
> 4. Erhöhung der Wichtigkeit konsonanter Kognitionen,
> 5. Reduktion der Wichtigkeit dissonanter Kognitionen.

2.2 Klassische Forschungsparadigmen

In der dissonanztheoretischen Forschung finden sich **drei verschiedene klassische Forschungsparadigmen**, also klassische Herangehensweisen zur Untersuchung der Theorie (vgl. Frey & Gaska, 2009):
1. forcierte Einwilligung (»forced compliance«)
2. Wahlfreiheit (»free choice«) und
3. selektive Informationssuche (»selective exposure«).

> Die **Dissonanztheorie** wird hauptsächlich mit **drei Forschungsparadigmen** untersucht:
> 1. forcierte Einwilligung,
> 2. Wahlfreiheit und
> 3. selektive Informationssuche.

2.2.1 Forced-Compliance-Paradigma

Das wohl bekannteste und am meisten beforschte Paradigma ist das sog. **Forced-Compliance-Paradigma** (Festinger & Carlsmith, 1959), in dessen Kontext das klassische 20-Dollar-Experiment (▶ Studie: Forced Compliance – Das 20-Dollar-Experiment) durchgeführt wurde.

> Am bekanntesten ist das **Forced-Compliance-Paradigma** (Festinger & Carlsmith, 1959). Hier lässt sich das klassische **20-Dollar-Experiment** einordnen.

Studie

Forced Compliance – Das 20-Dollar-Experiment
In dem klassischen Experiment von Festinger und Carlsmith (1959) wurden Versuchspersonen gebeten an einer besonders langweiligen Aufgabe teilzunehmen (Abschreiben von bedeutungslosen Zahlen- und Buchstabenreihen). Im Experiment wurden sie von der Versuchsleitung aufgefordert, eine nachfolgende Versuchsperson anzulügen, indem sie ihr mitteilten, dass das auf sie wartende Experiment außerordentlich spannend sei. Für diese Lüge wurde ihnen entweder **1 Dollar** (niedrige Rechtfertigung für die Lüge) oder **20 Dollar** (hohe Rechtfertigung für die Lüge) als Belohnung angeboten. Als abhängige Variable erfassten die Forscher die Einstellung gegenüber der langweiligen Aufgabe, die sie zuvor in dem Experiment durchführen mussten. Das erstaunliche Ergebnis war, dass Personen mit niedriger Rechtfertigung, die also nur 1 Dollar für ihre Lüge erhielten, die Aufgabe als weniger langweilig bewerteten als diejenigen mit hoher Rechtfertigung (20 Dollar).

Festinger und Carlsmith (1959) erklärten diesen Befund so: Alle Personen, die an dem Experiment teilnahmen, erlebten **kognitive Dissonanz** (Kognition 1: »Das Experiment war entsetzlich langweilig!« – Kognition 2: »Ich soll diese nette Studentin anlügen und erzählen, es sei total spannend gewesen. Die geht doch hinterher nicht mehr mit mir Kaffee trinken!«). Die Personen in der 20-Dollar-Bedingung konnten ihre Lüge gegenüber der nachfolgenden Versuchsperson vor sich selbst allerdings gut damit begründen, dass sie dafür eine ordentliche Belohnung erhielten. Damit reduzierten sie die empfundene kognitive Dissonanz durch die Addition einer konsonanten Kognition. Die Personen in der 1-Dollar-Bedingung konnten dies dagegen nicht: Der Betrag, mit dem sie entlohnt wurden, war zu gering, um eine hinreichende Rechtfertigung für ihr Verhalten sein zu können. Somit standen Einstellung und Verhalten einander unvereinbar entgegen. Den Versuchspersonen blieb nichts anderes übrig, als die kognitive Dissonanz durch eine Änderung der Einstellung zum erlebten Experiment zu reduzieren (»Na ja, so schlimm war es ja nun doch nicht« oder »Zumindest lernt man hier, sich zu konzentrieren«). Dadurch fanden sie – statt der ausbleibenden äußeren Rechtfertigung durch 20 Dollar – eine interne Rechtfertigung für ihr Handeln. Dies entspricht der Reduktion dissonanter Kognitionen durch Änderung der eigenen Auffassung.

Im **20-Dollar-Experiment** wurden Versuchspersonen dazu gebracht, einstellungsdiskrepantes Verhalten zu zeigen (ein langweiliges Experiment gegenüber anderen als interessant darzustellen). Die damit verbundenen widersprüchlichen Kognitionen lösten kognitive Dissonanz aus, die durch **Einstellungsänderung** reduziert werden konnte. Der Effekt war besonders stark, wenn sich das eigene Verhalten nur schwer rechtfertigen ließ.

Die Befunde des 20-Dollar-Experiments wurden mit verschiedenen anderen Paradigmen repliziert. Es zeigt sich insgesamt, dass Personen, die dazu gebracht werden, **einstellungsdiskrepantes Verhalten** zu zeigen, versuchen, die entstehende Dissonanz durch eine **Einstellungsänderung** in Richtung des gezeigten Verhaltens zu verändern. Dieser Effekt ist besonders stark, wenn Personen nur geringe **Rechtfertigungsmöglichkeiten** für ihr einstellungsdiskrepantes Verhalten haben.

2.2.2 Free-Choice-Paradigma

Im **Free-Choice-Paradigma** wird Dissonanz durch das Treffen einer Entscheidung erzeugt. Diese Dissonanz wird reduziert, indem die gewählte Entscheidungsalternative aufgewertet und die nicht gewählte Alternative abgewertet wird (»**spreading apart of alternatives**«). Der Effekt ist umso stärker, je schwieriger die Entscheidung ist bzw. je ähnlicher sich die beiden Entscheidungsalternativen sind (hohes Ausmaß erlebter Dissonanz).

In dieser ebenfalls klassischen Versuchsanordnung werden Personen gebeten, **Entscheidungen mit unterschiedlichem Schwierigkeitsgrad** zu treffen (Brehm, 1956). Beispielsweise sollen Personen sechs verschiedene Konsumartikel entsprechend ihrer Attraktivität in eine Rangreihe bringen. Im Anschluss sollen sie sich entweder zwischen dem Konsumartikel an zweiter und sechster Stelle entscheiden (niedrige Dissonanzbedingung) oder zwischen dem Konsumgut an zweiter und dritter Stelle (hohe Dissonanzbedingung). Natürlich ist klar, dass die Entscheidung zwischen Artikel 2 und 3 (vielleicht einem mp3-Player und einem neuen Handy) wesentlich schwerer fallen sollte als die Entscheidung zwischen Artikel 2 und 6 (also einem mp3-Player und einem Psychologie-Lehrbuch). Erstere Bedingung ist deshalb diejenige, bei der am meisten Dissonanz entstehen sollte (»Wenn ich diesen Artikel nehme, entgeht mir der andere, den ich ähnlich gut finde!«). Im Anschluss werden die Versuchspersonen gebeten, die Attraktivität der beiden zur Auswahl stehenden Konsumgüter zu bewerten. Hier ist typischerweise zu beobachten, dass Personen in der Bedingung mit hoher Dissonanz (Wahl zwischen Konsumgut an 2. und 3. Stelle) das Konsumgut an 2. Stelle stärker aufwerten als Personen in der niedrigen Dissonanzbedingung (Wahl zwischen Konsumgut an 2. und 6. Stelle). Dieser Effekt wird »**spreading apart of alternatives**« (Festinger, 1964, S.164) genannt und zeigt anschaulich, wie Menschen dazu neigen, Dissonanz, die durch eine Entscheidungssituation erzeugt wird, durch Aufwertung der gewählten und/oder Abwertung der nicht gewählten Entscheidungsalternative zu reduzieren (◻ Abb. 2.2).

2.2.3 Selective-Exposure-Paradigma (selektive Informationssuche)

Wenn Personen in ihrer Umwelt nach neuen Informationen suchen, dann tun sie dies oftmals nicht unabhängig von ihren Standpunkten, Erwartungen, Wünschen und Entscheidungen. Verschiedene Forschungen zeigen, dass Personen systematisch Informationen bevorzugen, die ihre sozialen Stereotype (Johnston, 1996), Einstellungen (Lundgren & Prislin, 1998), Verhandlungserwartungen (Pinkley, Griffith & Northcraft, 1995), selbstwertdienlichen Schlussfolgerungen (Holton & Pyszczynski, 1989) und Entscheidungen (Frey, 1986) unterstützen. So wählen wir in der Zeitung vornehmlich Artikel oder Kommentare zum Lesen aus, die unserer eigenen politischen Einstellung entsprechen. Oder wir besuchen eher eine Wahlveranstaltung unserer präferierten Partei statt diejenige der Oppositionspartei. Im Hinblick auf eine selbstwertdienliche Schlussfolgerung könnten wir dazu neigen, einseitig auf unsere Erfolge oder positive Rückmeldungen zu schauen statt auch unsere Fehler, Unzulänglichkeiten und Misserfolge im Blick zu haben.

Im klassischen **Selective-Exposure-Paradigma** wird Dissonanz vorwiegend durch eine **schwierige Entscheidung zwischen zwei Alternativen** induziert (siehe Frey, 1986; Jonas, Schulz-Hardt, Frey & Thelen, 2001). Dies können z. B. zwei gleichattraktive Konsumgüter, zwei unterschiedliche Investmentstrategien sein oder aber die zwei Alternativen beziehen sich auf politische Entscheidungen. Im Anschluss erhalten die Untersuchungsteilnehmer zusätzliche Informationen (zwischen 8 und 16 Stück), die zur Hälfte die eigene Entscheidung bekräftigen (konsistent sind) und ihr zur anderen Hälfte widersprechen (also inkonsistent zu der eigenen Entscheidung sind). Wenn die Entscheidung beispielsweise darauf abzielt, sich entweder für oder gegen eine stärkere Terrorismusbekämpfung bei Beschneidung der Grundrechte auszusprechen und sich der Versuchsteilnehmer dagegen entscheidet, wäre hierbei eine konsistente Information, dass es bei Beschneidung der Grundrechte möglicherweise zu Missbrauch seitens der Politik kommen kann. Dieses Argument unterstützt somit die Meinung der Versuchsperson. Dagegen wäre die Information, dass die Bevölkerung durch eingeschränkte Grundrechte leichter vor Terroranschlägen geschützt werden kann, inkonsistent zur vorherigen Entscheidung. Die Versuchsteilnehmer können dann entscheiden, zu welchen Informationen sie gerne einen

Bei der Suche nach neuen Informationen gehen Personen meist **selektiv** vor: Sie bevorzugen diejenigen Informationen, die ihrem Selbstwert, ihren eigenen Einstellungen, Erwartungen, Entscheidungen etc. entsprechen.

Im **Selective-Exposure-Paradigma** wird Dissonanz induziert, indem eine Entscheidung zwischen zwei Alternativen getroffen wird. Bei der anschließenden Informationssuche wird klassischerweise beobachtet, dass mehr entscheidungskonsistente als dissonante Informationen ausgewählt werden (»**confirmation bias**«).

wesentlich ausführlicheren Artikel lesen möchten. Typischer Befund ist, dass Personen systematisch mehr entscheidungskonsistente als inkonsistente Informationen auswählen/anfordern und somit mehr Artikel zu denjenigen Informationen lesen, die ihre Entscheidung unterstützen. Dieser Effekt der verzerrten Informationsauswahl wird auch als »**selective exposure effect**« bezeichnet. Er zeigt sich im sog. **Konfirmationsbias** (»confirmation bias«; Frey, 1986; Fischer & Greitemeyer, 2010), der die Differenz zwischen den gewählten konsistenten und den gewählten inkonsistenten Informationen angibt. Die Personen fühlen sich darin bestätigt, dass es mehr Belege für die getroffene Entscheidung gibt als dagegen. Daraus resultiert eine verzerrte Wahrnehmung zugunsten der konsistenten Information.

Beispiel

Das Risiko von Fehlentscheidungen – Praktische Bedeutung selektiver Informationssuche

Die Erforschung von Determinanten und Prozessen, die mit dem Phänomen der **selektiven Informationssuche** (»**selective exposure**«) in Verbindung stehen, ist von besonderer Wichtigkeit, weil dieses Phänomen mit schwerwiegenden Risiken verbunden sein kann: Selektive Informationssuche kann dazu führen, dass Personen bei Entscheidungen potenzielle Risiken und Warnsignale übersehen, sodass sie Standpunkte aufrecht erhalten, die aufgrund der objektiven Informationslage nicht angemessen oder falsch sind (vgl. Janis, 1982; Johnston, 1996; Schulz-Hardt, 1997). Als politisches Beispiel hierzu dient die Irak-Politik unter dem US-Präsidenten George W. Bush (vgl. Aronson, Wilson, Akert, 2008). Aufgrund einseitiger CIA-Berichte leitete dieser einen Präventivkrieg gegen den Irak ein, da vermutet wurde, dass deren Staatschef Saddam Hussein über Massenvernichtungswaffen verfügte. Obwohl genügend Anzeichen dieser Annahme widersprachen wurde der Krieg fortgesetzt und damit an der Meinung festgehalten. Obwohl man schließlich zu der Erkenntnis kam, dass dieses Vorgehen fehlgeleitet war, da der Irak über keine derartigen Massenvernichtungswaffen verfügte, war die Zerstörung nicht rückgängig zu machen (vgl. Report on the U.S. Intelligence Community's Prewar Intelligence Assessments on Iraq, 2004).

Auch wenn **selektive Informationssuche** vorteilhaft sein kann, birgt sie das Risiko für **Fehlentscheidungen**, was mit schwerwiegenden Konsequenzen verbunden sein kann. Ausgeglichene Informationssuche reduziert dagegen die Wahrscheinlichkeit für fehlerhafte Entscheidungsprozesse.

Derartige **Fehlentscheidungen** sind weniger wahrscheinlich, wenn Personen ausgewogen nach unterstützenden und widersprechenden Informationen suchen (Kray & Galinsky, 2003). Dies trifft vor allem dann zu, wenn neue Informationen nach einer vorläufigen Entscheidung verfügbar sind, und durch die Integration widersprechender Information eine frühzeitige Korrektur von Fehlentscheidungen noch möglich wäre (Brockner & Rubin, 1985). Obwohl eine selektive Informationssuche bei komplexen Entscheidungsproblemen in der Realität durchaus Vorteile haben kann – sie kann z. B. Zeit oder Kosten ersparen, da es natürlich sehr aufwändig ist, immer zu allen Entscheidungsalternativen Informationen zu sammeln und zu vergleichen (Beckmann & Kuhl, 1984; Payne, Bettman & Johnson, 1993) –, muss zusammenfassend festgestellt werden, dass in Situationen mit hohen Risiken und mit relativer Transparenz von Vor- und Nachteilen bestimmter Entscheidungsalternativen die Wahrscheinlichkeit negativer Entscheidungsergebnisse erhöht ist, wenn Informationen selektiv ausgesucht werden (Schulz-Hardt, 1997).

Selektive Informationssuche ist teilweise mithilfe der Dissonanztheorie zu erklären: Personen erleben **nach getroffenen Entscheidungen Dissonanz**, die sie durch systematische **Suche nach entscheidungskonsistenten Informationen reduzieren** können.

Ein Großteil der bisherigen Forschungen zu selektiver Informationssuche wurde im theoretischen Kontext der **Dissonanztheorie** (Festinger, 1957, 1964) durchgeführt, die davon ausgeht, dass Personen **nach Entscheidungen Dissonanz** erleben und deshalb systematisch nach entscheidungsunterstützenden Informationen suchen, um diesen **aversiven**

bzw. unangenehmen motivationalen Zustand abzubauen (Frey, 1981a, 1986). Klassische Forschungen zeigten, dass Personen immer dann unterstützende Informationen bevorzugen, wenn sie sich frei für eine bestimmte Handlungsalternative entscheiden können (Frey & Wicklund, 1978), wenn sie sich ihrem Standpunkt verpflichtet fühlen (Brock & Balloun, 1967; Schwarz, Frey & Kumpf, 1980), wenn eine Entscheidung oder ein bestimmter Standpunkt nicht rückgängig zu machen sind (Frey, 1981b) oder der Grad der Dissonanz ansteigt (Frey, 1982). Neuere Erklärungsansätze sind jedoch eher kognitiver Art. Hier steht nicht der Abbau des aversiven motivationalen Zustands im Vordergrund (vgl. kognitive Dissonanz), sondern vielmehr wird der Confirmation Bias durch die unterschiedliche Bewertung konsistenter und inkonsistenter Informationen erklärt. Demnach betrachtet man konsistente Informationen bereits a priori als qualitativ hochwertiger und testet im Gegensatz dazu inkonsistente Informationen wesentlich kritischer (Ditto & Lopez, 1992; Fischer, Jonas, Frey & Schultz-Hardt, 2005). Die Folge der Überbewertung konsistenter im Vergleich zu inkonsistenten Informationen ist, dass hinsichtlich der Auswahl von Informationen erstere bevorzugt werden (»selective exposure effect«).

2.2.4 Dissonanz und Gesellschaft

Dissonanz in Gruppen

> **Studie**
>
> **Dissonanzreduktion in Gruppen**
>
> Festinger, Riecken und Schachter (1956) führten eine besonders aufschlussreiche Untersuchung zu Mechanismen der Dissonanzminderung durch. Diese Forscher untersuchten im Rahmen einer Verhaltensbeobachtung, bei der Festinger sich übrigens selbst als Sektenmitglied ausgab, eine sog. »Weltuntergangssekte«. Mitglieder dieser Sekte waren davon überzeugt, dass zu einem bestimmten Zeitpunkt in naher Zukunft die Welt untergehen würde. Festinger und Kollegen wollten wissen, wie die Sektenmitglieder reagieren würden, wenn die Welt nun doch nicht unterginge. Als der vermeintliche Tag des vorhergesagten Weltuntergangs vorüber war – und die Welt, welch Überraschung (!), nicht unterging – bemerkte Festinger, dass die Sektenmitglieder die dadurch entstandene Dissonanz reduzierten, indem sie annahmen, dass ihre Gebete die Welt gerettet hatten. Ganz von dieser Annahme und deren Richtigkeit überzeugt, begannen sie sogar damit, durch Mission neue Mitglieder für ihre Sekte anzuwerben. Diese Strategie der Dissonanzreduktion entspricht damit der Substitution dissonanter durch konsonante Information.

Es ist leicht, über die Irrationalität der Anhänger eigentümlicher Sekten zu schmunzeln. Die Dissonanztheorie – wie jede andere psychologische Theorie – macht aber vor niemandem Halt (▶ Studie: Dissonanzreduktion in Gruppen). Daher drängt sich die Frage auf, ob sich auch in etablierten Massenreligionen ähnliche Phänomene zeigen? Im Christentum wurde beispielsweise wiederholt die Wiederkehr Christi und damit das Ende der Welt vorhergesagt. Wie wir wissen, sind derartige Prophezeiungen bisher nicht eingetreten; dennoch führte deren Widerlegung nie zum Zusammenbruch des Christentums oder irgendeiner anderen Religion.

Die **Theorie der kognitiven Dissonanz** kommt in den verschiedensten Kontexten zum Tragen. So wurde innerhalb etablierter Massenreligionen das Ende der Welt vorhergesagt, das jedoch nicht eingetreten ist.

2

Beispiel

Die Kuba-Invasion – Negative Folgen kollektiver Dissonanzminderung

Ein aufschlussreiches Beispiel zur Dissonanz und ihrer Reduktion innerhalb einer sozialen Gruppe zeigt sich in der politischen Geschichte der Vereinigten Staaten. Das Resultat dieser **kollektiven Dissonanzminderung** war das Fiasko der **Invasion Kubas** im Jahr 1961. Nachdem Fidel Castro mit seinen kommunistischen Weggefährten Kuba eroberte, beriet Präsident Kennedy mit seinem Stab darüber, wie man Kuba wieder aus Castros Händen entreißen könnte. Kennedy und die meisten seiner Berater favorisierten den Plan, Kuba mit einer Truppe von Exilkubanern in einer militärischen Überfallaktion zurückzuerobern. Die Operation sollte von Nicaragua aus durchgeführt werden, mit dem Ziel, die Revolutionsregierung Fidel Castros zu stürzen. Dazu sollte die CIA von den freiwilligen Exilkubanern unterstützt werden. Nur wenige seiner Berater waren gegen diesen Plan. Der Angriff auf Kuba scheiterte kläglich und die meisten kubanisch-amerikanischen Soldaten wurden noch am Strand getötet oder gefangen genommen.

Die Kuba-Invasion ist ein Beispiel für das sog. **Groupthink-Phänomen**. Zugunsten des Gruppenerhalts wird hierbei auf eine kritische und ausgewogene Betrachtungsweise von Problemstellungen verzichtet. Stattdessen kommt es zu einer selektiven Informationssuche nach entscheidungskonsistenten Informationen, was dramatische Folgen haben kann.

Die **Watergate-Affäre** ist beispielhaft für **selektive Informationssuche** im politischen Kontext: Republikaner, die durch das rechtswidrige Verhalten Nixons kognitive Dissonanz erlebten, kannten wesentlich weniger Presseberichte hierzu als Anhänger des Demokraten McGovern. Sie vermieden selektiv die Konfrontation mit einstellungsdiskrepanten Informationen, um den unangenehmen Zustand **kognitiver Dissonanz zu reduzieren**.

Janis (1982) analysierte Audiobänder der Gruppendiskussionen von Kennedy und seinen Beratern. Er fand dabei das sog. **Groupthink-Phänomen**, das dadurch gekennzeichnet ist, dass eine ausgewogene und umfassende Betrachtung der Tatsachen zugunsten des **Gruppenerhalts** (bzw. einer einheitlichen Meinung) aufgegeben wird (▶ Kap. 8). Im Hinblick auf die Kuba-Invasion bedeutet dies, dass Kritiker des Präsidenten (also diejenigen Berater, die gegen eine Invasion waren) systematisch abgewertet und mundtot gemacht wurden. Es zeigte sich also, dass die Mehrheit der Gruppe selektiv nur nach Informationen innerhalb der Gruppe suchte, die den Angriffsplan unterstützte. Kritische und widersprechende Informationen wurden nicht auf ihre Wertigkeit geprüft bzw. gar nicht erst zur Kenntnis genommen (für weitere Strategien zur Dissonanzreduktion innerhalb der Gruppe s. auch Matz & Wood, 2005). Wie bereits geschildert, kamen bei der Entscheidung, den Irak aufgrund von vermuteten Massenvernichtungswaffen anzugreifen, ähnliche Prozesse zum Tragen (Fischer & Greitemeyer, 2010). Auch hier wurde am Gruppenentscheid festgehalten und andere, **widersprechende Informationen wurden konsequent ignoriert** bzw. abgewertet (◨ Abb. 2.3).

Ebenfalls im politischen Kontext untersuchten Sweeney und Gruber (1984) die Rolle der **selektiven Informationssuche**. Als der damalige republikanische US-Präsident Richard Nixon wiedergewählt werden wollte, ließ er das Wahlkampfbüro seines demokratischen Gegners George McGovern durch heimlich installierte Mikrophone (Wanzen) abhören. Dies flog nach einiger Zeit auf und verursachte einen der größten **politischen Skandale der US-amerikanischen Geschichte**. Sweeney und Gruber interessierten sich nun dafür, wie Wähler der Republikaner in diesem Kontext Dissonanz (Kognition 1: »Nixon ist unser Mann!« vs. Kognition 2: »Nixon hat die freiheitlichen Grundrechte unserer Verfassung verletzt.«) reduzierten. Die Forscher befragten Republikaner und Demokraten darüber, welche und wie viele Informationen sie über den politischen Skandal aus den Zeitungen kannten. Wie erwartet zeigte sich, dass Demokraten wesentlich mehr Informationen aus den Medien über den Skandal erinnerten als Wähler der Republikaner. Der Grund dafür liegt darin, dass der Skandal für Demokraten keine Dissonanz erzeugte, da negative Information über den Präsidenten Nixon eher konsistent zu ihrer Ansicht war. Bei den Republikanern stellte sich die Sache natürlich

◘ **Abb. 2.3** Kritik verboten – Die Abwertung von Abweichlern als Teil des Groupthink-Phänomens

anders dar, denn die Widersprüche waren enorm. Es schien, als ob diese ihre Dissonanz über den politischen Skandal dadurch reduzierten, dass sie Informationen über den Skandal in den Medien einfach ignorierten und selektiv vermieden (Subtraktion dissonanter Kognitionen). Ähnliche Effekte fanden Jonas, Graupmann, Fischer, Greitemeyer und Frey (2003) im Rahmen der **CDU-Parteispendenaffäre** in Deutschland. Auch hier vermieden Wähler der CDU Informationen zum Parteispendenskandal wesentlich stärker als Wähler anderer Parteien. Wir alle können, wenn wir ganz ehrlich sind, diese Verhaltenstendenz vermutlich bei uns selbst beobachten – wir bevorzugen Zuspruch statt Widerspruch.

Dissonanz variiert zwischen Kulturen

Schließlich ist auch wichtig zu betonen, dass **Dissonanz interkulturell variieren** kann. Forscher fanden signifikante Unterschiede darin, wie Asiaten (eher kollektivistisch orientierter Kulturkreis) und Personen europäischer Herkunft (eher individualistisch orientierter Kulturkreis) ihre Entscheidungen rechtfertigen. Kollektivisten tendierten dazu, Entscheidungen besonders stark vor allem dann zu rechtfertigen, wenn sie diese für einen Freund anstatt für sich selbst getroffen haben. Bei Individualisten war dieser Effekt genau umgekehrt; diese zeigten Rechtfertigungstendenzen (Dissonanzreduktion) vor allem dann, wenn sie die Entscheidung für sich selbst anstatt für andere Freunde trafen (Hoshino-Browne, Zanna, Spencer, Zanna, Kitayama & Lackenbauer, 2005).

Die Wahrnehmung von Dissonanz ist kulturell verschieden. **Kollektivistisch** geprägte Menschen erleben v. a. dann Dissonanz, wenn sie **für andere** Personen eine Entscheidung treffen. Dagegen tritt bei **Individualisten** verstärkt Dissonanz auf, wenn sie die Entscheidung **für sich** treffen.

In einer anderen Studie konnte auch gezeigt werden, dass **Dissonanzreduktionsprozesse** auch zu verstärktem **Autoritarismus, Extremismus** und zur **Abwertung von Außengruppen** führen können. McGregor, Zanna, Holmes und Spencer (2001) konnten zeigen, dass das Ausmaß **persönlicher Unsicherheit** (induziert durch eine Bedrohung der Selbstintegrität) zu extremen Überzeugungen in sozialen Themenbereichen führte. Dies wurde dagegen nicht beobachtet, wenn die Bedrohungsmanipulation zur persönlichen Unsicherheit ausblieb. Zu Abwertung von Fremdgruppen kann als aktuelles Beispiel auch die Flüchtlingssituation bzw. die Tatsache angeführt werden, dass die subjektiven Bewertungen gegenüber Flüchtlingen deutlich negativ sind. Aus einer Studie, die im Rahmen des Sozio-oekonomischen Panels (SOEP) durchgeführt wird, ergibt sich, dass knapp die Hälfte der befragten Personen negative Auswirkungen des Flüchtlingsstroms für die deutsche Wirtschaft sieht, mehr als die Hälfte erwartet zudem, dass Deutschland ein schlechterer Ort zum Leben werde und allgemein die Risiken steigen

Die Entwicklung **extremer Überzeugungen** hinsichtlich sozialer Themen kann ebenfalls der **Dissonanzreduktion** dienen. So kann das Erleben eigener Unsicherheit (Bedrohung der Selbstintegrität) durch **Abwertung der Fremdgruppe** kompensiert werden.

Dissonanz kann auch stellvertretend für eine andere Person empfunden werden (**stellvertretende Dissonanz**). Beobachtet eine Person ein Gruppenmitglied, das seine Einstellung als Folge einstellungsdiskrepanten Verhaltens ändert (**Forced-Compliance-Paradigma**), so ändert sie ihre Einstellung ebenfalls in Richtung des beobachteten, einstellungsdiskrepanten Verhaltens. Offenbar genügt die Vorstellung, selbst in einer derartigen Situation zu sein, um Dissonanz zu induzieren.

(Eisnecker & Schupp, 2016). Hier kann vermutet werden, dass die persönlich erlebte Unsicherheit, vielleicht i. S. einer Angst vor Arbeitsplatzverlust oder zukünftiger Instabilität, ein zentraler Faktor ist.

Weitere interessante Dissonanzeffekte gibt es auch in anderen Studien. Norton, Monin, Cooper und Hogg (2003) fanden, dass Personen sogar stellvertretend für andere Menschen Dissonanz reduzieren. Dieses Phänomen der **stellvertretenden Dissonanz** (»vicarious dissonance«) wurde folgendermaßen nachgewiesen: Untersuchungspersonen betrachteten andere Personen, die sich in einer Situation befanden, in der sie starke Dissonanz empfinden sollten. Die Versuchsperson beobachtete also ein Mitglied der eigenen Gruppe (hier: desselben Colleges), das in einem **forced-choice-Paradigma** dazu gezwungen wurde, sich in einer Rede für ein bestimmtes Thema zu engagieren, obwohl die Person eigentlich eine gegenteilige Auffassung dazu hatte. Wie wir oben bereits gehört haben, war zu erwarten, dass diese Person aufgrund ihres einstellungsinkonsistenten Verhaltens ihre Haltung zu diesem Thema ändern sollte. Nur so konnte ihre Dissonanz reduziert werden. Aber welche Konsequenzen hat dies für den Beobachter dieser Situation? Die Ergebnisse zeigen, dass Personen, die andere Gruppenmitglieder in dieser Situation beobachteten, ihre Einstellung ebenfalls in Richtung des gezeigten einstellungsdiskrepanten Verhaltens änderten. Vermutlich wurde dieser Befund darüber vermittelt, dass sich die Beobachter vorstellten, selbst in dieser Situation zu sein, was sie als sehr unangenehm erlebten – so, als würden sie selbst die **kognitive Dissonanz der anderen Person empfinden**.

2.3   Theoretische Weiterentwicklungen der Dissonanztheorie

2.3.1   Wie wird Dissonanzreduktion psychologisch vermittelt?

Für die Dissonanzreduktion sind sowohl **motivationale** (das Ziel, negative Gefühle zu vermindern und verstärkt positive Emotionen zu erleben) als auch **kognitive** Prozesse (Streben nach Kohärenz von Denken und Handeln) entscheidend.

Wie bei allen psychologischen Theorien und Effekten stellt sich auch bei der **Dissonanzreduzierung** die Frage, welche Prozesse der Motivation oder der Kognition eine entscheidende Vermittlerrolle spielen. **Motivation** ist relevant, wenn Menschen ein Verhalten zeigen, dessen vorwiegendes Ziel es ist, negative Gefühle zu lindern oder positive Emotionen zu wecken. **Kognition** ist dagegen relevant, wenn die Menschen Verhalten zeigen, dessen primäres Ziel es ist, die Kohärenz von Denken und Handeln zu bewahren bzw. wiederherzustellen. Die Forschung zeigt, dass die Dissonanzminderung ohne motivationale Prozesse nicht auskommt. Vereinfacht gesagt, »Gefühle sind im Spiel« selbst wenn gleichzeitig diszipliniertes Denken abläuft.

Das Erleben kognitiver Dissonanz geht mit **erhöhter physiologischer Erregung** einher.

Elkin und Leippe (1986) berichten, dass die Erregung kognitiver Dissonanz tatsächlich mit erhöhter physiologischer Erregung einhergeht. Weitere Befunde stützen die Annahme, dass eine solche **physiologische Erregung als Folge kognitiver Dissonanz** auch zu ähnlichen Effekten führt wie eine generelle unspezifische physiologische Erregung: So zeigen Personen im Zustand physiologischer Erregung bekanntermaßen eine bessere Leistung bei einfachen als bei schwierigen Aufgaben. Kiesler und Pallak (1976) konnten zeigen, dass dies ganz genau so ist, wenn die physiologische Erregung durch Dissonanz hervorgerufen wurde (vgl. Aronson, 1999).

Im Gegensatz zu diesen objektiven Beobachtungen, die vielleicht nahelegen, Dissonanzerregung wäre einfach ein physiologischer Zustand wie viele andere auch, zeigte sich in weiteren Untersuchungen auf subjektiver Ebene, dass **Dissonanz** sehr wohl **als ein unangenehmer psychologischer Zustand** erlebt wird, der nicht zu vergleichen ist mit einem lediglich generellen Zustand erhöhter physiologischer Erregung (Elliot & Devine, 1994).

In Übereinstimmung mit dieser Sicht steht auch die Formulierung des sog. »**new look model of dissonance**« von Cooper und Fazio (1984). Diese Autoren unterscheiden zwischen **Dissonanzmotivation** und **Dissonanzerregung**. Danach ist Dissonanzerregung durch einen unspezifischen Erregungszustand (»arousal«) charakterisiert, welcher nachfolgend sowohl positiv als auch negativ interpretiert werden kann. Nur wenn Personen diesen generellen Erregungszustand als negativ interpretieren, führt er auch zu einer unangenehmen psychologischen Empfindung und in der Folge zur Dissonanzmotivation, d. h. dem Bedürfnis, die erlebte Dissonanz zu reduzieren. Dies geschieht mittels der zuvor beschriebenen typischen Dissonanzreduktionsmechanismen wie z. B. Einstellungsänderung, selektive Informationssuche, Rechtfertigung; vgl. Aronson, 1999; Harmon-Jones, 2000.

Dissonanz wird subjektiv als ein **unangenehmer psychologischer Zustand** erlebt. Damit beschreibt Dissonanzerregung **mehr als** einfach nur einen Zustand erhöhter **physiologischer Erregung**.

Das »**new look model of dissonance**« unterscheidet zwischen Dissonanzerregung und Dissonanzmotivation. Wird die **Dissonanzerregung**, ein unspezifischer physiologischer Erregungszustand, als negativ empfunden, so kommt es zur **Dissonanzmotivation** bzw. dem Bedürfnis, die erlebte Dissonanz zu reduzieren.

2.3.2 Dissonanz und selbstbezogene Inkonsistenz

Eine weitere einflussreiche **Revision der Dissonanztheorie** wurde von Aronson (1968, 1999) vorgelegt, welche sich vor allem mit dem Zusammenhang von Dissonanzerregung und dem individuellen Selbst einer Person befasst (s. auch Harmon-Jones, 2000). Aronson nimmt an, dass Dissonanzerregung und nachfolgende Dissonanzreduktion nur dann einsetzen, wenn ein Verhalten eigenen grundlegenden Kernüberzeugungen und Einstellungen widerspricht. Demnach entsteht Dissonanz nicht, weil lediglich zwei Kognitionen inkonsistent zueinander sind, sondern weil diese Kognitionen eine **selbstbezogene Inkonsistenz** hervorrufen, also im Widerstreit mit ganz grundsätzlichen Merkmalen der eigenen Person stehen. Das heißt, beim klassischen 20-Dollar-Experiment entsteht Dissonanz nicht wegen der Kognitionen »Das Experiment ist langweilig« und »Ich sagte, das Experiment sei spannend«, sondern beispielsweise wegen der Kognitionen »Ich bin eine ehrliche Person« und »Ich habe einen Mitstudenten belogen«. Beide dieser Kognitionen betreffen auf tieferer Ebene den Kern der Person (deren Werte, moralischen Vorstellungen etc.) und nicht nur ihr sichtbares Verhalten (Aronson, 1999; Harmon-Jones, 2000).

In einem mittlerweile klassischen Experiment konnten Stone, Aronson, Crain, Winslow und Fried (1994) in ihren sog. »**Hypocrisy**«-(**Heuchelei-**)**Experimenten** diese erste selbstbasierte Revision der Dissonanztheorie bestätigen (▸ Studie: Die Heuchelei-Experimente).

Laut Aronson (1968) kommt es nur dann zu Dissonanz und nachfolgender Dissonanzreduktion, wenn mindestens zwei Kognitionen eine **selbstbezogene Inkonsistenz** hervorrufen. Ausschlaggebend ist also nicht, dass sich Verhalten und Einstellung widersprechen; vielmehr ist entscheidend, dass das einstellungsdiskrepante Verhalten **zentrale Werte** (z. B. Ehrlichkeit) einer Person betrifft.

2

Studie

Die Heuchelei-Experimente

Stone et al. (1994) ließen in den sog. »Hypocrisy«-Experimenten ihre Versuchsteilnehmer zunächst eine unterstützende Rede für »Safer Sex« halten. Das heißt, sie mussten begründen, warum es wichtig sei, keinen ungeschützten Geschlechtsverkehr zu haben. Nachfolgend kreuzten die Autoren zwei experimentelle Faktoren miteinander, d. h., sie untersuchten in demselben Experiment gleichzeitig zwei verschiedene Einflüsse auf die abhängige Variable (das jeweilige Verhalten) und erzeugten dadurch für verschiedene Personen unterschiedliche Bedingungen:

- Faktor 1: **Einfluss von Öffentlichkeit**. Die Personen in dieser Gruppe hielten diese Rede entweder öffentlich (d. h. vor einer Videokamera und in dem Bewusstsein, dass andere Personen diese Rede später sehen und hören können) oder privat (keine Videokamera; niemand wird diese Rede je sehen oder hören).
- Faktor 2: **Erinnerung an eigenes inkongruentes Verhalten**. Im Rahmen des zweiten experimentellen Faktors wurden die Versuchspersonen entweder an eine Situation erinnert in der sie gegen die Safer-Sex-Norm verstoßen hatten oder nicht. Dies wurde erreicht, indem die eine Hälfte der Versuchspersonen einen kurzen Aufsatz über eine Situation schreiben musste, in der sie ungerechtfertigter Weise kein Kondom verwendete, während die zweite Hälfte dagegen über eine irrelevante (nicht themenbezogene) Situation schrieb.

Dadurch erzeugte die Versuchsleitung bei einigen Versuchspersonen gezielt eine kognitive Dissonanz: nämlich bei denjenigen, die zunächst öffentlich für Safer Sex argumentieren sollten (Faktor 1, Subgruppe »öffentlich«) und zugleich aber im Faktor 2 zu der Subgruppe gehörten, die sich eingestehen musste, sich selbst nicht immer an Safer Sex gehalten zu haben. Als abhängige Variable wurde gemessen, wie viel von ihrem Versuchspersonenentgelt die Untersuchungsteilnehmer in Kondome umtauschten, die ihnen der Versuchsleiter beim Verlassen des Labors anbot – inwiefern investierten die Teilnehmer also in zukünftigen Safer Sex? Es fand sich, dass die Personen in der genannten Heuchelei-Bedingung (also jene, die eine öffentliche Rede für Safer Sex hielten, nachfolgend aber daran erinnert wurden, sich selbst nicht immer entsprechend verhalten zu haben) besonders viel Versuchspersonenhonorar in Kondome umtauschten. Dieses Ergebnis widerspricht der ursprünglichen Annahme der Dissonanztheorie; denn dieser zufolge hätten gerade die »Heuchler« aufgrund ihrer erlebten Dissonanz (Nichteinhalten des eigenen Grundsatzes) dazu tendieren sollen, diese durch Einstellungsänderung (»Ich bin gegen Safer Sex und kaufe daher auch keine Kondome.«) oder Trivialisierung (»Diese Ausnahmen sind nicht der Rede wert und im Grunde halte ich mich an Safer Sex.«) abzubauen. Stattdessen kaufte ausgerechnet diese Personengruppe die meisten Kondome bzw. Zeitschriften zu Safer Sex. Dies kann man so interpretieren, dass das inkonsistente Verhalten dieser Versuchspersonen deren persönlichen Werten und grundlegenden Einstellungen widersprach. Es waren also wichtige selbstbezogene Aspekte betroffen, was wiederum Prozesse zur Dissonanzreduktion anregte.

Die **Heuchelei-Experimente** stützen die selbstbasierte Revision der Dissonanztheorie: Dissonanzerregung und Dissonanzreduktion treten nur auf, wenn das einstellungsdiskrepante Verhalten den **Kern einer Person** betrifft, d. h., deren zentralen Werten und Überzeugungen widerspricht.

Man kann folglich aus diesen Heuchelei-Experimenten schließen, dass kognitive Dissonanz und nachfolgende Dissonanzreduktion nur dann auftreten, wenn das einstellungsdiskrepante Verhalten den Kern der eigenen Person betrifft, mit all ihren Werten, Normen und Kernüberzeugungen. Dieser Befund konnte in weiteren Studien mehrfach repliziert werden und spricht für die Validität der ersten selbstbasierten Revision der Dissonanztheorie von Aronson (1968, 1999).

2.3.3 Positives Selbstbild und kognitive Dissonanz – Mehr Schein als Sein?

In einer weiteren neueren Revision der Dissonanztheorie postulieren Forscher aus dem Bereich der **Selbstaffirmationstheorie** (Steele & Liu, 1983), dass Dissonanzeffekte nicht aus der einfachen Inkonsistenz zwischen Kognitionen entstehen, sondern aus dem Bedürfnis von Personen heraus, ein **positives Selbstbild** (Selbstintegrität) aufrechtzuerhalten. Wenn sich Personen aus freien Stücken heraus dazu entscheiden, ein bestimmtes einstellungsdiskrepantes Verhalten zu zeigen (wie z. B. beim 20-Dollar-Experiment eine andere Person anzulügen), dann bedroht dies das positive Selbstbild, das Personen normalerweise von sich haben. Die Bekräftigung bzw. Stärkung anderer wichtiger Teile des Selbst hilft dagegen, diese Bedrohung der Selbstintegrität zu kompensieren (»fluid compensation«; Harmon-Jones, 2000). Empirisch bestätigt wurde diese theoretische Erweiterung von Steele (1988), der zeigen konnte, dass typische Dissonanzreduktionsprozesse ausbleiben, wenn Versuchspersonen nach der Dissonanzerzeugung die Möglichkeit hatten, wichtige Aspekte ihrer allgemeinen Selbstintegrität zu bekräftigen (z. B. durch das Schreiben eines Aufsatzes über einen wichtigen Wert, den sie vertreten). Wenn man sich also selbst auf andere Weise darin bestätigt, grundsätzlich ehrlich und integer zu sein, kann man eine kognitive Dissonanz, die diesem Grundsatz in einem konkreten Bereich widerspricht, besser aushalten und man bemüht sich nicht automatisch um eine Reduktion der Dissonanz, wie es die klassische Dissonanztheorie noch vorhergesagt hatte. In ähnlicher Weise zeigten Tesser und Cornell (1991), dass die erhöhte Salienz (kognitive Zugänglichkeit) von positiven Selbstbewertungen die Motivation zur Dissonanzreduktion verringert (für einen Überblick s. auch Harmon-Jones, 2000). Einen guten Überblick über die verschiedenen Weiterentwicklungen der Dissonanztheorie, deren Implikationen und Grenzen sowie übergreifende Anwendungsbereiche finden Sie unter der weiterführenden Literatur bei Vogrincic-Haselbacher, Asal, Fischer und Frey (2016).

> Im Rahmen der **Selbstaffirmationstheorie** wird postuliert, dass die Ursache für Dissonanz (und Dissonanzreduktion) das Bestreben nach einem **positiven Selbstbild** ist. Haben Personen nämlich die Möglichkeit, ihre Selbstintegrität nach Dissonanzerzeugung zu **bekräftigen**, so verringert sich die Motivation zur Dissonanzreduktion und deren typische Prozesse bleiben aus.

❓ Kontrollfragen

1. Was versteht man unter kognitiver Dissonanz?
2. Mit welchen Forschungsparadigmen wird die klassische Formulierung der Dissonanztheorie üblicherweise untersucht?
3. Was besagt der »selective exposure effect« und wie ist er theoretisch begründet?
4. Zeigen Sie anhand eines Beispiels die Risiken kollektiver Dissonanzreduktion auf. Welches Phänomen kommt hier zusätzlich zum Tragen?
5. Zeigen Sie anhand von zwei theoretischen Weiterentwicklungen der Dissonanztheorie, dass Dissonanz und deren Reduktion nicht einfach nur aufgrund von zwei inkonsistenten Kognitionen entsteht!

Cooper, J. (2007). *Cognitive dissonance: Fifty years of a classic theory*. London: Sage.

Harmon-Jones, E., Amodio, D. M. & Harmon-Jones, C. (2009). Action-based model of dissonance: A review, integration, and expansion of conceptions of cognitive conflict. In M. P. Zanna (Ed.), *Advances of Experimental Social Psychology* (vol. 41, pp. 119–166). Burlington: Academic Press.

Hart, W., Albarracín, D., Eagly, A. H., Brechan, I., Lindberg, M. J. & Merrill, L. (2009). Feeling validated versus being correct: A meta-analysis of selective exposure to information. *Psychological Bulletin, 135*, 555–588.

▶ **Weiterführende Literatur**

Vogrincic-Haselbacher, C., Asal, K., Fischer, P. & Frey, D. (2016). Theorie der kognitiven Dissonanz. In H.-W. Bierhoff & D. Frey (Eds.), *Enzyklopädie der Psychologie, VI: Sozialpsychologie* (vol. 2: Soziale Motive und Einstellungen, pp. 469–495). Göttingen: Hogrefe.

Literatur

Aronson, E. (1968). Dissonance theory: Progress and problems. In R. P. Abelson, E. Aronson, W. J. McGuire, T. M. Newcomb, M. J. Rosenberg & P. H. Tannenbaum (Eds.), *Theories of cognitive consistency: A sourcebook* (pp. 5–27). Chicago: Rand McNally.

Aronson, E. (1999). Dissonance, hypocrisy, and the self-concept. In E. Harmon-Jones & J. Mills (Eds.), *Cognitive dissonance: Progress on a pivotal theory in social psychology* (pp. 103–126). Washington: American Psychological Association.

Aronson, E., Wilson, T. D. & Akert, R. M. (2008). *Sozialpsychologie* (6. Aufl.). München: Pearson Studium.

Beckmann, J. & Kuhl, J. (1984). Altering information to gain action control: Functional aspects of human information processing in decision making. *Journal of Research in Personality, 18,* 224–237.

Brehm, J. W. (1956). Postdecision changes in the desirability of alternatives. *Journal of Abnormal and Social Psychology, 52,* 384–389.

Brock, T. C. & Balloun, J. L. (1967). Behavioral receptivity to dissonant information. *Journal of Personality and Social Psychology, 6,* 413–428.

Brockner, J. & Rubin, J. (1985). *Entrapment in escalating conflict: A social psychology-analysis.* New York: Springer.

Cooper, J. & Fazio, R. H. (1984). A new look at dissonance theory. In L. Berkowitz (Ed.), *Advances in experimental social psychology* (vol. 17, pp. 229-266). New York: Academic Press.

Ditto, P. H. & Lopez, D. F. (1992). Motivated skepticism: Use of differential decision criteria for preferred and non-preferred conclusions. *Journal of Personality and Social Psychology, 63,* 568–584.

Eisnecker, P. & Schupp, J. (2016). Flüchtlingszuwanderung: Mehrheit der Deutschen befürchtet negative Auswirkungen auf Wirtschaft und Gesellschaft. *DIW-Wochenbericht, 83,* 158–164.

Elkin, R. A. & Leippe, M. R. (1986). Physiological arousal, dissonance, and attitude change: Evidence for a dissonance-arousal link and a »don't remind me« effect. *Journal of Personality and Social Psychology, 51,* 55–65.

Elliot, A. J. & Devine, P. G. (1994). On the motivational nature of cognitive dissonance: Dissonance as psychological discomfort. *Journal of Personality and Social Psychology, 67,* 382–394.

Festinger, L. (1957). *A theory of cognitive dissonance.* Evanston: Row, Peterson.

Festinger, L. (1964). *Conflict, decision and dissonance.* Stanford: Stanford University Press.

Festinger, L. & Carlsmith, J. M. (1959). Cognitive consequences of forced compliance. *Journal of Abnormal and Social Psychology, 58,* 203–210.

Festinger, L., Riecken, H. & Schachter, S. (1956). *When prophecy fails.* Minneapolis: University of Minnesota Press.

Fischer, P. & Greitemeyer, T. (2010). A new look at selective exposure effects: An integrative model. *Current Directions in Psychological Science, 19,* 384–389.

Fischer, P., Jonas, E., Frey, D. & Schulz-Hardt, S. (2005). Selective exposure to information: The impact of information limits. *European Journal of Social Psychology, 35,* 469–492.

Frey, D. (1981a). *Informationssuche und Informationsbewertung bei Entscheidungen.* Bern: Huber.

Frey, D. (1981b). Postdecisional preference for decision-relevant information as a function of the competence of its source and the degree of familiarity with this information. *Journal of Experimental Social Psychology, 17,* 51–67.

Frey, D. (1982). Different levels of cognitive dissonance, information seeking and information avoidance. *Journal of Personality and Social Psychology, 43,* 1175–1183.

Frey, D. (1986). Recent research on selective exposure to information. In L. Berkowitz (Ed.), *Advances in experimental social psychology* (vol. 19, pp. 41–80). New York: Academic Press.

Frey, D. & Gaska, A. (2009). Die Theorie der kognitiven Dissonanz. In D. Frey & M. Irle (Hrsg.), Theorien der Sozialpsychologie. Band I: Kognitive Theorien (3. Nachdruck der 2. überarb. Aufl. 1993; S. 275–324). Bern: Hans Huber.

Frey, D. & Wicklund, R. (1978). A clarification of selective exposure: The impact of choice. *Journal of Experimental Social Psychology, 14,* 132–139.

Harmon-Jones, E. (2000). An update on dissonance theory, with a focus on the self. In A. Tesser, R. Felson & J. Suls (Eds.), *Psychological perspectives on self and identity* (pp. 119–144). Washington: American Psychological Association.

Holton, B. & Pyszczynski, T. (1989). Biased information search in the interpersonal domain. *Personality and Social Psychology Bulletin, 15,* 42–51.

Hoshino-Browne, E., Zanna, A. S., Spencer, S. J., Zanna, M. P., Kitayama, S. & Lackenbauer, S. (2005). On the cultural guises of cognitive dissonance: The case of easterners and westerners. *Journal of Personality and Social Psychology, 89,* 294–310.

Janis, I. L. (1982). *Groupthink* (2nd rev. ed.). Boston: Houghton Mifflin.

Johnston, L. (1996). Resisting change: Information-seeking and stereotype change. *European Journal of Social Psychology, 26,* 799–825.

Jonas, E., Graupmann, V., Fischer, P., Greitemeyer, T. & Frey, D. (2003). Dissonanz als Wahlkampfhelfer – Konfirmatorische Informationssuche im Kontext der Parteispendenaffäre der CDU [Dissonance as a supporter at an election campaign – Selective exposure in the context of the party donation affair of the CDU]. *Zeitschrift für Sozialpsychologie, 34,* 47–61.

Jonas, E., Schulz-Hardt, S., Frey, D. & Thelen, N. (2001). Confirmation bias in sequential information search after preliminary decisions: An expansion of dissonance theoretical research on selective exposure to information. *Journal of Personality and Social Psychology, 80,* 557–571.

Kiesler, C. A. & Pallak, M. S. (1976). Arousal properties of dissonance manipulations. *Psychological Bulletin, 83,* 1014–1025.

Kray, L. J. & Galinsky, A. D. (2003). The debiasing effect of counterfactual mindsets: Increasing the search for disconfirmatory information in group decisions. *Organizational Behavior and Human Decision Processes, 91,* 69–81.

Lundgren, S. R. & Prislin, R. (1998). Motivated cognitive processing and attitude change. *Personality and Social Psychology Bulletin, 24,* 715–726.

Matz, D. & Wood, W. (2005). Cognitive dissonance in groups: The consequences of disagreement. *Journal of Personality and Social Psychology, 88,* 22–37.

McGregor, I., Zanna, M. P., Holmes, J. G. & Spencer, S. J. (2001). Compensatory conviction in the face of personal uncertainty: Going to extremes and being oneself. *Journal of Personality and Social Psychology, 80,* 472–488.

Norton, M. I., Monin, B., Cooper, J. & Hogg, M. A. (2003). Vicarious dissonance: Attitude change from the inconsistency of others. *Journal of Personality and Social Psychology, 85,* 47–62.

Payne, J. W., Bettman, J. R. & Johnson, E. J. (1993). *The adaptive decision maker.* Cambridge: Cambridge University Press.

Pinkley, R. L., Griffith, T. L. & Northcraft, G. B. (1995). »Fixed Pie« à la Mode: Information availability, information processing, and the negotiation of suboptimal agreements. *Organizational Behavior and Human Decision Processes, 62,* 101–112.

Report on the U.S. *Intelligence Community's Prewar Intelligence Assessments on Iraq.* (July 9, 2004). Washington, D.C. United States select senate committee on intelligence. Retrieved from http://www.intelligence.senate.gov/108301.pdf

Schulz-Hardt, S. (1997). *Realitätsflucht in Entscheidungsprozessen: Vom Groupthink zum Entscheidungsautismus.* Bern: Huber.

Schwarz, N., Frey, D. & Kumpf, M. (1980). Interactive effects of writing and reading a persuasive essay on attitude change and selective exposure. *Journal of Experimental Social Psychology, 16,* 1–17.

Steele, C. M. (1988). The psychology of self-affirmation: Sustaining the integrity of the self. In L. Berkowitz (Ed.), *Advances in experimental social psychology* (vol. 21, pp. 261–302). San Diego: Academic Press.

Steele, C. M. & Liu, T. J. (1983). Dissonance processes as self-affirmation. *Journal of Personality and Social Psychology, 45,* 5–19.

Stone, J., Aronson, E., Crain, A. L., Winslow, M. P. & Fried, C. B. (1994). Inducing hypocrisy as a means of encouraging young adults to use condoms. *Personality and Social Psychology Bulletin, 20,* 116–128.

Sweeney, P. D. & Gruber, K. L. (1984). Selective exposure: Voter information preferences and the Watergate affair. *Journal of Personality and Social Psychology, 46,* 1208–1221.

Tesser, A. & Cornell, D. P. (1991). On the confluence of self processes. *Journal of Experimental Social Psychology, 27,* 501–526.

3 Urteilen und Entscheiden

© Springer-Verlag GmbH Deutschland, ein Teil von Springer Nature 2018
P. Fischer et al. (Hrsg.), *Sozialpsychologie für Bachelor*, Springer-Lehrbuch
https://doi.org/10.1007/978-3-662-56739-5_3

Lernziele

- Den Begriff Urteilsheuristiken erklären und die verschiedene Arten von Heuristiken beschreiben können.
- Die psychologische Funktion von Urteilsheuristiken darstellen können.
- Den Unterschied zwischen kognitiven und motivationalen Ursachen für Urteilsverzerrungen erläutern können.
- Die Grundannahmen der Prospekttheorie benennen können.

Menschen sind grundsätzlich motiviert, möglichst **korrekte Urteile und Entscheidungen** zu treffen (**Wahrheitsmotivation**). Diese Grundeinstellung hat evolutionäre Wurzeln, da das Überleben des Menschen in einer herausfordernden Umwelt nicht möglich gewesen wäre, wenn er nicht ein Meister darin geworden wäre, seine Urteils- und Entscheidungsprozesse zu optimieren und den Gegebenheiten der Umwelt anzupassen (Musahl, 1997). Grundsätzlich ist es in allen Bereichen wichtig, bei Entscheidungen Fehler gering zu halten oder ganz zu vermeiden; dies gilt sowohl für Einzelpersonen als auch für Gruppen, Organisationen und ganze Gesellschaften.

Natürlich gelingt es nicht immer, optimal zu urteilen und zu entscheiden. Die psychologische Forschung hat zahlreiche Prozesse und Effekte aufgedeckt, die die menschliche Urteilskraft zumindest in bestimmten Situationen in Frage stellen. Fehlerhaftes Denken kann tragische Folgen haben. Aber wie kommen durchschnittliche Einzelpersonen, Politiker und Politikerinnen oder Führungskräfte in der Wirtschaft zu ihren Urteilen bzw. Entscheidungen und durch welche Faktoren werden diese positiv oder negativ beeinflusst? Wie entscheidet ein Individuum darüber, ob es sein Geld lieber in Aktien oder festverzinslichen Wertpapieren anlegt, ob es bei Schmerzen ärztlichen Rat einholt oder nicht

> Menschen sind grundsätzlich motiviert, möglichst **korrekte Urteile und Entscheidungen** zu treffen.

> **Entscheidungsprozesse** sind ein zentrales sozialpsychologisches Forschungsgebiet, da die **Qualität** menschlicher Urteile und Entscheidungen häufig **nicht optimal** ist.

3

oder ob es Psychologie oder Betriebswirtschaft studieren soll? Das folgende Kapitel betrachtet diese Fragen aus sozialpsychologischer Perspektive (Krueger, 2012; Swets, Dawes & Monahan, 2000).

3.1   Urteilsheuristiken

Heuristiken sind einfache Daumenregeln, die den kognitiven Aufwand bei komplexen Entscheidungsproblemen reduzieren.

Menschen treffen nicht nur triviale, sondern auch wichtige Entscheidungen oft spontan oder intuitiv. Sie weisen dabei inneren und äußeren Wahrnehmungen Bedeutungen zu (Fischer, 2011; Musahl, 1997), wobei diese Bedeutungszuweisungen häufig einfachen Daumenregeln oder Heuristiken (Strategien bei der Lösung eines Problems) folgen, um den kognitiven Aufwand für die entscheidungsrelevante Informationsverarbeitung zu reduzieren (Tversky & Kahneman, 1974). Oft sind Urteilsprobleme so komplex, dass der Algorithmus (mehrstufige Handlungsvorschrift zur Problemlösung), der zur korrekten Lösung führt, nicht im Kopf zu berechnen ist. In einem solchen Fall muss sich der Mensch auf **Heuristiken** verlassen können.

▶ Definition
   Urteilsheuristiken

> **Definition**
>
> **Urteilsheuristiken** sind Daumenregeln, mit denen man komplexe Entscheidungsprobleme möglichst schnell und einfach zu lösen versucht.

Die Mindestanforderung an eine Heuristik ist, dass sie zu **Urteilen** führt, die **besser** sind, **als** wenn man einfach auf das **Zufallsprinzip** zurückgegriffen hätte.

Die **Mindestanforderung an eine Heuristik** ist, dass sie zu Urteilen führt, die besser sind, als wenn man einfach auf das Zufallsprinzip zurückgegriffen hätte (z. B. wenn man eine Münze geworfen hätte, sei es in Gedanken oder tatsächlich in Realität). Die besten Heuristiken liefern Urteile, die beinahe so gut – oder manchmal sogar noch besser – sind als die Resultate der Algorithmen. Eine Heuristik benötigt nur wenige Informationen, um angewendet werden zu können; oft genügt sogar nur eine einzige Information. Damit führen Heuristiken schnell zu einem Ergebnis. Mit anderen Worten, Heuristiken sind »fast and frugal« (Gigerenzer & Gaissmaier, 2011), d. h. sparsam und schnell. Kahneman und Frederick (2002) beschreiben diese Art des Denkens als einen Austauschvorgang (»attribute substitution«). Wenn ein Urteilsproblem zu kompliziert ist, löst das heuristische Denksystem stattdessen ein ähnliches, aber einfacheres Problem.

3.1.1 Individuelle Urteile

Die **Expertenheuristik** ist eine der am häufigsten angewendeten Heuristiken bei Urteils- und Entscheidungsprozessen.

Auch im sozialen Kontext urteilen und entscheiden Menschen oft mit Hilfe von Heuristiken. Wenn wir uns selbst eine Meinung bilden und uns fragen, was wir glauben oder tun sollen, verlassen wir uns oft auf einzelne Experten oder das soziale Einverständnis (das Urteil der Mehrheit). Experten sind sozusagen die Vermittler zwischen uns und dem »gesicherten Wissen.« Müssten wir uns dieses Wissen selbst erarbeiten (sofern wir dies überhaupt könnten), so würden wir viel Zeit verlieren. Menschen mit Expertise haben hier quasi die Rolle eines Trichters, durch den uns Informationen in aufbereiteter und verdichteter Form zulaufen.

Da wir dadurch zu Wissen gelangen, hat das Vertrauen in Experten also eine rationale Grundlage. Gleichermaßen ist aber auch klar, dass dieses Vertrauen Grenzen haben muss. Es kann immer sein, dass auch Experten inkompetent sind oder dass ihr Urteil durch Selbstinteresse beeinflusst wurde. Eine interessante Studie des Wall Street Journals illustriert dies auf beeindruckende Weise (▶ Studie: Der Wall Street Contest).

Studie

Der Wall Street Contest: Experten gegen Dartwürfe

Metcalf und Malkiel (1994) untersuchten die Frage, ob Aktienexperten bessere Anlageentscheidungen treffen als Laien. Als Aktienexperten befragten sie Wall Street Analysten um Aktientipps, d. h., diese schlugen eine Liste von Aktien vor, die ihrer Meinung nach in naher Zukunft steigen würden. Diese Vorschläge wurden dann mit der Kontrollgruppe der Nicht-Experten verglichen: Diese basierte auf zufällig durchgeführten Dartwürfen. Nach einer Dauer von ca. 2 Jahren zeigte sich, dass sich die Aktientipps der Experten nicht besser, sondern häufig sogar schlechter entwickelten als die per Dartwurf ausgewählten Aktientitel. Vielleicht sollten die Experten also lieber Dart spielen?

3.1.2 Urteile der Masse

Der Verlass auf **das kollektive (gemeinschaftliche) Urteil** wird oft als Konformität oder Massenpsychologie abgetan. In der Tat muss vor blindem Vertrauen auf die Richtigkeit des Mehrheitsurteils gewarnt werden. Trotzdem kann die Bereitschaft, es anderen gleich zu tun, in vielen Situationen hilfreich sein (Laland, 2001). Dieser positive Effekt des Sich-Anschließens ist in den letzten Jahren unter dem Begriff »Weisheit der Menge« (Surowiecki, 2004) populär geworden. Der empirische Effekt selbst bzw. seine mathematische Basis ist jedoch älter als die entsprechenden experimentellen Befunde der Sozialpsychologie. Bereits Sir Francis Galton, der berühmte Cousin Darwins und Begründer der modernen Regressionsstatistik, sammelte nämlich im Jahr 1907 folgende Daten auf einem Viehmarkt: Ein Ochse wurde gewogen und jeder Händler schätzte sein Gewicht. Die Schätzwerte waren zwar recht unterschiedlich, aber der Mittelwert aller Schätzungen lag nur um neun Pfund daneben. Nicht umsonst wird beispielsweise auch der Publikumsjoker in der Sendung »Wer wird Millionär« eingesetzt. Messtheoretisch ausgedrückt ist jede individuelle Schätzung ein Messwert, der sich als Summe des wahren Wertes und eines zufallsverteilten Messfehlers darstellen lässt (vgl. klassische Messtheorie; Luce, Krantz, Suppes & Tversky, 1990; Stevens, 1946). Die Mittelung vieler unabhängiger Messungen führt zur wechselseitigen Ausschaltung von Über- und Unterschätzungen. Was bleibt, ist ein fast fehlerfreies Ergebnis. Dem Schätzer, der dies weiß, kann der Mittelwert einer Gruppe von Urteilen also als Heuristik dienen (Larrick, Mannes & Soll, 2012). Selbstverständlich können bei einer Entscheidung sowohl Experten- als auch Gruppenurteile berücksichtigt bzw. beide miteinander kombiniert werden. Viele Menschen, die unter mysteriösen Beschwerden leiden, tun gut daran, die Meinungen mehrerer Ärzte einzuholen. In diesem Beispiel ist das heuristische Resultat allerdings kein Mittelwert, sondern das Urteil der Mehrheit (Hastie & Kameda, 2005).

Bei **Schätzungen physischer Eigenschaften** (z. B. dem Gewicht oder der Größe eines Gegenstands) scheint die Strategie, soziale Heuristiken

Mehrheitsurteile sind nicht immer richtig, haben aber meist einen sehr hohen Vorhersagewert – gerade bei der Schätzung physischer Eigenschaften.

Es stellt sich die Frage, ob **soziale Heuristiken** dem Menschen seine **Autonomie entziehen**.

zu nutzen, recht unproblematisch zu sein. Hier wird jedoch mitunter in Frage gestellt, ob der zur Heuristik greifende Mensch hinreichend autonom sei. Dies bleibt ein Spannungsfeld, da es in unserer Gesellschaft ein gewisses moralisches Mandat ist, eine eigene Meinung zu pflegen und zu artikulieren. Auch wenn es hierfür gute Gründe gibt, kann es zu Urteilen und Entscheidungen führen, die weniger gut sind als diejenigen der Gruppe.

> Die **Nachahmungsheuristik** kann zu problematischem kaskadenhaften Verhalten führen.

Ein zweites Problem stellt sich ein, wenn die **Nachahmungsheuristik** zu Versorgungsengpassen führt (Laland, 2001). Nehmen wir beispielsweise an, 100 Personen müssten sich entscheiden, ob sie lieber in den Biergarten oder den Weinkeller gehen wollen. Haben die beiden ersten Personen eine Neigung zum Bier und alle anderen orientieren sich an deren Meinung, so wird es ein Gedränge im Biergarten geben, während der Winzer sozusagen auf dem Trockenen sitzt. Die Nachahmungsheuristik kann also zu kaskadenhaftem Verhalten und somit zu Koordinationsverlusten führen (Krueger & Massey, 2009).

3.2 Verzerrungen im Entscheidungsprozess

> Heuristiken führen häufig zu **systematischen Verzerrungen** in Urteils- und Entscheidungsprozessen.

Heuristiken tragen dazu bei, dass wir wichtige Ereignisse korrekt identifizieren, situationsrelevantes Wissen sammeln und kognitiv aktivieren und schließlich, dass wir mögliche Handlungsalternativen ausloten, um uns letztlich auf eine bestimmte Situation adäquat einstellen zu können. Obwohl wir durch die Verwendung von Heuristiken schnelle und meist adäquate Entscheidungen treffen können (Hoffrage & Hertwig, 2012; Kruglanski & Ajzen,1983), führen Heuristiken auch häufig zu systematischen **Entscheidungsfehlern**. Im Folgenden werden die wichtigsten kognitiven (gedanklichen) und motivationalen Fehler bei Entscheidungen kurz erläutert.

3.2.1 Ankerheuristik (»anchoring and adjustment«)

> Bereits **bestehende Hypothesen lenken** häufig unsere Wahrnehmung und somit auch **Urteils- und Entscheidungsprozesse**.

Menschen tendieren dazu, neue entscheidungsrelevante Informationen auf Grundlage ihres bereits bestehenden relevanten Vorwissens zu interpretieren. Mit anderen Worten: Bereits bestehende Hypothesen über einem bestimmten Sachverhalt oder entsprechende Daten dazu, lenken und leiten die weitere Informationsverarbeitung (Frederick & Mochon, 2012; Tversky & Kahneman, 1974).

> ▶ Definition
> Ankerheuristik

Definition

Die **Ankerheuristik** besagt, dass Urteile in relativer Abhängigkeit von einem situationalen und informationalen Bezugsrahmen getroffen werden.

> Im Gegensatz zum analytischen Denken kann die **Ankerheuristik** als Prototyp des **intuitiven bzw. heuristischen Denkens** betrachtet werden.

In ihrem einflussreichen Buch zur Psychologie des Urteilens und Entscheidens erklärten Hastie und Dawes (2010) die **Ankerheuristik** zum Prototyp des intuitiven Denkens (im Gegensatz zum analytischen Denken). Viele weitere Heuristiken können als spezielle Ausformungen der Ankerheuristik begriffen werden. Eine Expertenmeinung oder der gemittelte Entscheidungswert der Menge kann als Anker dienen, an dem sich das endgültige Urteil des Einzelnen orientiert. In den obigen Beispielen führen Anker zu treffenden Urteilen.

Was passiert aber, wenn der Anker falsch ist? Will man zum Beispiel das Todesjahr Napoleons schätzen, so könnte man zunächst das Jahr 1815 als Anker festlegen: Hier fand die Schlacht von Waterloo statt. Napoleon starb nach und nicht vor oder während dieser Schlacht. Die gedankliche Justierung des Jahres in die Zukunft ist ein psychologischer Prozess, der als Teil des Ankerns selbst betrachtet wird. Das typische empirische Resultat ist, dass diese Justierung ungenügend ist (Epley & Gilovich, 2001): Die urteilende Person wählt so zwar eine Jahreszahl nach 1815 für den Tod Napoleons, entfernt sich dabei aber wahrscheinlich nicht weit genug von ihrem Anhaltspunkt (Napoleon starb 1821 – die Schätzung könnte also auf das Jahr 1817 fallen). Es ist nicht klar, was die urteilenden Personen in diesem Fall tun sollten. Eine vollständige Verwerfung des Ankers ist problematisch, denn immerhin diente er dazu, das Urteil in die Nähe des wahren Wertes zu bringen. Auch ist eine allgemeine Aufforderung, »einfach mal mehr dazu zu rechnen« wenig hilfreich, da die urteilende Person nicht wissen kann, um wie viel sie mit ihrer eigenen Schätzung zurückbleibt (◘ Abb. 3.1).

Die Demonstration, dass ein **Anker das Urteil fehlleitet**, ist wesentlich eindeutiger, wenn der Anker selbst vollständig und ohne Zweifel irrelevant ist (▶ Studie: Experimente zur Ankerheuristik).

Die **Justierung von Ankern** bei Urteilsprozessen ist häufig unzureichend und führt so zu **systematischen Fehlern**.

◘ Abb. 3.1 Der falsche Anker

Studie

Experimente zur Ankerheuristik

In einem klassischen Experiment baten Tversky und Kahneman (1974) ihre Versuchspersonen, zu schätzen, wie hoch der Prozentsatz afrikanischer Staaten in der UNO sei. Vor der Schätzung drehten sie ein Glücksrad mit Prozentzahlen. Den Versuchspersonen war klar, dass sowohl sehr hohe als auch sehr niedrige Zahlen unrealistisch waren. Dennoch zeigte sich, dass ihre eigenen Schätzungen mit diesen verworfenen Ankerzahlen des Glücksrads in Zusammenhang standen.

In einem ähnlichen Experiment ließen Russo und Schoemaker (1990) ihre Untersuchungsteilnehmer und -teilnehmerinnen deren eigene Telefonnummer aufschreiben. Im Anschluss daran sollten sie beurteilen, in welchem Jahr der historische afrikanische Feldherr Hannibal die Alpen in Richtung Rom über-

quert hatte. Es zeigte sich, dass die geschätzte Jahreszahl hoch mit der eigenen, zuvor aufgeschriebenen Telefonnummer korrelierte. Stephan und Kiell (2000) zeigten, dass Ankereffekte auch weitreichende Folgen haben können. Sie ließen Finanzexperten die kursmäßige Entwicklung des englischen Pfunds, einer Unze Gold sowie des amerikanischen Leitaktienindexes Dow Jones vorhersagen (s. auch Wiswede, 2000). Bevor die Versuchsteilnehmer ihre Schätzungen abgaben, wurden ihnen durch eine zweite, irrelevante Aufgabe entweder niedrige (z. B. 40) oder hohe Zahlen (z. B. 160) zugespielt. Es zeigte sich, dass Personen in der Bedingung mit hohen Zahlen (hoher Anker) auch höhere Werte für die wirtschaftliche Entwicklung dieser Kennzahlen angaben als Personen, denen zuvor niedrige Zahlen zugespielt wurden.

Selbst von Experten werden also Anker trotz ihrer offensichtlichen Irrelevanz nicht unbedingt ignoriert, was natürlich Nachteile bringt. Das auf wahrnehmungspsychologischen Prozessen beruhende heuristische Denken grenzt sich damit vom **Algorithmus** ab, bei dem alle Faktoren, die für den Entscheidungsprozess unwesentlich sind, auch nicht beachtet werden. Ist innerhalb des heuristischen Denkens der Anker erst einmal wahrgenommen, dann ist es schwierig, seinen Einfluss beim Urteilen zu meiden.

Der **Algorithmus** vernachlässigt alle Informationen, die bei Entscheidungsprozessen irrelevant sind.

Stellen Sie sich etwa vor, Sie sind auf Wohnungssuche und eine Freundin nennt Ihnen die durchschnittlichen Mietpreise in ihrer Stadt. Sobald diese die Mietpreise genannt hat – auch wenn Sie selbst woanders wohnen und es oft enorme Städteunterschiede hinsichtlich der Mietpreise gibt – werden Sie deren Preisvorstellungen bei ihrer Beurteilung vermutlich nicht völlig ausblenden können. Sofern Ihre Freundin von einer niedrigen Miete ausgegangen ist, werden Sie also die Angebote hier eher als überteuert und unbrauchbar empfinden.

Für die Praxis

Der Ankereffekt als Instrument sozialer Beeinflussung – Vom Anker zur Gehaltserhöhung
Man kann Ankereffekte auch zur Beeinflussung von Menschen nutzen. Geschickte Verhandlungspartner wissen, dass frühe extreme Forderungen zwar verworfen werden, aber dennoch den Verlauf des Justierens beherrschen (▶ Kap. 6; »Door-in-the-face-Taktik«; Cialdini et al., 1975). Wer beispielsweise eine 10-prozentige Gehaltserhöhung fordert, bekommt vielleicht am Ende nur 4%; aber er bekäme nur 2%, wenn die erste Forderung 6% gewesen wäre. In diesem Fall bestimmte der anfangs verworfene Anker von 10% die schlussendliche Entscheidung bzgl. der Gehaltserhöhung. Diese Effekte sind so robust, dass sie auch dann funktionieren, wenn alle Beteiligten darüber aufgeklärt sind (Strack & Mussweiler, 2003)

Bei sozialen Vergleichen treten **Kontrasteffekte** häufig dann auf, wenn man sich von der Vergleichsperson in bestimmten offensichtlichen Merkmalen unterscheidet. **Assimilationseffekte** treten häufig dann auf, wenn man zur Vergleichsperson offensichtliche Ähnlichkeiten hat.

Weiterführende Überlegungen Nicht umsonst erinnert die Ankerheuristik an frühe Studien in der Psychophysik. Gegen Ende des 19ten Jahrhunderts erforschten Psychologen, wie Menschen physische Attribute wie Temperatur oder Gewicht schätzen. Dabei stießen sie auf sog. **Serieneffekte**. Ein Gewicht wurde beispielsweise als leichter eingeschätzt, wenn zuvor ein besonders schweres Gewicht beurteilt wurde. Die Einschätzung zweier Gewichte erfolgte nicht unabhängig voneinander, sondern das zuerst beurteilte diente als Anhaltspunkt (Anker) für die nachfolgende Bewertung. Es wurde dabei auch erforscht, unter welchen Bedingungen die Schätzungen zu **Assimilations- oder Kontrasteffekten** führen (Brewer & Weber, 1994; Mussweiler, Rüter & Epstude, 2004); also wann sich die zweite Bewertung an die erste angleicht und wann sie sich eher von dieser abhebt, um den Unterschied zu verdeutlichen. Auf sozialer Ebene, also bei sozialen Vergleichen konnten hierbei verschiedene Moderatoren ausgemacht werden wie z. B. Nähe oder Gruppenzugehörigkeit. Diese entscheiden darüber, ob es in einer bestimmten Situation zu Assimilationseffekten oder Kontrasteffekten kommt. Mussweiler (2003) fasst in seinem Modell zur »selektiven Zugänglichkeit« zusammen, dass Kontraste vor allem dann auftreten, wenn man sich von der Vergleichsperson anhand bestimmter, offensichtlicher Kriterien unterscheidet (z. B. ethnische Zugehörigkeit, Studienfachwahl), während Assimilationseffekte vorwiegend auftreten, wenn Ähnlichkeiten zur anderen Person bestehen (gleicher Freundeskreis, gleicher Geburtsort).

Je höher die **Verfügbarkeit von Informationen** bzgl. eines Ereignisses (d. h., je mehr Informationen im Gedächtnis gespeichert und je leichter diese abrufbar sind), desto höher die subjektive Wahrscheinlichkeit für ein Auftreten des Ereignisses.

3.2.2 Verfügbarkeitsheuristik (»availability«)

Bei der Ankerheuristik spielt das Gedächtnis oft eine entscheidende Rolle (Wann war die Schlacht von Waterloo, anhand der ich das Todesdatum Napoleons bestimmen kann?). Eine weitere Heuristik ist unmittelbar gedächtnisabhängig. Wenn Menschen die Wahrscheinlichkeiten für das

Auftreten bestimmter Ereignisse schätzen sollen, orientieren sie sich häufig daran, wie leicht sie einschlägige Informationen aus ihrem Gedächtnis abrufen können (Tversky & Kahneman, 1973). Sie versuchen anzugeben, wie häufig ihnen ein derartiges Ereignis bereits begegnet ist, um daraus dann seine generelle Wahrscheinlichkeit einzuschätzen. Als Ergebnis dieser Heuristik zeigt sich, dass Menschen die Wahrscheinlichkeiten für bestimmte Ereignisse umso höher einschätzen, je mehr relevante Informationen sie dazu in ihrem Gedächtnis haben und je leichter es ihnen fällt, diese in ihrem Gedächtnis zu aktivieren.

Der schnelle und einfache Zugriff auf diese Gedächtnisinhalte ist auch als **Verfügbarkeitsheuristik** bekannt.

> **Definition**
>
> Unter der **Verfügbarkeitsheuristik** versteht man die Bereitstellung von entscheidungsrelevanten Informationen sowie deren räumlich-zeitliche Integration und Extrapolation: Je leichter es mir fällt, Informationen zu einer bestimmten Hypothese (z. B. aus dem Gedächtnis) abzurufen, desto wahrscheinlicher schätze ich auch die Richtigkeit der entsprechenden Hypothese ein.

▶ Definition
Verfügbarkeitsheuristik

»Normalerweise läuft das sehr gut«, um mit Udo Lindenberg zu sprechen, »aber manchmal gibt es auch 'ne Pleite« (»Leider nur ein Vakuum« aus dem Album »Ball Pompös«).

Wie funktioniert die Verfügbarkeitsheuristik und wann wird sie verwendet? Allgemein kann man erwarten, dass diejenigen Ereignisse oder Dinge, die häufig auftreten, auch häufiger im Gedächtnis haften bleiben. Aus eigener Erfahrung weiß z. B. jede autofahrende Person, dass ein Mercedes häufiger auf den Straßen zu sehen ist als ein Maserati.

Doch die Frage ist, wie es überhaupt dazu kommt, dass ein bestimmtes Ereignis bzw. eine Eigenschaft der Außenwelt zu einem »Eintrag« in unserem Gedächtnis führt? Hier spielen vermittelnde Prozesse eine wichtige Rolle. Wenn diese einseitig sind, so ist der Gedächtnisinhalt eine Verzerrung der Wirklichkeit. Denken wir einmal an die relative Wahrscheinlichkeit von Todesursachen. Die Eindrücke, die sich hierbei im Gedächtnis speichern, kommen teilweise aus der traurigen Erfahrung im persönlichen Umfeld, vor allem aber auch aus indirekten Erfahrungen, die durch die Medien vermittelt werden. Die Medien neigen aus offensichtlichen Gründen zur Darstellung dramatischer Ereignisse. So wird eher von Mord und Totschlag berichtet als von Magenkrebs. Obwohl das Risiko, an Magenkrebs zu sterben, etwa 10-mal so groß ist als ermordet zu werden, schätzen die meisten Menschen beide Risiken etwa gleich ein (Combs & Slovic, 1969). Die Einschätzungen können sich aber auch umkehren, sodass ein objektiv niedrigeres Risiko für das höhere gehalten wird. In den Vereinigten Staaten glauben beispielsweise die meisten Menschen irrtümlicherweise, dass sie eher durch Mord (bzw. Totschlag, »homicide«) umkommen könnten als durch Suizid. Derartige Fehler treten zwangsläufig auf, da die Korrelation zwischen tatsächlichen und geschätzten Häufigkeiten nicht perfekt sein kann. Des Weiteren ist es so, dass sehr hohe tatsächliche Häufigkeiten unterschätzt, wohingegen sehr niedrige Häufigkeiten überschätzt werden. Solche **asymmetrischen Fehlschätzungen** sind ein Zeichen des allgemeinen Regressionseffektes,

Ereignisse, die häufig auftreten, werden auch besser erinnert und erscheinen uns somit auch als wahrscheinlicher.

Systematische Fehler bei der Vermittlung bzw. Speicherung von Informationen können zu **Urteilsverzerrungen** bei der Einschätzung von Wahrscheinlichkeiten führen.

also der Tendenz, dass sich extreme Werte bei mehrfacher Testung zur Mitte hin verändern (Fiedler & Krueger, 2012). Im Falle der Todesursachen wird der (tatsächlich sehr häufige) Tod durch einen Schlaganfall unterschätzt, während der (sehr seltene) Tod durch eine Fleischvergiftung überschätzt wird (zusammenfassend s. Strack & Deutsch, 2002).

Wichtige experimentelle Befunde zur Verfügbarkeitsheuristik wurden von Schwarz et al. (1991) vorgelegt (► Studie: Experiment zur Verfügbarkeitsheuristik).

Studie

Experiment zur Verfügbarkeitsheuristik
Schwarz et al. (1991) ließen ihre Versuchspersonen entweder sechs oder zwölf Episoden erinnern und aufschreiben, in denen sie selbstbewusstes Verhalten gezeigt haben. Personen, die zwölf Episoden erinnern sollten, nahmen sich im Anschluss weniger selbstbewusst wahr als Personen, die lediglich sechs Episoden erinnern sollten. Wie lässt sich dieser Befund erklären? Es ist so, dass es Personen leicht fällt, sich an sechs derartige Begebenheiten zu erinnern. Aus dieser Leichtigkeit des Gedächtnisabrufs schließen sie, dass sie auch tatsächlich selbstbewusste Menschen seien. Im Vergleich dazu ist es wesentlich schwieriger, zwölf Episoden selbstbewussten Verhaltens zu erinnern. Den meisten Versuchspersonen gelang dies nicht und sie nahmen sich als Folge auch als weniger selbstbewusst wahr.

Je leichter wir Informationen über eine bestimmte Eigenschaft von uns aus dem Gedächtnis abrufen können, desto wahrscheinlicher schätzen wir es auch ein, dass diese Eigenschaft auf uns zutrifft (**Ease-of-Retrieval-Effekt**).

Dieser Befund ist aus zwei Gründen besonders interessant: Erstens zeigt sich, dass die Wahrnehmung der eigenen Persönlichkeit erstaunlich flexibel sein kann, wenn man bedenkt, dass Eigenschaftszuschreibungen nicht nur von erinnerten Verhaltensepisoden abhängen, sondern auch von direkt gespeichertem Wissen über eigene Eigenschaften (Klein, Loftus & Kihlstrom, 1996). Zweitens trennt dieses Experiment die Leichtigkeit des Erinnerns von der Menge des Erinnerten. Wenn die Versuchsteilnehmer nämlich nur nach der Menge geurteilt hatten, dann hätten sich diejenigen, die zwölf Episoden abriefen, für selbstbewusster halten müssen als die diejenigen, die nur sechs Ereignisse abriefen. Das experimentelle Ergebnis verdeutlicht also die Wichtigkeit der **wahrgenommenen Leichtigkeit des Abrufs** a fortiori.

3.2.3 Repräsentativitätsheuristik

Die Grundidee der **Repräsentativitätsheuristik** ist, dass Menschen beim Urteilen stark von wahrgenommenen Ähnlichkeiten beeinflusst werden.

Die dritte von Tversky und Kahneman (1974) eingeführte Heuristik ist die der **Repräsentativität**. Diese Heuristik beruht auf Wahrnehmung und Vergleich (womit auch wieder das Gedächtnis mit einbezogen ist). Die Grundidee ist, dass Menschen beim Urteilen stark von wahrgenommenen Ähnlichkeiten beeinflusst werden. In der englischen Sprache bringt dies ein geflügeltes Wort folgendermaßen auf den Punkt: »If it looks like a duck, swims like a duck, and quacks like a duck, then it probably is a duck.« Dieser »duck test,« der dem Dichter James Whitcomb Riley zugeschrieben wird, besagt, dass ein Objekt (oder Tier oder Mensch) einer Kategorie zugeschrieben werden kann, wenn es die Merkmale aufweist, die typisch für diese Kategorie sind.

> **Definition**
>
> Die **Repräsentativitätsheuristik** besagt, dass menschliches Urteilen und Entscheiden von wahrgenommenen Ähnlichkeiten beeinflusst werden kann. So kann ein Objekt einer Kategorie zugeschrieben werden, wenn es Merkmale aufweist, die typisch für diese Kategorie sind.

▶ Definition
Repräsentativitätsheuristik

Auch bei dieser heuristischen Methode gehen Tversky und Kahneman (1974) davon aus, dass sie meistens gut funktioniert. Doch wann versagt sie dennoch bzw. gibt es eine »Pleite«? Hierzu ist zu erwähnen, dass die Heuristik eine subtile Asymmetrie in sich trägt: Zwar ist es auf der einen Seite logisch, dass ein Objekt O im Vergleich zu einem anderen Objekt P mit größerer Wahrscheinlichkeit der Kategorie K angehört, wenn es dieser Kategorie ähnlicher sieht. Andererseits ist es jedoch nicht logisch, dass dieses Objekt O mit größerer Wahrscheinlichkeit der Kategorie K als einer anderen Kategorie L angehört, wenn Kategorie L sehr viel größer ist als Kategorie K. Hier wäre ja die grundlegende Wahrscheinlichkeit (»base rate«), dass ein beliebiges Objekt in Kategorie L ist (unabhängig von Ähnlichkeitseffekten), wesentlich höher. In diesem Fall verlassen sich also die urteilenden Personen zu stark auf den »duck test«, also auf die wahrgenommene Ähnlichkeit. Die Vernachlässigung der Kategoriengröße (»**base rate neglect**«) stellt den bekanntesten Effekt der Repräsentativitätsheuristik dar.

Hastie und Dawes (2010) legen in diesem Zusammenhang ein treffendes Beispiel vor (▶ Studie: Experiment zur Repräsentativitätsheuristik; hier gekürzt und übersetzt).

Der **Base Rate Neglect** ist der bekannteste Urteilsverzerrungseffekt der Repräsentativitätsheuristik und besagt, dass Personen die grundlegende Wahrscheinlichkeit einer bestimmten Kategorie unterschätzen, wenn sie zu sehr auf den Ähnlichkeitstest (»duck test«) achten.

Studie

Experiment zur Repräsentativitätsheuristik
Hastie und Dawes (2010) legten ihren Versuchspersonen zunächst folgende Personenbeschreibung vor: »Penelope ist eine Studentin, die von ihren Freunden als etwas unpraktisch, emotional und sensibel beschrieben wird. Sie gewann einen Preis für ihre Kalligraphie. Als ihr Freund Geburtstag hatte, schrieb sie ihm ein Sonett als Geschenk.«
Den Probanden wurde nun die Frage gestellt, ob Penelope eine Studentin der Psychologie oder der Kunstgeschichte sei. Die Repräsentativitätsheuristik spricht für das Fach Kunstgeschichte, da die Kunst der Kalligraphie sowie das Schreiben eines Sonetts eher damit Ähnlichkeit haben. Allerdings gibt es sehr viel mehr Psychologie-Studentinnen als Studentinnen der Kunstgeschichte, sodass das statistische Element der Kategoriengröße eher eine Zuteilung in Psychologie vorsehen würde. Der Algorithmus, der zur optimalen Kategorisierung führt, kombiniert in diesem Fall das Ähnlichkeitsurteil mit der Differenz in der Kategoriengröße. Im naiven Urteil wird Letzteres vernachlässigt.

Die Integration von Fallinformation (Ähnlichkeit) und statistischer Kategorieninformation erfordert Arbeit und Wissen. So müssen beispielsweise Mediziner lernen, Krankheiten nicht nur im Hinblick auf die Symptome (Ähnlichkeitskriterium) zu beurteilen, sondern auch im Hinblick darauf, wie hoch die Auftretenswahrscheinlichkeit für eine bestimmte Krankheit grundsätzlich ist. Nicht jeder Bauchschmerz bedeutet Magenkrebs, obwohl Magenkrebs auch Bauchschmerzen verursacht (◘ Abb. 3.2).

Die **Integration von Fallinformation** (Ähnlichkeit) **und** statistischer **Kategorieninformation** erfordert Arbeit und Wissen und führt zu besseren Urteilen.

Abb. 3.2 Base Rate Neglect – Die wohlwollende Annahme der Mutter

Menschen haben Probleme damit, zufällige Ereignisse korrekt einzuschätzen.

Zur Wahrscheinlichkeit von Zufallsereignissen Eine weitere interessante Eigenschaft der Repräsentativitätsheuristik ist ihr Einfluss auf das Verständnis – oder eher Missverständnis – von zufälligen Ereignissen (Tversky & Kahneman, 1974). Das klassische Beispiel eines Zufallsereignisses ist der Wurf eine Münze. Ist die Münze »fair«, so ist sowohl die Wahrscheinlichkeit von »Kopf« (K) also auch die Wahrscheinlichkeit von »Zahl« (Z) jeweils p=.5. Dies gilt für jeden Wurf, denn die Münze hat weder ein Gedächtnis, noch ist sie motiviert, die Ergebnisse vergangener Würfe zu wiederholen oder durch ein gegenteiliges Ergebnis »auszugleichen.« Nehmen wir als Beispiel die folgenden Ergebnisreihen von 7 Würfen.

- Reihe A: K Z Z Z K K K
- Reihe B: K Z Z K Z K K

Tritt ein bestimmtes Ereignis A mehrfach hintereinander auf, so **unterschätzen** Menschen die Wahrscheinlichkeit systematisch, dass dieses Ereignis unmittelbar darauffolgend wieder auftritt.

Beide Reihen sind repräsentativ für eine Zufallsserie da beide drei Ereignisse eines Typs haben (Z) und vier des anderen Typs (K). Das kommt der erwarteten Gleichverteilung so nahe wie es geht bei einer ungeraden Zahl von Würfen. In der Tat ist die Wahrscheinlichkeit jeder spezifischen Serie genau dieselbe, nämlich p^n, wobei n die Zahl der Würfe ist (hier p^n=.57=.0078125). Dennoch sieht Reihe B zufälliger aus als Reihe A. Reihe A sieht zu regelmäßig aus, da sie größtenteils aus zwei Blöcken besteht (3-mal Z gefolgt von 3-mal K). Wenn derartige Blöcke auftreten und damit die Repräsentativität der Serie für den Zufall verringern, erwarten viele Menschen, dass das nächste Ereignis die Repräsentativität der Serie wieder erhöhen müsste. Für Serie A würden viele nun erwarten, dass der nächste Wurf eine Zahl ergeben würde mit einer Wahrscheinlichkeit, die .5 überschreitet. Diese Erwartung ist allerdings ein Fehlschlag im statistischen Denken, der so manche Spieler zu übertriebenem Optimismus verleitet, was zu längerem Spielen führt, was wiederum im Schnitt zu höheren Verlusten führt.

Der gleiche Irrtum taucht auch in der Familienplanung auf. Hastie und Dawes (2010) erzählen die Geschichte einer Mutter, deren Arzt ihr versicherte, dass nach acht Mädchen das nächste Kind ein Junge sein müsse. »Das Gesetz des Mittelwertes verlange es!« (ebd., S. 148).

Die Idee, dass die Wahrscheinlichkeit eines Zufallsereignisses vom Ausgang vorauslaufender Zufallsereignisse abhängt ist absurd, denn sie impliziert die Idee, dass der Zufall gar keine Rolle spielt. Somit verletzt des Spielers Irrtum (»**gambler's fallacy**«) eine strikte Definition der Rationalität. Nach dieser Definition müssen rationale Urteile widerspruchsfrei sein. Erinnern Sie sich, dass der Spielerirrtum etwas Animistisches hat. Eine Person, die nach 6-mal Kopf nun Zahl erwartet, unterstellt implizit, dass die Münze Willens und in der Lage ist, dieses Ungleichgewicht zu korrigieren. Es folgt, dass diese psychologischen Eigenschaften an die Münze gebunden sind, die im Spiel ist, und dass sie über die Zeit hinweg nachlassen, wie beim Menschen auch. Tatsächlich konnten Gold und Hester (2008) zeigen, dass der Spielerirrtum schwindet, wenn die Münze gegen ein neues Stück eingetauscht wird, oder einfach nur lange bis zum nächsten Wurf gelagert wird. Das ist interessant! Der Spielerirrtum ist also nicht nur irrational, sondern er bringt auch magisches Denken ins Spiel.

> Der **Spielerirrtum** (»**gambler's fallacy**«) besagt, dass Personen implizit annehmen, dass z. B. eine Münze oder ein Würfel willens und in der Lage ist, ein Ungleichgewicht bei den Spielergebnissen von selbst zu korrigieren (magisches Denken).

Beispiel

Hot Hand Illusion: Eigener Erfolg oder nur Zufall?

Ein scheinbar gegenteiliger Irrtum tritt auf, wenn eine Reihe von Zufallsereignissen menschlichem Können zugeschrieben werden. Das Paradebeispiel ist die sog. »**hot hand**« im Basketball. Gute Spieler können mit einer Wahrscheinlichkeit von etwa .7 treffen. Wenn ansonsten nur der Zufall am Werk ist, d. h., wenn jeder neue Wurf eine Erfolgswahrscheinlichkeit von .7 hat, egal was vorher geschah, dann haben Erfolgsserien die Wahrscheinlichkeit von $.7^n$, wobei n die Länge der Serie repräsentiert. Für Serien der Länge 2 bis 6 erhalten wir folgende Werte: .49, .343, .240, .168, und .118. Nehmen wir also 100-mal zufällig eine Kette von 6 Würfen, so werden vermutlich 10 davon eine ungebrochene Erfolgsserie darstellen. Gilovich, Vallone und Tversky (1985) untersuchten Daten der US-amerikanischen National Basketball League nach diesen Gesichtspunkten und fanden, dass die Wahrscheinlichkeit derartiger Erfolgsserien hinreichend mit dem Zufallsmodell zu erklären war. Beide sind gleich wahrscheinlich.

Die Arbeit von Gilovich et al. ist aus drei Gründen psychologisch interessant. Erstens, das heuristische Denken mit Hilfe der Repräsentativität kann gegensätzliche Erwartungen schöpfen, je nachdem ob der menschliche Beobachter von der Annahme des Zufalls ausgeht (der Glücksspieler) oder der Annahme von Motivation und Talent (der Basketballspieler). Zweitens, die Hot Hand Illusion ist nicht nur tief im Wahrnehmungsprozess verankert, sie weckt auch starke Gefühle. Gilovichs Arbeit wurde von Sportlern und anderen selbsternannten Experten mit Vehemenz zerrissen. Drittens, das Phänomen der Hot Hand (d. h., der fälschlichen Überzeugung, dass dergleichen existiert) wird dadurch dokumentiert, dass eine Null- oder Zufallshypothese korrekt ist. Dies kommt einer radikalen Umkehrung der gängigen Epistemologie in der Psychologie gleich (Krueger, 2001; s. auch ▶ Kap. 1).

> Wenn Zufallsergebnisse menschlichen Fähigkeiten zugeschrieben werden, spricht man von der **Hot Hand Illusion**.

3.2.4 Pseudodiagnostizität

Oft ist es schwer, im Lichte bestimmter Tatsachen auch die potenzielle Validität (Auftretenswahrscheinlichkeit) von Alternativhypothesen zu berücksichtigen. Bestimmte Evidenzen werden dann als Beweis dafür genommen, dass eine bestimmte Annahme bzw. Hypothese zutrifft. Da-

> **Pseudodiagnostizität** bezeichnet die Tendenz, dass Personen oft nicht berücksichtigen, dass Beweise für eine bestimmte Hypothese auch dann auftreten können, wenn diese Hypothese gar nicht zutrifft.

Das **Challenger-Unglück** hätte möglicherweise verhindert werden können, wenn die Ingenieure nicht dem Problem der Pseudodiagnostizität aufgesessen wären.

bei wird häufig nicht berücksichtigt, dass diese auch auftreten könnte, ohne dass die Hypothese tatsächlich zutrifft. Es wird also die Wahrscheinlichkeit für das Auftreten bestimmter Ereignisse im Falle der Validität einer Alternativhypothese außer Acht gelassen (Doherty, Mynatt, Tweney & Schiavo, 1979). Dies kann zu **schwerwiegenden Entscheidungsfehlern** führen, wie das folgende Beispiel des Challenger-Absturzes 1986 zeigen soll:

Nach dem schweren Unglück des Challenger-Absturzes, bei dem alle sieben Personen ums Leben kamen, vermuteten Ingenieure der NASA, dass die Ursache in den möglicherweise zu kalten Temperaturen an den Dichtungsringen beim Start der Raumfähre liege. Um diese Hypothese zu überprüfen, werteten die Ingenieure alle Startprotokolle aus und suchten nach problematischen Raketenstarts, bei denen besonders kalte Temperaturen zugegen waren. Allerdings fanden die Ingenieure hier keinen systematischen Zusammenhang. Was zuvor jedoch nicht überprüft wurde, war die Alternativhypothese, nämlich die Häufigkeit extrem niedriger Temperatur an den Dichtungsringen bei problemlosen Raketenstarts. Sobald die Ingenieure diese Alternativhypothese in ihre Analyse mit einbezogen hatten, fiel auf, dass bei problemlosen Starts systematisch höhere Temperaturen an den Dichtungsringen zu messen waren als bei problematischen Starts der Trägerrakete. Wären die Ingenieure der NASA hier nicht auf das Problem der sog. »**Pseudodiagnostizität**« hereingefallen, hätte möglicherweise eine der größten Katastrophen der bemannten Raumfahrt verhindert werden können (Russo & Schoemaker, 1990).

3.2.5 Informationale Diagnostizität (Verwässerungseffekt)

Der **Verwässerungseffekt** bezeichnet den ungerechtfertigten Einfluss nicht diagnostischer Informationen auf Urteils- und Entscheidungsprozesse.

Eng verwandt mit der zuvor beschriebenen Pseudodiagnostizität sind Urteilsverzerrungen, die im Rahmen der **informationalen Diagnostizität** auftreten. Urteile und Entscheidungen werden durch Informationen beeinflusst, die wichtig für den Urteilsprozess sind (diagnostische Informationen). Urteile werden aber auch durch Informationen beeinflusst, die in diesem Zusammenhang vollkommen irrelevant sind (nicht diagnostische Informationen). Nicht diagnostische Informationen sind solche, die auftreten und zutreffen, und zwar sowohl unter Gültigkeit der aktuellen Hypothese als auch unter Gültigkeit einer potenziellen Alternativhypothese (also unabhängig vom vorliegenden Entscheidungsfall). Die Güte eines Urteils steigt mit der Anzahl verfügbarer diagnostischer Informationen. Dagegen sinkt die Güte eines Urteils, je höher die Anzahl der nicht diagnostischen Informationen ist, die einer Person während des Urteilsprozesses zur Verfügung stehen (Nisbett, Zukier & Lemley, 1981). Dieses Phänomen wird auch als »**Verwässerungseffekt**« bezeichnet (Dawes, 1998).

Verwässerungseffekt im Arbeitsleben: Die Flut nicht diagnostischer elektronischer Information

Diese informationale Ursache für Urteilsverzerrungen ist besonders relevant im E-Mail-Verkehr in Organisationen. Es ist relativ einfach, E-Mails zu schreiben und zu verschicken; der Umfang übermittelter elektronischer Informationen ist in den letzten Jahren daher stark angestiegen. Vor allem für Organisationen und deren Entscheidungsträger/-innen kann dies jedoch zum gravierenden Problem werden, da der Einfluss diagnostischer Informationen durch eine Vielzahl nicht diagnostischer Informationen »verwässert« wird. Es besteht also die Gefahr, dass Führungskräfte durch eine typischerweise große Zahl »beigemischter«, nicht diagnostischer Informationen leichter von schlechten Ideen überzeugt werden, oder aber dadurch direkt zu Fehlentscheidungen verleitet werden, was letztendlich zu erheblichen ökonomischen Schäden führen kann.

Doch nicht nur ein »Zuviel« an nicht diagnostischen Informationen kann zu Fehlurteilen führen. Ebenso problematisch ist es, wenn **wichtige diagnostische Informationen fehlen**. Beispielsweise kommt es in der Wirtschaftswelt häufig vor, dass man Entscheidungen treffen muss, ohne über alle wichtigen diagnostischen Informationen zu verfügen. So benötigen Kunden bei einer potenziellen Kaufentscheidung zwei entscheidende Informationen: Preis und Qualität. Nun ist es allerdings so, dass gerade bei neuen Produkten (z. B. Elektroautos) meist Informationen zur Produktqualität fehlen (da man noch nicht auf Langzeiterfahrungen mit dem Produkt zurückgreifen kann). In solch einer Situation greifen potenzielle Käufer häufig zu Heuristiken. Beispielsweise kann es sein, dass sie in dieser Situation den Wert der fehlenden Information durch einen Wert ersetzen, der aus vorhandenem situationsrelevanten Erfahrungswissen zusammengesetzt ist (Levin, Johnson & Faraone, 1984). Hierzu werden **Heuristiken** angewandt wie z. B. die Daumenregeln »Hoher Preis impliziert gute Qualität« oder »Expertenurteilen kann man vertrauen«. Ebenso kann es sein, dass Personen die fehlenden entscheidungsrelevanten Informationen über verschiedene Situationen hinweg durch einen konstanten situationsunspezifischen Durchschnittswert ersetzen (Slovic & MacPhillamy, 1974) oder bestimmte Beurteilungsdimensionen generell abwerten (Levin, Kim & Corry, 1976; vgl. auch Dawes, 1998).

Entscheidend bei der **informationalen Diagnostizität** ist also die Art der Information – nämlich die Unterscheidung zwischen Informationen, die im Hinblick auf die Entscheidung hilfreich sind, und solchen, die diesbezüglich völlig irrelevant sind. Das Ungleichgewicht zwischen beiden Arten sorgt hier für Urteilsverzerrungen. Im Gegensatz dazu kommt es bei der **Pseudodiagnostizität** deshalb zu Fehlentscheidungen, weil Alternativerklärungen nicht berücksichtigt werden. Nicht das Hinzuziehen unwichtiger Informationen verursacht also den Effekt, sondern das Nichtbeachten weiterer wichtiger Informationen, die die Wahrscheinlichkeit für die ursprüngliche Annahme senken.

> Das **Fehlen wichtiger diagnostischer Informationen** wirkt sich negativ auf die Qualität von Entscheidungen aus, da Personen dann auf **Heuristiken** zurückgreifen.

> **Informationale Diagnostizität** betrifft das Ungleichgewicht zwischen diagnostischen und nicht diagnostischen Informationen, während **Pseudodiagnostizität** meint, dass Personen Alternativerklärungen nicht adäquat berücksichtigen.

3.2.6 Einfluss von Gewinn- und Verlustszenarien auf Urteils- und Entscheidungsprozesse

Die Art der Darstellung bestimmter urteilsrelevanter Information kann das Ergebnis von Urteils- und Entscheidungsprozessen entscheidend beeinflussen. Die Sozialpsychologie hat sich dabei besonders mit dem

> **Verlust-Framing** von Entscheidungsproblemen führt zu **riskanteren Entscheidungen** als Gewinn-Framing.

Einfluss von **Gewinn- vs. Verlustszenarios** auf die Risikobereitschaft von Personen bei Entscheidungsprozessen beschäftigt. In ihrem mittlerweile klassischen »Asian Disease Paradigma« fanden Tversky und Kahneman (1981) heraus, dass Personen risikobereiter werden (d. h., sich häufiger für die riskantere anstatt die sichere Alternative entschieden), wenn identische Entscheidungsalternativen in Form von Verlusten anstatt als Gewinne dargestellt werden (»framing«). Folgendes Szenario legten die Autoren ihren Versuchsteilnehmer/-innen vor (▶ Studie: Asian Disease Paradigma):

Studie

Asian Disease Paradigma

In den Untersuchungen von Tversky und Kahneman (1981) sollten sich die Versuchspersonen vorstellen, es sei eine schwerwiegende neuartige Erkrankung ausgebrochen. Es gebe dabei zwei verschiedene medikamentöse Gegenstrategien. Bei einer Entscheidung für die erste (die sichere) Alternative würden 200 Personen sicher und 400 Personen mit Sicherheit nicht gerettet werden. Im Gegensatz dazu würden bei der zweiten (der riskanten) Strategie mit einer Wahrscheinlichkeit von einem Drittel alle Personen bzw. mit einer Wahrscheinlichkeit von zwei Dritteln kein Leben gerettet werden. Im Schnitt würden bei beiden Strategien 200 Personen gerettet werden, während 400 Personen ihr Leben verlieren würden. Man sieht, dass die sichere Alternative einen absoluten eindeutigen Entscheidungsausgang vorgibt, wohingegen sich die nicht sichere Alternative lediglich auf Wahrscheinlichkeiten bezieht. Der statistische Erwartungswert beider Alternativen ist identisch; dennoch kann es natürlich sein, dass bei der unsicheren Alternative alle Menschenleben verloren gehen (auch wenn dies weniger wahrscheinlich ist). Mit anderen Worten: Bei der unsicheren Entscheidungsalternative kann alles gewonnen werden (alle Menschenleben werden gerettet); es kann aber auch alles verloren werden (kein Mensch überlebt). Zusätzlich variierten Tversky und Kahneman (1981), ob die Zahl der geretteten oder die Zahl der verlorenen Menschenleben im Mittelpunkt der Falldarstellung steht (d. h. im übertragenen Sinne, ob das »Glas als halb voll oder halb leer« dargestellt wird). Genauer: In der Verlustdarstellung entschieden die Untersuchungsteilnehmer/-innen zwischen den Bedingungen, entweder mit Sicherheit 400 Personen oder mit einer Wahrscheinlichkeit von zwei Dritteln 600 Menschenleben zu verlieren. In der Gewinndarstellung entschieden sie zwischen der sicheren Rettung von 200 Menschenleben oder der Rettung aller Menschen bei einer Wahrscheinlichkeit von einem Drittel. Als zentrales Ergebnis zeigte sich, dass die von den Untersuchungsteilnehmer/-innen gewählte Rettungsstrategie signifikant mit der Art der Falldarstellung variierte. Wurde bei der Falldarstellung auf die Zahl der verlorenen Menschenleben fokussiert (Verlustframing), so wählten die Versuchsteilnehmer häufiger die risikoreichere Strategie im Vergleich zu einer Darstellung, bei der die Zahl der geretteten Menschenleben betont wurde (Gewinnframing). Zusammengefasst lässt sich festhalten, dass Gewinndarstellungen häufiger zur Wahl sicherer Handlungsalternativen führen, während Verlustdarstellungen häufiger die Wahl riskanter Handlungsalternativen nach sich ziehen (bei konstant gehaltenen Entscheidungsmodalitäten).

---

*Personen verhalten sich im **Verlustbereich** riskanter als im Gewinnbereich, da sie sich über **Verluste stärker ärgern**, als sie sich über Gewinne in gleicher Höhe freuen würden.*

Doch warum tritt dieser gravierende Unterschied zwischen Gewinn- und Verlustentscheidungen auf, obwohl sich die Endresultate nicht unterscheiden? Tversky und Kahneman (1981) postulieren eine **Asymmetrie der psychologischen Effekte von Gewinnen und Verlusten**. Handlungsergebnisse werden – bezogen auf einen subjektiven neutralen Referenzpunkt – in Gewinne und Verluste eingeteilt (Prospekttheorie). Eine S-förmige Wertefunktion (◻ Abb. 3.3) bildet dabei den subjektiven Wert möglicher Handlungsergebnisse ab. Diese Kurve verläuft im Verlustbereich allerdings steiler als im Gewinnbereich. Personen verhalten sich im Verlustbereich risikobereiter als im Gewinnbereich, da sie sich über Verluste stärker ärgern, als sie sich über Gewinne in gleicher Höhe

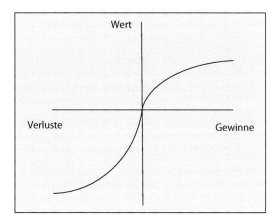

⬛ **Abb. 3.3** Hypothetische Wertefunktion der Gewinne und Verluste.
(Nach Kahneman & Tversky, 1979,
republished with permission of John
Wiley & Sons Inc., permission conveyed through Copyright Clearance
Center, Inc.)

freuen würden. In anderen Worten: Personen freuen sich über eine kon-
stante Zunahme im Gewinnbereich weniger als sie sich über die gleiche
Zunahme im Verlustbereich ärgern. Im Verlustbereich wird deshalb die
riskante Alternative gewählt, weil diese es erlaubt, die angehäuften Verluste »mit einem Schlag« wieder auszugleichen. Dabei wird leicht übersehen, dass dabei auch ein Totalverlust möglich ist.

Im wirtschaftlichen Handeln kann diese unterschiedliche Wirkung
von Gewinnen und Verlusten bzw. entsprechende Risikobereitschaft
häufig am Aktienmarkt beobachtet werden: Wenn Personen durch riskante Investitionen finanzielle Verluste erlitten haben, werden sie häufig
risikofreudiger (d. h. sie investieren noch mehr Geld in riskante Geldanlagen), um diesen Verlust wieder auszugleichen. Nicht selten endet
dies mit einem kompletten Verlust der Geldanlagen.

3.3 Motivationale Einflüsse auf Urteilsverzerrungen

Während im letzten Abschnitt vorwiegend kognitive Ursachen für Urteilsverzerrungen erläutert wurden, soll jetzt auf motivationale Ursachen eingegangen werden. **Kognitive Determinanten** von Urteilsverzerrungen wirken häufig, ohne dass dies die Person beabsichtigt; derartige Urteilsverzerrungen sind daher als Nebenprodukt funktionaler
kognitiver Aktivität zu sehen (vgl. Fischer & Greitemeyer, 2010). **Motivationale Determinanten** beeinflussen das Urteilsverhalten zwar ebenfalls häufig, ohne dass dies vom Individuum selbst bemerkt wird. Trotz-
dem sind diese Verzerrungen aber als *beabsichtigt* zu betrachten. Wenn
Personen beispielsweise eine starke Präferenz für eine bestimmte politische Partei haben, dann werden sie mehr oder weniger bewusst Informationen, die gegen diese Partei sprechen, abwerten und im Gegenzug
Informationen aufwerten, die diese Partei unterstützen (Greitemeyer,
Fischer, Frey & Schulz-Hardt, 2009). Aus motivationaler Perspektive
lässt sich also festhalten, dass Menschen dazu neigen, Ereignisse, Objekte oder Personen entsprechend ihrer Wunschvorstellungen zu beurteilen (Kruglanski & Ajzen, 1983).

Wünsche und Bedürfnisse entstehen vorwiegend auf Basis disposi-
tionaler (stabiler Persönlichkeits-) oder situationaler Faktoren und können grundlegend eingeteilt werden in

Motivationale Einflüsse auf Urteilsverzerrungen gelten als beabsichtigt,
da sie der Person eher bewusst sind
als rein kognitiv-informationale Einflüsse.

Wünsche und Bedürfnisse lassen
sich grundsätzlich einteilen in **Verteidigungs- und Wahrheitsmotive**.

— Verteidigungsmotive (»defense motivation«; wie z. B. Selbstwertschutz; Dissonanzreduktion) und

— Wahrheitsmotive (»accuracy motivation«; wie z. B. Bedürfnis nach effektiver Umwelt- und Handlungskontrolle; Erlangung einer realistischen Weltsicht; vgl. Eagly & Chaiken, 1993).

> Menschen sind grundsätzlich motiviert, ihren **Selbstwert zu schützen** oder, wenn möglich, zu erhöhen.

Menschen sind grundsätzlich dazu motiviert, ihren **Selbstwert** zu schützen oder, wenn möglich, diesen zu erhöhen (Alicke, Zell, & Guenther, 2013). Deshalb werden beispielsweise Erfolge oft der eigenen Person zugeschrieben (internale Attribution) während für Misserfolge meist widrige äußere Umstände verantwortlich gemacht werden (externale Attribution; z. B. Weiner, 1986). Ebenso schreiben Personen sich selbst sowie eigenen Referenzgruppen (also Gruppen, denen man selbst angehört) überwiegend positive Eigenschaften zu, während die Selbstzuschreibung negativer Eigenschaften dagegen systematisch vermieden wird (Kruglanski & Ajzen, 1983).

> Personen überschätzen systematisch ihre eigenen **Kontrollmöglichkeiten**.

In ähnlicher Weise **verzerren** Personen die Wahrnehmung ihrer eigenen **Kontrollmöglichkeiten**; so neigen sie dazu, in verschiedenen Situationen mehr Kontrolle wahrzunehmen als sie tatsächlich besitzen. Beispielsweise konnte gezeigt werden, dass Personen Lotterielosen eine höhere Wahrscheinlichkeit für einen Gewinn zuschrieben, wenn sie diese Lose selbst aus einer Tombola gezogen hatten, als wenn eine andere Person oder die Versuchsleitung die Ziehung für sie übernommen hatte (Langer, 1975; s. auch Gino, Sharek & Moore, 2011; Krueger, 2000).

> Der **Above-Average-Effekt** zeigt, dass sich Personen systematisch als fähiger einschätzen als den Durchschnittsmenschen.

Oft überschätzen Menschen auch ihre eigenen **Fähigkeiten**. Fragt man beispielsweise Personen, ob sie intelligenter als der Durchschnittsmensch seien, so antworten annähernd 80% mit« ja«, obwohl dies rein statistisch nicht möglich ist, da ja nur 50% besser als der Durchschnitt sein können (Above-Average-Effekt; Alicke & Govorun, 2005; Krueger & Wright, 2011). Des Weiteren sehen Personen auch ihre Zukunft systematisch in einem rosigen Licht. Beispielsweise konnte gezeigt werden, dass Raucherinnen und Raucher die Wahrscheinlichkeit, an Lungenkrebs zu erkranken, für sich selbst nicht höher einschätzen als für Nichtrauchende. Sollten sie dieses Risiko jedoch für andere rauchende Personen einschätzen, so stuften sie die entsprechende Wahrscheinlichkeit, an Lungenkrebs zu erkranken, realistisch als höher ein (Weinstein, 1980).

? Kontrollfragen

1. Was versteht man unter einer Urteilsheuristik?
2. Definieren Sie den Ankereffekt und zeigen sie auf, mit welchen Nachteilen er verbunden sein kann!
3. Welche Rolle spielt die Abrufleichtigkeit von Informationen innerhalb der Verfügbarkeitsheuristik?

4. Was versteht man unter Base Rate Neglect? Welcher Urteilsheuristik ist dieses Phänomen zuzuordnen?
5. Beschreiben Sie das Asian Disease Paradigma (Tversky & Kahneman, 1981)! Was sagt dieses über die psychologische Relevanz von Gewinn- und Verlustszenarien aus?

▶ **Weiterführende Literatur**

Gigerenzer, G., Hertwig, R. & Pachur, T. (Hrsg.). (2011). *Heuristics: The Foundations of Adaptive Behavior*. New York: Oxford University Press.

Gilovich, T., Griffin, D. & Kahneman, D. (Hrsg.). (2002). *Heuristics and biases: The psychology of intuitive judgment*. New York : Cambridge University Press.

Kahneman, D. (2011). *Schnelles Denken, langsames Denken*. München: Siedler.

Literatur

Alicke, M. D. & Govorun, O. (2005). The better-than-average effect. In M. D. Alicke, D. A. Dunning & J. I. Krueger (Eds.), *The self in social judgment: Studies in self and identity* (pp. 85–106). New York: Psychology Press.

Alicke, M. D., Zell, E. & Guenther, C. L. (2013). Social self-analysis: Constructing, enhancing, and protecting the self. *Advances in Experimental Social Psychology, 48,* 173–234.

Brewer, M. B. & Weber, J. G. (1994). Self-evaluation effects of interpersonal versus intergroup social comparison. *Journal of Personality and Social Psychology, 66,* 268–275.

Cialdini, R. B., Vincent, J. E., Lewis, S. K., Catalan, J., Wheeler, D. & Darby, B. L. (1975). Reciprocal concessions procedure for inducing compliance: The door-in-the-face technique. *Journal of Personality and Social Psychology, 31,* 206–215.

Combs, B. & Slovic, P. (1979). Newspaper coverage of causes of death. *Journalism Quarterly, 56,* 837–843, 849.

Dawes, R. (1998). Behavioral decision making and judgment. In D. T. Gilbert, S. T. Fiske & G. Lindzey (Eds.), *The handbook of social psychology* (vol. 2, pp. 497–548). New York: Oxford University Press.

Doherty, M. E., Mynatt, C. R., Tweney, R. D. & Schiavo, M. D. (1979). Pseudodiagnosticity. *Acta Psychologica, 43,* 111–121.

Eagly, A. H. & Chaiken, S. (1993). *The psychology of attitudes.* Orlando: Harcourt Brace Jovanovich College Publishers.

Epley, N. & Gilovich, T. (2001). Putting adjustment back in the anchoring and adjustment heuristic: Differential processing of self-generated and experimenter-provided anchors. *Psychological Science, 12,* 391–396.

Fiedler, K. & Krueger, J. I. (2012). More than an artifact: Regression as a theoretical construct. In J. I. Krueger (Ed.), *Social judgment and decision making* (pp. 171–181). New York: Psychology Press.

Fischer, P. (2011). Selective exposure, decision uncertainty, and cognitive economy: A new theoretical perspective on confirmatory information search. *Social and Personality Psychology Compass, 5,* 751–762.

Frederick, S. W. & Mochon, D. (2012). A scale distortion theory of anchoring. *Journal of Experimental Psychology: General, 141,* 124–133.

Fischer, P. & Greitemeyer, T. (2010). A new look at selective-exposure effects: An integrative model. *Current Directions in Psychological Science, 19,* 384–389.

Galton, F. (1907). Vox populi. *Nature, 75,* 509–510.

Gigerenzer, G. & Gaissmaier, W. (2011). Heuristic decision making. *Annual Reviews of Psychology, 62,* 451–482.

Gilovich, T., Vallone, R. & Tversky, A. (1985). The hot hand in basketball: On the misperception of random sequences. *Cognitive Psychology, 17,* 295–314.

Gino, F., Sharek, Z. & Moore, D. A. (2011). Keeping the illusion of control under control: Ceilings, floors, and imperfect calibration. *Organizational Behavior and Human Decision Processes, 114,* 104–114.

Gold, E. & Hester, G. (2008). The gambler's fallacy and the coin's memory. In J. I. Krueger (Ed.), *Rationality and social responsibility: Essays in honor of Robyn Mason Dawes* (pp. 21–46). New York: Psychology Press.

Greitemeyer, T., Fischer, P., Frey, D. & Schulz-Hardt, S. (2009). Biased assimilation: The role of source position. *European Journal of Social Psychology, 39,* 22–39.

Hastie, R. & Dawes, R. M. (2010). *Rational choice in an uncertain world: The psychology of judgment and decision making* (2nd ed.). Los Angeles: Sage.

Hastie, R. & Kameda, T. (2005). The robust beauty of majority rules in group decisions. *Psychological Review, 112,* 494–508.

Hoffrage, U. & Hertwig, R. (2012). Simple heuristics in a complex social world. In J. I. Krueger (Ed.), *Social judgment and decision making* (pp. 135–150). New York, Psychology Press.

Kahneman, D. & Frederick, S. (2002). Representativeness revisited: Attribute substitution in intuitive judgement. In T. Gilovich, D. Griffin, & D. Kahneman (Eds.), *Heuristics and biases: The psychology of intuitive judgement* (pp. 49-81). New York: Cambridge University Press.

Kahneman, D. & Tversky, A. (1979). Prospect theory: An analysis of decision under risk. *Econometrica, 47,* 263–292.

Klein, S. B, Loftus, J. & Kihlstrom, J. F. (1996). Self-knowledge of an amnesic patient: Toward a neuropsychology of personality and social psychology. *Journal of Experimental Psychology: General, 125,* 250–260.

Krueger, J. I. (2000). Distributive judgments under uncertainty: Paccioli's game revisited. *Journal of Experimental Psychology: General, 129,* 546–558.

Krueger, J. I. (2001). Null hypothesis significance testing: On the survival of a flawed method. *American Psychologist, 56,* 16–26.

Krueger, J. I. (2012). The (ir)rationality project in social psychology: A review and assessment. In J. I. Krueger (Ed.), *Social judgment and decision making* (pp. 59–75). New York: Psychology Press.

Krueger, J. I. & Massey, A. L. (2009). A rational reconstruction of misbehavior. *Social Cognition, 27,* 786–812.

Krueger, J. I. & Wright, J. C. (2011). Measurement of self-enhancement (and self-protection). In M. D. Alicke & C. Sedikides (Eds.), *Handbook of self-enhancement and self-protection* (pp. 472–494). New York: Guilford.

Kruglanski, A. W. & Ajzen, I. (1983). Bias and error in human judgment. *European Journal of Social Psychology, 13,* 1–44.

Laland, K. (2001). Imitation, social learning, and preparedness as mechanisms of bounded rationality. In G. Gigerenzer & R. Selten (Eds.), *Bounded rationality: The adaptive toolbox* (pp. 233-248). Cambridge: MIT Press.

Langer, E. J. (1975). The illusion of control. *Journal of Personality and Social Psychology, 32,* 311–328.

Larrick, R. P., Mannes, A. E. & Soll, J. B. (2012). The social psychology of the wisdom of crowds. In J. I. Krueger (Ed.), *Social judgment and decision making* (pp. 227 –242). New York: Psychology Press.

Levin, I. P., Johnson, R. D. & Faraone, S. V. (1984). Information integration in price-quality tradeoffs: The effect of missing information. *Memory & Cognition, 12,* 96–102.

Levin, I. P., Kim, K. J. & Corry, F. A. (1976). Invariance of the weight parameter in information integration. *Memory & Cognition, 4,* 43–47.

Luce, R. D., Krantz, D. H., Suppes, P. & Tversky, A. (1990). *Foundations of measurement (Vol. II): Representation, axiomatization, and invariance.* New York: Academic Press.

Metcalf, G. E. & Malkiel, B. G. (1994). The Wall Street Journal contests: The experts, the darts, and the efficient market hypothesis. *Applied Financial Economics, 4,* 371–374.

Musahl, H. P. (1997). *Gefahrenkognition. Theoretische Annäherungen, empirische Befunde und Anwendungsbezüge zur subjektiven Gefahrenkenntnis.* Heidelberg: Asanger.

Mussweiler, T. (2003). Comparison processes in social judgment: Mechanisms and consequences. *Psychological Review, 110,* 472–489.

Mussweiler, T., Rüter, K. & Epstude, K. (2004). The ups and downs of social comparison: Mechanisms of assimilation and contrast. *Journal of Personality and Social Psychology, 87,* 832–844.

Nisbett, R. E., Zukier, H. & Lemley, R. E. (1981). The dilution effect: Nondiagnostic information weakens the implications of diagnostic information. *Cognitive Psychology, 13,* 248–277.

Russo, J. E. & Schoemaker, P. J. H. (1990). *Decision traps: Ten barriers to brilliant decision making and how to overcome them.* New York: Simon & Schuster.

Schwarz, N., Bless, H., Strack, F., Klumpp, G., Rittenauer-Schatka, H. & Simons, A. (1991). Ease of retrieval as information: Another look at the availability heuristic. *Journal of Personality and Social Psychology, 61,* 195–202.

Slovic, P. & MacPhillamy, D. J. (1974). Dimensional commensurability and cue utilization in comparative judgment. *Organizational Behavior and Human Performance, 11,* 172–194.

Stephan, E. & Kiell, G. (2000). Decision processes in professional investors: Does expertise moderate judgmental biases? In E. Hölzl (Ed.), *Fairness and cooperation* (pp. 416 –420). Proceedings of the IAREP/SABE 2000 Conference.

Stevens, S. S. (1946). On the theory of scales of measurement. *Science, 103,* 677–680.

Strack, F. & Deutsch, R. (2002). Urteilsheuristiken. In D. Frey & M. Irle (Eds.), *Theorien der Sozialpsychologie, Band III: Motivations- und Informationsverarbeitungstheorien* (2. vollst. überarb. u. erw. Aufl., S. 352–384). Bern: Huber.

Strack, F. & Mussweiler, T. (2003). Heuristic strategies for estimation under uncertainty: The enigmatic case of anchoring. In G. V. Bodenhausen & A. J. Lambert (Eds.), *Foundations of social cognition: A festschrift in honor of Robert S. Wyer, Jr.* (pp. 79-95). Mahwah: Lawrence Erlbaum.

Surowiecki, J. (2004). *The wisdom of crowds: Why the many are smarter than the few and how collective wisdom shapes business, economies, societies and nations.* London: Little, Brown.

Swets, J. A., Dawes, R. M. & Monahan, J. (2000). Psychological science can improve diagnostic decisions. *Psychological Science in the Public Interest, 1,* 1–26.

Tversky, A. & Kahneman, D. (1973). Availability: A heuristic for judging frequency and probability. *Cognitive Psychology, 5,* 207–232.

Tversky, A. & Kahneman, D. (1974). Judgment und uncertainty: Heuristics and biases. *Science, 185,* 1124–1131.

Tversky, A. & Kahneman, D. (1981). The framing of decisions and the psychology of choice. *Science, 211,* 453–458.

Weiner, B. (1986). *An attributional theory of motivation and emotion.* New York: Springer.

Weinstein, N. D. (1980). Unrealistic optimism about future life events. *Journal of Personality and Social Psychology, 39,* 806–820.

Wiswede, G. (2000). *Einführung in die Wirtschaftspsychologie.* München: Reinhardt.

4 Prosoziales Verhalten, Hilfeverhalten und Zivilcourage

© Springer-Verlag GmbH Deutschland, ein Teil von Springer Nature 2018
P. Fischer et al. (Hrsg.), *Sozialpsychologie für Bachelor*, Springer-Lehrbuch
https://doi.org/10.1007/978-3-662-56739-5_4

Lernziele

- Die Begriffe »Hilfeverhalten«, »prosoziales Verhalten«, »Zivilcourage« und »Altruismus« erklären und voneinander abgrenzen können.
- Den Bystander-Effekt mit zugehörigem Prozessmodell beschreiben können.

- Die Empathie-Altruismus-Hypothese sowie die klassische Studie hierzu erläutern können.
- Weitere Erklärungsansätze zu prosozialem Verhalten kennen.
- Wissenschaftliche Erkenntnisse zu prosozialem Verhalten in die wirkliche Welt umsetzen können.

Wahrhaft ethisch ist der Mensch nur, wenn er der Nötigung gehorcht, allem Leben, dem er beistehen kann, zu helfen, und sich scheut, irgendetwas Lebendigem Schaden zu tun. Er fragt nicht, inwiefern dieses oder jenes Leben als wertvoll Anteilnahme verdient, und auch nicht, ob und inwieweit es noch empfindungsfähig ist. Das Leben als solches ist ihm heilig.
(Albert Schweitzer, 1923, S. 240)

Dieses Zitat verdeutlicht eindrücklich die ethischen Anschauungen Albert Schweitzers. Statt über den Verfall kultureller Werte wie Prosozialität und Hilfsbereitschaft zu klagen, sieht es Schweitzer als wichtig an, diese wieder zu festigen. Dies sei dann möglich, wenn die Menschen eine positive und lebensbejahende Weltanschauung haben, in der die »Ehrfurcht vor dem Leben« – und zwar vor *jedem* Leben – großgeschrieben ist. Folgt man diesem Gedanken, so ist es nicht verwunderlich, dass Schweitzer neben seiner beruflichen Tätigkeit als evangelischer Pfarrer und Philosoph auch ein Medizinstudium absolvierte, um in Afrika als Missionsarzt tätig sein zu können. Trotz seiner exponierten Position als

In seinem Buch »Ehrfurcht vor dem Leben« legte **Albert Schweitzer** seine ethische Weltanschauung dar und appellierte an eine lebensbejahende Sichtweise, die Prosozialität und Hilfsbereitschaft fördern sollte. Er selbst setzte diese Ideen um, indem er u. a. als Missionsarzt tätig war und zahlreiche humanitäre Auszeichnungen erhielt. Insofern ist Schweitzer beispielhaft für prosoziales und altruistisches Verhalten.

Professor gründete er 1913 im heutigen Gabun ein Krankenhaus, wo er physisch und psychisch Kranke versorgte. Zwar war er während des ersten Weltkriegs inhaftiert, kehrte aber danach wieder nach Afrika zurück. Schweitzers Engagement zeigte sich in vielen seiner Lebensbereiche, etwa in seinem Einsatz gegen atomare Rüstung bzw. Krieg im Allgemeinen, seinem Appell an die Achtung menschlichen und tierischen Lebens und nicht zuletzt durch die Vielzahl an Auszeichnungen, die er erhielt. Bedeutend waren in diesem Zusammenhang natürlich der Friedensnobelpreis (1952) sowie die Prinz-Karl-Medaille für verdienstvolle humanitäre Betätigung (ebenfalls 1952). Insofern verkörpert Albert Schweitzer sehr anschaulich, was wir unter prosozialem Verhalten, Hilfeverhalten und Altruismus verstehen. Schön ist dabei, dass seine Biografie nicht derjenigen eines Heiligen gleichkommt – auch Schweitzer scheint bisweilen Schwierigkeiten gehabt zu haben, seine Ideen in aller Konsequenz umzusetzen; doch gerade dies macht ihn menschlich und für uns zu einem beeindruckenden Beispiel altruistischen Handelns, das sich durch sein gesamtes Leben zieht und sich nicht nur in seinen Taten, sondern auch in seiner kognitiven und affektiven Haltung äußert.

4.1   Grundlegende Definitionen

Die Verhaltenskonstrukte »**prosoziales Verhalten**«, »**Hilfeverhalten**« und »**Zivilcourage**« sind sowohl theoretisch als auch empirisch klar voneinander abzugrenzen.

Anhand von Albert Schweitzer kamen wir auf Begriffe, die Sie zwar bestimmt kennen, deren genaue Definition Ihnen aber möglicherweise Schwierigkeiten bereiten könnte: »**prosoziales Verhalten**«, »**Hilfeverhalten**« und »**Zivilcourage**«. Diese Begriffe werden häufig in einen Topf geworfen und zu wenig voneinander differenziert. Aus einer wissenschaftlichen Betrachtung heraus ergeben sich zwischen diesen Verhaltenskonstrukten allerdings gravierende Unterschiede, die sowohl theoretischer als auch empirischer Natur sind (Fischer et al., 2004; Greitemeyer, Fischer, Kastenmüller & Frey, 2006).

▶ Definition
   Prosoziales Verhalten

> **Definition**
>
> **Prosoziales Verhalten** steht als Sammelbegriff für alle Formen zwischenmenschlicher Unterstützung, die gewinnbringend bzw. vorteilhaft für andere sind. Damit umfasst es diverse Verhaltensweisen wie Kooperation, Hilfeverhalten, Dienstleistungen, Teilen, Spenden etc. (Batson, 1998; Stürmer, 2009).

Darunter fällt zum Beispiel, Geld für hungernde Menschen zu spenden, der Kommilitonin einen Kaffee zur Vorlesung mitzubringen oder als Verkäufer einen Kunden zu beraten.

Hilfeverhalten ist dagegen etwas spezifischer und wird meist als Unterkategorie von prosozialem Verhalten betrachtet (Eisenberg & Fabes, 1991). Hier wird gefordert, dass Menschen aktiv hilfreiches Verhalten gegenüber einer hilfsbedürftigen Person zeigen, und zwar nicht im Rahmen einer beruflichen Tätigkeit. Im Vordergrund steht hierbei die Absicht, das Wohlergehen einer anderen Person zu verbessern (Greitemeyer, 2012). Entscheidend ist dabei jedoch nicht, welche Motive dem Hilfeverhalten zugrunde liegen. Das Verhalten kann z. B. egoistisch motiviert sein (etwa wenn man das schlechte Gewissen des Nichthelfens umgehen

■ **Abb. 4.1** Zivilcouragiertes Verhalten

möchte) oder auch altruistisch, wenn also ausschließlich der Nutzen des Hilfeempfängers, nicht aber der eigene im Vordergrund steht. Genauso können beide Motive dem Hilfeverhalten zugrunde liegen (Batson & Shaw, 1991).

> ► Definition
> Hilfeverhalten

Definition

Hilfeverhalten bezieht sich auf alle Verhaltensweisen, die eine Person mit der Absicht ausübt, das Wohlergehen einer anderen (hilfsbedürftigen) Person zu verbessern. Das Verhalten kann dabei auf unterschiedlichen Motiven basieren, es ist jedoch nicht beruflich motiviert.

Beispiele hierfür wären, ein Kind aus einem reißenden Fluss zu retten oder eine andere Person zu verteidigen, die von anderen massiv beleidigt wird. Geld für den Bau einer Orgel zu spenden oder Kaffee zu holen würden hier also nicht mehr darunter fallen, da Ersteres keine Handlung gegenüber einer konkreten, in der aktuellen Situation hilfsbedürftigen Person bzw. Personengruppe darstellt bzw. die Kommilitonin in letzterem Beispiel keine wirkliche Hilfe benötigt. Die Kundenberatung ist hierunter natürlich auch nicht zu verstehen, da sie von Berufs wegen vorgegeben ist.

Ein Kind aus einem Fluss zu retten ist ein Beispiel für **Hilfeverhalten**, da es sich hier um eine Handlung gegenüber einer **konkreten hilfsbedürftigen Person** handelt.

An dieser Stelle sei angemerkt, dass unsere Definitionen von prosozialem Verhalten bzw. Hilfeverhalten lediglich einen Vorschlag darstellen, der auf unseren eigenen Forschungsarbeiten basiert. Eine andere Auffassung findet sich beispielsweise bei Bierhoff (2010).

Schließlich ist **zivilcouragiertes Verhalten** eine Form prosozialen Verhaltens, die vor allem kollektiv ausgerichtet sein kann. Das heißt, hinter dem Hilfeverhalten gegenüber einer Person kann der Gedanke stehen, damit gleichzeitig etwas für die gesamte Gesellschaft zu tun (z. B. kann das Einschreiten bei Naziparolen damit verbunden sein, da man nicht in einer Gesellschaft leben möchte, in der derartige Parolen geduldet werden oder gar normal sind). Hier geht die sich zivilcouragiert verhaltende Person hohe physische und soziale Risiken ein, um ihr Ziel in einer bestimmten Situation zu erreichen (Fischer et al., 2004; Frey, Schäfer & Neumann, 1999).

► Definition
Zivilcourage

Beispiele für **zivilcouragiertes Verhalten** stellen Dominik Brunner oder die Feuerwehrmänner von Fukushima dar – ihnen gemeinsam ist, dass sie mit ihrem Verhalten enorme Risiken eingegangen sind.

Für **prosoziales Verhalten** gibt es verschiedene Erklärungsansätze. Eine grobe Unterteilung ist hierbei die Unterscheidung **situativer** und **personaler Faktoren**.

┌─ Definition ─────────────────────────────
│ **Zivilcourage** bedeutet, Hilfeverhalten auch dann zu zeigen, wenn
│ das Einschreiten mit erheblichen physischen, psychischen und sozia-
│ len Folgen verbunden sein kann.
└──

Dominik Brunner stellt ein gutes Beispiel für zivilcouragiertes Verhalten dar. Er schritt ein mit dem Ziel, Kinder vor Erpressern zu schützen, woraufhin er 2009 in München auf brutale Weise attackiert wurde und schließlich an den Folgen seiner Verletzungen starb. Oder denken Sie an die Feuerwehrmänner von Fukushima (»**The Fukushima 50**«): Nachdem das Kernkraftwerk Fukushima als Folge eines Jahrtausenderdbebens und anschließenden Tsunamis überspült wurde, drohte die totale atomare Katastrophe. Obwohl extrem hohe Strahlung herrschte, blieben diese Männer im Kernkraftwerk und versuchten, diesen atomaren Gau für Japan zu verhindern. Diese Männer haben sich für ihre Gesellschaft geopfert, sind mit ihrem Verhalten enorme Risiken eingegangen und somit ein gutes Beispiel für **zivilcouragiertes Verhalten** (◻ Abb. 4.1).

4.2   Situative Faktoren prosozialen Verhaltens

Diese unterschiedlichen Beispiele werfen die Frage auf, warum sich Menschen überhaupt prosozial oder gar zivilcouragiert verhalten? Warum haben Sie Ihrer Kommilitonin einen Kaffee mitgebracht – weil Sie ihr einfach eine Freude bereiten wollten? Oder sahen Sie sich in ihrer Schuld, da sonst immer Sie beschenkt werden? Tat Sie Ihnen leid? Oder sind Sie einfach nur nett? Wie Sie sehen, gibt es die verschiedensten Gründe für prosoziales Verhalten bzw. diverse Faktoren und Prädiktoren, die hierbei eine Rolle spielen. Im Wesentlichen lassen sich diese in Merkmale der Situation und Merkmale der Person sowie Interaktionen aus beiden einteilen; darüber hinaus gibt es weitere Erklärungsansätze, auf die wir nacheinander eingehen werden.

◻ **Abb. 4.2** Der Bystander-Effekt

4.2.1 Bystander-Effekt

Um die Faktoren prosozialen Verhaltens ausmachen zu können, setzt die Forschung häufig auch an der Kehrseite an und betrachtet diejenigen Fälle, in denen trotz eines offensichtlichen Notfalls nicht geholfen wurde. Wann und warum helfen Menschen also nicht? Ausgangspunkt für diesen Ansatz zu prosozialem Verhalten, der prägend von Darley und Latané (1968) verfolgt wurde, war eine erschreckende Begebenheit aus dem Jahr 1964. In der Stadt New York wurde eine junge Frau namens Kitty Genovese von einem Täter mehr als eine halbe Stunde lang vergewaltigt und am Ende ermordet (Rosenthal, 1964). Von den 38 Personen, die dieses Verbrechen als Zeugen miterlebt hatten, griff niemand ein. Die Polizei wurde erst nach mehr als 30 Minuten gerufen, nachdem die Frau bereits tot war (für eine kritische Bewertung dieses Ereignisses s. auch Manning, Levine & Collins, 2008). Intuitiv fragt man sich hier, warum keine Hilfe geleistet wurde, obwohl doch so viele Personen von der Tat mitbekommen hatten. Darley und Latané (1968) verfolgten jedoch einen anderen Ansatz, indem sie die These aufstellten, dass **Hilfeleistung nicht stattfand, gerade weil so viele Personen anwesend waren**. In ihrem umfangreichen Forschungsprogramm identifizierten sie also einen zentralen situativen Faktor, der prosoziales Verhalten erheblich beeinflusst: die Anzahl anwesender Personen. Dabei konnten sie zeigen, dass individuelles Hilfeverhalten abnimmt, je mehr Menschen der jeweiligen Situation beiwohnen. Dieses Phänomen bezeichneten sie als **Bystander-Effekt** (Zuschauereffekt; Latané & Darley, 1970; Latané & Nida, 1981; für einen neueren metaanalytischen Überblick vgl. Fischer et al., 2011; ◘ Abb. 4.2).

> Der Fall »**Kitty Genovese**« war Ausgangspunkt für ein umfangreiches Forschungsprogramm zum sog. **Bystander-Effekt**. Latané und Darley sahen die Ursache für die ausbleibende Hilfeleistung gegenüber der jungen Frau in der hohen Anzahl anwesender Personen. Sie postulierten daher, dass die Wahrscheinlichkeit für eine Hilfeleistung abnimmt, je mehr Personen der konkreten Situation beiwohnen.

Definition

Unter dem **Bystander-Effekt** versteht man die Tatsache, dass die Wahrscheinlichkeit dafür, dass eine Person in einer Notsituation eingreift und einem potenziellen Opfer hilft, mit zunehmender Anzahl von anderen Personen, die in dieser Situation ebenfalls anwesend sind, sinkt.

► Definition Bystander-Effekt

Das 5-Stufen-Modell von Latané und Darley (1970)

Um den Bystander-Effekt zu erklären haben Latané und Darley (1970) ein **5-stufiges psychologisches Prozessmodell** aufgestellt. Dieses Modell beschreibt die einzelnen psychologischen Schritte, die alle notwendig dafür sind, dass ein Zeuge in einer Notfallsituation aktiv eingreift. Umgekehrt können auf jeder dieser 5 Stufen unterschiedliche Faktoren verhindern, dass eine Hilfeleistung erfolgt (◘ Abb. 4.3).

> In ihrem **Prozessmodell** beschreiben Latané und Darley (1970) **fünf notwendige Schritte** für ein Einschreiten in Notfallsituationen.

Notwendige Schritte der Hilfeleistung
Im Hinblick auf späteres Einschreiten muss
1. eine Person die kritische Situation zunächst einmal **wahrnehmen** und
2. richtig **einschätzen** bzw. erkennen, dass es sich um einen Notfall handelt. Gelingt ihr das, so ist es dann notwendig, dass
3. sich die Person dafür **verantwortlich** fühlt, aktiv zu werden und einzugreifen.
4. Weiß die Person, wie sie helfen könnte und verfügt auch über die entsprechenden **Fähigkeiten**,

> Die 5 notwendigen Schritte der Hilfeleistung nach Latané und Darley (1970):
> 1. Wahrnehmung der Situation,
> 2. Interpretation der Situation als Notfall,
> 3. Verantwortungsübernahme,
> 4. Wissen um Hilfeleistung,
> 5. Entscheidung zur Hilfeleistung.

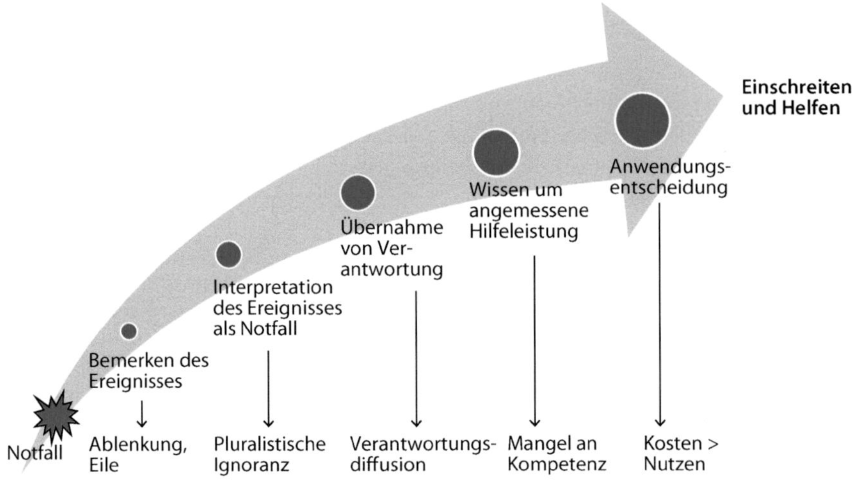

Abb. 4.3 Modell zum Einschreiten in Hilfesituationen. (Nach Latané & Darley, 1970, © Bibb Latané und John M. Darley) Der Weg zur Hilfeleistung besteht aus 5 notwendigen Schritten; jeder dieser Schritte kann durch unterschiedliche Faktoren unterbrochen werden, was ein späteres Eingreifen verhindert

Auf jeder der 5 Stufen können bestimmte Faktoren (z. B. Lärm → Stufe 1, Zeitdruck → Stufe 5) das Erreichen der nächsten Stufe, und damit ein Eingreifen, verhindern.

Speziell bei einer hohen Zuschaueranzahl können **pluralistische Ignoranz**, **Verantwortungsdiffusion** und **Bewertungsangst** das Durchlaufen der Modellstufen verhindern:

Pluralistische Ignoranz bezieht sich darauf, dass man dazu neigt, sich bei der Einschätzung einer Situation an anderen zu orientieren. Helfen diese nicht, so wird man vermutlich schlussfolgern, dass kein Notfall vorliegt und daher auch keine Hilfeleistung erforderlich ist.

5. so **entscheidet** sie sich schließlich bewusst, ob sie helfen wird oder nicht. Sie wird dann einschreiten, wenn ihr der Nutzen ihrer Hilfeleistung (z. B. Rettung des Opfers, soziale Anerkennung) größer erscheint als die damit verbundenen Kosten (z. B. Zeitaufwand).

Prozesse, die Hilfeleistung verhindern

Auf jeder der Stufen können unterschiedliche **Faktoren ein späteres Eingreifen der Person verhindern**. So kann bereits die Wahrnehmung des Ereignisses (Stufe 1) fehlschlagen, wenn z. B. durch den Großstadtlärm der Schrei eines Opfers nicht gehört wird oder man in Eile nicht bemerkt, dass eine Person Hilfe benötigt. Oder aber der enorme Zeitdruck, unter dem eine Person steht, bewirkt auf Stufe 5 des Modells, dass sie sich gegen ein Einschreiten entscheidet. Diese Faktoren sind unabhängig von der Anzahl anwesender Personen.

Latané und Darley (1970) identifizierten jedoch **drei psychologische Prozesse**, die speziell bei einer hohen Zuschaueranzahl auftreten und verhindern können, dass alle Stufen durchlaufen werden:
- pluralistische Ignoranz,
- Verantwortungsdiffusion und
- Bewertungsangst.

Pluralistische Ignoranz Sie beschreibt das Phänomen, dass Menschen seltener eingreifen, wenn sie sehen, dass andere einen Notfall zwar bemerken, jedoch nichts dagegen unternehmen. Dies kommt besonders dann zum Tragen, wenn man sich selbst unsicher ist, wie die Situation einzuschätzen ist bzw. ob es sich tatsächlich um einen Notfall handelt (Stufe 2). Etwa, wenn eine Person am Boden liegt, Sie selbst aber nicht unterscheiden können, ob diese bewusstlos ist oder nur schläft. Wenn Sie nun viele Menschen sehen, die an der Person einfach vorüber gehen, werden Sie vermutlich daraus schließen, dass die Situation harmlos sein muss. Andernfalls, so denken Sie, hätten die anderen ja geholfen (▶ Studie: Pluralistische Ignoranz).

Pluralistische Ignoranz

In dem Experiment von Latané und Darley (1968) ließ die Versuchsleitung Rauch in einen Raum einströmen, in dem die Versuchsperson einen Fragebogen ausfüllte. Es sollte das Verhalten der Versuchsperson beobachtet werden. Dabei wurde variiert, ob die Person alleine, mit fremden Personen oder mit Konföderierten der Versuchsleitung im Raum war, die die Anweisung hatten, den Rauch zu ignorieren. Waren die Versuchspersonen alleine im Raum, so meldeten 75% von ihnen die Rauchentwicklung an den Versuchsleiter. Wenn weitere fremde Personen anwesend waren, so reduzierte sich dieser Anteil auf 38%. Im Falle der absolut passiven Konföderierten meldeten schließlich nur noch 10% der Versuchspersonen die Rauchentwicklung an die Versuchsleitung.

Verantwortungsdiffusion Der zweite, sicherlich wichtigste Prozess wird als »Verteilung (Diffusion) von Verantwortung« bezeichnet. Diese betrifft die Neigung von Menschen, die allgemeine Verantwortung, zu helfen, auf alle anwesenden Personen zu verteilen. Je mehr Menschen also anwesend sind, desto kleiner ist die jeweilige subjektiv wahrgenommene Verantwortung einer einzelnen Person, da die **Gesamtverantwortung auf alle aufgeteilt** wird. In der Studie zur Rauchentwicklung wäre die Versuchsperson, sofern sie alleine im Raum war, ganz allein dafür verantwortlich, wenn durch ihr Nichtmelden ein größerer Schaden entstanden wäre. Bei neun weiteren anwesenden Personen wäre sie dagegen nur zu 10% an einem potenziellen Schaden subjektiv schuld.

Verantwortungsdiffusion beschreibt die Tendenz, die allgemeine Verantwortung auf alle Anwesenden aufzuteilen. Erhöht sich deren Anzahl, verringert sich die subjektiv wahrgenommene Verantwortlichkeit des Einzelnen und die Wahrscheinlichkeit zur Hilfeleistung sinkt.

Bewertungsangst Die Angst, von anderen Personen **negativ beurteilt** zu werden oder sich in einer exponierten Situation zu blamieren, wird als Bewertungsangst bezeichnet. Diese könnte z. B. in einer Notsituation entstehen, in der man vor mehreren Personen (also in aller Öffentlichkeit) eine Herzmassage oder gar eine Mund-zu-Mund Beatmung vornehmen muss, um effektive Hilfe zu leisten (vgl. Latané & Nida, 1981). Bewertungsangst ist besonders dann ausgeprägt, wenn man über **wenig Wissen und Können** verfügt, sich in der jeweiligen Situation adäquat zu verhalten (z. B. wenn der letzte Erste-Hilfe-Kurs schon lange zurück liegt).

Die Angst vor Blamage oder negativer Beurteilung durch andere, die sog. »**Bewertungsangst**«, reduziert die Wahrscheinlichkeit zur Hilfeleistung. Mangelndes Wissen um adäquate Hilfeleistung kann Bewertungsangst verstärken.

Forschung zum Bystander-Effekt

Studien zum **Bystander-Effekt** sind meist so aufgebaut, dass Versuchspersonen entweder allein oder zusammen mit anderen eine irrelevante Aufgabe bearbeiten. Plötzlich ereignet sich ein unvorhergesehener Notfall (ein potenzielles Opfer wird angegriffen, etc.). Die Versuchsleitung beobachtet dabei, ob, wie und wann die wirkliche Versuchsperson eingreift. Typischerweise findet man, dass Personen seltener und langsamer eingreifen, wenn Bystander anwesend sind.

Der Bystander-Effekt tritt jedoch nicht nur in Notfallsituationen auf, in denen das Opfer oder auch die Bystander selbst in Gefahr sind; er zeigt sich auch in **einfachen Hilfesituationen**, etwa wenn es darum geht, einer anderen Person die Tür aufzumachen (Levy et al., 1972). Ebenso konnte er in Situationen mit juristischem Sachverhalt beobachtet werden, in denen ein Täter eine Straftat begeht (z. B. Diebstahl von Geld; Latané & Elman, 1970).

Die Forschung zum Bystander-Effekt betrachtet jedoch nicht nur die unterschiedlichen Situationen, in denen der Effekt auftritt, sondern

In typischen Studien zum Bystander-Effekt bearbeiten Personen entweder allein oder zusammen mit anderen (Bystander-Bedingung) eine irrelevante Aufgabe, wenn sich ein Notfall ereignet. Abhängige Variable ist, ob, wann und wie die Person eingreift. Klassischerweise wird in der Bystander-Bedingung seltener und später geholfen.

Der Bystander-Effekt ist auch in **einfachen Hilfesituationen** zu beobachten.

Der Bystandereffekt ist stärker in **städtischen Gegenden** (»Urban-Overload-Hypothese«), in **uneindeutigen Situationen** und wenn besonders **viele Zuschauer** anwesend sind. Stattdessen ist er abgeschwächt, wenn die **Bystander befreundet** sind, über **Wissen** zu adäquatem Einschreiten verfügen oder wenn es sich um eine **Notfallsituation** handelt.

versucht auch, die jeweiligen **Moderatoren** auszumachen, also die Faktoren zu bestimmen, die die Stärke und Richtung des Effektes beeinflussen (Latané & Nida, 1981). Dabei konnte gezeigt werden, dass der Effekt in städtischen Gebieten stärker ist als in ländlichen Gegenden (Merrens, 1973). Dies wird durch die Informationsüberlastung (»**Urban-Overload-Hypothese**«; Milgram, 1970) erklärt: In der Stadt sind Menschen stärker durch Umgebungsreize abgelenkt bzw. überlastet (z. B. hupende Autos, Lärm der Straßenbahn etc.). Dies führt dazu, dass sie Notfälle entweder gar nicht oder aber nur langsamer wahrnehmen als in ländlichen Gegenden mit weniger ablenkenden Umgebungsreizen. Des Weiteren ist der Effekt besonders stark, wenn die **Situation uneindeutig** ist (z. B. Solomon, Solomon & Stone, 1978) und wenn die **Bystander-Anzahl** hoch ist (z. B. fünf statt zwei Bystander; Fischer et al., 2011). Im Gegensatz dazu tritt der Bystander-Effekt in abgeschwächter Form auf, wenn die anwesenden **Bystander befreundet** und einander nicht fremd sind, wenn sie über entsprechendes **Wissen zu adäquatem Einschreiten** verfügen oder wenn es sich um eine **Notfallsituation** handelt (Fischer et al., 2011; vgl. auch ▶ Abschn. 4.4.4).

4.3 Persönlichkeit und prosoziales Verhalten – Altruismus und Empathie

Neben situativen Faktoren sind auch bestimmte **Persönlichkeitsmerkmale** entscheidend dafür, ob Hilfe geleistet wird.

Bei der Betrachtung des Bystander-Effekts und dessen Moderatoren haben wir uns vorwiegend mit situativen Merkmalen befasst, die prosoziales Verhalten beeinflussen können. Doch neben der Situation stellt stets auch die **Person** eine entscheidende Einflussgröße dar bzw. ist die Interaktion aus Situation und Person (▶ Kap. 1) bedeutsam für das gezeigte Verhalten. Somit ergibt sich die Frage, wie es um ausgewählte Persönlichkeitsfaktoren steht? Unterscheiden sich Menschen aufgrund bestimmter charakteristischer Merkmale in ihrem prosozialen Handeln?

In diesem Zusammenhang konzentriert sich die sozialpsychologische Forschung auf die Frage danach, ob es wirklichen Altruismus gibt (Batson, 1998; Krueger, 2011). Sprich, gibt es Menschen, die einfach »nur« hilfsbereit sind? Die anderen helfen oder sich auf sonstige Weise prosozial verhalten, ohne dafür eine Gegenleistung zu erwarten? Derartiges Verhalten widerspricht stark dem Prinzip des Homo oeconomicus, das annimmt, dass Menschen nur dann prosoziales Verhalten zeigen, wenn sie dafür in irgendeiner Art und Weise eine Gegenleistung erhalten (z. B. Cialdini et al., 1987). Diese Gegenleistung muss nicht unbedingt materieller Art sein; sie kann sich auch auf affektive (angenehme Emotionen nach einer Hilfeleistung erleben) oder soziale (Dank oder Ansehen von anderen Personen erfahren) Gegenleistungen beziehen. Bei religiösen Menschen wäre auch eine Gratifikation im Jenseits (»in den Himmel kommen«) denkbar.

▶ Definition
Altruismus

> **Definition**
>
> **Altruismus** bedeutet selbstloses und uneigennütziges Handeln, das mit mehr eigenen Nachteilen als Vorteilen verbunden sein kann. Insofern kann Altruismus auch als Gegenteil zu egoistischem Verhalten angesehen werden.

4.3.1 Empathie-Altruismus-Hypothese

Die wohl bekanntesten Forschungen im Bereich des Altruismus wurden von Batson und Kollegen vorgelegt (für einen Überblick s. Batson, 1998). Um also den möglichen Zusammenhang zwischen Altruismus und prosozialem Verhalten zu klären, setzt Batson an dem Konstrukt der **Empathie** an. Damit ist vereinfacht die Fähigkeit gemeint, sich in andere Menschen hineinzuversetzen und deren Gedanken und Emotionen in bestimmten Situationen nachvollziehen bzw. nachempfinden zu können (▶ Kap. 12). In einer klassischen Studie haben Batson, Duncan, Ackerman, Buckley und Birch (1981) den Einfluss von Altruismus (und Empathie) untersucht (▶ Studie: Empathie-Altruismus-Hypothese)

> Batson und Kollegen sehen **Empathie** als wichtige Persönlichkeitskomponente für prosoziales Verhalten an. Zusammenfassend beschreibt Empathie die Fähigkeit, die Gedanken und Gefühle anderer verstehen und nachempfinden zu können.

Studie

Empathie-Altruismus-Hypothese

In der Studie von Batson et al. (1981) wurde den Versuchsteilnehmerinnen glaubhaft gemacht, das Ziel der Studie bestünde in der Analyse von Arbeitsleistungen unter stressreichen und aversiven Bedingungen. Hierzu sollte eine weitere Versuchsperson (Elaine), die in Wirklichkeit eine Konföderierte des Versuchsleiters war, eine Aufgabe bearbeiten, die aus mehreren Durchgängen bestand. Um eine aversive Bedingung zu schaffen, wurden Elaine in zufälligen Abständen Elektroschocks verabreicht. Die Aufgabe der wirklichen Versuchsperson bestand darin, Elaine bei der Aufgabenbearbeitung zu beobachten, um später mitzuteilen, wie sie Elaine unter aversiven Bedingungen wahrgenommen hatte. Dabei wurden zwei zentrale Faktoren manipuliert:

- Ähnlichkeit (Empathie) und
- soziale Kosten (Fluchtmöglichkeit).

In Hinblick auf den ersten Faktor wurde Elaine entweder als der Versuchsperson sehr ähnlich oder aber sehr unähnlich beschrieben. Da man annimmt, dass wir ähnliche Personen grundsätzlich sympathischer finden als Personen, die sich stark von uns unterscheiden (Ullrich & Krüger, 2010), sollten wir auch gegenüber uns ähnlichen Personen mehr Empathie empfinden als gegenüber uns unähnlichen Personen. Der zweite Faktor betrifft die sozialen Kosten, die mit einer Nichthilfeleistung verbunden waren. Den Versuchsteilnehmerinnen wurde gesagt, dass Elaine zehn Durchgänge absolvieren würde. Dabei bestünde jedoch die Möglichkeit, nach dem zweiten Durchgang die Rollen zu tauschen, sodass die Versuchsperson anstelle Elaines die Elektroschocks erhielt. In der Bedingung »niedrige Kosten« wurde den Versuchsteilnehmerinnen gesagt, dass sie von diesen zehn Durchgängen lediglich zwei zu beobachten hatten. Folglich mussten sie weder mit ansehen, wie Elaine weitere Elektroschocks bekam, noch sich dazu verpflichtet fühlen, einem Rollentausch zuzustimmen. Sie konnten sich sozusagen unbemerkt aus der Affäre stehlen (Fluchtmöglichkeit). In der Bedingung »hohe Kosten« gingen die Teilnehmerinnen jedoch davon aus, alle zehn Durchgänge beobachten zu müssen. Sie waren daher länger der Situation ausgesetzt, mit ansehen zu müssen, wie Elaine weitere Schocks verabreicht wurden (geringe Fluchtmöglichkeit).

Die Ergebnisse bestätigten die Erwartungen der Forscher. Zunächst zeigte sich, dass Versuchspersonen in der Bedingung hoher Empathie (hohe Ähnlichkeit zu Elaine) signifikant häufiger halfen als in der Bedingung mit niedriger Empathie. Innerhalb der Bedingung niedriger Empathie gab es aber einen Unterschied dahingehend, dass Personen signifikant häufiger halfen, wenn es für sie schwer war, Elaine im weiteren Verlauf der Testung aus dem Weg zu gehen (wenn sie zehn Durchgänge beobachten sollten), verglichen dazu, wenn sie nach zwei Durchgängen unbemerkt verschwinden konnten (und sich somit auch nicht vor Elaine für die »unterlassene« Hilfeleistung rechtfertigen mussten). In der Bedingung mit hoher Empathie halfen die Leute annähernd gleich häufig, unabhängig davon, ob die Kosten hoch oder niedrig waren (vgl. Toi & Batson, 1982; s. auch Batson et al., 1991). Die Manipulation der Kosten hatte im Fall hoher Empathie also keinen Einfluss auf das Hilfeverhalten.

Batson et al. (1981) manipulierten in ihrer klassischen Studie die beiden Faktoren »Empathie« und »Höhe der Kosten«. Es zeigte sich, dass Menschen in der Bedingung **hoher Empathie** häufiger halfen als unter niedriger Empathie und zwar unabhängig von potenziellen negativen Folgen. Dagegen halfen Personen innerhalb der Bedingung **niedriger Empathie** häufiger, wenn sie negative soziale Folgen befürchteten.

▶ Definition
Empathie-Altruismus-Hypothese

Im Fall hoher Empathie halfen die Menschen also selbst dann, wenn sie nicht mit negativen Folgen zu rechnen hatten. Situative Merkmale (Manipulation der Kosten) hatten also nur im Fall geringer Empathie einen Einfluss. Ausgehend davon formulierte Batson (vgl. Batson et al., 1991) die sog. »Empathie-Altruismus-Hypothese«.

Definition

Die **Empathie-Altruismus-Hypothese** (Batson et al., 1991) besagt, dass Menschen nur dann uneigennützig bzw. altruistisch handeln, wenn sie in einer bestimmten Situation Empathie empfinden (vgl. hohe Empathie, geringe Kosten). Helfen Menschen, ohne Empathie zu empfinden, so sind andere Faktoren entscheidend, etwa die Erwartung negativer Konsequenzen (vgl. geringe Empathie, hohe Kosten). Hier handelt es sich jedoch nicht um Altruismus.

Die Studien von Batson et al. (1981) verdeutlichen damit, dass Empathie eine wichtige Grundlage für prosoziales Verhalten und möglicherweise sogar für echten Altruismus darstellt.

4.3.2 Kritische Anmerkungen zur Empathie-Altruismus-Hypothese

Zwei wichtige Kritikpunkte der Empathie-Altruismus-Hypothese sind:
1. Möglicherweise wurde mit der Ähnlichkeitsmanipulation keine Empathie erzeugt.
2. Hilfeleistung unter hoher Empathie und niedrigen Kosten kann neben Altruismus auch andere Ursachen haben (z. B. Selbstwertsteigerung durch Helfen).

Mit der Empathie-Altruismus-Hypothese sehen Batson et al. (1981) **Empathie also als wichtige Grundlage für prosoziales Verhalten und Altruismus** an. Hier sei aber auf zwei Kritikpunkte verwiesen: Möglicherweise wurde mit der verwendeten Ähnlichkeitsmanipulation gar keine Empathie erzeugt; die Versuchsleiter überprüften zwar die wahrgenommene Ähnlichkeit (diese unterschied sich zwischen den einzelnen Bedingungen), nicht aber das Ausmaß an empfundener Empathie gegenüber Elaine. Zudem ist fraglich, ob die Untersuchungen von Batson und Kollegen tatsächlich einen Hinweis darauf geben, dass es echten Altruismus gibt, d. h., dass Menschen prosoziales Verhalten zeigen, ohne dabei einen eigenen Nutzen zu haben. Die Versuchspersonen mit hoher Empathie könnten ja – trotz niedriger sozialer Kosten einer Hilfeverweigerung – beispielsweise auch geholfen haben, weil sie einfach das Gefühl genießen, das sie beim empathischen hilfsbereiten Handeln empfinden. Oder aber sie haben deshalb geholfen, weil sie es nicht ertragen bzw. sehen können, dass es anderen Menschen nicht gut geht oder diese gar leiden. Sie leisten also Hilfe, um ihr eigenes unangenehmes Gefühl (ihren »personal distress«) zu reduzieren und nicht primär um den Stress einer hilfsbedürftigen Person zu reduzieren.

Aufbauend auf den Untersuchungen von Batson konnten Cialdini et al. (1987) beispielsweise zeigen, dass empfundene Empathie gegenüber einem Opfer das Ausmaß des eigenen Unwohlseins (Mitleid gegenüber dem Opfer; »personal distress«) erhöht. Dies scheint nicht verwunderlich zu sein; interessant ist vielmehr, dass bei einer experimentellen Trennung der beiden Faktoren »Empathie« und »personal distress« (Traurigkeit, Anspannung) anschließendes Hilfeverhalten durch das Ausmaß der Traurigkeit vorhergesagt werden konnte und nicht durch den Empathie-Wert. Insofern scheint nicht Empathie, sondern der **persönliche Distress** für anschließendes Hilfeverhalten ursächlich zu sein. Dies bedeutet, dass dieser Art von Hilfeverhalten eher egoistische Motive zugrunde liegen (man möchte ja seinen eigenen unangenehmen Gefühlszustand verbessern) und es lässt sich hierbei nicht von »reinem altruistischem Verhalten« sprechen. Als Fazit bleibt also, dass echter Altruismus nicht zwingend nachweisbar ist. Selbst bei Mutter Theresa – die viele Leser als den Idealtyp eines altruistischen Menschen im Kopf haben dürften – könnten die wirklichen Motive ihres Handelns unklar sein. Zeigte sie manchmal vielleicht auch deshalb so starke prosoziale Aufopferung, um dadurch von Gott eine Belohnung im Himmelreich zu erhalten?

4.4 Weitere psychologische Erklärungsansätze für prosoziales Verhalten

Neben situativen Faktoren und Persönlichkeitsmerkmalen werden in der Literatur weitere Aspekte diskutiert, die mit prosozialem Verhalten in Zusammenhang stehen. Hier sind sowohl biologische Faktoren, Kosten-Nutzen-Überlegungen, Ursachenzuschreibungen als auch bestimmte Moralvorstellungen zu nennen.

> Neben Merkmalen der Situation und Person stehen auch **biologische Faktoren, Kosten-Nutzen-Überlegungen, Ursachenzuschreibungen** und bestimmte **Moralvorstellungen** in Zusammenhang mit prosozialem Verhalten.

4.4.1 Evolutionspsychologische bzw. biologische Perspektive

Die Evolutionspsychologie geht davon aus, dass die meisten Verhaltensweisen und ihre zugrunde liegenden psychischen Prozesse eine Funktion in der erfolgreichen Weitergabe von Genen haben (Buss, 2005; Darwin, 1959; Dawkins, 1976). Aus evolutionspsychologischer Sicht ist es daher keine Überraschung, dass Personen ihren Verwandten eher helfen als nicht verwandten Personen – unabhängig davon, ob die verwandte Person selbst an der Notlage schuld ist oder nicht (Hamilton, 1964; ► Studie: Hilfeverhalten bei Verwandten).

> Gemäß der **Evolutionstheorie** helfen Menschen bevorzugt ihren eigenen Verwandten, was mit der Bevorzugung bzw. Weitergabe von eigenen Genen erklärt werden kann.

Studie

Hilfeverhalten bei Verwandten
In einer klassischen Studie manipulierten Burnstein, Crandall und Kitayama (1994) Folgendes: (a) den Verwandtschaftsgrad (enge vs. entfernte Verwandtschaft), (b) den Gesundheitszustand des Verwandten (gut vs. schlecht) und (c) die Art der Hilfesituation (alltägliche Situation vs. lebensbedrohliche Situation). Als abhängige Variable wurde erfasst, wie sehr die Versuchspersonen gewillt sind, zu helfen.

Es fand sich, dass die Versuchspersonen stärker bereit dazu sind, engen Verwandten zu helfen als weiter entfernt verwandten Personen. Darüber hinaus zeigte sich, dass Personen kranken Verwandten eher helfen als gesunden Verwandten, wenn es sich um eine alltägliche Hilfesituation handelt. Geht es allerdings um Leben und Tod, so helfen Personen den gesunden Verwandten eher als den kranken Verwandten.

Dieser Befund wurde evolutionär erklärt: Generell wird engen Verwandten eher geholfen als entfernt verwandten Personen, da mit Ersteren höhere genetische Gemeinsamkeit besteht und so die Weiterverbreitung der eigenen Gene wahrscheinlicher ist als bei entfernt verwandten Personen. Derselbe Grund erklärt auch, warum in lebensbedrohlichen Situ-

Burnstein et al. (1994) sehen die **erfolgreiche Weitergabe der eigenen Gene** als entscheidende Ursache für Hilfeleistung an: Sie konnten nämlich zeigen, dass **engen Verwandten** (höhere genetische Gemeinsamkeit) eher geholfen wird als weiter entfernten Verwandten. Zusätzlich ist in lebensbedrohlichen Situationen die Hilfeleistung gegenüber **gesunden Verwandten** höher als gegenüber kranken. Entgegen der rein genetischen Sichtweise fanden Korchmaros und Kenny (2001), dass auch **emotionale Nähe** zur Erklärung dieses Effekts wichtig ist.

Gegen den evolutionspsychologischen Erklärungsansatz spricht, dass der Befund nur im Nachhinein und nicht kausal erklärt werden kann. Des Weiteren tritt Hilfeleistung nicht nur gegenüber Verwandten auf.

Gemäß der **Theorie des sozialen Austauschs** helfen Menschen nur dann, wenn der erwartete **Nutzen höher** ist als die erwarteten **Kosten** der Hilfeleistung. So kann schlechte Stimmung durch Hilfeverhalten verbessert werden (**Negative-State-Relief-Hypothese**).

ationen gesunden Verwandten eher geholfen wird als kranken Verwandten: Gelingt es Personen nämlich, gesunde Verwandte vor dem Tod zu bewahren, so erhöht sich die Wahrscheinlichkeit dafür, dass das eigene Genom erfolgreich weitergegeben wird. Diese **erfolgreiche Weitergabe von eigenen Genen** ist bei kranken Verwandten weniger zu erwarten, weshalb diesen in lebensbedrohlichen Situationen auch seltener geholfen wird im Vergleich zu gesunden Verwandten (s. Burnstein et al., 1994). Korchmaros und Kenny (2001) wiederholten die Studie von Burnstein et al. (1994) mit ähnlichen Ergebnissen. Darüber hinaus konnten die Autoren aber auch zeigen, dass der Effekt, engeren Verwandten mehr zu helfen als weiter entfernten Verwandten, durch **emotionale Nähe** vermittelt wird. Man verspürt gegenüber engen Verwandten mehr emotionale Nähe und hilft diesen deshalb auch mehr. Dieser Befund zeigt, dass es bei der Erklärung dieses Effekts also nicht nur um genetische Überlegungen, sondern auch um emotionale Prozesse geht (Hamilton, 1964).

Nicht zuletzt aufgrund solcher Befunde wird am evolutionären Erklärungsansatz für prosoziales Verhalten auch Kritik geübt. So können beispielsweise Befunde **nur im Nachhinein und ohne Kausalität** evolutionär erklärt werden, da evolutionäre Prozesse aufgrund ihrer extrem langen Dauer im Labor nicht nachgestellt werden können. Darüber hinaus ist es auch so, dass Hilfeverhalten ja nicht nur gegenüber Verwandten auftritt. Menschen helfen täglich verschiedensten **fremden Personen**. Dies beginnt bereits damit, einer Mutter dabei zu helfen, ihren Kinderwagen die Treppen hinunter zu tragen oder aber für Opfer von Naturkatastrophen zu spenden – was Menschen glücklicherweise sehr häufig tun.

4.4.2 Theorie des sozialen Austausches: Kosten-Nutzen-Analyse

Eine weitere prominente Theorie prosozialen Verhaltens ist die **Theorie des sozialen Austausches** (Thibaut & Kelley, 1978; Trivers, 1971). Dieser theoretische Ansatz geht davon aus, dass Personen nur dann helfen, wenn die **Kosten-Nutzen-Bilanz** positiv für sie ausfällt, d. h., wenn Hilfeverhalten unter dem Strich mehr Nutzen als Kosten für sie erbringt. Belohnungen können dabei Geld, soziale Anerkennung oder aber auch nur erlebte positive Emotionen im Falle einer Hilfeleistung sein. Relevant in diesem Kontext ist auch die sog. »**Negative-State-Relief-Hypothese**«, die besagt, dass Menschen in negativer Stimmung häufiger helfen als in positiver oder neutraler Stimmung (Schaller & Cialdini, 1988). Grund hierfür ist, dass Personen in negativer Stimmung durch Hilfeverhalten eine Stimmungsaufhellung antizipieren (Dank und Anerkennung für die Hilfeleistung durch die hilfsbedürftige Person). Auch diese Befunde können durch die Theorie des sozialen Austausches erklärt werden: Personen in negativer Stimmung ist der Nutzen der Stimmungsaufhellung wichtiger als die Kosten der Hilfeleistung, was wiederum zu einer positiven Kosten-Nutzen-Bilanz und folglich zu erhöhter Hilfeleistung führt (◘ Abb. 4.4).

◘ Abb. 4.4 Prosoziales Verhalten als eigennützige Tat – Die Theorie des sozialen Austauschs

4.4.3 Verantwortungsattribution

Weiners Theorie der Verantwortlichkeit (Weiner, 1995) besagt, dass Hilfe vor allem dann geleistet wird, wenn das Opfer nicht für seine Notlage verantwortlich ist. Wenn wir um Hilfe gebeten werden, fragen wir oft zuerst, warum die entsprechende Person unsere Hilfe benötigt. Dies führt unweigerlich zu weiteren Fragen, nämlich 1. ist die Person selbst **verantwortlich** für ihre Notlage und 2. ist die Notsituation für die betreffende Person **kontrollierbar oder nicht**? Die subjektive Beantwortung dieser Fragen wiederum wirkt sich auf Emotionen, Einstellungen und Verhaltensweisen gegenüber der hilfesuchenden Person aus. Ein typisches Experiment für diese theoretische Perspektive führten Schmidt und Weiner (1988) durch (▶ Studie: Zuschreibung von Verantwortung).

> Innerhalb der **Theorie der Verantwortlichkeit** ist zentral, ob das Opfer für die eigene Notlage verantwortlich ist und ob diese durch das Opfer kontrolliert werden kann.

Studie

Zuschreibung von Verantwortung
In der Studie von Schmidt und Weiner (1988) sollten sich die Versuchspersonen mit der hypothetischen Situation auseinandersetzen, dass sie von einem Kommilitonen um die Mitschriften aus der letzten Vorlesung gebeten werden. Dieser verfügte über keine eigenen Mitschriften, weil er (a) Probleme mit den Augen hatte und deshalb nicht so gut sehen konnte (unkontrollierbare Situation) oder weil er (b) während der Vorlesung lieber zum Strand gegangen ist (kontrollierbare Situation). Im Anschluss daran sollten die Versuchspersonen anhand verschiedener Items angeben, wie hoch sie die Kontrollierbarkeit der Situation beurteilten, wie viel Ärger bzw. Sympa- thie sie gegenüber dem Hilfesuchenden empfanden und mit welcher Wahrscheinlichkeit sie helfen würden. Schmidt und Weiner stellten die Zusammenhänge zwischen kognitiver Situationseinschätzung (wahrgenommene Kontrollierbarkeit), empfundenen Emotionen (Ärger, Sympathie) und aktivem Handeln (Wahrscheinlichkeit für Hilfeleistung) dar. Zum einen zeigte sich eine positive Korrelation zwischen wahrgenommener Kontrollierbarkeit und Ärger; Ärger wiederum stand in negativem Zusammenhang zu Hilfeleistung. Zusätzlich bestand eine negative Korrelation zwischen Kontrollierbarkeit und Sympathie bzw. eine positive Verbindung zwischen Sympathie und der Wahrscheinlichkeit zur Hilfeleistung.

Schmidt und Weiner fassten die Studienergebnisse folgendermaßen zusammen: Wenn uns klar wird, dass sich eine Person in einer Notsituation befindet, an der sie selbst **nicht schuld** ist (keine Kontrollierbarkeit) und

4

Ist eine Person nicht **selbst schuld** an ihrer Notlage und kann sich aus dieser **nicht alleine befreien**, so werden beim Beobachter **prosoziale Emotionen** ausgelöst, was zu verstärkter **Hilfeleistung** führt.

Die Forschung zu **Heldentum und Zivilcourage** beschäftigt sich u. a. mit der Frage, warum Menschen helfen, selbst wenn sie damit ihr eigenes Leben aufs Spiel setzen.

Entscheidend für zivilcouragiertes Verhalten (= Hilfeleistung trotz erheblicher negativer Konsequenzen) sind **prosoziale Werte** und die **Gefährlichkeit** der Situation. Hohe Gefahr ist gegeben, wenn eine Notfallsituation vorliegt, ein Täter anwesend ist und wenn das Einschreiten mit hohen Kosten verbunden ist. In derartigen Situationen tritt der Bystander-Effekt nur in abgeschwächter Form auf.

die sie auch **nicht alleine lösen** kann, dann erleben wir prosoziale Emotionen (Empathie, Sympathie) gegenüber dieser Person, was letztendlich zu **verstärkter Hilfeleistung** führt. Gewinnen wir allerdings den Eindruck, dass eine hilfesuchende Person für ihre Notlage, die zudem kontrollierbar gewesen wäre, selbst verantwortlich ist, so erleben wir die Emotion Ärger und zögern deshalb, der betreffenden Person zu helfen.

4.4.4 Zivilcourage, Heldentum und gesellschaftliche Verantwortung

Interessant ist, dass sich das Ausmaß an Hilfeleistung selbst in Situationen unterscheidet, in denen das persönliche Opfer des Helfers (d. h. die subjektiv wahrgenommenen Kosten im Falle einer Hilfeleistung) nichts besonders groß ist. Man könnte meinen, dass einem das Verleihen seiner Vorlesungsunterlagen nicht viel ausmachen dürfte. Wenn allerdings die Hilfeleistung bereits in solch einfachen Situationen reduziert ist – wie kann es dann sein, dass Personen manchmal auch dann helfen, wenn sie sich durch ihr heldenhaftes Verhalten selbst in Gefahr bringen? Weshalb sind die Feuerwehrleute nach den Anschlägen vom 11. September in New York todesmutig in die brennenden Trümmer des World Trade Centers gestiegen, um dort nach Überlebenden zu suchen? Warum opferten sich hunderte von Tepco-Mitarbeitern und Tokioter Feuerwehrmännern in Fukushima, um einen atomaren Supergau zu verhindern? Diese extremen Verhaltensweisen sind in der Forschung zu Heldentum und Zivilcourage untersucht worden.

Wie eingangs erwähnt, bedeutet **Zivilcourage**, Hilfeverhalten zu zeigen, obwohl in der unmittelbaren Situation mit massiven negativen physischen, psychischen und sozialen Konsequenzen gerechnet werden muss. Zivilcouragiertes Verhalten ist stark gesteuert durch prosoziale Werte (Osswald, Greitemeyer, Fischer & Frey, 2010) und tritt vor allem dann auf, wenn Personen eine ernste Notlage für ein potentielles Opfer wahrnehmen (Fischer et al., 2011). Fischer, Greitemeyer, Pollozek und Frey (2006) konnten beispielsweise zeigen, dass die Wahrscheinlichkeit der Hilfeleistung größer war, wenn ein weibliches Opfer von einem muskulösen Täter (Bodybuilder) attackiert wurde, als wenn dieser nur geringe physische Stärke (schmächtigere Statur) aufwies. Diesen Befund konnten Fischer et al. (2011) in ihrer Metaanalyse bestätigen: Sie fanden einen abgeschwächten Bystander-Effekt (in Richtung höhere Hilfeleistung), wenn die Situation als gefährlich (Notfall) eingeschätzt wurde, wenn ein Täter anwesend war und wenn das Einschreiten mit hohen physischen Kosten verbunden war. Dies sind Merkmale typischer Zivilcouragesituationen. Die Tatsache, dass helfendes Einschreiten hier zunimmt, ist beruhigend – zeigt es doch, dass es um die Werte der Menschheit nicht so schlecht bestellt sein kann! Sowohl **Persönlichkeitsunterschiede** (Osswald et al., 2010) als auch die **Gefährlichkeit der Situation** (Fischer at al., 2011) stellen also Faktoren dar, die in Zusammenhang mit zivilcouragiertem Verhalten relevant sind. Eine Zunahme an Hilfeleistung ist vor allem auch deshalb zu beobachten, weil diese Situationen **eindeutiger als Notfälle wahrgenommen** werden (Fischer et al., 2006; vgl. auch »arousal cost reward model«; Piliavin, Rodin & Piliavin, 1969).

4.5 · Zu viel des Guten? Pathologischer Altruismus

69

4

4.5 Zu viel des Guten? Pathologischer Altruismus

Die Diskussionen über prosoziales Verhalten, Hilfeleistung und Altruismus beruhen stets auf der Annahme, dass diese Komponenten moralisch gut sind. Sowohl die Wissenschaft als auch die Öffentlichkeit kreiden an, dass derzeit nur wenig von diesen prosozialen Faktoren spürbar ist, mehr Altruismus somit nur positiv sein kann. In Bezug auf diese Annahmen hat allerdings eine kritische Diskussion begonnen (Oakley, Knafo, Madhavan & Wilson, 2011). Der zentrale Punkt dabei ist, dass nicht einfach von einem linearen Zusammenhang zwischen altruistischem Verhalten und sozialem bzw. persönlichen Nutzen/Wohl ausgegangen werden kann. Die Regel »je mehr, desto besser« gilt hier nur eingeschränkt.

Und in der Tat findet man auch Beispiele von **fehlgeleitetem Altruismus**. So etwa in der amerikanischen Fernsehserie »Dr. House«. Hier behandelt der gleichnamige Arzt einen wohlhabenden Patienten, der neben physischen Symptomen auch dadurch auffällt, dass er sofort bereit ist, große Geldsummen zu stiften, sobald ihn nur jemand darum bittet – egal für welchen Verwendungszweck. Die Ärzte im Team von Dr. House sind geteilter Meinung, ob dieses Verhalten pathologisch (krankhaft) ist. Die Lage spitzt sich zu als der Patient einem ihm unbekannten Mitpatienten eine seiner Nieren anbietet. Von Dr. House geködert, stellt er schließlich beide Nieren zur Verfügung. Dabei berücksichtigt er nicht, welche Folgen dies für seine Familie haben könnte. Intuitiv denkt man, dass dieses Verhalten nicht normal sein kann und es sich folglich um pathologischen Altruismus handelt. Warum? Ist es nicht denkbar, dass – wie der Patient sagt – andere »objektiv« mehr vom Leben haben könnten als er selbst? Doch selbst wenn dies zuträfe, so widerstrebt derartige Selbstaufopferung dem eigenen subjektiven Empfinden.

Wie könnte man dem Argument des Patienten im obigen Beispiel begegnen? Zunächst ist zu sagen, dass es sinnlos ist, mit Menschen über deren persönliche Prioritäten zu streiten (hier unterscheiden sich die Geschmäcker bzw. trifft die lateinische Maxime »de gustibus non est disputandum« – über Geschmack lässt sich nicht streiten – zu). Vielleicht folgt der Patient dem Beispiel Jesu, der gebot, man solle seinen Nächsten lieben wie sich selbst (Markus 12,31). Er verbot dabei nicht, ihn mehr zu lieben. Doch worin hier der entscheidende Punkt liegt: Der Patient denkt nicht daran, dass er mit seinem – scheinbar selbstaufopferndem – Verhalten andere schädigen könnte. Was ist also mit den Kindern bzw. den eigenen Verwandten? Wie die Natur, so sorgt auch die Zivilisation dafür, dass eine erwachsene Person, die Kinder hat, für diese verantwortlich ist. Daher kommt die Selbstaufopferung für Nichtverwandte einem Verrat an den Verwandten gleich. Insbesondere die eigenen Kinder haben einen Anspruch, der die Wahlfreiheit der Eltern radikal einschränkt. Allerdings werden sowohl in ökonomischen Modellen als auch in psychologischen Studien die Interessen von dritten Parteien meist ausgeblendet. Finden sie Berücksichtigung, so wird die Unterscheidung zwischen einfachem und pathologischem Altruismus klarer. »Einfaches« altruistisches Verhalten (nicht pathologisch) beinhaltet nämlich, dass diejenige Person stets eine weitere Perspektive einnimmt und auch die Interessen von Dritten berücksichtigt. Dies ist bei pathologischem Altruismus nicht der Fall, da das Verhalten in einer bestimmten Situation stark emotional

Derzeit wird diskutiert, ob Prosozialität, Altruismus oder Hilfeleistung tatsächlich ausschließlich positive Werte darstellen.

Altruismus kann in krankhaft übersteigerter Form auch **negative Auswirkungen** haben. Hierbei spricht man von **pathologischem Altruismus**.

Die selbstaufopfernde Hilfeleistung bei **pathologischem Altruismus** mag zwar für den Hilfeempfänger positiv sein; sie kann aber auch Nachteile für dritte Personen (z. B. eigene Familie) haben. Wesentliches Merkmal von pathologischem Altruismus ist, dass potenzielle **Kosten** des eigenen Verhaltens **nicht berücksichtigt** werden. Eine Zunahme an Altruismus ist daher nicht uneingeschränkt als positiv und wünschenswert anzusehen.

4

motiviert ist und weiterführende kognitive Überlegungen und Kosten-Nutzen-Rechnungen ausschließt.

Was geschah schließlich mit Dr. House' Patient? Der gute Arzt fand heraus, dass eine Fehlfunktion der Schilddrüse die Ursache des schein(bar)heiligen Verhaltens war. Sobald diese korrigiert war, erkannte der vormalige Patient den Vorrang seiner Familie gegenüber fremden Personen (s. auch Hamilton, 1964, zur darwinistischen Theorie der »inclusive fitness«). Der krankhafte Altruismus war geheilt. An dieser Stelle sei gesagt, dass es sich beim »pathologischen Altruismus« nicht um eine neue, klinisch klassifizierte Krankheit handelt, die einfach behandelt werden kann; vielmehr soll mit diesem Beispiel verdeutlicht werden, dass ein »Mehr« an Altruismus nicht ausschließlich mit positiven Aspekten verbunden ist, zumindest nicht für diejenigen, die keine direkten Hilfeempfänger sind.

❓ Kontrollfragen

1. Worin bestehen die Unterschiede zwischen »prosozialem Verhalten«, »Hilfeverhalten« und »Zivilcourage«?

2. Was versteht man unter dem »Bystander-Effekt« und wie kann er erklärt werden?

3. Inwiefern wird die Wahrscheinlichkeit zur Hilfeleistung von den Faktoren Verantwortlichkeit und Kontrollierbarkeit der Situation beeinflusst? Begründen Sie Ihre Antwort mit einer entsprechenden Theorie!

4. Diskutieren Sie folgende Aussage: Der Bystander-Effekt wird vor allem in ungefährlichen Situationen abgeschwächt, da hier die Kosten des Eingreifens geringer sind als in Gefahrensituationen.

5. Inwiefern kann prosoziales Verhalten evolutionspsychologisch erklärt werden? Worin bestehen die Kritikpunkte dieses Ansatzes?

▶ **Weiterführende Literatur**

Dovidio, J. F., Piliavin, J. A., Gaertner, S. L., Schroeder, D. A. & Clark, R. D. (1991). The arousal-cost-reward-model and the process of intervention: A review of the evidence. *Review of Personality and Social Psychology, 12,* 83–118.

Dovidio, J. F., Piliavin, J. A., Schroeder, D. A. & Penner, L. (2006). *The social psychology of prosocial behavior.* Mahwah: Lawrence Erlbaum.

Gaertner, S. L. (1975). The role of racial attitudes in helping behavior. *The Journal of Social Psychology, 97,* 95–101.

Literatur

Batson, C. D. (1998). Altruism and prosocial behavior. In D. T. Gilbert, S. T. Fiske & G. Lindzey (Eds.), Handbook of social psychology (4th ed., vol. 2, pp. 282–316). New York: McGraw Hill/Oxford University Press.

Batson, C. D., Batson, J. G., Slingsby, J. K., Harrell, K. L., Peekna, H. M. & Todd, R. M. (1991). Empathic joy and the empathy-altruism hypothesis. *Journal of Personality and Social Psychology, 61,* 413–426.

Batson, C. D., Duncan, B. D., Ackerman, P., Buckley, T. & Birch, K. (1981). Is empathic emotion a source of altruistic motivation? *Journal of Personality and Social Psychology, 40,* 290–302.

Batson, C. D. & Shaw, L. L. (1991). Evidence for altruism: Toward a pluralism of prosocial motives. *Psychological Inquiry, 2,* 107–122.

Bierhoff, H. W. (2010). *Psychologie prosozialen Verhaltens* (2.Aufl.). Stuttgart: Kohlhammer.

Buss, D. M. (2005). *The handbook of evolutionary psychology.* Hoboken: Wiley.

Burnstein, E., Crandall, C. & Kitayama, S. (1994). Some neo-Darwinian decision rules for altruism: Weighing cues for inclusive fitness as a function of the biological importance of the decision. *Journal of Personality and Social Psychology, 167,* 773–789.

Cialdini, R. B., Schaller, M., Houlihan, D., Arps, K., Fultz, J. & Beaman, A. L. (1987). Empathy-based helping: Is it selflessly or selfishly motivated? *Journal of Personality and Social Psychology, 52*, 749–758.

Darley, J. M. & Latané, B. (1968). Bystander intervention in emergencies: Diffusion of responsibility. *Journal of Personality and Social Psychology, 8*, 377–383.

Darwin, C. R. (1959). *The origin of species.* London: Murray.

Dawkins, R. (1976). *The selfish gene.* New York: Oxford University Press.

Eisenberg, N. & Fabes, R. A. (1991). Prosocial behavior and empathy: A multimethod developmental perspective. In M. S. Clark (Ed.), *Prosocial Behavior* (pp. 34–61). Newbury Park: Sage.

Fischer, P., Greitemeyer, T., Pollozek, F. & Frey, D. (2006). The unresponsive bystander: Are bystanders more responsive in dangerous emergencies? *European Journal of Social Psychology, 36*, 267–278.

Fischer, P., Greitemeyer, T., Schulz-Hardt, S., Frey, D., Jonas, E. & Rudukha, T. (2004). Zivilcourage und Hilfeverhalten: Der Einfluss negativer sozialer Konsequenzen auf die Wahrnehmung prosozialen Verhaltens. *Zeitschrift für Sozialpsychologie, 35*, 61–66.

Fischer, P., Krueger, J. I., Greitemeyer, T., Vogrincic, C., Kastenmüller, A., Frey, D., Heene, M., Wicher, M. & Kainbacher, M. (2011). The bystander effect: A meta-analytic review on bystander intervention in dangerous and non-dangerous emergencies. *Psychological Bulletin, 137*, 517–537.

Frey, D., Greitemeyer, T., Fischer, P. & Niesta, D. (2005). Psychologische Theorien hilfreichen Verhaltens. [Psychological theories of helpful behavior]. In K. J. Hopt, T. V. Hippel & W. R. Walz (Hrsg.), *Nonprofit-Organisationen in Recht, Wirtschaft und Gesellschaft* (S. 177–196). Tübingen: Mohr Siebeck.

Frey, D., Schäfer, M., & Neumann, R. (1999). Zivilcourage und aktives Handeln bei Gewalt: Wann werden Menschen aktiv? [Moral courage and intervention at violence: When do people become active?]. In M. Schäfer & D. Frey (Hrsg.), *Aggression und Gewalt unter Kindern und Jugendlichen* (S. 265–284). Göttingen: Hogrefe.

Greitemeyer, T. (2012). *Grundriss der Psychologie, Band 18: Sozialpsychologie.* Stuttgart: Kohlhammer.

Greitemeyer, T., Fischer, P., Kastenmüller, A. & Frey, D. (2006). Civil courage and helping behaviour: Differences and similarities. *European Psychologist, 11*, 90–98.

Hamilton, W. D. (1964). The genetical evolution of social behavior. *Journal of Theoretical Biology, 7*, 17–52.

Korchmaros, J. D. & Kenny, D. A. (2001). Emotional closeness as a mediator of the effect of genetic relatedness on altruism. *Psychological Science, 12*, 262–265.

Krueger, J. I. (2011). Altruism gone mad. In B. Oakley, A. Knafo, G. Madhavan & D. S. Wilson (Ed.), *Pathological altruism* (pp. 392–402). New York: Oxford University Press.

Latané, B. & Darley, J. M. (1968). Group inhibition of bystander intervention in emergencies. *Journal of Personality and Social Psychology, 10*, 215–221.

Latané, B. & Darley, J. M. (1970). *The unresponsive bystander: Why doesn't he help?* New York: Appleton.

Latané, B. & Elman, D. (1970). The hand in the till. In B. Latané & J. M. Darley (Eds.), *The unresponsive bystander: Why doesn't he help?* New York: Appleton-Century-Crofts.

Latané, B. & Nida, S. (1981). Ten years of research on group size and helping. *Psychological Bulletin, 89*, 308–324.

Levy, P., Lundgren, D., Ansel, M., Fell, D., Fink, B. & McGrath, J. E. (1972). Bystander effect in a demand-without-threat situation. *Journal of Personality and Social Psychology, 24*, 166–171.

Manning, R., Levine, M. & Collins, A. (2008). The legacy of the 38 witnesses and the importance of getting history right. *American Psychologist, 63*, 562–563.

Merrens, M. R. (1973). Nonemergency helping behavior in various sized communities. *The Journal of Social Psychology, 90*, 327–328.

Milgram, S. (1970). The experience of living in cities. *Science, 167*, 1461–1468.

Oakley, B., Knafo, A., Madhavan, G. & Wilson, D. S. (2011). *Pathological altruism.* New York: Oxford University Press.

Osswald, S., Greitemeyer, T., Fischer, P. & Frey, D. (2010). What is moral courage? Definition, explication, and classification of a complex construct. In C. L. S. Pury & S. J. Lopez, *The psychology of courage: Modern research on an ancient virtue* (pp. 149–164). Washington: American Psychological Association.

Piliavin, I., Rodin, J., & Piliavin, J. (1969). Good samaritanism: An underground phenomenon? *Journal of Personality and Social Psychology, 13*, 289–299.

Rosenthal, A. (1964). *Thirty-eight witnesses: The Kitty Genovese case.* California: University of California Press.

Schaller, M. & Cialdini, R. B. (1988). The economics of empathic helping: Support for a mood management motive. *Journal of Experimental Social Psychology, 24,* 163–181.

Schmidt, G. & Weiner, B. (1988). An attribution-affect-action theory of behavior. Replications of judgments of help-giving. *Personality and Social Psychology Bulletin, 14,* 610–621.

Schweitzer, A. (1923). *Kultur und Ethik* (5. unveränd. Aufl.). München: Beck.

Solomon, L. Z., Solomon, H. & Stone, R. (1978). Helping as a function of number of bystanders and ambiguity of emergency. *Personality and Social Psychology Bulletin, 4,* 318–321.

Stürmer, S. (2009). *Sozialpsychologie.* München: Ernst Reinhardt.

Thibaut, J. W. & Kelly, H. H. (1978). *Interpersonal relations: A theory of independence.* New York: Wiley.

Toi, M. & Batson, C. D. (1982). More evidence that empathy is a source of altruistic motivation. *Journal of Personality and Social Psychology, 43,* 281–292.

Trivers, R. L. (1971). The evolution of reciprocal altruism. *The Quarterly Review of Biology, 46,* 35–57.

Ullrich, J. & Krueger, J. I. (2010). Interpersonal liking from bivariate attitude similarity. *Social Psychology and Personality Science, 1,* 214–221.

Weiner, B. (1995). *Judgements of responsibility: A foundation for a theory of social conduct.* New York: Guilford Press.

5   Aggression

© Springer-Verlag GmbH Deutschland, ein Teil von Springer Nature 2018
P. Fischer et al. (Hrsg.), *Sozialpsychologie für Bachelor*, Springer-Lehrbuch
https://doi.org/10.1007/978-3-662-56739-5_5

Lernziele

- Aggression definieren und die verschiedenen Arten von Aggression benennen können.
- Verschiedene Erklärungsansätze für Aggression widergeben können.
- Die Frustrations-Aggressions-Hypothese erklären können.

- Den Einfluss medialer Gewalt in Zusammenhang mit Aggression darstellen können.
- Anwenden wissenschaftlicher Erkenntnisse, um Aggression in der wirklichen Welt zu reduzieren.

5.1   Grundlagen von Aggression

Mord und Totschlag gibt es nicht erst in der heutigen Zeit: Bereits in der Bibel, und somit schon zu Beginn der menschlichen Geschichtsschreibung, wird von Gewalttaten berichtet: So erschlug beispielsweise Kain, der Sohn Adams und Evas, seinen Bruder Abel (Genesis 4,1–24). Seither haben Personen über 14.000 Kriege geführt; täglich werden weltweit ca. 1.300 Morde begangen, was einer jährlichen Mordrate von 468.000 entspricht (UNODC, 2011, für das Jahr 2010.). Speziell für Deutschland ergaben sich für das Jahr 2011 insgesamt 723 erfasste Mordfälle (Bundeskriminalamt, 2012). Diese Statistiken zeigen, dass aggressives Verhalten, bis hin zu schwerster Aggression wie Mord und Totschlag, offensichtlich eng mit der menschlichen Existenz verhaftet ist. Es stellt sich jedoch die Frage, ob wir mit aggressivem Verhalten von Menschen einfach leben müssen, weil es zum Menschen gehört (Lorenz, 1966), oder ob es sich hier um ein Verhalten handelt, das von verschiedenen Faktoren (Situation, Persönlichkeit, sozialer Einfluss etc.) abhängt und somit auch durch gesellschaftliche und personenspezifische Interventionen reduziert werden

> Die Geschichte der Menschheit ist durchzogen von **Aggression**, Krieg und Mord. Es stellt sich deshalb die Frage, ob Aggression grundsätzlich zur menschlichen Existenz gehört oder ob ein aggressionsfreies Zusammenleben der Menschen langfristig doch möglich ist.

kann. Das folgende Kapitel soll diese Frage beantworten, indem anhand von verschiedenen Erklärungsansätzen auf die unterschiedlichen Faktoren bzw. Determinanten von Aggression eingegangen wird. Doch zunächst ist natürlich zu klären, wodurch aggressives Verhalten überhaupt gekennzeichnet ist?

5.1.1 Definition

Die Definition von Aggression hat sich über die Jahre hinweg verändert.

Die **wissenschaftliche Definition von Aggression** hat sich über die Jahre verändert. Bandura (1973, S. 5) definiert Aggression als Verhalten, das in »persönlichen Verletzungen oder der Zerstörung von Eigentum« resultiert, während Scherer, Abeles und Fischer (1975) Aggression als Verhalten bezeichnen, dessen Ziel es ist, Mitgliedern der eigenen Spezies Schaden zuzufügen (ebd., S. 2). Baron (1977) bietet eine Definition an, die ebenfalls die Absicht des Schadenzufügens enthält: Er betrachtet Aggression als ein »Verhalten, das dem Ziel dient, ein anderes Lebewesen zu schädigen, welches zugleich motiviert ist, dieses Ziel zu vermeiden« (ebd., S. 7). Entscheidend an dieser dritten Definition ist die Rolle des Opfers; denn man spricht nur dann von Aggression, wenn das potenzielle Opfer bestrebt ist, dem drohenden Schaden zu entkommen; etwa wenn ein Kind versucht, vor seinen Mitschülern zu fliehen, von denen es körperlich angegriffen wird. Dagegen handelt es sich nicht um aggressives Verhalten, wenn ein Kampfsportler im Training seinen Partner darum bittet, auf ihn einzuschlagen, um so bestimmte Verteidigungsstrategien üben zu können.

Ein zentraler Bestandteil moderner Aggressionsdefinitionen beinhaltet die **Willensabsicht**, jemand anderem Schaden zuzufügen. Schädigendes Verhalten, das nicht intentional ist, kann somit nicht als Aggression bezeichnet werden (s. auch den Unterschied in der Rechtsprechung hinsichtlich Totschlag vs. Mord).

Die **neueste und allgemeinste Definition** stammt von Baron und Byrne (2002) und betrachtet Aggression als das »absichtliche Zufügen von Schaden gegenüber anderen« (ebd., S. 435). Wichtig ist hierbei das **willentliche Handeln des Täters**. Zur Abgrenzung sei Folgendes gesagt: Wird man am Bahnhof von einem Passanten angerempelt, der rennend versucht, seinen Zug zu erreichen, so fällt dies nicht unter den Begriff Aggression. Zwar kann man selbst dadurch zu Schaden kommen (beispielsweise wenn das eigene Gepäck dabei zu Bruch geht oder man stürzt), doch dies wäre nicht das eigentliche Ziel des Täters gewesen.

5.1.2 Arten von Aggression

Instrumentelle Aggression dient der Erreichung eines bestimmten Ziels (z. B. Krieg). **Feindselige Aggression** ist dagegen nicht zielgerichtet und dient nur dem Zufügen von Schaden und/oder Schmerz (z. B. Rache).

Im Rahmen der grundlegenden Definition von Aggression unterscheidet man zwischen **instrumenteller und feindseliger Aggression** (Anderson & Bushman, 2002b). Von instrumenteller Aggression ist die Rede, wenn durch die aggressive Tat ein bestimmtes Ziel erreicht werden soll. Beispielsweise fallen Kriege unter »instrumentelle Aggression«, da sie meist auf den Gewinn von Land oder andere Ressourcen abzielen. Ebenso würde man es als instrumentelle Aggression bezeichnen, wenn beim Fußball ein Verteidiger einen Stürmer foult, um dadurch ein Tor zu verhindern. Im Gegensatz dazu dient die feindselige Aggression nicht der Erreichung eines bestimmten materiellen Ziels, sondern der Zufügung von Schaden und Schmerz. Feindselige Aggression ist getrieben von Emotionen wie Wut und Ärger und tritt oft auch als Folge einer wahrgenommenen Provokation auf. Aus diesem Grund wird hier auch von

»reaktiver Aggression« oder »affektiver Aggression« gesprochen (Geen, 1990). Eine Kosten-Nutzen-Bilanz wird bei dieser Verhaltensform meist nicht aufgestellt (Gollwitzer, Meder & Schmitt 2011). Das heißt, einer anderen Person wird selbst dann Schaden zugefügt, wenn dies mit negativen Konsequenzen für den Täter verbunden ist (»gemeinsam in den Abgrund«).

Neben der Unterteilung in instrumentelle bzw. feindselige wird auch zwischen **physischer und verbaler Aggression** sowie zwischen **direkter und indirekter Aggression** unterschieden (Björkqvist, Österman & Hjelt-Bäck, 1994). Erstere Einteilung ist eindeutig – sie bezieht sich darauf, dass mit aggressivem Verhalten entweder körperlicher Schaden zugefügt werden kann (jemanden schlagen, stoßen etc.) oder aber die Schädigung verbal erfolgt (jemanden beschimpfen, über jemanden reden etc.). Mit direkter Aggression ist gemeint, dass sich das Verhalten des Täters offensichtlich bzw. direkt an die Zielperson richtet (physisch oder verbal). Bei der indirekten Aggression versucht der Täter dagegen, seine eigentliche Intention, jemandem zu schaden, zu verbergen (Björkqvist, Lagerspetz & Kaukiainen, 1992). Dadurch kann er unter Umständen erreichen, nicht als Täter identifiziert zu werden. Häufig werden bei dieser Form der Aggression auch andere Personen bzw. das soziale Netzwerk mit einbezogen: z. B. wenn jemand andere Personen manipuliert (über das Opfer reden, Sachverhalte verschweigen etc.), sodass diese wiederum dem jeweiligen Opfer Schaden zufügen. Gerade in Zusammenhang mit verbaler bzw. indirekter Aggression sei an dieser Stelle auch darauf verwiesen, dass aggressives Verhalten nicht automatisch mit gewalttätigem Verhalten gleichzusetzen ist; vielmehr geht die Definition von Aggression über physische Verletzung hinaus. Umgekehrt ist aber jede gewalttätige Handlung zugleich auch eine aggressive Verhaltensweise (Anderson & Bushman, 2002b).

Von **physischer Aggression** spricht man, wenn der aggressive Akt körperlichen Schaden zufügt (z. B. gebrochene Nase), während **verbale Aggression** sich lediglich auf nicht physische Schädigungen bezieht (z. B. Rufmord). Von **direkter Aggression** spricht man, wenn sich das schädigende Verhalten des Täters direkt auf eine Zielperson richtet, während bei **indirekter Aggression** der Täter versucht, sein Schädigungsverhalten zu verschleiern.

Definition

Allgemein bezeichnet **Aggression** das absichtliche Zufügen von Schaden oder Schmerz bei anderen Personen. Dabei beschreibt instrumentelle Aggression den Gebrauch von aggressivem Verhalten als ein Mittel, um ein anderes Ziel zu erreichen. Im Gegensatz dazu dient feindselige Aggression ausschließlich dazu, einer anderen Person zu schaden. Beide Formen von Aggression können sich verbal bzw. physisch oder direkt bzw. indirekt äußern.

► Definition
  Aggression

5.2 Verschiedene psychologische Erklärungsansätze für Aggression

Warum tritt Aggression auf? Ist aggressives Verhalten genetisch bedingt, liegt es an der konkreten Person oder spielt der soziale Kontext eine Rolle? Zur Erklärung von Aggression gibt es verschiedene, sowohl konkurrierende als auch einander ergänzende Ansätze.

Aggressives Verhalten kann durch verschiedene **psychologische und biologische Modelle** erklärt werden. Meist stehen diese Erklärungsmodelle in Konkurrenz.

5.2.1 Triebtheoretischer Ansatz

Der triebtheoretische Ansatz nimmt an, dass Aggression angeboren ist und dem Menschen im Zuge der Evolution Vorteile bei der Weitergabe seines Genoms erbracht hat (z. B. Freud, 1930; Lorenz, 1966). Aus dieser Sichtweise gehören Gewalt und Aggression zur menschlichen Natur und beruhen also auf angeborenen Instinkten.

In seiner mittleren Werkphase zu den triebtheoretischen Überlegungen ging Freud (1915, in A. Freud et al., 1991) davon aus, dass es nur einen grundlegenden Trieb gebe, allerdings mit zwei Ausprägungen: einer sexuellen und einer aggressiven Komponente. Insofern sah Freud Aggression nicht als einen eigenständigen Trieb an, sondern vielmehr als eng verknüpft mit der sexuellen Komponente bzw. der Libido. Dabei betrachtete er die aggressive Form als wichtigen Baustein bei der »Lustgewinnung«, indem sie quasi bei der Regulation der Libido helfe. Diese Auffassung deckt sich gut mit Freuds Erklärungen zum Wirkmechanismus von Aggression. Er bezieht sich dabei auf das Prinzip eines Dampfkessels: Die vielen kleinen Frustrationen, die Menschen täglich erleben (z. B. niemand hält uns die Tür auf, wir schreiben eine schlechte Note in einer Prüfung, streiten mit dem Partner etc.), stauen sich in einem »psychischen Gefäß« auf, das mit einem Dampfkessel zu vergleichen ist. Sobald dieses Gefäß voll ist, muss die aufgestaute Aggression entladen werden, was in tatsächlichem aggressivem Verhalten resultiert. Dieses kann direkt gegenüber der Quelle ausgedrückt oder aber über andere Wege kanalisiert werden (Abwehrmechanismen: z. B. Übertragung auf andere Objekte wie etwa das Treten von Gegenständen, statt die direkte Konfrontation mit einer Person zu suchen). Dieses »Hydraulikprinzip« wird auch als die Freud'sche »**Katharsishypothese**« bezeichnet (⬛ Abb. 5.1).

Abgesehen davon, dass psychoanalytische Ansätze innerhalb der wissenschaftlichen Psychologie nur wenig Zulauf haben, hat sich speziell für die Katharsishypothese **wenig empirische Unterstützung** gefunden. In der empirischen Literatur findet man kaum Studien, die von einem verminderten Aggressionsniveau als Folge aggressiven Verhaltens berichten. Allenfalls deuten die Ergebnisse auf eine Reduktion an-

Der **triebtheoretische Ansatz** geht davon aus, dass Aggression zur menschlichen Natur gehört und dem Menschen einen Vorteil in der Evolution erbracht hat.

Die **Katharsishypothese** geht davon aus, dass sich Aggression im Laufe der Zeit »automatisch« anstaut und durch aggressive Ersatzhandlungen (z. B. Zerstörung von Gegenständen, Betrachten eines aggressiven Films, etc.) abgebaut werden kann.

Die empirische Unterstützung für die **Katharsishypothese** ist nur sehr schwach ausgeprägt. Meist zeigt sich das genaue Gegenteil: Personen, die **aggressive Ersatzhandlungen** ausführen, werden als Folge noch **aggressiver**.

⬛ **Abb. 5.1** Katharsis – Ersatzhandlungen zum Aggressionsabbau

SEIT ICH IHM VERBOTEN HABE, IMMER SO LAUTE MUSIK ZU HÖREN HILFT ER AUF EINMAL MIT...

derer negativer Gefühle (z. B. reduziertem Ärger; Kutner & Olson, 2008) oder einem Erleben anderer positiver Gefühle in Zusammenhang mit aggressivem Verhaltensweisen hin (Bushman, Baumeister & Phillips, 2001). Stattdessen zeigt die große Mehrheit der Aggressionsstudien, dass Aggression nach dem Ausüben von aggressivem Verhalten oder dem Darüber-Nachdenken sogar ansteigt (Anderson et al., 2010; Anderson & Bushman, 2001). Dies widerlegt sowohl Freuds Überlegungen als auch populäre Vorstellungen, die in den Medien und der Selbsthilfebranche gepflegt werden.

> **Definition**
>
> Gemäß der **Katharsishypothese** (griech. »katharsis« = Reinigung) führt das Ausleben bzw. die Entladung bestimmter Gefühlszustände (z. B. Aggression) zu einer Reduktion derselben.

▶ **Definition**
Katharsishypothese

5.2.2 Biologischer Ansatz

Ein anderer Ansatz zur Erklärung von Aggression stammt aus der Beobachtung von aggressivem Verhalten von Tieren und deren Übertragung auf das Verhalten von Menschen. So nimmt Konrad Lorenz (1966) an, dass Menschen, genauso wie andere Tiere auch, einen sog. **Kampfinstinkt** besitzen, der ihnen im evolutionären **Kampf ums Überleben** die erfolgreiche Weitergabe ihrer Gene sichert (»survival of the fittest«; Darwin, 1859). Gemäß diesem Ansatz dient Aggression dem Verjagen von Feinden, der Erbeutung von Nahrung, der Gewinnung von Sexualpartnern und dem Schutz der eigenen Familie und der Nachkommen. Individuen die zur Aggression fähig sind, haben somit bessere Chancen im biologischen Wettstreit.

Der **biologische Ansatz** geht davon aus, dass aggressives Verhalten einen »Fitness-Vorteil« in der evolutionären Selektion erbracht hat.

Biologische Erklärungsansätze betrachten auch **neurochemische und hirnphysiologische Korrelate von aggressivem Verhalten** (Aronson, Wilson & Akert, 2008). So konnte beispielsweise gezeigt werden, dass die Amygdala bei der Kontrolle von Aggression beteiligt ist (Davidson, Jackson & Kalin, 2000, zit. nach Aronson et al., 2008). Die **Amygdala** besteht aus kleinen mandelförmigen Strukturen, die dem älteren, subkortikalen Teil des Gehirns angehören. Die Amygdala wird vor allem in Gefahrensituationen aktiviert, etwa wenn wir schnell entscheiden müssen, ob eine bestimmte Person oder Situation für uns gefährlich ist oder nicht (Amaral, 2003; Le Doux, 2002). Hirnläsionsstudien zeigen, dass die Aktivierung der Amygdala zu verstärktem Auftreten von Aggression führt (vgl. Coccaro, McCloskey, Fitzgerald & Phan, 2007). Andere Studien zeigen, dass auch der Neurotransmitter **Serotonin** eine wichtige Rolle bei der Entstehung von Aggression spielt (Miczek, Fish, de Bold & Almeida, 2002). Ist beispielsweise die natürliche Produktion von Serotonin gestört, so kann es zu vermehrter Aggression kommen. Entgegen früherer Befunde (Giacalone, Tansella, Valzelli & Garattini, 1968) scheint Serotonin also der Hemmung aggressiver Impulse zu dienen, d. h., je geringer der Serotoninspiegel, desto wahrscheinlicher ist aggressives Verhalten (Placidi et al., 2001). Schließlich zeigte sich auch, dass das Auftreten von aggressivem Verhalten in Zusammenhang mit dem menschlichen **Testosteronspiegel** steht. Aller-

Biologische Erklärungsansätze betrachten auch **neurochemische und hirnphysiologische Korrelate** von Aggression. Hier spielen die **Amygdala**, der Neurotransmitter **Serotonin** sowie das Hormon **Testosteron** eine besondere Rolle.

dings sind hier die Befunde uneinheitlich: Mal ist von einem negativen Zusammenhang zwischen Testosteronspiegel und aggressivem Verhalten die Rede, mal wird dieser Zusammenhang als positiv beschrieben. (Archer, 1991). Einer neueren Metaanalyse zufolge scheint es sich jedoch um einen schwach positiven Zusammenhang zu handeln (Book, Starzyk & Quinsey, 2001). Das bedeutet, dass das Vorhandensein des Sexualhormons Testosteron im menschlichen Körper mit aggressivem Verhalten einhergeht. Die Wirkungsrichtung bleibt dabei allerdings fraglich; in einigen Studien ist berichtet, dass der Testosteronspiegel nach der Ausübung aggressiven Verhaltens erhöht ist, wohingegen andere Studien einen hohen Testosteronspiegel als ursächlich für Aggression betrachten (Überblick bei Archer, 2006).

5.2.3 Frustrations-Aggressions-Hypothese

Neben den triebtheoretischen und biologischen Überlegungen wird auch die sog. **Frustrations-Aggressions-Hypothese** zur Erklärung von Aggression herangezogen (Dollard, Miller, Doob, Mowrer & Sears, 1939). In der klassischen Formulierung dieser Hypothese nahmen Dollard et al. (1939) an, dass Frustration immer zu Aggression führt und dass umgekehrt Aggression immer Frustrationserleben voraussetzt. In einer späteren Fassung formulierten sie den ersten Teil jedoch nochmals um und präzisierten, dass Frustration nicht immer aggressives Verhalten zur Folge hat (Miller, 1941). Stattdessen kann Frustration auch zu anderen Reaktionen führen oder lediglich eine aggressive Tendenz auslösen, die sich aber nicht in aggressivem Verhalten zeigt. Entscheidend dafür, ob es tatsächlich zu aggressivem Verhalten kommt, ist daher, welche der potenziellen Antworten bzw. Reaktionen auf Frustration die dominante ist. Sie formulierten dies wie folgt um: »Frustration produces instigations to a number of different types of response, one of which is an instigation to some form of aggression« (Miller, 1941, S. 338).

Es ist nicht notwendig, dass die Frustration in objektiv-physischer Form auftritt (z. B. es wird einem die Vorfahrt genommen). Entscheidend ist vielmehr die **subjektive Wahrnehmung** eines Ereignisses oder die Interpretation einer Begebenheit als frustrierend. Gibt beispielsweise ein Vater seinem Sohn mehr Taschengeld als seiner Tochter, so ist es wahrscheinlich, dass sich diese gegenüber ihrem Bruder benachteiligt fühlen und möglicherweise an der Zuneigung ihres Vaters zweifeln wird. Zwar mag hier objektiv kein Grund zur Frustration vorliegen, da es grundsätzlich ja positiv ist, Geld zu bekommen, oder die Tochter aus anderen Situationen weiß, dass ihr Vater sie schätzt; dennoch ist es möglich, dass das Mädchen die Aufteilung subjektiv als ungerecht erlebt. Forschungen haben gezeigt, dass diese subjektive Wahrnehmung relativer Benachteiligung bereits ausreicht, um Frustration und als Folge auch Aggression auszulösen (Leary, Twenge & Quinlivan, 2006).

Die **Frustrations-Aggressions-Hypothese** geht davon aus, dass sich jegliche Frustration im Verhalten bemerkbar macht; eine Ausdrucksform ist dabei Aggression.

Das Ultimatum-Spiel

Dass die subjektive Wahrnehmung von Benachteiligung bedeutsam ist, zeigt sich auch in der Forschung zum sog. »Ultimatum-Spiel« (vgl. Güth, Schmittberger & Schwarze, 1982). In dieser Situation steht einer Person (Spieler A) ein Geldbetrag (z. B. 70 Euro) zur Verfügung, der mit einer zweiten Person (Spieler B) geteilt werden kann. Spieler A entscheidet nun, welche Aufteilung er Spieler B anbietet. Zum Beispiel mag A vorschlagen, 30 Euro an B zu geben und 40 Euro zu behalten. Derartige Angebote, die einer Gleichaufteilung nahe kommen, werden oft beob-

achtet. Denn A weiß, dass B auf ein niedriges Angebot (etwa 20% des Gesamtbetrages oder weniger; Camerer & Thaler, 1995) aggressiv reagieren wird. Das heißt, B würde dann vielleicht seine Möglichkeit nutzen, das Angebot (oder »Ultimatum«) abzuschlagen, was zur Folge hätte, dass beide Spieler leer ausgehen (Sanfey, Rilling, Aronson, Nystrom & Cohen, 2003). Das Ultimatumspiel zeigt somit auch, dass Personen den Zusammenhang von Frustration und Aggression auch bei anderen sozialen Interaktionspartnern »vorhersehen« und entsprechend ihr eigenes Verhalten dieser menschlichen Tendenz anpassen.

Wiederum wird deutlich, dass es nicht auf das objektive Verhalten ankommt, sondern vielmehr auf das **subjektive Erleben von Frustration**, in diesem Fall bedingt durch Ungerechtigkeit. Eng verwandt damit ist auch das Erleben von Ablehnung oder Zurückweisung, das oft auf fehlender Wertschätzung durch eine andere Person beruht (Buckley, Winkel & Leary, 2004). Die Autoren konnten experimentell zeigen, dass abwertendes negatives Feedback durch eine andere Person zu verstärktem Ärger gegenüber dieser Person führt. Bedenkt man, dass Aggression teilweise reaktiv ist und damit als Folge negativer Emotionen auftreten kann (▸ Abschn. 5.1.2), ist das entstandene Gefühl von Ärger durch soziale Zurückweisung natürlich als Auslöser für Aggression denkbar. Dass negatives Feedback (Abwertung) tatsächlich zu aggressivem Verhalten führt, konnten Twenge, Baumeister, Tice und Stucke (2001) zeigen. In ihrer Studie sollten die Versuchspersonen einen Aufsatz zum Thema Abtreibung verfassen und darin ihre Meinung darlegen. Eine weitere Versuchsperson (in Wirklichkeit eine Konföderierte des Versuchsleiters) bewertete diesen Aufsatz mit schriftlichen Anmerkungen. Diese waren entweder positiv oder negativ (z. B. »One of the worst essays I've read!«). Der Versuchsperson wurde glaubhaft gemacht, dass sich die Person, die das Feedback erteilte, für eine Stelle als Forschungsassistent an diesem Lehrstuhl beworben hatte. Da jedoch weitere Kandidaten zur Auswahl stünden und daher umfassende Einschätzungen notwendig seien, wurde die Versuchsperson gebeten, den vermeintlichen Bewerber anhand verschiedener Kriterien (Freundlichkeit, Offenheit etc.) einzuschätzen. Dies galt als abhängiges Maß für aggressives Verhalten. Es zeigte sich, dass diejenigen Versuchspersonen, die zuvor negatives Feedback erhalten hatten, auch selbst eine negative Einschätzung gegenüber ihrem »Täter« abgaben. Sie verhielten sich also aggressiv, indem sie dazu beitragen wollten, dass die andere Person keine Anstellung bekam. Das aggressive Verhalten war noch stärker, wenn die Versuchsperson zuvor sozial ausgegrenzt wurde (dies war Teil weiterer Versuchsbedingungen). Im Gegensatz dazu fiel bei positiver Bewertung des Aufsatzes auch die Rückmeldung des vermeintlichen Bewerbers extrem positiv und wohlwollend aus.

Auch die Analyse von Straftaten lässt erkennen, dass soziale Isolation bzw. sozialer Austausch einen hohen Risikofaktor für aggressives und gewalttätiges Handeln bei Jugendlichen darstellt (Lösel & Bliesener,

> Soziale Ausgrenzung und das damit verbundene **subjektive Gefühl von Ablehnung** ist ein häufiger Grund für aggressive Kognitionen, Emotionen und Verhaltensweisen.

Entgegen der weit verbreiteten Erwartung führt gerade **hoher** (und nicht so sehr niedriger) **Selbstwert** nach Frustration häufig zu Aggression.

2003). Insofern können neben dem Erleben von Ungerechtigkeit oder Benachteiligung auch andere Faktoren wie Zurückweisung, Ablehnung oder eine Bedrohung des Selbstwerts Frustration und folglich auch aggressives Verhalten auslösen (Leary, Twenge & Quinlivan, 2006). Interessanterweise haben hauptsächlich Personen mit einem übersteigerten Selbstwertgefühl (Narzissmus) die Tendenz, auf Beleidigungen mit aggressivem Verhalten zu reagieren (Bushman & Baumeister, 1998; Vazire & Funder, 2006). Dies ist vermutlich darauf zurückzuführen, dass sich Narzissten vor allem gegenüber denjenigen Menschen beweisen möchten, die ihre positive Selbstsicht nicht teilen.

Erstmals aufmerksam wurde man auf den Frustrations-Aggressions-Effekt, als man statistisch feststellte, dass im frühen Amerika die Baumwollpreise negativ mit den Lynchmorden an dunkelhäutigen Dorfbewohnern korreliert waren. Gemäß der Frustrations-Aggressions-Hypothese führten sinkende Baumwollpreise bei den Farmbesitzern zu erhöhter Frustration, was wiederum in erhöhter Aggression gegenüber ihren Mitarbeitern mündete.

Personen verhalten sich an heißen Tagen aggressiver als an weniger heißen Tagen (»**Long Hot Summer Effect**«).

Ähnliche Effekte wurden auch in anderen Zusammenhängen festgestellt: So treten bei hohen Temperaturen (Hitze als erlebte Frustration) signifikant mehr Ausschreitungen und Gewalttaten auf als in den Wintermonaten (»**long hot summer effect**«; Carlsmith & Anderson, 1979; zit. nach Aronson et al., 2008). Neuere experimentelle Studien legen den Schluss nahe, dass der **Einfluss der Temperatur** auf Aggressivität an der unangenehmen Wahrnehmung als solcher liegt; sowohl extreme Hitze als auch extreme Kälte erhöhen das Auftreten aggressiver Gefühle (Anderson, Anderson & Deuser, 1996). Die Wirkung von Temperatur auf aggressives Verhalten scheint somit über den affektiven (gefühlsmäßigen) Weg zu funktionieren. Neben diesem Umweltreiz »Temperatur« wird der Frustrations-Aggressions-Effekt auch durch andere situationsbedingter Reize verstärkt, die speziell mit Gewalt und Aggression verbunden sind (vgl. Aronson et al., 2008; ► Studie: Der Waffeneffekt).

Studie

Der Waffeneffekt – Wie die Waffe zur aggressiven Tat führt

Berkowitz und LePage (1967) zeigten in einer Reihe berühmter Studien, dass Frustrationen in noch stärkerem Maße zu Aggression führen, wenn zusätzlich Waffen zu sehen sind. Die Versuchspersonen wurden zunächst durch die negative Rückmeldung eines Konföderierten (= Eingeweihter des Versuchsleiters) frustriert. Im Anschluss daran hatten die Probanden die Möglichkeit, dem Konföderierten (also dem »Täter«) Elektroschocks zu verabreichen. Während dies geschah, lag auf einem Nebentisch im Versuchsraum entweder ein Gewehr oder ein Federballschläger. Wenn eine Waffe im Blickfeld lag, gaben die Versuchspersonen ver-

gleichsweise stärkere Elektroschocks. Die Erklärung dieses Effektes ist folgendermaßen: Die Anwesenheit einer Waffe erhöht automatisch die kognitive Zugänglichkeit aggressiver Konstrukte, die im kognitiven System als neuronale Netzwerke abgespeichert sind. Im Gegensatz zu der Beeinflussung durch Temperatur handelt es sich hier also hauptsächlich um einen Wirkungspfad der kognitiv vermittelt ist (Anderson et al., 1996). Im Zustand erhöhter Frustration sinkt also durch die erleichterte Zugänglichkeit aggressiver Gedanken die Schwelle, auch aggressives Verhalten zu zeigen (◻ Abb. 5.2).

Beim **Waffeneffekt** handelt es sich um einen robusten und generalisierbaren Befund, der nicht an ein bestimmtes experimentelles Vorgehen gebunden ist; stattdessen tritt der Waffeneffekt bei unterschiedlichen Gegenständen (Pistole,

Messer etc.), bei echten oder grafisch dargestellten Gegenständen (echte Waffe vs. Bild), in Experimental- oder Feldstudien (Anderson, Benjamin & Bartholow, 1998) auf.

> **Abb. 5.2** Der Anblick einer Waffe erhöht die kognitive Zugänglichkeit aggressiver Konstrukte

Der bloße Anblick von Waffen erhöht die kognitive Zugänglichkeit aggressiver Gedanken und erhöht somit die Wahrscheinlichkeit für tatsächlich gezeigtes aggressives Verhalten (**»weapon effect«**)

Definition

Die ursprüngliche Formulierung der **Frustrations-Aggressions-Hypothese** (Dollard et al., 1939) besagt, dass das Erleben von Frustration zu aggressivem Verhalten führt, d. h. Aggression ist stets ein Ergebnis von Frustration. In einer späteren Formulierung von Berkowitz (1989) wird Frustration im Zusammenhang mit negativen Gefühlen (Ärger, Angst, Wut etc.) gesehen, die wiederum Aggression (hier: reaktive Aggression) auslösen können. Nach diesem **kognitiv-neoassoziationistischem Modell** führt Frustration zu aggressivem Verhalten, wenn damit negative Gefühle verbunden sind.

► Definition
Frustrations-Aggressions-Hypothese

5.2.4 Soziokognitiver Ansatz

Ähnlich wie auch bei der Frustrations-Aggressions-Hypothese bezieht der **soziokognitive Ansatz** die jeweilige soziale Situation bei der Entstehung von Aggression mit ein. Allerdings wird mit dieser Sichtweise nicht nur reaktives aggressives Verhalten als Folge negativer Emotionen erklärt, sondern es wird vielmehr davon ausgegangen, dass Aggression erlernt werden kann. Insofern beinhaltet dieser Ansatz auch das Auftreten von zukünftigem aggressiven Verhalten, das dann keinen bestimmten Auslöser (Frustration) mehr benötigt.

Der **soziokognitive Ansatz** von Aggression geht davon aus, dass aggressives Verhalten zu einem großen Teil im Laufe der Sozialisation erlernt wurde.

Klassische Studien

Im Gegensatz zu biologischen Erklärungsansätzen aggressiven Verhaltens nimmt der soziokognitive Ansatz grundlegend an, dass Aggression erlernt ist. Diese Annahme basiert auf den lerntheoretischen Arbeiten von Skinner (1978), der zeigen konnte, dass die Auftretenswahrscheinlichkeit bestimmter Verhaltensweisen durch Belohnung erhöht und durch Bestrafung gesenkt werden kann. Bandura (1977) griff diesen Ansatz auf und erweiterte ihn um den Aspekt der stellvertretenden Erfahrung. Banduras Theorie besagt, dass soziales (wie auch anderes) Verhalten nicht nur durch direkte Erfahrung gelernt wird (d. h, das Individuum wird für aggressives Verhalten belohnt oder zumindest nicht bestraft; z. B. wenn ein Kind durch aggressives Verhalten gegenüber einem Mitschüler Akzeptanz von seiner Clique erfährt). Auch indirekte und stellvertretende Erfahrung begünstig das Lernen von bestimmten Verhaltensweisen (d. h., aggressive Verhaltensmodelle werden beobach-

Durch die **Beobachtung aggressiver Modelle** kann eigenes aggressives Verhalten gelernt werden.

tet, was wiederum die Auftretenswahrscheinlichkeit eigenen aggressiven Verhaltens erhöht; z. B. sieht ein Kind, dass ein Mitschüler durch aggressives Verhalten besonders viel Anerkennung erfährt und beschließt, dessen Verhalten nachzuahmen). Für den soziokognitiven Ansatz ist vor allem letzterer Punkt wichtig, also das **Beobachten und das Nachahmen aggressiver Modelle** in ähnlichen oder auch anderen Situationen.

Bandura, Ross und Ross (1963) überprüften diesen soziokognitiven Ansatz der Aggression in einer mittlerweile klassischen Studie, die sozusagen das erste Experiment zur »media violence« darstellt (▶ Studie: Beobachtungslernen mit der »Bobo Doll«).

Studie

Beobachtungslernen mit der »Bobo Doll«

Bandura et al. (1963) ließen Kinder eine von vier verschiedenen Szenen beobachten. In Szene 1 sahen die Kinder eine Person (das Geschlecht dieser variierte über die Versuchsbedingungen hinweg, entsprechend war die Person männlich oder weiblich), die aggressiv mit einer großen Plastikpuppe (eine sog. »Bobo Doll«) in einem Spielzimmer spielte. Beispielsweise schlug die Person mit einem Hammer auf die Puppe ein, trat sie oder schleuderte sie durch das Zimmer. Für die zweite Szene wurde dieses aggressive Spielverhalten des Modells auf Video aufgezeichnet und den Kindern über einen Bildschirm vorgespielt. In einer dritten Szene wurde ein Comic präsentiert, in dem das Modell in Gestalt einer Katze aggressiv mit der Puppe spielte. In der vierten Bedingung – der Kontrollgruppe – spielte das Modell nicht aggressiv mit der Puppe. Im Anschluss an eine dieser experimentellen Manipulationen hatten die Kinder die Möglichkeit, in demselben Zimmer für 20 Minuten mit der Puppe zu spielen. Dies wurde auf Video aufgezeichnet und im Anschluss ausgewertet (◻ Abb. 5.3). Die zentrale Messvariable (abhängige Variable) war, wie häufig die Kinder selbst aggressives Verhalten gegenüber der Puppe zeigten. Bandura erhielt für die damalige Zeit ganz erstaunliche Befunde (◻ Tab. 5.1). Kinder, die den aggressiven Umgang des Modells mit der Puppe »live« beobachteten, zeigten insgesamt 21-mal ebenfalls aggressives Verhalten gegenüber der Puppe. Bei Kindern, die das aggressive Verhalten per Video sahen, wurden im Schnitt 16 aggressive Verhaltensweisen gegenüber der Puppe beobachtet. Kinder, die den aggressiven Cartoon sahen, zeigten noch mehr als 10-mal aggressives Verhalten gegenüber der Puppe, während sich die Kinder der nicht aggressiven Kontrollbedingung im Durchschnitt lediglich 3-mal aggressiv gegenüber der Puppe verhielten.

◻ **Abb. 5.3** Ein Beispiel für aggressives Modelllernen: Das Kind imitiert das Verhalten der Eltern gegenüber seinem Teddy

Tab. 5.1 Mittlere Anzahl an beobachteten aggressiven Verhaltensweisen, getrennt nach Bedingung und Art der Aggression (vereinfachte Darstellung nach Bandura et al., 1963).

Art der Aggression	Reales Modell	Film	Comic	Kontrollgruppe
Imitierende Aggression gegen Puppe				
w	14,2	9,0	7,8	1,8
m	28,4	23,8	16,2	3,9
gesamt	21,3	16,4	12,0	2,9
Schlagen anderer Objekte				
w	18,0	34,4	36,8	13,1
m	22,2	18,4	12,5	13,5
gesamt	20,1	26,4	24,7	13,3
Aggressives Waffenspiel				
w	3,2	10,7	8,8	3,7
m	11,6	18,3	16,6	14,3
gesamt	7,4	14,5	12,7	9,0
Keine imitierende Aggression				
w	26,3	29,2	27,5	17,8
m	42,1	39,3	71,8	40,4
gesamt	34,2	34,2	49,7	29,1
Aggression gesamt				
w	61,6	83,3	80,9	36,4
m	104,3	99,8	117,2	72,2
gesamt	82,9	91,5	99,1	54,3

w weibliche Probanden; *m* männliche Probanden

Darüber hinaus ergaben sich erhebliche Geschlechtsunterschiede. Der Gesamtwert aggressiven Verhaltens ist bei Jungen deutlich höher als bei Mädchen. Genauso imitierten Jungen häufiger das aggressive Verhalten gegenüber der Plastikpuppe, spielten häufiger aggressiv mit Waffen und zeigten häufiger Aggression, die nicht auf Imitation beruhte. Diese Ergebnisse entsprechen auch neueren Forschungen in diesem Zusammenhang, die ergaben, dass sich Jungen und Mädchen in der Art der ausgeübten Aggression unterscheiden. Während bei Jungen die Form der »direkten Aggression« (s. oben) häufiger auftritt, verhalten sich Mädchen eher auf indirekte Art aggressiv (Björkqvist et al., 1992). Da diese Form von Aggression in der Studie von Bandura et al. (1963) jedoch nicht erfasst wurde, sondern es hier um direktes aggressives Verhalten ging, ist dieser Geschlechtsunterschied auch sehr gut zu beobachten. Björkqvist (1994) hält es daher für falsch zu sagen, dass Jungen grundsätzlich aggressiver seien als Mädchen.

Die **unmittelbare Beobachtung** einer aggressiven Modellperson führte bei den zuschauenden Kindern zur höchsten Nachahmungsrate.

Weiterführende Überlegungen

Dieses Ergebnis ist heute noch genauso schockierend wie damals. Besonders bedenklich ist in diesem Zusammenhang allerdings die technische Entwicklung. Durch den steigenden Fernseh- und Internetkonsum sowie den Konsum aggressiver Videospiele bestehen heutzutage viel mehr Möglichkeiten, aggressives Verhalten zu beobachten oder gar selbst aus-

Aggressive Inhalte in **Massenmedien** können als situative **Aggressionsstimuli** bzw. als **Aggressionsmodelle** für die Zuschauenden betrachtet werden.

5

zuüben. Mit den verbesserten technischen Möglichkeiten und der leichteren Zugänglichkeit digitaler Medien nimmt natürlich auch der Konsum selbst zu: Kinder und Jugendliche sind im Schnitt mehr als 5 Stunden täglich visuellen Medien ausgesetzt (z. B. Fernsehen, PC).

Aggressive Videospiele werden mit dem technischen Fortschritt immer realistischer und führen somit möglicherweise auch zu einem stärkeren »Media-Violence-Effekt«.

Besonders bevorzugt werden dabei ausgerechnet die stark kritisierten sog. Killerspiele (»Ego-Shooter«), bei denen die Spieler in virtuellen Welten bestialisch morden und ermordet werden (vgl. Anderson et al., 2010). Mittlerweile übersteigt der tägliche Konsum von Videospielen sogar den täglichen Fernsehkonsum von Kindern und Jugendlichen. Dies ist besonders kritisch zu sehen, da gerade Videospiele mit ihren aktiven und stark involvierenden Charakteren (Spieler können mittlerweile ihre eigenen Spielcharaktere entwerfen und auch die virtuellen Welten sind aufgrund der rasant zunehmenden Rechenleistung von Videospielkonsolen und Computern mittlerweile sehr realistisch ausgestaltet) stärkere Effekte auf das Verhalten von Konsumenten haben als passive Medien wie beispielsweise Filme, Fotos oder Musiktexte (Fischer, Greitemeyer, Kastenmüller, Vogrincic & Sauer, 2011).

Neuere Forschungen zu Effekten von Mediengewalt

Aggressive Videospiele stehen empirisch begründet im Verdacht, das Aggressionsniveau bei den Spielenden zu erhöhen.

Nach den verheerenden Amokläufen an der Columbine High School (1999) sowie in Erfurt (2002) – um nur einige traurige Höhepunkte jugendlicher Gewaltexzesse zu nennen – wurde in der Gesellschaft die Frage diskutiert, ob **aggressive Medien**, insbesondere **sog. Killerspiele** (»Ego-Shooter«), ihre Konsumenten verstärkt aggressiv machen. Mittlerweile liegt eine Vielzahl empirischer Studien vor, die befürchten lassen, dass es diesen Zusammenhang tatsächlich gibt. Anderson et al. (2010) analysierten in ihrer Metaanalyse eine Vielzahl von Studien zu diesem Thema und konnten zeigen, dass aggressive Videospiele tatsächlich zu einem verstärkten Auftreten (erhöhte Salienz) von aggressiven Kognitionen, Emotionen und Verhaltensweisen führen (s. auch Anderson & Bushman, 2002a; Anderson et al., 2004; Bushman, 1998; ▶ Exkurs: Experimentelles Vorgehen in einer typischen »Media-Violence-Studie«).

Exkurs

Experimentelles Vorgehen in einer typischen »Media-Violence-Studie«

Versuchsteilnehmende spielen für ca. 30 Minuten entweder ein gewaltverherrlichendes Spiel (Experimentalgruppe) oder ein nicht gewaltverherrlichendes Spiel (Kontrollgruppe). Im Anschluss daran erfolgt die Messung der abhängigen Variable auf unterschiedlichen Ebenen: Es wird gemessen, wie sehr Versuchspersonen bereit sind, einer anderen Person in aggressiver Weise Schaden zuzufügen bzw. dies auch tatsächlich tun (aggressive Verhaltensabsicht bzw. aggressives Verhalten), inwiefern sie aktuell aggressive Emotionen erleben (aggressiver Affekt) oder aber auch wie zugänglich aggressive Gedanken sind (aggressive Kognitionen). Verhaltensmaße für **aggressives Verhalten** sind beispielsweise, wie lange Versuchspersonen die

Hand einer anderen Person in eiskaltes Wasser halten (Fischer & Greitemeyer, 2006), die Menge an extrem scharfer Chilisauce, die Probanden auf das Butterbrot einer anderen Person geben (Fischer & Greitemeyer, 2006) oder die Höhe der Lautstärke, mit der Probanden einer anderen Personen einen Ton über Kopfhörer einspielen lassen (Anderson & Dill, 2000). **Aggressiver Affekt** wird meist über Fragebögen im Selbstbericht erfasst. Neben der Skala zur Erfassung von positivem und negativem Affekt (PANAS, »Positive and Negative Affect Scale«; Watson, Clark & Tellegen, 1988) wird hierbei auch die 10-stufige Skala nach Fischer, Kubitzki, Guter & Frey (2007) verwendet, bei der die Probanden ihren Erregungszustand im Hinblick auf vier verschiedene Adjektive beschreiben. **Aggressive**

Kognitionen werden dagegen meist implizit (unbewusst) über Wortvervollständigungsaufgaben oder mittels Reaktionszeiten gemessen. Bei Wortvervollständigungsaufgaben werden den Personen Lückenwörter vorgegeben, mit der Instruktion, diese zu vervollständigen (z. B. W_ff_ _). Die Wörter können dabei entweder mit aggressivem (Waffen) oder neutralem Inhalt (Waffel) vervoll-

ständigt werden. Man geht davon aus, dass der vorherige Konsum des aggressiven Spiels die Zugänglichkeit aggressiver Gedanken erhöht, was zu einer höheren Anzahl an aggressionsbezogenen Wortvervollständigungen führt. Diese erhöhte kognitive Zugänglichkeit aggressionsbezogener Begriffe macht wiederum tatsächliches aggressives Verhalten wahrscheinlicher (Bushman, 1998).

Die Effekte aggressiver Medien auf aggressives Verhalten, Kognitionen und Emotionen konnten neben aggressiven Videospielen auch für viele andere aggressive Medieninhalte gezeigt werden. So fanden beispielsweise Anderson, Carnagey und Eubanks (2003) heraus, dass **aggressive Musiktexte** (Lyrics) ebenfalls die Aggressionsbereitschaft des Hörers anheben. Fischer und Greitemeyer (2006) zeigten, dass speziell sexuell-aggressive und frauenfeindliche Musiktexte aggressives Verhalten von Männern gegenüber Frauen verstärken (dieser Effekt wurde dagegen nicht für Frauen gefunden, die frauenfeindliche Musik gehört hatten). Es mag überraschend sein, aber selbst das Lesen **aggressiver Textstellen** des Alten Testaments senkt die Schwelle für aggressive Reaktionen (Bushman, Ridge, Das, Key & Busath, 2007). In den **visuellen Medien** steht allein die Menge des gezeigten Blutes in einem positiven Zusammenhang mit dem Ausmaß aggressiver Reaktionen (Barlett, Harris & Bruey, 2008). Schließlich zeigten Fischer, Kastenmüller und Greitemeyer (2010), dass Konsumenten von aggressiven Videospielen besonders dann aggressiv auf den Spielinhalt reagieren, wenn sie zuvor ihre eigene Spielfigur entwerfen konnten und ihnen diese physisch ähnlich sah (▶ Studie: Identifikation mit dem Spielcharakter fördert aggressives Verhalten).

> Neben aggressiven Filmen und Videospielen gibt es eine ganze Reihe **anderer Medienformate**, die aggressives Verhalten fördern können (z. B. Musik, Text).

Studie

Identifikation mit dem Spielcharakter fördert aggressives Verhalten

In der Studie von Fischer et al. (2010) sollten Versuchspersonen einen virtuellen Boxkampf ausführen In der Experimentalgruppe 1 wurden die Versuchsteilnehmer angewiesen, ihre Spielfigur nach ihrem eigenen physischen Aussehen zu modellieren (gleiche Frisur und Haarfarbe, ähnliche Nase etc.). In der Experimentalgruppe 2 sollten die Versuchspersonen den Boxkampf mit einer standardisierten (immer gleich aussehenden) Spielfigur bestreiten. Schließlich spielten die Versuchspersonen in der Kontrollgruppe ein nicht aggressives Spiel mit einer Stan-

dardspielfigur. Im Anschluss daran wurden die Versuchspersonen jeweils gebeten, scharfe Chilisauce abzufüllen; die jeweilige Menge sollte später eine andere Person auf ihr Sandwich bekommen. Es zeigte sich, dass diejenigen Personen, die den Boxkampf mit ihrer eigenen modellierten Spielfigur bestritten, deutlich mehr Chilisauce abfüllten als solche, die mit einer Standardfigur geboxt hatten (◻ Abb. 5.4). Es scheint also nicht nur die Liebe, sondern auch der Hass durch den Magen zu gehen.

Diese Befunde sind besorgniserregend, da gewaltverherrlichende Medien besonders von Kindern und Jugendlichen in hohem Maße genutzt werden. Gerbner, Gross, Signorielli, Morgan und Jackson-Beeck (1979) von der University of Pennsylvania untersuchten die Häufigkeit und die Art von Gewalt, die in Sendungen für Kinder und Jugendliche bzw. für Erwachsene vorkommt. Es ist schockierend, dass in Programmen für

> Nach einer Analyse von Gerbner et al. (1979) kommen schockierenderweise mehr gewalttätige Inhalte in Fernsehformaten für Kinder bzw. Jugendliche als für Erwachsene vor.

■ **Abb. 5.4** Aggressives Verhalten (Verabreichung von Chilisauce) als Funktion der Art des Computerspiels und des Spielcharakters. (Mod. nach Fischer et al., 2010)

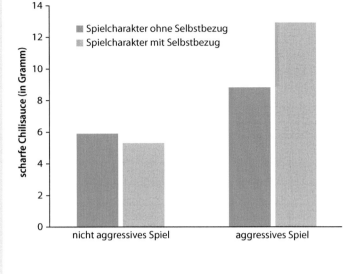

Im Fernsehen übertragene **Box-kämpfe** stehen im Verdacht, das Aggressionsniveau der Zuschauenden signifikant zu erhöhen.

Trotz widersprechender empirischer Befunde geht eine Mehrheit der Menschen davon aus, dass der Konsum von Gewalt in den Medien aggressives Verhalten in der Gesellschaft verringert (Katharsishypothese).

Kinder und Jugendliche wesentlich häufiger gewalttätige Charaktere, Opfer von Gewalt und Gewalttäter dargestellt waren als in Sendungen für Erwachsene (nach 20.00 Uhr). Hier wurden lediglich Mordopfer etwas häufiger gezeigt als in Kinder- und Jugendprogrammen. Ähnlich schockierend sind neuere Ergebnisse der TV-Analysen von Herr (2007), die ergaben, dass Kinder am Ende der Grundschule im Schnitt mehr als 8.000 Morde im Fernsehen gesehen haben. Im Alter von 18 Jahren liegt die Anzahl der Gewalttaten, die im Fernsehen gesehen wurden, bei über 200.000.

Doch auch Erwachsene werden durch aggressive Medien beeinflusst. So konnten z. B. Paik und Comstock (1994) einen signifikanten Zusammenhang zwischen im Fernsehen übertragenen Boxkämpfen und den Mordraten in der darauffolgenden Woche aufzeigen: In der Woche nach einem großen Boxkampf stieg die Mordrate signifikant an. Dabei sagte die Hautfarbe des Verlierers die Hautfarbe der meisten darauffolgenden Mordopfer vorher. Verlor nämlich eine Person mit dunkler Hautfarbe, so wurden in der darauffolgenden Woche mehr Personen mit dunkler als mit weißer Hautfarbe ermordet. Der umgekehrte Effekt war zu beobachten, wenn eine Person mit weißer Hautfarbe den Kampf verlor. Es ist kaum zu leugnen, dass Banduras frühe Laborbefunde dramatische Gegenstücke in der alltäglichen Realität haben (vgl. auch Aronson et al., 2008).

Zugrunde liegende psychologische Prozesse im soziokognitiven Ansatz

Auch wenn landläufig oft die Meinung besteht, dass gezeigte Gewalt im Fernsehen zukünftige Gewalt sogar verhindern kann (dies glauben 79% der Amerikaner; Herr, 2007), sprechen die oben dargestellten Befunde klar für einen Einfluss von gewaltverherrlichendem Medienkonsum auf aggressionsförderndes Verhalten mit entsprechenden Gedanken und Gefühlen. Spätestens hier stellt sich die Frage, wie dies zu begründen ist? Wie wird dieser Effekt vermittelt?

Eine Erklärung hierfür kann anhand des **allgemeinen Aggressionsmodells** (»**general aggression model**«, GAM) gefunden werden (■ Abb.

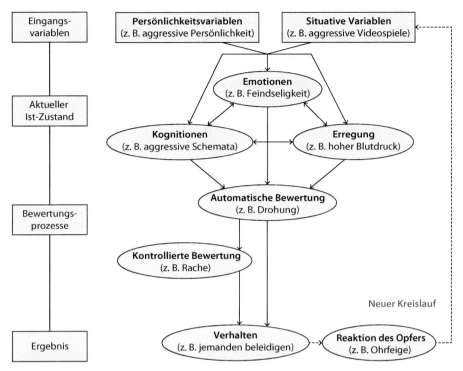

◘ Abb. 5.5 Das General Aggression Model. (Nach Anderson & Dill, 2000, Copyright © 2000 by the American Psychological Association. Adapted with permission. The use of APA information does not imply endorsement by APA. APA is not responsible for the accuracy of this translation.)

5.5). Dieses nimmt an, dass es zwei Arten von Einflussvariablen (Input-variablen) gibt, nämlich dispositionale (feste Persönlichkeitseigenschaften wie z. B. Narzissmus oder antisoziale Persönlichkeit) und situative Faktoren (z. B. aggressive Medien, Frustrationen). Speziell im medialen Kontext führt das Zusammenspiel dieser beiden Inputvariablen nach dem Konsum gewalthaltiger Medien zu einem internen psychologischen Zustand, der gekennzeichnet ist durch ein verstärktes Erleben aggressiver Emotionen sowie eine erhöhte Zugänglichkeit aggressionsbezogener Gedanken (Priming) bzw. Verhaltensskripts. Zusätzlich erleben Personen z. B. nach dem Konsum aggressiver Medien ein erhöhtes Maß an physiologischer Erregung (erhöhtes Arousal). Dieser interne psychologische Zustand wiederum lenkt die jeweiligen Bewertungsprozesse und Erwartungshypothesen in der konkreten Situation. So kann ein einfacher Rempler in der Fußgängerzone bereits als beabsichtigter aggressiver Akt bewertet werden, wenn Personen zuvor aggressive Medien konsumiert haben. Dagegen würde die Situation im Zustand verringerten Aggressionserlebens vermutlich lediglich als unabsichtlich eingestuft werden. Dieser Bewertungsprozess beeinflusst wiederum die Art der Reaktion, die eine Person in der jeweiligen Situation zeigt (vgl. Anderson & Dill, 2000). Das GAM gründet auf den theoretischen Annahmen verschiedener anderer Modelle. So ist die Annahme, dass situative Faktoren (z. B. der »Waffeneffekt«) die Zugänglichkeit aggressiver Kognitionen erhöhen, bereits in dem kognitiv-neoassoziationistischen Modell von Berkowitz (1989, s. oben) enthalten. Die Miteinbeziehung des physiologischen Erregungszustandes findet man auch bei Zillmann (1983; Erre-

Das **General Aggression Model** ist eines der prominentesten und einflussreichsten theoretischen Modelle zur Erklärung des Media-Violence-Effekts.

5

Das General Aggression Model kann sowohl **kurzfristige**, situativ auftretende Media-Violence-Effekte erklären (via Priming) als auch **längerfristige Effekte** (via Lernen und chronischer Zugänglichkeit aggressiver kognitiver Konstrukte).

Neuere Forschungen zeigen, dass gewalthaltige Medienstimuli auch das **aggressionsbezogene Selbstkonzept** von Personen verändern können – hier allen voran aktiv involvierende Videospiele.

gungs-Transfer-Modell) und gerade langfristige Effekte von Aggression, die das GAM ebenfalls erklärt, stehen im Mittelpunkt von Banduras Sozialer Lerntheorie (vgl. Bandura et al., 1993; s. oben).

Grundsätzlich wird im Rahmen des GAM angenommen, dass soziokognitive Prozesse in Zusammenhang mit Mediengewalt sowohl kurzfristig als auch langfristig zu gesteigerter Aggression führen können (vgl. Anderson et al., 2004). Kurzfristige Prozesse werden vorwiegend durch Priming-Prozesse erklärt, d. h., der einmalige Konsum gewalthaltiger Medienformate erhöht die kognitive Zugänglichkeit aggressiver Gedanken, Emotionen und Verhaltensskripts, was wiederum zu einer erhöhten Auftretenswahrscheinlichkeit tatsächlichen aggressiven Verhaltens führt. Bei langfristiger und kontinuierlicher Exposition kann aggressives Verhalten aber auch zu einer chronischen Zugänglichkeit aggressiver Gedanken, Emotionen und Verhaltensweisen führen. In diesem Fall würde der Rezipient langfristig aggressives Verhalten lernen und somit auch immer wieder mit erhöter Wahrscheinlichkeit in entsprechenden frustrierenden Situationen zeigen.

Über die Annahmen des GAM hinaus wurden auch weitere psychologische Prozesse identifiziert, die die Entstehung von aggressivem Verhalten als Folge von Medienkonsum teilweise erklären können. So besteht z. B. die Ansicht, dass der Konsum gewalthaltiger Medien die Rezipienten gegenüber Aggression und Gewalt **desensibilisiert** (Bushman & Huesmann, 2006), dass der chronische Konsum gewalthaltiger Medien aggressionsbezogene **Normen und Werte der Rezipienten verändert** (Bettencourt & Miller, 1996) und dass schließlich auch **Veränderungen des Selbstkonzeptes** auftreten (d. h., der Rezipient denkt über sich selbst in verstärktem Maße, dass er eine aggressive Person ist; z. B. Fischer et al., 2009).

5.3   Fazit: Wie kann Aggression in der Gesellschaft reduziert werden?

Wie haben uns mit den Grundlagen von Aggression beschäftigt – wir haben zunächst eine Begriffsbestimmung vorgenommen, verschiedene Erklärungsmodelle diskutiert und sind in diesem Zusammenhang genauer auf die Rolle der gewaltverherrlichenden Medien eingegangen. Abschließend möchten wir uns noch der Frage widmen, wie man Aggression wirksam begegnen könnte?

Zuerst sollte hierbei mit dem Irrglauben bestimmter Laientheorien aufgeräumt werden, dass die Ausübung, Simulation oder Beobachtung aggressiven Verhaltens zu Aggressionsabbau und so zu reduzierter Aggression führt. Freud lag hier mit seiner hydraulischen Dampfkesseltheorie falsch. Die empirische Befundlage zeigt eindeutig, dass auf dem Gebiet der Aggression Katharsis eine Illusion ist. Im Gegenteil: Aggressives Verhalten kann durch die Ausübung oder Nachahmung verstärkt werden (Bushman, Baumeister & Stack, 1999).

Es stellt sich die Frage, inwieweit die Bestrafung von aggressivem Verhalten zukünftige Aggression vermeiden kann. Wenn die Bestrafung selbst als Frustration erlebt wird – was ja einleuchtend ist – dann legt die Frustrations-Aggressions-Hypothese den Schluss nahe, dass die Aggressionsbereitschaft weiter erhöht wird. Dies bedeutet natürlich nicht, dass

Da die Katharsishypothese keine weitreichende empirische Unterstützung erfahren hat, ist sie und die damit zusammenhängen Konsequenzen (z. B. Personen die Möglichkeit zu geben, ihre Aggression durch Ersatzhandlungen auszuleben) nicht geeignet, um Gewalt und Aggression in der Gesellschaft zu reduzieren.

Die **Bestrafung von Aggression** darf nicht unkritisch gesehen werden, da sie selbst wiederum als Frustrationsstimulus wirkt und somit Aggression tendenziell in der Gesellschaft weiter erhöht.

Gewaltverbrechen von der Justiz nicht bestraft werden sollen. Dennoch dürfte das Prinzip »Auge um Auge, Zahn um Zahn« die Gesellschaft nicht unbedingt zu einem friedlicheren Ort machen. Aus sozialpsychologischer Sicht sind daher vor allem zwei Interventionen entscheidend:

- Zum einen sollte besser darauf geachtet werden, dass Kinder und Jugendliche **keinen Zugang zu gewaltverherrlichenden Medien** haben. So können aggressive Verhaltensweisen als Folge von Priming-Prozessen, Modelllernen, Desensibilisierung oder einem veränderten Selbstkonzept vermieden werden.
- Zum anderen ist es auch wichtig, **gesellschaftliche Ungerechtigkeiten zu reduzieren**. Soziale Ungerechtigkeit erzeugt das Gefühl relativer Benachteiligung, was wiederum zu verstärkter Aggression auf gesamtgesellschaftlicher Ebene führt (Cederman, Weidmann & Gleditsch, 2011).

Dies ist in verschiedenen Kontexten zu beobachten. So konnte beispielsweise im Bereich der Politik gezeigt werden, dass Steuerhinterziehung (hier im Sinne aggressiven Verhaltens gegenüber der Institution Staat zu sehen) seltener auftritt bzw. umgekehrt die Steuermoral höher ausgeprägt ist, wenn die Bürger Vertrauen in die Regierung haben. Dieses ist in einem demokratisch geführten und transparenteren Staat höher als in einer Diktatur (Torgler, 2003).

Beispiel

Aggressionsreduktion am Arbeitsplatz

Im Bereich der Arbeit und in Organisationen kann aggressives Verhalten verringert werden, wenn »distributive Ungerechtigkeit« (Adams, 1965) vermieden wird. Damit ist gemeint, dass das Verhältnis zwischen der Anstrengung einer Person und dem Ergebnis nicht gleich ausfällt und zudem das Ergebnis der Person besser als das eigene ist, obwohl man die gleiche Anstrengung aufgebracht hat. Veranschaulicht heißt das z. B., dass man das Gefühl hat, der eigene Kollege wird für die gleiche Arbeit stärker gelobt als man selbst und erhält darüber hinaus auch mehr Lob als ihm aufgrund seiner Anstrengung eigentlich zustehen würde. Solche Missverhältnisse können als unfair empfunden werden und dadurch zu Aggression führen (Aquino, Lewis & Bradfield, 1999). Gerechtigkeit am Arbeitsplatz ist somit ein wichtiger Faktor, der aggressives Verhalten hemmen kann.

In ihrer Metaanalyse konnten Hershcovis et al. (2007) als weitere wichtige Größen die allgemeine Arbeitszufriedenheit, die Abwesenheit von Konflikten unter Mitarbeitern sowie ein optimales Level zwischen eigenen Ressourcen und Anforderungen an die eigene Person ausmachen. Sind die Anforderungen größer als das eigene Kompetenzerleben, so wird dies als frustrierend erlebt, was wiederum zu Aggression führen kann.

Neben diesen eher indirekten Eingriffsmöglichkeiten gibt es natürlich auch gezielte Prävention in Form spezieller Programme. Diese werden häufig im schulischen Bereich, d. h. für Kinder und Jugendliche eingesetzt (z. B. Lösel & Beelmann, 2003). Aggressionsreduzierende Programme haben allgemein eine positive Wirkung, wobei eine Analyse von knapp 250 Studien zeigte, dass vor allem diejenigen Programme wirksam sind, die sich an eine ganz bestimmte Zielgruppe richten (Wilson & Lipsey, 2007). Aggressives Verhalten kann also am besten dann reduziert werden, wenn gezielt mit Einzelpersonen gearbeitet wird anstatt im gesamten Klassenverband.

> Grundsätzlich kann die **Reduktion von Frustrationsstimuli** in allen Bereichen der Gesellschaft als wirksamer Mechanismus zur Reduktion von Aggression betrachtet werden.

> Der Umgang mit und der Abbau von Aggression kann effektiv in **Anti-Aggressionstraining** vermittelt werden.

Für die Praxis

Elemente der Aggressionsprävention

In ihrer Überblicksarbeit fassen Boxer, Goldstein, Musher-Eizenman, Dubow & Heretick (2005) verschiedene Bestandteile von Aggressionspräventionsprogrammen zusammen. Sie stellen dabei die Wichtigkeit sozial-kognitiver Faktoren in den Vordergrund und betonen, dass die Wirksamkeit dieser entscheidend vom Alter der Rezipienten abhängt. Folglich gibt es keine universellen Programme, die für alle Personen- und Altersgruppen passend sind. Speziell für den schulischen Kontext fassen sie vier Kernbereiche zusammen. Für jeden dieser Bereiche gibt es wiederum verschiedene Übungen, mit denen die übergreifende Fähigkeit geschult werden kann. Die Kernbereiche sind:

1. **Das Verhalten anderer korrekt interpretieren.** Hierzu haben sich beispielsweise Übungen zur Perspektivenübernahme und Emotionserkennung bei anderen als hilfreich erwiesen. Wichtig ist in diesem Zusammenhang die korrekte Attribution (Ursachenzuschreibung) von Ereignissen bzw. Verhaltensweisen von anderen Personen, um dadurch eigene aggressive Tendenzen zu mildern.

2. **Alternativen zu aggressiven Problemlösestrategien finden.** Hier geht es darum, zu lernen, andere, nicht aggressive Reaktionen anzuwenden. Es werden alternative Reaktionsmöglichkeiten aufgezeigt, ebenso wie Strategien, mit denen automatisch auftretende aggressive Verhaltenstendenzen gehemmt werden können.

3. **Psychoedukative Elemente.** Die entsprechenden Übungen zielen darauf ab, zu vermitteln, dass aggressives Verhalten unangemessen und uneffektiv ist. Hierzu wird mit dem Konzept von Moral gearbeitet (moralisches Schlussfolgern, Überprüfung von Moralvorstellungen) und es wird versucht, soziale Ziele zu verändern. Es geht hier auch darum, tieferliegende psychologische Prozesse, die an der Entstehung der eigenen Aggression beteiligt sind, zu erkennen und kontrollieren zu können.

4. **Metakognition.** Entscheidend für die Anwendung der genannten Punkte ist die übergreifende Fähigkeit zur Metakognition (»Denken über das Denken«). Kinder bzw. Jugendliche werden daher geschult, Probleme zu erkennen, zu benennen und eine Lösung zu finden. Wichtig ist hierbei auch die Selbstreflexion.

Aggression kann nur nachhaltig reduziert werden, wenn alle aus der Forschung bekannten Determinanten (biologisch, situativ, Sozialisation) mit berücksichtigt werden.

Abschließend sei nochmals betont, dass aggressives Verhalten verschiedene Entstehungsquellen hat und sowohl auf biologischen, situativen und Persönlichkeitsfaktoren beruht, die sich gegenseitig beeinflussen. Die vielfältigen Ursachen bieten zugleich aber auch verschiedenste Möglichkeiten, um aggressives Verhalten einzudämmen. Besonders wichtig ist hierbei aber ein Ansatz am Individuum selbst, in Kombination mit dem sozialen und dem gesellschaftlichen Kontext.

? Kontrollfragen

1. Geben Sie eine Definition von Aggression!
2. Was besagt die Frustrations-Aggressions-Hypothese (Dollard et al., 1939)?
3. Was besagt die Katharsishypothese und welchem Erklärungsansatz ist sie zugeordnet?
4. Was bedeutet »stellvertretende Erfahrung« in Zusammenhang mit aggressivem Verhalten?
5. Wie kann aggressives Verhalten als Folge von aggressivem Medienkonsum anhand des General Aggression Model (GAM) erklärt werden?

▶ **Weiterführende Literatur**

Baron, R. A. & Richardson, D. R. (2004). *Human aggression* (2nd ed.). New York: Springer.

Aquino, K. & Thau, S. (2009). Workplace victimization: Aggression from the target's perspective. *Annual Review of Psychology, 60,* 717–741.

Greitemeyer, T. & McLatchie, N. (2011). Denying humanness to others: A newly discovered mechanism by which violent video games increase aggressive behavior. *Psychological Science, 22,* 659–665.

Literatur

Adams, J. S. (1965). Inequity in social exchange. In L. Berkowitz (Ed.), Advances in experimental social psychology, Vol. 2, (pp. 267–299). New York: Academic Press.

Amaral, D. G. (2003). The amygdala, social behaviour, and danger detection. *Annals of the New York Academy of Science, 1000,* 337–347.

Anderson , C. A., Anderson, K. B. & Deuser, W. E. (1996). Examining an affective aggression framework: Weapon and temperature effects on aggressive thoughts, affect and attitudes. *Personality and Social Psychology Bulletin, 22,* 366–376.

Anderson, C. A., Benjamin Jr., A. J. & Bartholow, B. D. (1998). Does the gun pull the trigger? Automatic priming effects of weapon pictures and weapon names. *Psychological Science, 9,* 308–314.

Anderson, C. A. & Bushman, B. J. (2001). Effects of violent video games on aggressive behavior, aggressive cognition, aggressive effect, physiological arousal, and prosocial behavior: A meta-analytic review of the scientific literature. *Psychological Science, 12,* 353–359.

Anderson, C. A. & Bushman, B. J. (2002a). The effects of media violence on society. *Science, 295,* 2377–2379.

Anderson, C. A. & Bushman, B. J. (2002b). Human aggression. *Annual Review of Psychology, 53,* 27–51.

Anderson, C. A., Carnagey, N. L. & Eubanks, J. (2003). Exposure to violent media: The effects of songs with violent lyrics on aggressive thoughts and feelings. *Journal of Personality and Social Psychology, 84,* 960–971.

Anderson, C. A., Carnagey, N. L., Flanagan, M., Benjamin Jr., A. J., Eubanks, J. & Valentine, J. C. (2004). Violent video games: Specific effects of violent content on aggressive thoughts and behavior. *Advances in Experimental Social Psychology, 36,* 199–249.

Anderson, C. A. & Dill, K. E. (2000). Video games and aggressive thoughts, feelings, and behavior in the laboratory and in life. *Journal of Personality and Social Psychology, 78,* 772–790.

Anderson, C. A., Shibuya, A., Ihori, N., Swing, E. L., Bushman, B. J., Sakamoto, A., Rothstein, H. R. & Saleem, M. (2010). Violent video game effects on aggression, empathy, and prosocial behavior in eastern and western countries: A meta-analytic. Review. *Psychological Bulletin, 136,* 151–173.

Aquino, K., Lewis, M. U. & Bradfield, M. (1999). Justice constructs, negative affectivity, and employee deviance: a proposed model and empirical test. *Journal of Organizational Behavior, 20,* 1073–1091.

Archer, J. (1991). The influence of testosterone on human aggression. *British Journal of Psychology, 82,* 1–28.

Archer, J. (2006). Testosterone and human aggression: An evaluation of the challenge hypothesis. *Neuroscience & Biobehavioural Reviews, 30,* 319–345.

Aronson, E., Wilson, T. D. & Akert, R. M. (2008). *Sozialpsychologie* (6. Aufl.). München: Pearson Studium.

Bandura, A. (1973). *Aggression: A social learning analysis.* Oxford: Prentice-Hall.

Bandura, A. (1977). Self-Efficacy: Toward a unifying theory of behavioral change. *Psychological Review, 84,* 191–215.

Bandura, A., Ross, D. & Ross, S. A. (1963). Imitation of film-mediated aggressive models. *The Journal of Abnormal and Social Psychology, 66,* 3–11.

Barlett, C. P., Harris, R. J. & Bruey, C. (2007). The effect of the amount of blood in a violent video game on aggression, hostility, and arousal. *Journal of Experimental Social Psychology, 44,* 539–546.

Baron, R. A. (1977). *Human aggression.* New York: Plenum Press.

Baron, R. A. & Byrne, D. (2002). *Social psychology.* Boston: Allyn & Bacon.

Berkowitz, L. (1989). Frustration-aggression hypothesis: Examination and reformulation. *Psychological Bulletin, 106,* 59–73.

Berkowitz, L. & LePage, A. (1967). Weapons as aggression-eliciting stimuli. *Journal of Personality and Social Psychology, 7,* 202–207.

Bettencourt, B. A. & Miller, N. (1996). Gender differences in aggression as a function of provocation: A meta-analysis. *Psychological Bulletin, 119,* 422–447.

Björkqvist, K. (1994). Sex differences in physical, verbal, and indirect aggression: a review of recent research. *Sex Roles, 30,* 177–188.

Björkqvist, K., Lagerspetz, K. & Kaukiainen, A. (1992). Do girls manipulate and boys fight? Developmental trends in regard to direct and indirect aggression. *Aggressive Behaviour, 18,* 117–127.

Björkqvist, K., Österman, K. & Hjelt-Bäck, M. (1994). Aggression among university employees. *Aggressive Behavior, 20,* 173–184.

Book, A. S., Starzyk, K. B. & Quinsey, V. L. (2001). The relationship between testosterone and aggression: A meta-analysis. *Aggression and Violent Behaviour, 6,* 579–599.

Boxer, P. B., Goldstein, S. E., Musher-Eizenman, D., Dubow, E. F. & Heretick, D. (2005). Developmental issues in school-based aggression prevention from a social-cognitive perspective. *Journal of Primary Prevention, 26,* 383–400.

Buckley, K. E., Winkel, R. E. & Leary, M. R. (2004). Reactions to acceptance and rejection: Effects of level and sequence of relational evaluation. *Journal of Experimental Social Psychology, 40,* 14–28.

Bundeskriminalamt (2012). *Polizeiliche Kriminalstatistik Bundesrepublik Deutschland, 2011, Jahrbuch (59. Ausg.).* Bundeskriminalamt: Wiesbaden. Retrieved from http://www.bka.de/nn_224630/DE/Publikationen/PolizeilicheKriminalstatistik/pks__node.html?__nnn=true

Bushman, B. J. (1998). Priming effects of media violence on the accessibility of aggressive constructs in memory. *Personality and Social Psychology Bulletin, 24,* 537–545.

Bushman, B. J. & Baumeister, R. F. (1998). Threatened egotism, narcissism, self-esteem, and direct and displaced aggression: Does self-love or self-hate lead to violence? *Journal of Personality and Social Psychology, 75,* 219–229.

Bushman, B. J., Baumeister, R. F. & Phillips, C. M. (2001). Do people aggress to improve their mood? Catharsis beliefs, affect regulation opportunity, and aggressive responding. *Journal of Personality and Social Psychology, 81,* 17–32.

Bushman, B. J., Baumeister, R. F. & Stack, A. D. (1999). Catharsis, aggression, and persuasive influence: Self-fulfilling or self-defeating prophecies? *Journal of Personality and Social Psychology, 76,* 367–376.

Bushman, B. J. & Huesmann, L. R. (2006). Short-term and long-term effects of violent media on aggression in children and adults. *Archives of Pediatrics & Adolescent Medicine, 160,* 349–352.

Bushman, B. J., Ridge, R. D., Das, E., Key, C. W. & Busath, G. L. (2007). When god sanctions killing: Effect of scriptural violence on aggression. *Psychological Science, 18,* 204–207.

Coccaro, E. F., McCloskey, M. S., Fitzgerald, D. A. & Phan, K. L. (2007). Amygdala and orbitofrontal reactivity to social threat in individuals with impulsive aggression. *Biological Psychiatry, 62,* 168–178.

Camerer, C. & Thaler, R. H. (1995). Anomalies: Ultimatums, dictators and manners. *The Journal of Economic Perspectives, 9,* 209–219.

Carlsmith, J. M. & Anderson, C. A. (1979). Ambient temperature and the occurrence of collective violence: A new analysis. *Journal of Personality and Social Psychology, 37,* 337–344.

Darwin, C. (1859). *On the origin of species.* London: John Murray.

Davidson, R. J., Jackson, D. C. & Kalin, N. H. (2000). Emotion, plasticity, context, and regulation: Perspectives from affective neuroscience. *Psychological Bulletin, 126,* 890–909.

Dollard, J., Miller, N. E., Doob, L. W., Mowrer, O. H. & Sears, R. R. (1939). *Frustration and aggression.* New Haven, CT: Yale University Press.

Freud, S. (1915). Trieb und Triebschicksale. In A. Freud, M. Bonaparte, E. Bibring, W. Hoffer, E. Kris & O. Osakower (Eds.) (1991), *Gesammelte Werke, Band 10. Werke aus den Jahren 1913–1917* (8. Aufl., S. 209–232). Frankfurt am Main: S. Fischer.

Freud, S. (1930). *Das Unbehagen in der Kultur.* Wien: Internationaler Psychoanalytischer Verlag.

Fischer, P. & Greitemeyer, T. (2006). Music and aggression. The impact of sexual-aggressive song lyrics on aggression-related thoughts, emotions, and behavior toward the same and the opposite sex. *Personality and Social Psychology Bulletin, 32,* 1165–1176.

Fischer, P., Greitemeyer, T., Kastenmüller, A., Vogrincic, C. & Sauer, A. (2011). The effects of risk-glorifying media exposure on risk-positive cognitions, emotions, and behaviors: A meta-analytic review. *Psychological Bulletin, 137,* 367–390.

Fischer, P., Greitemeyer, T., Morton, T., Kastenmüller, A., Postmes, T., Frey, D., Kubitzki, J. & Odenwälder, J. (2009). The racing-game effect. Why do video racing games increase risk-taking inclinations? *Personality and Social Psychology Bulletin, 35,* 1395–1409.

Fischer, P., Kastenmüller, A. & Greitemeyer, T. (2010). Media violence and the self: The impact of personalized gaming characters in aggressive video games on aggressive behavior. *Journal of Experimental Social Psychology, 46*, 192–195.

Fischer, P., Kubitzki, J., Guter, S. & Frey, D. (2007). Virtual driving and risk taking: Do racing games increase risk taking cognitions, affect, and behaviors? *Journal of Experimental Psychology: Applied, 13,* 22–31.

Geen, R. G. (1990). *Human aggression.* Pacific Grove: McGraw Hill.

Gerbner, G., Gross, L., Signorielli, N., Morgan, M. & Jackson-Beeck, M. (1979). The Demonstration of Power: Violence Profile No. 10. *Journal of Communication, 29,* 177–196.

Giacalone, E., Tansella, M., Valzelli, L. & Garattini, S. (1968). Brain serotonin metabolism in isolated aggressive mice. *Biochemical Pharmakology, 17,* 1315–1327.

Gollwitzer, M., Meder, M. & Schmitt, M. (2011). What gives victims satisfaction when they seek revenge? *European Journal of Social Psychology, 41,* 364–374.

Güth, W., Schmittberger, R. & Schwarze, B. (1982). An experimental analysis of ultimatum bargaining. *Journal of Economic Behavior & Organization, 3,* 367–388.

Herr, N. (2007). Television statistics. *Internet Resources to accompany the Sourcebook for Teaching Science.* Retrieved from http://www.csun.edu/science/health/docs/tv&health.html

Hershcovis, M. S., Turner, N., Barling, J., Arnold, K. A., Dupré, K. E., Inness, M., LeBlanc, M. M. & Sivanathan, N. (2007). Predicting workplace aggression: A meta-analysis. *Journal of Applied Psychology, 92,* 228–238.

Kutner, L. & Olson, C. (2008). *Grand theft childhood: The surprising truth about violent video games and what parents can do.* New York: Simon & Schuster.

Leary, M. R., Twenge, J. M. & Quinlivan, E. (2006). Interpersonal rejection as a determinant of anger and aggression. *Personality and Social Psychology Review, 10,* 111–132.

LeDoux, J. E. (2002). *Synaptic self – How our brains become who we are.* New York: Viking Adult.

Lorenz, K. (1966). *On aggression.* London: Methuen Publishing.

Lösel, F. & Beelmann, A. (2003). Effects of childs skills training in preventing anti-social behavior: A systematic review of randomized evaluations. *The ANNALS of the American Academy of Political and Social Science, 587,* 84–109.

Lösel, F. & Bliesener, T. (2003). *Aggression und Delinquenz unter Jugendlichen.* Neuwied: Luchterhand.

Miczek, K. A., Fish, E. W., de Bold, J. F. & de Almeida, R. M. (2002). Social and neural determinants of aggressive behavior: pharmacotherapeutic targets at serotonin, dopamine and γ-aminobutyric acid systems. *Psychopharmakology, 163,* 434–458.

Miller, N. E. (1941). The frustration-aggression hypothesis. *Psychological Review, 48,* 337–342.

Paik, H. & Comstock, G. (1994). The effects of television violence on antisocial behavior: A meta-analysis. *Communication research, 21,* 516–546.

Placidi, G. P., Oquendo, M. A., Malone, K. M., Huang, Y. Y., Ellis, S. P. & Mann J. J. (2001). Aggressivity suicide attempts, and depression: relationship to cerebrospinal fluid monoamine metabolite levels. *Biological Psychiatry, 50,* 783–791.

Sanfey, A. G., Rilling, J. K., Aronson, J. A., Nystrom, L. E. & Cohen, J. D. (2003). The neural basis of economic decision-making in the ultimatum Game. *Science, 300,* 1755–1758.

Scherer, K. R., Abeles, R. P. & Fischer, C. S. (1975). *Human aggression and conflict: Interdisciplinary perspectives.* Oxford, England: Prentice-Hall.

Skinner, B. F. (1978). *Was ist Behaviorismus?* Reinbek: Rowohlt.

Torgler, B. (2003). Tax morale, rule-governed behaviour and trust. *Constitutional Political Economy, 14,* 119–140.

Twenge, J. M., Baumeister, R. F., Tice, D. M. & Stucke, T. S. (2001). If you can't join them, beat them: Effects of social exclusion on aggressive behavior. *Journal of Personality and Social Psychology, 81,* 1058–1069.

United Nations Office on Drugs and Crime. (2011). *2011 Global Study on Homicide.* Retrieved from http://www.unodc.org/documents/data-and-analysis/statistics/Homicide/Globa_study_on_homicide_2011_web.pdf

Vazire, S. & Funder, D. C. (2006). Impulsivity and the self-defeating behaviour of narcissists. *Personality and Social Psycholgy Review, 10,* 154–165.

Watson, D., Clark, L. A. & Tellegen, A. (1988). Development and validation of brief measures of positive and negative affect: The PANAS scales. *Journal of Personality and Social Psychology, 54,* 1063–1070.

5

Wilson, S. J. & Lipsey, M. W. (2007). School-based interventions for aggressive and disruptive behavior: Update of a meta-analysis. *American Journal of Preventive Medicine, 33*, 130–143.

Zillmann, D. (1983). Cognition-excitation interdependencies in aggressive behavior. *Aggressive Behavior, 14*, 51–64.

6 Einstellungen und Verhalten

© Springer-Verlag GmbH Deutschland, ein Teil von Springer Nature 2018
P. Fischer et al. (Hrsg.), *Sozialpsychologie für Bachelor*, Springer-Lehrbuch
https://doi.org/10.1007/978-3-662-56739-5_6

Lernziele

— Den Begriff »Einstellungen« definieren
können.
— Den Zusammenhang zwischen Einstellung
und Verhalten beschreiben können (klassische

Studie von La Piere, Theorie des geplanten Verhaltens, Moderatoren).
— Möglichkeiten zur Einstellungsänderung aufzeigen können.

6.1 Definitionen und Grundlagen

Gehen Sie oft ins Theater? Welche Jahreszeit mögen Sie am liebsten? Wie denken Sie über die Debatten zur Erderwärmung? Wie stehen Sie unserer aktuellen Bundeskanzlerin gegenüber? Vermutlich können Sie zu den meisten dieser Fragen eine Antwort geben oder haben zumindest eine vage Idee, in welche Richtung diese gehen könnte. Das liegt daran, dass wir in ganz unterschiedlichen Bereichen eine Meinung bzw. Einstellung entwickeln – mal gelingt uns das sehr schnell und ist uns vielleicht auch gar nicht immer bewusst (etwa bei den ersten beiden Fragen), mal sind wir eher zögerlich und unsicher. Obwohl Einstellungen also allgegenwärtig sind, wissen wir meist nicht viel darüber – ein Grund mehr, diese Thematik im Folgenden etwas näher zu betrachten!

Meinungen und Einstellungen entwickeln sich zu den unterschiedlichsten Themenbereichen. Oft können wir unsere Ansichten klar benennen, teilweise sind wir uns diesbezüglich aber auch unsicher.

6.1.1 Was versteht man unter Einstellungen?

Eagly und Chaiken (1993, S. 1) definieren Einstellung als eine »psychologische Tendenz«, die durch einen positiven oder negativen Bewertungsprozess gegenüber einer bestimmten Person, Sache oder Situation ausgedrückt wird. Ihre Definition beinhaltet dabei drei wesentliche Komponenten: 1. das Konzept der psychologischen Tendenz, 2. den Bewertungsprozess und 3. das Einstellungsobjekt. Mit **psychologischer Tendenz** ist ein innerer Zustand der Person gemeint, der variieren und von unterschiedlicher Dauer sein kann. Das bedeutet, dass Einstellungen nicht im Sinne einer überdauernden Charaktereigenschaft (Disposition) zu sehen sind (vgl. Schwarz, 2007), sondern vielmehr verändert werden können (vielleicht erinnern sie sich mit Schrecken zurück, wie sie im Jugendalter bestimmte Musikgruppen toll fanden, die sie jetzt partout nicht mehr hören können). Einstellungen beschreiben daher aktuelle Tendenzen, die in ihrer Stärke variieren und, damit verbunden, entweder langandauernd oder fluktuierend sein können (Eaton, Majka & Visser, 2008).

Ein zweites wesentliches Merkmal von Einstellungen ist ihr **evaluativer bzw. bewertender Charakter**. Das heißt, unsere Einstellung ist in unterschiedlichem Ausmaß entweder positiv oder negativ gefärbt (Chen & Bargh, 1999). Man kann sich hierzu auch ein Kontinuum vorstellen, das von sehr negativ bis sehr positiv reicht. Doch auf was bezieht sich dieses Kontinuum? Hier kommt nun der dritte Faktor ins Spiel, nämlich das **Einstellungsobjekt**, gegenüber dem wir eine Haltung entwickeln. Darunter fallen nicht nur konkrete Objekte bzw. Sachen, sondern auch Situationen, Verhaltensweisen oder Ideen (Eaton et al., 2008). Am psychologisch bedeutsamsten sind Einstellungen gegenüber Personen. Hierbei ist die grundlegendste Einstellung das Selbstwertgefühl bzw. die Einstellung gegenüber der *eigenen* Person (Rosenberg, 1989). Manche Einstellungsobjekte sind abstrakter Natur, wie beispielsweise der religiöse Glaube oder bestimmte politische Konzepte (z. B. Freiheit).

Die Bewertungen und damit auch die jeweiligen Einstellungen können sich auf drei verschiedenen Ebenen manifestieren (Petty & Wegener, 1998; Tesser & Martin, 1996): auf kognitiver, affektiver und verhaltensmäßiger Ebene. **Kognitive Einstellungen** sind reflektierbare, bewusste Bewertungen von Personen, Sachen, Situationen, etc. **Affektive Einstellungen** sind mehr oder weniger positive oder negative Gefühle, die Personen erleben, wenn sie mit dem jeweiligen Einstellungsobjekt konfrontiert werden. **Verhaltensmäßige (behaviorale) Einstellungen** beschreiben schließlich das konkrete und nach außen hin sichtbare Verhalten gegenüber einer bestimmten Person oder Sache oder auch in einer bestimmten Situation.

Einstellungen beinhalten stets eine **Bewertung**, die von sehr negativ bis sehr positiv reichen kann. Bewertet wird dabei das jeweilige **Einstellungsobjekt**. Dieses ist umfassend zu verstehen und beinhaltet neben tatsächlichen Objekten z. B. auch Verhaltensweisen, Situationen, abstrakte Größen oder – psychologisch besonders relevant – andere Personen.

Die **Bewertung** kann auf drei verschiedene Arten erfolgen:
1. kognitiv (bewusste Bewertungen des Einstellungsobjekts),
2. affektiv (Gefühle gegenüber dem Einstellungsobjekt),
3. verhaltensmäßig (konkretes Verhalten gegenüber dem Einstellungsobjekt).

Beispiel

Stellen Sie sich z. B. vor, Sie möchten ein Auto kaufen. Alles was Sie durch Informationen über dieses Auto wissen (z. B. seine Beschleunigung von 0 auf 100, die Pannenhäufigkeit und Versicherungskosten) ist Teil Ihrer kognitiven Einstellung gegenüber diesem Auto. Ist die Beschleunigung gut, die Pannenhäufigkeit niedrig und sind die Unterhaltskosten überschaubar, dann wird Ihre kognitive Einstellung gegenüber diesem Auto wohl positiv sein. Was die affektive Einstellung gegenüber diesem Auto betrifft, so lässt sich diese weniger gut anhand objektiver Fakten bzw. Informationen beschreiben. Sie ist eher subjektiver Art und manifestiert sich in positiven oder negativen Emotionen, die Sie erleben, wenn Sie das jeweilige Auto sehen oder daran denken. So können Sie beispielsweise die Farbe des Autos besonders ansprechend finden oder angenehme Erinnerungen damit verbinden, was sich dann in einer positiven affektiven Einstellung gegenüber dem Auto äußert. Schreiten Sie schließlich zur Tat und tätigen den Autokauf bei Ihrem Autohändler, so ist dies Ausdruck Ihrer behavioralen (verhaltensbezogenen) Einstellung gegenüber dem Auto.

Psychologische Tendenz → Bewertungsprozess → Einstellungs-objekt

Kognitiv
Affektiv
Behavioral
(verhaltensbezogen)

Abb. 6.1 Die drei Elemente einer Einstellung. (Nach Eagly & Chaiken, 1993, republished with permission of South-Western College Publishing, a division of Cengage Learning, permission conveyed through Copyright Clearance Center, Inc.)

Definition

Als **Einstellung** wird ein innerer Zustand (»psychologische Tendenz«) bezeichnet, der sich in einer positiven, negativen oder neutralen Bewertung gegenüber einem bestimmten Objekt (Person, Gegenstand, Idee, Verhalten, etc.) ausdrückt (**Abb. 6.1**).

▶ Definition
Einstellung

6.2 Zusammenhang zwischen Einstellung und Verhalten

Teilen wir uns anderen Menschen nicht mit, so sind unsere kognitiven und affektiven Einstellungen nach außen hin nicht erkennbar. Lediglich unser Verhalten ist von anderen beobachtbar. Gemäß der Theorie der Selbstkategorisierung (▶ Kap. 8) neigt der Mensch dazu, seine persönliche Welt zu ordnen, bestimmte Muster ausfindig zu machen, Erklärungen zu finden und eben Kategorien zu bilden. Genauso versucht er auch, das Verhalten anderer Menschen (oder sein eigenes) einzuordnen und zu erklären (Malle, 1999) bzw. daraus möglicherweise auf die zugrunde liegende Einstellung zu schließen. In unserem Beispiel würden andere Menschen nun vermutlich davon ausgehen, dass Sie eine positive Einstellung gegenüber diesem Auto haben – andernfalls hätten Sie es wohl nicht gekauft. In diesem Fall wäre dies korrekt und Ihr äußeres Verhalten ließe auf Ihre zugrunde liegende Einstellung schließen. Doch genauso hätten Sie dieses Auto auch für eine andere Person kaufen können, ohne dass es Ihnen selbst gefällt.

Dass Einstellung und Verhalten einander nicht zwangsläufig entsprechen müssen, lässt sich noch an zahlreichen weiteren Beispielen verdeutlichen, so etwa in Bezug auf den Nikotinkonsum: Obwohl viele Raucher äußern, das Rauchen beenden zu wollen, da es sowohl ungesund als auch teuer ist, hören nur wenige unmittelbar auf. Ebenso beteuern viele Menschen, dass zuviel Fleisch ungesund sei und sie gerne weniger davon essen würden. Allein in Deutschland nimmt seit 1995 der jährliche Fleischkonsum jedoch um 1,6 % zu, weltweit beläuft sich dieser Prozentsatz auf 2,7 % (FAO, 2009). Dies spricht natürlich klar gegen eine solche Einstellung.

Wir verhalten uns also häufig genau gegensätzlich zu dem, was wir sagen. Wie lässt sich dies erklären? Wann und wie gut können Einstellungen tatsächlich das Verhalten von Menschen vorhersagen bzw. sind Rückschlüsse von diesem auf die jeweilige Einstellung möglich? (▶ Studie: Einstellung und Verhalten)

Menschen neigen dazu, Verhaltensweisen (eigene und diejenigen anderer) einzuordnen und zu erklären. Häufig wird dabei versucht, vom gezeigten **Verhalten** auf die zugrunde liegende **Einstellung** zu schließen.

Einstellung und Verhalten müssen einander nicht entsprechen. So können wir Nikotinkonsum grundsätzlich negativ bewerten und dennoch hören wir nicht mit dem Rauchen auf.

Studie

Einstellung und Verhalten – Die Studie von LaPiere (1934)

Eine klassische Studie zur Übereinstimmung von Einstellung und Verhalten stammt von LaPiere (1934). LaPiere bereiste in den 30er Jahren zusammen mit einem chinesischen Ehepaar die USA. Aufgrund der damals in den USA vorherrschenden Vorurteile gegenüber Chinesen sorgte sich LaPiere darüber, ob er zusammen mit dem chinesischen Ehepaar überhaupt ein Hotelzimmer bekommen würde. Seine Befürchtungen bestätigten sich jedoch nicht: Nahezu alle Hotels (199 von 200 besuchten Hotels) vermieteten ein Zimmer an das chinesische Ehepaar. Einstellung (ethnische Vorurteile) und Verhalten (Zimmervermietung) stimmten in diesem Fall also nicht überein. Sechs Monate nachdem der Forscher von der Reise zurückgekehrt war, versendete er an alle der besuchten 200 Hotels Briefe und bat schriftlich darum, einem chinesischen Ehepaar ein Zimmer zu reservieren. 92 Prozent der angeschriebenen Hotels verweigerten eine Zimmerreservierung. Dieses Mal war der Befund konsistent mit dem vorherrschenden Vorurteil gegenüber Chinesen – er stand aber in krassem Widerspruch zum zuvor gezeigten Verhalten der Hotelangestellten unmittelbar an der Rezeption (LaPiere, 1934). Diese Studie zeigt, dass man nicht einfach von bestimmten Einstellungen auf das Verhalten schließen kann (s. Dawes & Smith, 1985, für eine kritische Darstellung).

6.2.1 Theorie des geplanten Verhaltens

Gemäß der **Theorie des geplanten Verhaltens** wird Verhalten am besten von einer konkreten **Verhaltensabsicht** vorhergesagt.

Nach den enttäuschenden Befunden zum Zusammenhang zwischen Einstellungen und darauf bezogenen Verhaltensweisen formulierte Ajzen (1985) die Theorie des geplanten Verhaltens (s. auch Ajzen & Madden, 1986). Diese sollte die Vorhersagbarkeit von Verhalten auf der Grundlage bestimmter Einstellungen erleichtern (◘ Abb. 6.2). Gemäß dieser Theorie wird tatsächliches Verhalten, über das eine Person nachdenkt (vgl. »planned bahavior«), am besten von einer **konkreten Verhaltensabsicht** vorhergesagt. Vereinfacht gesagt, ist darunter die persönliche Motivation zu verstehen, das jeweilige Verhalten auszuführen (Ajzen, 1991). Insofern ist die Verhaltensabsicht ein Indikator dafür, wie sehr eine Person dazu bereit ist, ein bestimmtes Verhalten zu zeigen bzw. tatsächlich zu versuchen, dieses umzusetzen. Als Daumenregel kann gelten: Je stärker die Motivation bzw. Intention, desto wahrscheinlicher ist das Auftreten des entsprechenden Verhaltens. Wenn Sie beispielsweise die Einstellung haben, dass Sport wichtig für Ihre Gesundheit ist, Sie sich aber nur selten sportlich betätigen, ist das Ausmaß Ihrer Verhaltensabsicht entscheidend dafür, ob Sie tatsächlich auf Sport umsteigen: Sind Sie z. B. nicht dazu bereit, die Fitnessangebote in Ihrer Umgebung zu lesen, Geld für einen Verein auszugeben, Sportschuhe zu kaufen, früher aus der Arbeit zu gehen oder konkrete Termine mit Freunden zu vereinbaren, so wird es schwer sein, das Vorhaben umzusetzen. Dagegen ist bei hoher Motivation und der Bereitschaft, gewisse Voraussetzungen zu schaffen, die Wahrscheinlichkeit für sportliche Betätigung wesentlich höher.

Die **Verhaltensabsicht** wird durch drei Faktoren bestimmt:
1. Einstellung gegenüber dem Verhalten,
2. soziale Norm gegenüber dem Verhalten,
3. wahrgenommene Verhaltenskontrolle.

Die **Verhaltensintention** wird wiederum am besten durch drei Faktoren vorhergesagt, nämlich durch

1. die subjektive Einstellung der Person gegenüber einem bestimmten Verhalten,
2. die subjektive soziale Norm gegenüber einem entsprechenden Verhalten und
3. die subjektiv wahrgenommene Verhaltenskontrolle.

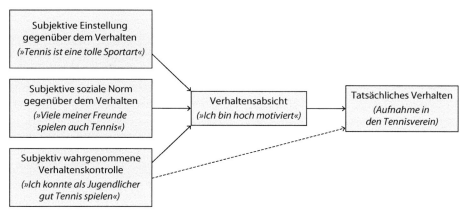

◘ Abb. 6.2 Theorie des geplanten Verhaltens. (Nach Ajzen, 1991, mit freundlicher Genehmigung von Elsevier)

Die **Einstellung gegenüber dem Verhalten** bezieht sich darauf, welche Gedanken und Emotionen eine Person gegenüber dem jeweiligen Verhalten erlebt. Sind diese positiver Art, so wird auch die Einstellung gegenüber dem Verhalten positiv sein. Als subjektive **soziale Norm** versteht man die Einstellung persönlich wichtiger anderer Personen (z. B. der eigenen Familie, Gruppe, Gesellschaft) gegenüber einem bestimmen eigenen Verhalten. Nimmt man diese Einstellung anderer Personen als positiv wahr, so übt man mit höherer Wahrscheinlichkeit das jeweilige Verhalten aus. Der dritte Faktor, nämlich die wahrgenommene Kontrolle über ein Verhalten, wurde der Theorie erst später hinzugefügt (Ajzen & Madden, 1986). Mit **wahrgenommener Verhaltenskontrolle** ist gemeint, dass sich die betreffende Person dazu fähig fühlt, ein bestimmtes Verhalten überhaupt ausführen zu können; dass ihr also das erforderliche Wissen, die entsprechenden Kompetenzen und Möglichkeiten zur Verfügung stehen. Es scheint, dass erlebte Verhaltenskontrolle nicht nur einen indirekten Einfluss auf das Verhalten ausübt – nämlich über die Verhaltensabsicht –, sondern das Verhalten auch direkt beeinflussen kann (Armitage & Conner, 2001).

Wie gut sagt nun aber die Verhaltensintention das tatsächliche Verhalten vorher? Die meisten Studien berichteten hierbei von mittleren bis großen Effektstärken, so etwa die Metaanalysen von Armitage und Conner (2001; $r = .47$) oder Randall und Wolff (1994; $r = .45$).

Die **subjektive Einstellung** basiert auf den Gedanken und Emotionen gegenüber dem jeweiligen Verhalten; sie kann positiv oder negativ sein. **Soziale Norm** beschreibt die Einstellung wichtiger Personen des sozialen Umfelds zu dem jeweiligen Verhalten. **Wahrgenommene Verhaltenskontrolle** meint die eigene Fähigkeitseinschätzung zur Ausführung des Verhaltens.

Definition ────────────

Die **Theorie des geplanten Verhaltens** (Ajzen, 1985) beschäftigt sich mit dem Zusammenhang zwischen Einstellung und Verhalten. Der Theorie zufolge wird ein Verhalten am besten von einer konkreten Verhaltensabsicht vorhergesagt. Als wiederum beste Prädiktoren für diese Verhaltensabsicht gelten die eigene Einstellung gegenüber dem Verhalten, die soziale Norm sowie die wahrgenommene Verhaltenskontrolle.

▶ Definition
Theorie des geplanten
Verhaltens

Die Theorie des geplanten Verhaltens soll an folgendem Beispiel verdeutlicht werden:

Beispiel

Nehmen wir an, eine Person möchte sich gerne in Zukunft vegetarisch ernähren und gibt an, dass sie mittlerweile auch eine positive Einstellung gegenüber vegetarischer Ernährung entwickelt hat (d. h., ihre Gedanken und Emotionen in Zusammenhang mit vegetarischer Ernährung sind positiv). Wie können wir vorhersagen, ob es wahrscheinlich ist, dass diese Person sich 6 Monate später tatsächlich auch vegetarisch ernähren wird? Es ist zunächst erforderlich, uns ihr soziales Umfeld anzusehen und zu prüfen, ob vegetarische Ernährung auch von wichtigen Bezugspersonen wie Familie, Kollegen, Freunde, oder der Gesellschaft insgesamt als erstrebenswertes Ziel angesehen wird. Ist dies der Fall, so erhöht sich die Wahrscheinlichkeit dafür, dass die betreffende Person die Verhaltensintention entwickelt, sich vegetarisch zu ernähren. Des Weiteren muss beachtet werden, ob das Verhalten (sich vegetarisch zu ernähren) auch unter der direkten Verhaltenskontrolle der Person liegt. Ist die Person beispielsweise nicht in der Lage, auf ihre Lieblingsspeise, sei es nun das »Wiener Schnitzel« oder die »Currywurst«, zu verzichten, dann wird es langfristig auch unwahrscheinlich sein, dass sie sich vollständig vegetarisch ernähren wird.

Eine **Einstellung** führt mit erhöhter Wahrscheinlichkeit zu **entsprechendem Verhalten** wenn:
– es sich um eine positive Einstellung gegenüber dem Verhalten handelt
– persönlich wichtige Personen ebenfalls eine positive Einstellung zu diesem Verhalten haben
– der subjektive Eindruck besteht, das Verhalten auch ausführen zu können.

In manchen Situationen kann **wahrgenommene Verhaltenskontrolle** direkt zum jeweiligen Verhalten führen; auch dann, wenn man selbst (oder andere) das Verhalten negativ bewertet. Dieser **direkte Wirkungspfad** betrifft v.a. impulsivere Verhaltensweisen und zeigt, warum sich Einstellung und Verhalten nicht immer entsprechen.

Die **Forschungsergebnisse** zum Zusammenhang von Einstellung und Verhalten sind sehr **uneinheitlich**, in manchen Studien wird dieser als positiv, in anderen als negativ beschrieben.

Zusammenfassend kann festgehalten werden, dass sich Einstellungen dann mit erhöhter Wahrscheinlichkeit in entsprechenden Verhaltensweisen manifestieren, wenn die betreffende Person eine positive Einstellung gegenüber dem Verhalten besitzt, wenn persönlich bedeutende andere Personen dieses Verhalten auch positiv bewerten und wenn die Person das Gefühl hat, das betreffende Verhalten ausführen zu können (wahrgenommene Verhaltenskontrolle). Sind alle drei Komponenten gegeben, so ist die Wahrscheinlichkeit dafür hoch, dass die betreffende Person eine Verhaltensabsicht entwickelt, die wiederum das einstellungsrelevante Verhalten leitet. Anders formuliert: Die Wahrscheinlichkeit, dass Verhalten und Einstellung übereinstimmen, sinkt, sobald auch nur eine der drei kritischen Komponenten fehlt.

Neben dieser reflektierten und rationalen Konstruktion von einstellungskonformem Verhalten besteht auch – wie oben erwähnt – eine impulsive psychologische Verbindung zwischen persönlicher Verhaltenskontrolle und dem fraglichen Verhalten (Armitage & Conner, 2001). Dieser Prozess kann erklären, warum Menschen immer wieder soziale Normen brechen. Stellen Sie sich vor, Sie finden einen Koffer mit Geld an der Bushaltestelle. Sie lehnen Diebstahl kategorisch ab und wissen, dass Ihre Freunde und die Gesellschaft dasselbe tun. Jedoch haben Sie auch eine positive Einstellung zum Wohlstand. Sie ziehen den Reichtum der Armut vor. Nun finden Sie sich in einer Situation perfekter Verhaltenskontrolle. Sie brauchen den Koffer nur mitzunehmen, es gibt keine Zeugen. In einer derartigen Situation werden einige oder gar viele Menschen die Versuchung der sozialen Norm vorziehen. Die Theorie des geplanten Verhaltens erklärt ihr Verhalten durch den direkten Wirkungspfad und zeigt auf, warum die Korrelation zwischen expliziten Einstellungen (hier: zum Diebstahl) und Verhalten nicht perfekt sein kann (◘ Abb. 6.2).

6.2.2 Gemischte Befundlage

Analog zu LaPieres und Ajzens Arbeiten ergaben sich aus den vielen Jahrzehnten der Forschung zum Zusammenhang zwischen Einstellung und Verhalten jedoch sehr uneinheitliche Befunde, die mal für und mal gegen einen solchen Zusammenhang sprechen. Die große Spannweite der angegebenen Korrelationsmaße spiegelt dies wider: So berichten Leippe und Elkin (1987) in einer Serie von vier Studien sowohl von einem negativen (−.20 bzw. −.01) also auch positiven Zusammenhang (.08 bzw. .74). Die Autoren hatten variiert, inwieweit die Einstellungsthematik von hoher oder keiner persönlicher Bedeutung ist bzw. ob darüber im Anschluss der Testung noch diskutiert wurde oder nicht. Auch Doll und Ajzen (1992) untersuchten den Zusammenhang zwischen Einstellung und Verhalten unter verschiedenen Bedingungen und erhielten Korrelationen von .27 bis .67. Damit wird deutlich, dass nicht nur die Stärke des berichteten Zusammenhangs variiert, sondern – damit verbunden – auch die Inhalte der erforschten Einstellungen sowie die methodische Herangehensweise bei der Messung von Einstellung und Verhalten von Studie zu Studie unterschiedlich sind (Ajzen & Fishbein, 1977).

Ajzen (1987) vertritt den Standpunkt, dass methodische Unterschiede in der Forschung der Hauptgrund für die Variabilität der Befunde sind. Im Hinblick darauf ist es u. a. wichtig zu überprüfen, ob sich die Messungen von Einstellung und Verhalten entsprechen (Ajzen & Fishbein, 1977). Ist dies der Fall, kann man von einer Einstellung auf entsprechendes Verhalten schließen. Wenn beispielsweise die Messung der Einstellung zu Religiosität durch verschiedene Fragen erfolgt und damit verschiedene Aspekte erfasst, so genügt es bei der Verhaltensmessung nicht, ausschließlich die Anzahl der Kirchenbesuche zu messen (Kraus, 1995). Entscheidend ist also, wie gut Einstellungs- und Verhaltensmessung korrespondieren.

Als weitere Ursache für die Uneinheitlichkeit der Befunde gilt der Einfluss von sog. Moderatorvariablen, d. h. Faktoren, die den Effekt von Einstellung auf Verhalten in unterschiedlicher Weise beeinflussen können (Baron & Kenny, 1986). Beispielhaft für Moderatorvariablen sind bestimmte Merkmale von Einstellungen, die nachfolgendes Verhalten unterschiedlich gut vorhersagen können. So kann man eher von einer Einstellung auf zukünftiges Verhalten schließen, wenn sich eine Person in ihrer Einstellung sehr **sicher** ist (Kraus, 1995). Sind Sie z. B. voll und ganz von der Wichtigkeit überzeugt, sich politisch zu engagieren, so werden Sie auch mit höherer Wahrscheinlichkeit zur nächsten Bundestagswahl gehen als eine Person, die sich wenig aus Politik macht. Ein weiteres Merkmal betrifft die Entstehung von Einstellungen. Beruht diese auf **direkter Erfahrung**, so wird auch eher entsprechendes Verhalten gezeigt (Fazio & Zanna, 1981). War beispielsweise eine Person selbst Opfer einer Umweltkatastrophe und steht dem Umweltschutz daher positiv gegenüber, so wird sie auf diesem Gebiet auch eher aktiv sein als eine Person ohne derartige Erfahrung.

> Laut Ajzen (1987) sind **methodische Unterschiede** der Studien der Hauptgrund für die inkonsistente Befundlage. Um den Schluss von Einstellung auf Verhalten zu erleichtern, sollten sich daher die Messungen von Einstellung und Verhalten entsprechen.

> Unterschiede im Zusammenhang zwischen Einstellung und Verhalten sind auch durch **Moderatoren** erklärbar (= Faktoren, die einen Effekt in unterschiedlicher Weise beeinflussen können). Beruht die Einstellung beispielsweise auf **direkter Erfahrung** oder wird mit **hoher Sicherheit** vertreten, so ist der Schluss auf zukünftiges Verhalten leichter möglich.

6.2.3 Einflussfaktoren auf den Zusammenhang zwischen Einstellung und Verhalten

Um diese unterschiedlichen Ergebnisse besser erklären zu können, versuchten die Forscher bislang, die jeweiligen Bedingungen ausfindig zu machen, die die Stärke des Zusammenhangs zwischen Einstellung und Verhalten beeinflussen bzw. umkehren. Metaanalysen zeigen, dass Einstellungen das Verhalten unter den folgenden Bedingungen gut vorhersagen (Cooke & Sheeran, 2004; Kraus, 1995):

> Folgende **Moderatoren** erleichtern den Schluss von Einstellungen auf Verhalten:
> - Einstellungssicherheit,
> - Zugänglichkeit und Stabilität der Einstellung,
> - direkte Erfahrung als Einstellungsursache,
> - Entsprechung kognitiver und emotionaler Grundlagen der Einstellung.

- wenn sich die Person der eigenen Einstellung sehr sicher ist,
- wenn die Einstellung leicht dem Bewusstsein zugänglich und zeitlich stabil ist,
- wenn die Einstellung größtenteils auf eigener direkter Erfahrung mit dem Einstellungsgegenstand beruht, und schließlich ist es auch hilfreich,
- wenn sich kognitive und emotionale Grundlagen der Einstellung nicht widersprechen.

Die Zugänglichkeit von Einstellungen sowie deren zeitliche Stabilität haben sich als die beiden wohl wichtigsten Moderatoren herauskristallisiert. Die **Zugänglichkeit von Einstellungen** betrifft dabei die Abrufleichtigkeit einstellungsrelevanter Informationen. Diese ist umso höher, je häufiger man über die Thematik nachdenkt und je häufiger man die jeweilige Meinung vertritt.

In einer neueren Metaanalyse fanden Glasman und Albarracin (2006), dass sich diese Moderatoren teilweise gegenseitig beeinflussen, sodass eine klare Trennung nicht möglich ist. Den Autoren zufolge sind nur zwei dieser Variablen von kritischer Bedeutung: die Zugänglichkeit der Einstellung und ihre zeitliche Stabilität. Damit bestätigen sie zwei bisherige Forschungslinien, die den Zusammenhang zwischen Einstellung und Verhalten zu erklären versuchen. Eine dieser Linien (Ajzen & Fishbein, 2000; Fazio & Williams, 1986) setzt an der **Zugänglichkeit von Einstellungen** an und postuliert, dass Verhalten umso besser vorhergesagt werden kann, je leichter einstellungsrelevante Informationen abgerufen werden können. Eine aktuelle Studie aus dem Bereich Moral bzw. Ethik verdeutlicht diese Annahme (Shu, Gino & Bazerman, 2011): Bei der Bearbeitung von Matrizenaufgaben, für die die Probanden Geld gewinnen konnten, schummelten diejenigen seltener, die zuvor einen Ehrenkodex unterschieben und damit bestimmten ethischen Standards zugestimmt hatten. War die Salienz von Moralität also erhöht bzw. die moralische Einstellung präsent, trat auch entsprechendes moralisches Verhalten häufiger auf. Wiederum hängt die Zugänglichkeit der einstellungsrelevanten Information davon ab, wie häufig man über die jeweilige Thematik nachdenkt. Setzt man sich intensiv mit dem Einstellungsobjekt auseinander, erhöht dies natürlich das Wissen darüber, schafft Vertrautheit und damit einen erleichterten Abruf aus dem Gedächtnis. Die Zugänglichkeit der Einstellung wird zum anderen auch durch die Häufigkeit erhöht, mit der die jeweilige Meinung vertreten oder entsprechend dieser gehandelt wird.

Die **Stabilität von Einstellungen** wird v.a. durch zwei Faktoren erhöht:
1. einseitige Informationen,
2. Korrespondenz zwischen Einstellung und Verhalten.

Die zweite Forschungslinie bezieht sich auf die **Stabilität von Einstellungen** und setzt an deren Entstehung an (vgl. Schwarz & Bohner, 2001). Zentral für die Einstellungsbildung sind hierbei die jeweiligen Informationen, die zum Zeitpunkt des Verhaltens vorliegen. Sind diese einseitig (d. h. beinhalten sie nur die positiven oder negativen Aspekte des Einstellungsobjektes, nicht jedoch eine ausgewogene Betrachtung, vgl. Jonas, Schulz-Hardt, Frey & Thelen, 2001), so erhöht dies die Stabilität der Einstellung und damit auch die Wahrscheinlichkeit für entsprechendes Verhalten (Ajzen, 1996). Ein weiterer Einflussfaktor auf die Stabilität – und damit auf nachfolgendes Verhalten – ist, ob die Einstellung in Zusammenhang mit nachfolgendem Verhalten steht (z. B. die Einstellung gegenüber Kirchenbesuchen in Zusammenhang mit der Anzahl tatsächlicher Gottesdienstbesuche). Für eine hohe Vorhersagekraft des Verhaltens aufgrund der Einstellung sollte sich die Einstellung auf das jeweilige Verhalten beziehen und nicht genereller Art sein, etwa die grundsätzliche Einstellung gegenüber Glauben oder Religion (Ajzen & Fishbein, 1977).

Ebenfalls wichtig ist der Grad der persönlichen Überzeugung davon, dass die eigene Meinung korrekt ist. Je stärker man von deren Richtigkeit

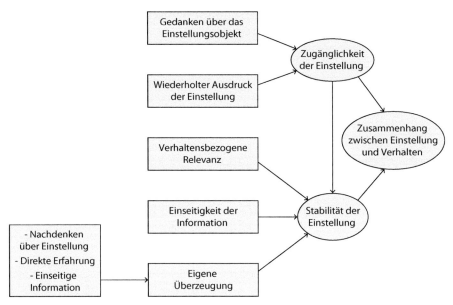

überzeugt ist, desto stabiler ist auch die eigene Einstellung und desto eher zeigt man auch entsprechendes Verhalten. Laut Glasman und Albarracin (2006) wird die **Sicherheit bezüglich der eigenen Meinung** wiederum von drei Faktoren begünstigt:

1. der Häufigkeit, mit der über die Einstellung nachgedacht wird (dies erhöht die Wahrscheinlichkeit dafür, dass die Einstellung auf durchdachter und damit zuverlässiger Information beruht),
2. der direkten Erfahrung (Einstellungen, die auf Basis eigener Erfahrung gebildet werden, erhöhen die Sicherheit) und
3. der einseitigen Informationssuche (diese reduziert Zweifel und erhöht damit die Sicherheit).
4. ◘ Abb. 6.3 stellt die beschriebenen Einflussgrößen in Bezug zueinander.

Drei Faktoren begünstigen die **Einstellungssicherheit**:
- häufiges Nachdenken über die Einstellung,
- direkte Erfahrung als Einstellungsbasis,
- einseitige Informationssuche.

6.3 Entstehung von Einstellungen

Wir wissen nun, dass der Zusammenhang zwischen Einstellung und Verhalten von verschiedenen Faktoren abhängt. So verzichtet der vermeintliche Vegetarier wohl tatsächlich auf Fleisch, wenn ihm seine Einstellung bewusst ist, sie schon lange besteht, seine Bezugspersonen ebenfalls auf vegetarische Ernährung umgestiegen sind, er viele dafür sprechende Argumente parat hat, etc. Aber wie kommt er überhaupt zu dieser Einstellung? Der soziale Aspekt (vgl. subjektive soziale Norm) bzw. der soziale Einfluss spielt hier auch eine wichtige Rolle (Mason, Conrey & Smith, 2007). Im Folgenden betrachten wir den Bereich der Einstellungsbildung genauer.

Sozialer Einfluss spielt eine wichtige Rolle bei der Entstehung von Einstellungen.

6.3.1 Einstellungen durch Kommunikation und Überzeugung

Mit den klassischen **Yale-Studien** wurde der Einfluss kommunikativer Faktoren auf die Entstehung und Änderung von Einstellungen untersucht. **Einstellungsänderung** ist u. a. dann häufiger, wenn:
- der Kommunikator als **vertrauenswürdig** wahrgenommen wird,
- die Kommunikation **zweiseitig** ist (Pro- und Contra-Argumente).

Unter den ersten Forschungsarbeiten zur Entstehung von Einstellungen sind die berühmten Experimente von Hovland, Janis und Kelley (1953), die im Rahmen der »Yale Studies in Attitude and Communication« durchgeführt wurden. Diese Autoren untersuchten, wie Eigenschaften von Kommunikatoren und Kommunikationsinhalten die Entstehung und Veränderung von Einstellungen beeinflussen. Ein wichtiges, wenn auch erst im Nachhinein offensichtliches Ergebnis war, dass **Kommunikatoren** dann besonderen Einfluss auf Einstellungsänderungsprozesse haben, wenn sie **vertrauenswürdig und glaubwürdig** erscheinen. Darüber hinaus ist die **Art der Kommunikation** wichtig: Unterschiedliche Eigenschaften der Kommunikation wirken sich auch verschieden auf die Überzeugungskraft von Argumenten aus. So ist es beispielsweise wahrscheinlicher, dass Personen ihre Einstellung ändern, wenn die Kommunikation **zweiseitig** anstatt einseitig angelegt ist. Eine Kommunikation ist zweiseitig, wenn sie sowohl Pro- als auch Contra-Argumente zur Diskussion stellt. Diese balancierte Strategie ist dann besonders wirksam, wenn der Empfänger bereits Vorinformationen zu beiden Seiten einer Einstellung hat und wenn er einen hohen Bildungsgrad aufweist (Allen, 1991).

Einstellungsänderung ist wahrscheinlicher, wenn der Kommunikationsinhalt **Unsicherheit** erzeugt. Auch die Wahrnehmung der eigenen **Stimmung** kann die Einstellung beeinflussen, indem sie als zusätzliche Informationsquelle genutzt wird.

Schließlich wird eine Einstellungsänderung wahrscheinlicher, wenn die Kommunikationsinhalte nur **Unsicherheit**, jedoch keine starke Angst auslösen. Wenn die Angst zu stark ist, beziehen viele Menschen eine abwehrende Position, was natürlich der Einstellungsänderung im Wege steht (Aronson, Wison & Akert, 2008; Janis & Terwilliger, 1962). Im Zusammenhang mit Affekt kommt es jedoch nicht nur darauf an, welche Emotionen die Kommunikationsinhalte hervorrufen, auch die aktuelle Stimmung nimmt Einfluss auf unsere Einstellung (▶ Studie: Stimmungseinflüsse auf Einstellungen).

Studie

Stimmungseinflüsse auf Einstellungen

Albarracin und Kumkale (2003) konnten zeigen, dass auch die aktuelle Stimmung unsere Einstellungen beeinflussen kann, auch wenn diese völlig unabängig vom Einstellungsobjekt ist: Die Autoren ließen ihre Probanden einen Brief schreiben, in dem sie entweder von einem positiven oder einem negativen persönlichen Erlebnis berichteten. Entsprechend waren die Probanden anschließend positiv oder negativ gestimmt. Bei **guter Stimmung** ließen sie sich stärker von einer anderen Meinung überzeugen als in negativer Gefühlslage – und dies, obwohl ihre emotionale Verfassung (Affekt) nichts mit dem Inhalt der Einstellung zu tun hatte. Dies traf jedoch nur zu, wenn der eigene Affekt wahrgenommen und nicht als nebensächlich erkannt wurde (nebensächlich wäre die eigene Stimmung beispielsweise dann, wenn man hoch motiviert ist, sich mit der Thematik zu beschäftigen, da man selbst davon betroffen ist; im studentischen Kontext etwa, wenn es um die Einstellung gegenüber Studiengebühren geht). Wird der Affekt wahrgenommen und nicht als unwichtig angesehen, so kann er als zusätzliche Informationsquelle dienen und wird für die persönliche Einstellungsbildung mit einbezogen (»**Affekt als Information**«; Clore, Gasper & Garwin, 2001; Clore, Schwarz & Conway, 1994).

6.3.2 Erlernen von Einstellungen

Einstellungen entstehen vor allem durch Lernprozesse, können teilweise aber auch biologische Wurzeln haben: So haben eineiige Zwillinge (im Vergleich zu zweieiigen Zwillingen) eine ähnliche politische Einstellung, eine ähnliche Präferenz für das Lesen von Büchern oder Lösen von Kreuzworträtseln (Olson, Vernon, Harris & Jang, 2001), haben einen ähnlichen Musikgeschmack und mögen ähnliche Speisen. Einstellungen sind also vererbbar, obwohl von einem speziellem »Einstellungs-Gen« bei der bisherigen Forschungslage noch nicht gesprochen werden kann.

Natürlich haben vor allem soziale Lernprozesse und Erfahrungen einen nachhaltigen Einfluss auf die Entstehung von Einstellungen. Hierbei können drei hauptsächliche **Typen der Einstellungsbildung** unterschieden werden (Rosenberg & Hovland, 1960):
1. kognitive Prozesse, die Einstellungen durch bewusstes Reflektieren begründen,
2. emotionsabhängige Prozesse des klassischen und operanten Konditionierens, die Einstellungen durch Assoziationen schaffen,
3. verhaltensbezogene Prozesse bzw. Prozesse der Selbstbeobachtung, die Einstellungen vom eigenen Verhalten ableiten (vgl. Bem, 1972; ◘ Abb. 6.4).

Kognitive Einstellungen Kognitive (gedankliche) Einstellungen (vgl. Crites, Fabrigar & Petty, 1994) entstehen vorwiegend durch **bewusstes Nachdenken** (Reflexion) über einen bestimmten Einstellungsgegenstand. Steht beispielsweise ein Autokauf an, so überlegen wir uns bewusst die Vor- und Nachteile eines bestimmten Autos und kommen entsprechend zu einer positiven oder auch negativen Einstellung gegenüber diesem Auto.

Affektive Einstellungen Affektive (gefühlsmäßige) Einstellungen entstehen vorwiegend durch Konditionierungsprozesse, wobei hier die klassische von der operanten Konditionierung zu unterscheiden ist (Pavlov, 1927; Skinner, 1938). Eine Einstellung entsteht durch **klassische Konditionierung** dann, wenn ein positiver (angenehmer) oder negativer (unangenehmer) Reiz (Stimulus) zusammen mit einem Einstellungsobjekt auftritt. Je nach Valenz dieses Reizes kann daraus eine positive oder negative Einstellung entstehen. So wird eine Person, die den Duft von Popcorn liebt, vermutlich eine positive Einstellung zu einem bestimmten

Zwillingsuntersuchungen zeigen, dass die Entstehung von Einstellungen auch **biologische Ursachen** hat.

Die Entstehung von Einstellungen basiert hauptsächlich auf **sozialen Lernprozessen und Erfahrungen**.

Kognitive Einstellungen entstehen v. a. durch bewusstes Nachdenken über den Einstellungsgegenstand.

Affektive Einstellungen basieren sowohl auf **klassischer Konditionierung** (positiver/negativer Reiz wird mit dem Einstellungsobjekt gekoppelt) als auch auf **operanter Konditionierung** (Belohnung einstellungskonsistenten bzw. Bestrafung einstellungsdiskrepanten Verhaltens).

◘ Abb. 6.4 Die drei häufigsten Wege der Einstellungsbildung – kognitive, emotionsabhängige und verhaltensbezogene Prozesse

Film entwickeln, wenn sie diesen umgeben von Popcorn essenden Menschen im Kino betrachtet. Dagegen wird die Rezension desselben Films vermutlich schlechter ausfallen, wenn der Sitznachbar nicht geduscht und das Filmvergnügen daher von einem penetranten Schweißgeruch begleitet ist. Die ursprüngliche Arbeit zur klassischen Konditionierung von Einstellungen stammt von Razran (1954). Unter dem Begriff »lunch technique« beschreibt dieser, dass andere Menschen den eigenen Ideen bzw. der eigenen Einstellung stärker zustimmen, wenn man diese den Rezipienten bei einem angenehmen Lunch unterbreitet (spätestens an dieser Stelle sollten Sie darüber nachdenken, es sich gemütlich zu machen und dieses Kapitel in angenehmer Atmosphäre weiterzulesen!). Eine Einstellung entsteht durch **operante Konditionierung** dann, wenn einstellungsrelevante Verhaltensweisen belohnt oder bestraft werden. Analog der klassischen Konditionierung kann sich auch hier wieder eine positive oder negative Einstellung herausbilden. Der Konsum von Alkohol, Kaffee und Tabak ist beispielsweise anfänglich kein Genuss. Dennoch kann man allmählich durch soziale Belohnungen auf den Geschmack kommen. Das heißt, der Konsum dieser Substanzen wird anfänglich vor allem deshalb wiederholt, weil Freunde oder Kollegen Akzeptanz, Wohlwollen und Ermutigungen ausdrücken. Im Gegenzug kann sich auch eine negative Einstellung gegenüber derartigem Konsum herausbilden: Lehnen Eltern jeglichen Alkoholgenuss vehement ab und verlangen Gleiches von ihrem Kind, indem sie dieses bei einem Regelverstoß bestrafen, so kann das Kind aufgrund der negativen Assoziation eine ähnliche Einstellung entwickeln.

Verhaltensbezogene Einstellungen Schließlich können Einstellungen auch aus der Beobachtung und **Analyse eigenen Verhaltens** entstehen. Dies ist besonders dann der Fall, wenn dem Bewusstsein keine klar artikulierte Einstellung zugänglich ist (Bem, 1972). Nehmen wir an, Ihnen fällt spontan wenig zu ihrer Haltung gegenüber Tieren ein. Sie können dann aber darüber nachdenken, wie oft Sie in der letzten Zeit im Zoo waren, wie viele Haustiere Sie schon hatten oder wann sie das letzte Mal Geld für das örtliche Tierheim gespendet haben. Je mehr derartige Aktivitäten in Erinnerung kommen, desto positiver lässt sich die zugrunde liegende Einstellung einschätzen.

Verhaltensbezogene Einstellungen basieren auf der Beobachtung und Analyse des eigenen Verhaltens. Sie kommen v. a. dann zum Tragen, wenn einem die eigene Einstellung nicht bewusst ist.

6.3.3 Selbstwahrnehmungstheorie

Die Selbstwahrnehmungstheorie von Bem (1967; 1972) postuliert, dass Personen aus der Beobachtung und Analyse ihres Verhaltens auf ihre zugrunde liegende Einstellung schließen. Dies ist vorwiegend der Fall, wenn man sich seiner eigenen Einstellung nicht bewusst ist. Hier ermöglicht die (Selbst-) Wahrnehmung des eigenen Verhaltens einen Schluss auf die jeweilige Einstellung. Folglich handelt es sich hiermit um eine verhaltensbezogene Einstellung (s. oben).

Die Selbstwahrnehmungstheorie ist gemeinhin als eine behavioristische Theorie bekannt, da das Verhalten in dieser Theorie Vorrang hat. Die subjektive Einstellung ist hierbei nur eine Implikation (Folge) des Verhaltens. Dennoch sieht Bem den selbstwahrnehmenden Menschen als ein kognitives Wesen an, das Einstellungen in quasi wissenschaftlicher Art konstruiert. Wenn eine Person beispielsweise gefragt wird, ob sie ihren Partner noch liebt und sie – das soll vorkommen! – nicht sofort mit »ja« antworten kann, dann wird sie sich überlegen, wie oft sie mit ihrem Partner in der letzten Zeit ausgegangen ist, wie oft sie ihn üblicherweise anruft oder wie sexuell anziehend sie ihn nach wie vor findet. Beantwortet sie diese Fragen positiv, so wird sie wohl zu dem Schluss kommen, dass sie immer noch verliebt ist und somit eine sehr positive Einstellung gegenüber ihrem Partner hat.

Im Musical »Anatevka« ist diese Situation dramaturgisch dargestellt. Milchmann Tewje fragt seine Frau Golde, ob sie ihn nach all den Jahren noch liebt. Golde antwortet, indem sie ihrem Mann all die Dinge aufzählt, die sie Tag für Tag für ihn tut. In diesem Fall vermutet man jedoch, dass ihr behaviorales Argument nicht nur ein Akt der Selbstwahrnehmung ist, sondern auch eine Mahnung an den Gatten, keine dummen Fragen zu stellen.

Die Einstellungsbildung durch Selbstwahrnehmung ist also ein nützliches Instrument der Selbsterfahrung. Allerdings können dieselben psychologischen Mechanismen, die Selbsterfahrung möglich machen, auch für manipulative Zwecke eingesetzt werden. Eine interessante und subtile Methode ist die »Foot-in-the-door«-Technik (Burger, 1999). Ihr Prinzip ist einfach. Das Ziel des Manipulators ist es, eine Zusage auf eine Bitte zu gewinnen, die unter normalen Umständen abgeschlagen werden würde. Das Vorgehen ist dabei so, dass er zunächst um einen kleinen Gefallen bittet, der mit hoher Wahrscheinlichkeit erfüllt wird. Sobald dann der »Fuß in der Tür« ist, wird die eigentliche Forderung gestellt, die nun meist erfüllt wird. In Freedman und Frasers (1966) Originalstudie waren nur wenige Hausfrauen im kalifornischen Palo Alto dazu geneigt, ein Forschungsteam eine komplette Bestandsaufnahme ihrer Kücheneinrichtung machen zu lassen (eigentliche Forderung). Allerdings war ihre Kooperationsbereitschaft weitaus größer, wenn sie zu einem früheren Zeitpunkt schon einmal gebeten worden waren, einige einfache Fragen über Haushaltsprodukte zu beantworten (kleine Bitte). Die Selbstwahrnehmungstheorie erklärt dies so: Wenn die größere Anfrage gestellt wird, erinnert man sich an das eigene Verhalten bei der kleineren Anfrage. Im vorgestellten Experiment schlossen die Frauen aus ihrer Kooperationsbereitschaft bei der kleinen Frage, dass sie generell kooperationsbereit zu diesem Thema sind. Schließlich hatten sie ja freiwillig zugestimmt. Diese vom ursprünglichen Verhalten abgeleitete Einstellung dominierte dann die Reaktion auf die größere Anfrage. Praktiker der Verkaufspsychologie sind an dieser Technik sehr interessiert, aber auch Kinder wenden sie geschickt im Umgang mit ihren Eltern an. Ein weiteres typisches Beispiel, das Ihnen in der Fußgängerzone häufig begegnet, ist das Werben an Verkaufs- und Informationsständen. Meist wird einem eine einfache Frage gestellt, die man meist eindeutig in der gewünschten Richtung beantwortet (z.B. »Sind Sie gegen Tierversuche?«; »Sind Sie prosozial eingestellt?«; »Hätten Sie ganz kurz Zeit, um an einer Umfrage teilzunehmen?«). Oft beantwortet man derartige Fragen oder nimmt an einer kleinen Umfrage teil, da dies zunächst nicht mit Aufwand oder Kosten verbunden zu sein scheint. Doch hat man erst einmal seine Abneigung gegenüber Tierversuchen oder seine Prosozialität bekundet, so ist die Wahrscheinlichkeit groß, auch bei einer Petition gegen Tierversuche zu unterschreiben oder Geld für eine Wohltätigkeitsorganisation zu spenden (◘ Abb. 6.5).

Gemäß der **Selbstwahrnehmungstheorie** (Bem, 1972) schließt der Mensch aufgrund der **Beobachtung und Analyse des eigenen Verhaltens** auf seine zugrunde liegende **Einstellung** (sofern diese schwer zugänglich ist). Die Einstellung wird quasi rückwirkend, auf Basis des eigenen Verhaltens konstruiert.

Mit der sog. **»Foot-in-the-door-Technik«** wird die Selbstwahrnehmungstheorie zu manipulativen Zwecken eingesetzt. Ziel ist hierbei, die Zustimmung zu einer **größeren Forderung** zu erreichen, indem zunächst eine kleine, kaum auszuschlagende Bitte gestellt wird. Wird diese erfüllt, so erhöhen Prozesse der Selbstwahrnehmung die Wahrscheinlichkeit dafür, dass auch bei der großen Forderung nachgegeben wird.

◘ Abb. 6.5 Foot-in-the-door-Technik

► Definition
Selbstwahrnehmungs-
theorie

> **Definition**
> Gemäß der **Selbstwahrnehmungstheorie** (1967; 1972) können
> Einstellungen aus dem eigenen Verhalten abgeleitet werden. Ist man
> sich bei seiner Einstellung gegenüber einem bestimmen Einstel-
> lungsobjekt unsicher, so kann die Analyse des Verhaltens zeigen,
> ob man sich eher konform oder gegenteilig zu einer bestimmten Ein-
> stellung verhalten hat. Überwiegt Ersteres, so wird man vermutlich
> diese Einstellung annehmen; andernfalls würde man eher die Gegen-
> position beziehen.

6.4   Veränderung von Einstellungen

Einstellungen sind i. S. einer »psycho-logischen Tendenz« **veränderbar**.

Bisher haben wir uns damit beschäftigt, wie Einstellungen definiert sind,
wie sie gebildet werden und wie sie unser Verhalten beeinflussen können. Doch wie wir wissen, muss eine einmal erworbene Einstellung nicht
ewig fortbestehen, sondern ist im Sinne einer »psychologischen Tendenz« veränderbar: Der einst radikale Vegetarier stellt für sich selbst fest,
dass Fleisch auch Vorteile haben kann, das gekaufte Auto ist wider
Erwarten ungeeignet und die anfängliche Verliebtheit zerfällt in Desinteresse. Wie kann es dazu kommen? Lassen sich aus dem Einzelfall
allgemeine Muster ableiten, die die Änderung von Einstellungen erklären können?

6.4.1   Einstellungsänderung als Rationalisierung von Verhalten

Einstellungsänderungen lassen sich auch mithilfe der **Dissonanztheorie** erklären: Entspricht das gezeigte Verhalten nicht der Einstellung, so kann diese entsprechend angepasst bzw. verändert werden. Insofern kann Einstellungsänderung gleichzeitig eine Möglichkeit zur Dissonanzreduktion sein.

Eine einflussreiche sozialpsychologische Theorie zur Erklärung von
Einstellungsänderungen ist die **Theorie der kognitiven Dissonanz**
(Festinger, 1957;). Wie wir aus ► Kap. 2 wissen, ist der Kern der Dissonanztheorie die Annahme, dass einander widersprechende Kognitionen (Gedanken, Einstellungen, Absichten etc.) Dissonanz auslösen, also
einen unangenehmen motivationalen Zustand, den die Person bestrebt
ist, zu reduzieren (Cooper & Fazio, 1984). Dabei kann Dissonanz auch
dann entstehen, wenn Kognitionen (Einstellungen) und bestimmte Verhaltensweisen nicht zusammenpassen, was Festinger und Carlsmith
(1959) in ihrem 20-Dollar-Experiment zeigen konnten (► Kap. 2). Die
Tatsache, dass die Probanden bei empfundener Dissonanz ihre Einstellung an das zuvor ausgeübte Verhalten anpassten, lässt darauf schließen,
dass Einstellungsänderung auch als ein Dissonanzreduktionsmechanis-
mus auftreten kann (Frey & Gaska, 1993). Aus dieser theoretischen
Perspektive heraus ist der Mensch kein rationales, sondern ein **rationa-
lisierendes Wesen**; er ist permanent bestrebt, seine Verhaltensweisen
durch Anpassung der eigenen Einstellung zu rechtfertigen. Rational
wäre dagegen, wenn Einstellungen und Verhalten einander stets entsprechen würden.

Ein einfaches Beispiel kann diesen Sachverhalt verdeutlichen:

> **Beispiel**
>
> **Anpassung von Einstellungen**
> Bringt man einen Atomgegner dazu, eine öffentliche Rede über die Vorteile von Kernenergie zu halten, so führt das bei der Person dazu, dass deren ursprüngliche Einstellung zur Kernenergie nun weniger negativ ausfällt. Die Person muss ihr einstellungsdiskrepantes Verhalten (Halten einer Rede pro Kernenergie) rechtfertigen, was am einfachsten gelingt, indem die Atomenergie teilweise aufgewertet wird.
>
> Der gleiche Prozess kann natürlich auch in die andere Richtung laufen: Ist eine Person davon überzeugt, sie sei besonders intelligent, schneidet in einem Intelligenztest aber sehr schlecht ab, so ist es wahrscheinlich, dass diese Person das psychologische Konstrukt der Intelligenz und die damit zusammenhängenden Intelligenztests verstärkt abwerten wird (Frey, 1981).

Neuere Ergebnisse sprechen dafür, dass **Einstellungsänderungen** durch Dissonanzreduktion **dauerhaft** sein können und damit nicht lediglich auf eine konkrete Situation bezogen bleiben. So stellten Sénémeaud und Somat (2009) noch einen Monat nach dem Schreiben eines einstellungsdiskrepanten Aufsatzes eine veränderte Einstellung bei den Versuchspersonen fest.

> **Einstellungsänderung durch Dissonanzreduktion** ist oft dauerhaft. Die veränderte Einstellung kann auch auf andere Bereiche übertragen werden.

6.4.2 Zwei-Prozess-Modelle

Elaboration-Likelihood-Modell

Das **Elaboration-Likelihood-Modell** (ELM; Petty & Cacioppo, 1986) ist ein klassisches **Zwei-Prozess-Modell** (s. auch »Heuristic Systematic Model«; Chaiken, Liberman & Eagly, 1989) und leistet einen besonders wichtigen Beitrag zum Verständnis und zur Vorhersage von Einstellungsänderungen – vor allem in Hinblick darauf, unter welchen Umständen sich Menschen in ihren Einstellungen beeinflussen lassen (Persuasion).

> Das **Elaboration-Likelihood-Modell** ist ein klassisches Zwei-Prozess-Modell zur Vorhersage von Einstellungsänderungen.

Das ELM unterscheidet zwei verschiedene Wege der Überzeugung, den zentralen und den peripheren Weg (Petty & Cacioppo, 1986). Dabei bestimmen die Motivation und die Fähigkeit, die zur Überredung oder Überzeugung dargebotene Information zu verarbeiten, ob der zentrale oder der periphere Weg eines Einstellungsveränderungsversuchs erfolgreich sein wird. Wenn Personen sowohl willens als auch dazu in der Lage sind, Informationen sorgfältig zu verarbeiten (z. B. wenn sie genügend Zeit haben und nicht durch eine andere Aufgabe abgelenkt sind), dann ist es zielführend, wenn Informationen ausführlich und qualitativ hochwertig sind (→ **zentraler Weg**). Sind Personen dagegen entweder nicht motiviert oder unfähig (oder beides), Informationen tief zu verarbeiten (z.B. aufgrund von Zeitdruck oder Ablenkung durch andere Aufgabe), dann wird der Einstellungsänderungsversuch eher erfolgreich sein, wenn die Information mit situativen oder emotionalen Hinweisreizen versehen ist (→ **peripherer Weg**). Personen verarbeiten hier Informationen also eher oberflächlich und verlassen sich auf Heuristiken (Daumenregeln, z. B. »Experten haben immer Recht«; ▶ Kap. 3). Situative Hinweisreize, die nichts mit der Güte der Information selbst zu tun haben, gewinnen hier an Einfluss (◘ Abb. 6.6).

> Das ELM unterscheidet **zwei Wege der Einstellungsänderung** durch Überzeugung:
> 1. **Zentrale Route** (bei hoher Motivation und hoher Verarbeitungsfähigkeit): Ausführlichkeit und hohe Qualität der Argumente begünstigen eine Einstellungsänderung.
> 2. **Periphere Route** (bei geringer Motivation und geringer Verarbeitungsfähigkeit): Situative und periphere Hinweisreize begünstigen eine Einstellungsänderung.

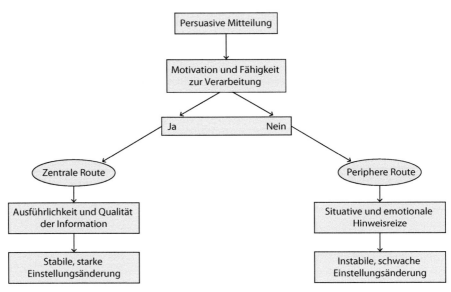

◨ Abb. 6.6 Elaborations-Likelihood-Modell. (Nach Petty & Cacioppo, 1986, mit freundlicher Genehmigung von Elsevier)

Für die Praxis

Möglichkeiten der Einstellungsänderung durch Werbung

Die periphere Route zur Einstellungsänderung wird aus guten Gründen von der Markt- und Werbepsychologie bevorzugt. Wo Menschen in Eile sind, wie z. B. an Bahnhöfen oder Flughäfen, ist es wenig sinnvoll, Werbung zu platzieren, die über den zentralen Weg versucht, die potenziellen Kunden zum Kauf eines Produktes zu bewegen. An Bahnhöfen haben Menschen normalerweise wenig Zeit und hetzen nur von einem Zug zum nächsten; in dieser Situation sind sie also nicht motiviert bzw. dazu in der Lage, Informationen tief zu verarbeiten. Werbung an Bahnhöfen muss deshalb stark mit situativen Hinweisreizen arbeiten, wie z. B. attraktive und leicht bekleidete Menschen, die für Autos werben. Im Gegensatz dazu sind in Fachzeitschriften eher Persuasionsversuche (Überzeugungsversuche) angebracht, die über den zentralen Weg eine Einstellungsänderung erreichen möchten. So werden beispielsweise in Autofachzeitschriften ausführliche Leistungsvergleiche und technische Merkmale verschiedener Autos präsentiert, da sich Menschen dann eher von der Qualität der Argumente beeinflussen lassen (◨ Abb. 6.6).

Positive Stimmung begünstigt eine oberflächliche Informationsverarbeitung, **negative Stimmung** führt v. a. zu einer tiefen Verarbeitung.

Des Weiteren wissen wir, dass positive **Stimmung** eher eine oberflächliche Verarbeitung begünstigt (peripherer Weg), während negative Stimmung eher zu einer tiefen Informationsverarbeitung führt (zentraler Weg; vgl. Schwarz, Bless & Bohner, 1991; Strack & Deutsch, 2004).

Heuristisch-systematisches Modell (HSM)

Ein weiteres Modell zur Vorhersage von Einstellungsänderungen ist das »**Heuristic Systematic Model**« (HSM; Chaiken et al., 1989). Es stellt ebenfalls ein duales Prozessmodell dar, da es – analog zur zentralen und peripheren Route des ELM – zwischen einem systematischen und einem heuristischen Verarbeitungsprozess unterscheidet. Während das ELM in Bezug auf Motivation jedoch recht undifferenziert ist – es ist nur an Unterschieden im »ego-involvement« interessiert – unterscheidet das HSM drei Grundmotive. Das **Motiv der Verteidigung** (»defense motivation«) zielt darauf ab, dass Personen bestrebt sind, ihre Einstellungen, Entscheidungen, Standpunkte etc. zu rechtfertigen und vor Herausforderungen zu schützen. Selbstwert-relevante Standpunkte werden hierbei besonders hartnäckig verteidigt, was zu systematischen Verzerrungen der Realität führen kann (z. B. selektive Informationssuche, Überbewertung der Qualität eigener Einstellungen, Verteidigungsreaktionen). Sind Personen dagegen eher vom **Wahrheitsmotiv** (»accuracy motivation«) geleitet, d. h., sind sie bestrebt, eine möglichst gute Entscheidung zu treffen bzw. Einstellung zu haben, so wird ihre einstellungsrelevante Informationsverarbeitung eher ausgewogen sein (d. h., sie werden Informationen suchen, die sowohl für als auch gegen ihre Einstellung sprechen, und werden diese eher objektiv bewerten). Schließlich bezieht sich das **Motiv des sozialen Eindrucks** (»impression motivation«) auf das Bestreben, dass die eigene Einstellung bzw. Haltung auch im sozialen Kontext akzeptiert wird. Hierbei hängt es vom jeweiligen sozialen Ziel ab, ob einstellungsrelevante Informationen ausgewogen oder einseitig und damit verzerrt verarbeitet werden. Besteht das soziale Ziel z. B. darin, möglichst verständnisvoll, fair und tolerant zu sein, so werden einstellungsrelevante Informationen eher ausgewogen verarbeitet. Verfolgt man jedoch das soziale Ziel, sich als sehr sicher zu präsentieren, um den Eindruck zu erwecken, man stehe fest hinter seinen Einstellungen und Überzeugungen, so wird die Verarbeitung einstellungsrelevanter Informationen eher verzerrt bzw. die eigenen Einstellungen bestätigend (konfirmatorisch) ausfallen.

> Das **heuristisch-systematische Modell** (Chaiken et al., 1989) zur Vorhersage von Einstellungsänderungen unterscheidet drei Motive, die die Informationsverarbeitung beeinflussen können:
> 1. **Verteidigungsmotiv** (Verteidigung/Schutz eigener Einstellungen bzw. Standpunkte vor anderen → verzerrte Informationsverarbeitung),
> 2. **Wahrheitsmotiv** (Streben nach korrekten Ansichten, Einstellungen, Entscheidungen → vorwiegend ausgewogene Informationsverarbeitung),
> 3. **Motiv sozialen Eindrucks** (Streben nach sozialer Akzeptanz, Anerkennung → Informationsverarbeitung abhängig von sozialen Zielen).

6.5 Abschließende Bemerkungen

Sie haben es geschafft und dieses Kapitel vollständig gelesen! Können wir nun von Ihrem Verhalten auf Ihre Einstellung schließen? Sofern Sie davor noch nicht genau wussten, wie Sie zur Sozialpsychologie stehen, so müssten Sie (gemäß der Selbstwahrnehmungstheorie) eigentlich jetzt eine positive Einstellung zu diesem Fach haben – schließlich haben Sie es ja auf sich genommen, dieses Kapitel zu lesen und die entsprechende Zeit zu investieren. Waren Sie stattdessen eher abgeneigt und sozialpsychologisch wenig interessiert (was wir natürlich nicht hoffen möchten!), haben sich aber trotzdem durch das Kapitel gequält, ohne dass eine Klausur in Aussicht stand, so müsste jetzt das gleiche Ergebnis zu beobachten sein: Ihre negative Einstellung müsste sich nun reduziert haben; denn wie könnten Sie es (gemäß der **Theorie der kognitiven Dissonanz**) sonst rechtfertigen, das Kapitel trotz Desinteresse gelesen zu haben? Möglicherweise haben wir Sie aber auch über die zentrale Route (**Elaboration-Likelihood-Modell**) überzeugt, indem wir Ihnen ausführliche und qualitativ hochwertige Informationen geboten haben? Nun, da Sie über die Natur von Einstellungen und Einstellungsänderungen Bescheid wissen, können Sie sich diese Frage selbst beantworten! Um den Humor beiseite zu schieben – es sei natürlich angemerkt, dass dieses Kapitel keinesfalls einen Überzeugungsversuch unsererseits darstellt, um Ihre Einstellung zur Sozialpsychologie zu beeinflussen (wir gehen davon aus, dass diese ohnehin positiv ist!).

▶ **Weiterführende Literatur**

Chaiken, S. & Trope, Y. (1999). *Dual-process theories in social psychology*. New York: Guilford Press.

Frey, D., Stahlberg, D. & Gollwitzer, P. M. (1993). Einstellung und Verhalten: Die Theorie des überlegten Handelns und die Theorie des geplanten Verhaltens. In D. Frey & M. Irle (Hrsg.), *Theorien der Sozialpsychologie* (Bd. 1, S. 361–398). Bern: Huber.

Wheeler, C. S., Briñol, P. & Hermann, A. D. (2007). Resistance to persuasion as self-regulation: Ego-depletion and its effects on attitude change. *Journal of Experimental Social Psychology, 43*, 150–156.

Literatur

Ajzen, I. (1985). From intentions to actions: A theory of planned behavior. In J. Kuhl & J. Beckmann (Eds.), Action-control: From cognition to behavior (pp. 11–39). Heidelberg: Springer.

Ajzen, I. (1987). Attitudes, traits, and actions: Dispositional prediction of behavior in personality and social psychology. In L. Berkowitz (Ed.), *Advances in experimental social psychology* (vol. 20, pp. 1–63). New York: Academic Press.

Ajzen, I. (1991). The theory of planned behavior. *Organizational Behavior and Human Decision Processes, 50*, 179–211.

Ajzen, I. (1996). The directive influence of attitudes on behavior. In P. Gollwitzer & J. A. Bargh (Eds.), *The psychology of action: Linking cognition and motivation to behavior* (pp. 385–403). New York: Guilford.

Ajzen, I. & Fishbein, M. (1977). Attitude-behavior relations: A theoretical analysis and review of empirical research. *Psychological Bulletin, 84*, 888–918.

Ajzen, I. & Fishbein, M. (2000). Attitudes and the attitude-behavior relation: Reasoned and automatic processes. *European Review of Social Psychology, 11*, 1–33.

Ajzen, I. & Madden, T. J. (1986). Prediction of goal-directed behavior: Attitudes, intentions, and perceived behavioral control. *Journal of Experimental Social Psychology, 22*, 453–474.

Albarracin, D. & Kumkale, G. T. (2003). Affect as information in persuasion: A model of affect identification and discounting. *Journal of Personality and Social Psychology, 84*, 453–469.

Allen, M. (1991). Meta-analysis comparing the persuasiveness of one-sided and two-sided messages. *Western Journal of Speech Communication, 55*, 390–404.

Armitage, C. J. & Conner, M. (2001). Efficacy of the theory of planned behavior: A meta-analytic review. *British Journal of Social Psychology, 40*, 471–499.

Aronson, E., Wilson, T. D. & Akert, R. M. (2008). *Sozialpsychologie* (6. Aufl). München: Pearson Studium.

Baron, R. M. & Kenny, D. A. (1986). The moderator-mediator variable distinction in social psychological research: Conceptual, strategic, and statistical considerations. *Journal of Personality and Social Psychology, 51*, 1171–1182.

Bem, D. J. (1967). Self-perception: An alternative interpretation of cognitive dissonance phenomena. *Psychological Review, 74*, 183–200.

Bem, D. J. (1972). Self-perception theory. In L. Berkowitz (Ed.), *Advances in experimental social psychology* (vol. 6, pp. 1–62). New York: Academic Press.

Burger, J. M. (1999). The foot-in-the-door compliance procedure: A multiple-process analysis and review. *Personality and Social Psychology Review, 3*, 303–325.

Chaiken, S., Liberman, A. & Eagly, A. H. (1989). Heuristic and systematic information processing within and beyond the persuasion context. In J. S. Uleman & J. A. Bargh (Eds.), *Unintended thought* (pp. 212–252). New York: Guilford.

Chen, M. & Bargh, J. A. (1999). Consequences of automatic evaluation: Immediate behavioral predispositions to approach or avoid the stimulus. *Personality and Social Psychology Bulletin, 25*, 215–224.

Clore, G. L., Gasper, K. & Garvin, E. (2001). Affect as information. In J. P. Forgas (Eds.), Handbook of affect and social cognition (pp. 121–144). Mahwah: Erlbaum.

Clore, G. L., Schwarz, N. & Conway, M. (1994). Affective causes and consequences of social information processing. In R. S. Wyer & T. K. Srull (Eds.), Handbook of social cognition (pp. 323–417). Hillsdale: Erlbaum.

Cooke, R. & Sheeran, P. (2004). Moderation of cognition-intention and cognition behaviour relations: A meta-analysis of propert. *British Journal of Social Psychology, 43*, 159–186.

Cooper, J. & Fazio, R. H. (1984). A new look at dissonance theory. In L. Berkowitz (Ed.), *Advances in experimental social psychology* (vol. 17, S. 229–264). Orlando: Academic Press.

Crites, S. L., Fabrigar, L. R. & Petty, R. E. (1994). Measuring the affective and cognitive properties of attitudes: Conceptual and methodological issues. *Personality and Social Psychology Bulletin, 20*, 619–634.

Dawes, R. M. & Smith, T. L. (1985). Attitude and opinion measurement. In G. Lindzey & E. Aronson (Eds.), *Handbook of social psychology* (3rd ed., vol. 1, pp. 509–566). New York. Random House.

Doll, J. & Ajzen, I. (1992). Accessibility and stability of predictors in the theory of planned behavior. *Journal of Personality and Social Psychology, 63*, 754–765.

Eagly, A. H. & Chaiken, S. (1993). *The psychology of attitudes*. Orlando: Harcourt Brace Jovanovich.

Eaton, A. A., Majka, E. A. & Visser, P. S. (2008). Emerging perspectives on the structure and function of attitude strength. *European Review of Social Psychology, 19*, 165–201.

FAO (2009). *The state of food and agriculture 2009: Livestock in the balance*. Retrieved from http://www.fao.org/publications/sofa-2009/en/

Fazio, R. H. & Williams, C. J. (1986). Attitude accessibility as a moderator of the attitude-perception and attitude-behavior relations: An investigation of the 1984 presidential election. *Journal of Personality and Social Psychology, 51*, 505–514.

Fazio, R. H. & Zanna, M. P. (1981). Direct experience and attitude-behavior consistency. In L. Berkowitz (Ed.), *Advances in experimental social psychology* (vol. 14, pp. 161–202). New York: Academic Press.

Festinger, L. (1957). A theory of cognitive dissonance. Stanford: Stanford University Press.

Festinger, L. & Carlsmith, J. M. (1959). Cognitive consequences of forced compliance. *Journal of Abnormal and Social Psychology, 58*, 203–210.

Freedman, J. L. & Fraser, S. C. (1966). Compliance without pressure: The foot-in-the-door technique. *Journal of Personality and Social Psychology, 4*, 195–202.

Frey, D. (1981). The effect of negative feedback about oneself and cost of information on preferences for information about the source of this feedback. *Journal of Experimental Social Psychology, 17*, 42–50.

Frey, D. & Gaska, A. (1993). Die Theorie der kognitiven Dissonanz. In D. Frey & M. Irle (Hrsg.), *Theorien der Sozialpsychologie* (Bd. 1, S. 274–324). Bern: Huber.

Glasman, L. R. & Albarracin, D. (2006). Forming attitudes that predict future behavior: A meta-analysis of the attitude-behavior relation. *Psychological Bulletin, 132*, 778–822.

Hovland, C. I., Janis, I. L. & Kelley, H. H. (1953). Communication and Persuasion. New Haven: Yale University Press.

Janis, I. & Terwilliger, R. (1962). An experimental study of psychological resistances to fear arousing communcations. *Journal of Abnormal and Social Psychology, 65*, 403–410.

Jonas, E., Schulz-Hardt, S., Frey, D. & Thelen, N. (2001). Confirmation bias in sequential information search after preliminary decisions: An expansion of dissonance theoretical research on selective exposure to information. *Journal of Personality and Social Psychology, 80*, 557–571.

Kraus, S. J. (1995). Attitudes and the prediction of behavior: A meta-analysis of the empirical literature. *Personality and Social Psychology Bulletin, 21*, 58–75.

LaPiere, R. T. (1934). Attitudes vs. actions. *Social Forces, 13*, 230–237.

Leippe, M. R. & Elkin, R. A. (1987). When motives clash: Issue involvement and response involvement as determinants. *Journal of Personality and Social Psychology, 52*, 269–278.

Malle, B. F. (1999). How people explain behavior: A new theoretical framework. *Personality and Social Psychology Review, 3*, 23–48.

Mason, W. A., Conrey, F. R. & Smith, E. R. (2007). Situating social influence processes: Dynamic, multidirectional flows of influence within social networks. *Personality and Social Psychology Review, 11*, 279–300.

Olson, J. M., Vernon, P. A., Harris, J. A. & Jang, K. L. (2001). The heritability of attitudes: A study of twins. *Journal of Personality and Social Psychology, 80*, 845–860.

Pavlov, I. P. (1927). Conditioned reflexes: An investigation of the physiological activity of the cerebral cortex. London: Oxford University Press.

Petty, R. E. & Cacioppo, J. T. (1986). The elaboration likelihood model of persuasion. *Advances in Experimental Social Psychology, 19*, 123–162.

Petty, R. E. & Wegener, D. T. (1998). Attitude change: Multiple roles for persuasion variables. In D. T. Gilbert, S. T. Fiske & L. Gardner (Eds.), *The handbook of Social Psychology* (4th ed., vol. 1, pp. 323–390). Boston: McGraw-Hill.

Randall, D. M. & Wolff, J. A. (1994). The time interval in the intention-behaviour relationship: Meta-analysis. *British Journal of Social Psychology, 33*, 405–418.

Razran, G. (1954). The conditioned evocation of attitudes (cognitive conditioning?). *Journal of Experimental Psychology, 48*, 278–282.

Rosenberg, M. J. (1989). *Society and adolescent self-image* (rev. ed.). Middletown: Wesleyan University Press.

Rosenberg, M. J & Hovland, C. I. (1960). Cognitive, affective and behavioral components of attitudes. In M. J. Rosenberg, C. I. Hovland, W. J. McGuire, R. P. Abelson & J. W. Brehm (Eds.), *Attitude organization and change* (pp. 1–14). New Haven: Yale University Press.

Schwarz, N. (2007). Attitude construction: Evaluation in context. *Social Cognition, 25*, 638–656.

Schwarz, N., Bless, H. & Bohner, G. (1991). Mood and persuasion: Affective states influence the processing of persuasive communications. In M. P. Zanna (Ed.), *Advances in experimental social psychology* (vol. 24, pp. 161-201). San Diego: Academic Press.

Schwarz, N. & Bohner, G. (2001). The construction of attitudes. In A. Tesser & N. Schwarz (Eds.), *Blackwell Handbook of Social Psychology: Intraindividual Processes* (pp. 436–457). Malden: Blackwell Publishers.

Sénémeaud, C. & Somat, A. (2009). Dissonance Arousal and Persistence in Attitude Change. *Swiss Journal of Psychology, 68*, 25–31.

Shu, L. L., Gino, F. & Bazerman, M. H. (2011). Dishonest Deed, Clear Conscience: When Cheating Leads to Moral Disengagement and Motivated Forg. *Personality and Social Psychology Bulletin, 37*, 330–349.

Skinner, B. F. (1938). *The behavior of organisms: An experimental analysis*. Oxford, England: Appleton-Century.

Strack, F. & Deutsch, R. (2004). Reflective and impulsive determinants of social behavior. *Personality and Social Psychology Review, 8*, 220–247.

Tesser, A. & Martin, L. (1996). The psychology of evaluation. In E. T. Higgins & A. W. Kruglanski (Eds.), *Social psychology: Handbook of basic principles* (pp. 400–432). New York: Guilford Press.

6

7 Stereotype, Vorurteile und Rassismus

© Springer-Verlag GmbH Deutschland, ein Teil von Springer Nature 2018
P. Fischer et al. (Hrsg.), *Sozialpsychologie für Bachelor*, Springer-Lehrbuch
https://doi.org/10.1007/978-3-662-56739-5_7

Lernziele

- Die Begriffe Stereotyp, Vorurteil und Diskriminierung definieren und voneinander abgrenzen können.
- Verschiedene Methoden zur Messung von Stereotypen/Vorurteilen darstellen können.

- Unter Bezugnahme des »aversiven Rassismus« die geschichtliche Entwicklung von Stereotypen und Vorurteilen darlegen können.
- Das Phänomen des »Stereotype Threat« anhand der zugrunde liegenden Prozesse erklären können.

7.1 Vorbemerkungen

In Verbindung mit Ihrer Studienwahl werden Ihnen bestimmt Aussagen wie »Die Psychologen haben doch alle selbst eine Macke!« oder »Achtung, ein Psychologe – jetzt muss ich aufpassen, sonst werde ich analysiert!« untergekommen sein. Umgekehrt haben möglicherweise auch Sie gegenüber anderen Fachrichtungen gewisse Annahmen: So würden Sie den naturliebenden Vegetarier möglicherweise eher dem Fach Biologie zuordnen, die kühl wirkende und stets perfekt gestylte Frau im Wirtschafts- und Managementbereich unterbringen und es wäre keine Überraschung für Sie, wenn der sozial engagierte Studentensprecher, der für jeden ein offenes Ohr hat, nicht Jura, sondern Sozialpädagogik studiert. Womit haben wir es hier zu tun? Mit humoristischen Beschreibungen oder tatsächlichen Persönlichkeitsunterschieden zwischen Gruppen?

> **Stereotype und Vorurteile** treten in vielen verschiedenen Bereichen des menschlichen Lebens auf. Menschen tendieren dazu, sich die Welt einfach zu machen und andere Menschen vorschnell in **Kategorien** einzuordnen.

7

Die Zuordnung von Personen zu Gruppen mit entsprechender Merkmalszuschreibung dient als **Vereinfachung und als soziale Orientierungshilfe**. Menschen können so das Verhalten bzw. die Einstellung anderer Personen subjektiv besser beschreiben und vorhersagen. Häufig sind diese vorschnellen Einordnungen aber falsch und entsprechen nicht der Realität.

Stereotype haben einen kognitiven Charakter und können sowohl positiven, neutralen als auch negativen Inhalt haben.

▶ Definition
  Stereotyp

Als **Vorurteil** bezeichnet man die negative Bewertung und ablehnende Haltung gegenüber Personen, einzig und alleine aus dem Grund, dass sie einer bestimmten Gruppe angehören. Im Gegensatz zum Stereotyp steht beim Vorurteil die **negative emotionale Komponente** im Vordergrund.

Mit unsachlichen und unfairen Unterstellungen? Mit Vorurteilen? In diesem Kapitel nehmen wir uns dieser Frage an und widmen uns dabei einem wichtigen Thema innerhalb des Forschungsbereichs der sozialen Kognition und sozialen Wahrnehmung: Stereotypen und Vorurteilen.

7.1.1 Begriffsbestimmung

Vermutlich ist Ihnen der Begriff »**Stereotyp**« geläufig und Sie verwenden ihn auch selbst. Doch was genau versteht man darunter? Von einem Stereotyp spricht man dann, wenn man über eine Gruppe von Menschen hinweg Verallgemeinerungen trifft und damit allen Mitgliedern dieser Gruppe dieselben Eigenschaften und Merkmale zuschreibt, ohne zu beachten, dass zwischen den Mitgliedern Unterschiede bestehen können (Lippmann, 1922). Dies trifft auf unser Eingangsbeispiel zu: Etwa, wenn wir denken, dass alle Biologen Umweltschützer oder alle Psychologen stets verständnisvoll und hilfsbereit sind. Dies trifft natürlich nicht immer zu – vermutlich reißt auch Ihnen mal der Geduldsfaden oder Sie empfinden die stets freundliche und zuvorkommende Art Ihres Kommilitonen bzw. Ihrer Kommilitonin sogar als anstrengend? Obwohl derartige Verallgemeinerungen meist nicht korrekt sind, gibt es sie. Der Grund dafür liegt häufig darin, dass wir bestrebt sind, unsere komplexe Umwelt möglichst einfach zu strukturieren. Die Zuordnung von Personen zu bestimmten Gruppen mit entsprechender Merkmalszuschreibung dient daher als Vereinfachung und als **soziale Orientierungshilfe** (Allport, 1954). So können wir das Verhalten und die Einstellungen von Mitgliedern dieser Personengruppen – zumindest subjektiv – besser beschreiben und vorhersagen (Fiske, 1993). Besonders in Situationen, in denen wenige Ressourcen zur Verfügung stehen, etwa unter starker kognitiver Beanspruchung, können Stereotype von großem Nutzen sein (Sherman, Lee, Bessenoff & Frost, 1998).

Stereotype sind vorwiegend kognitiver (gedanklicher) Natur, d. h., sie beziehen sich darauf, was wir über andere Menschen auf Grundlage deren Gruppenmitgliedschaft *denken*. Es handelt sich dabei also um subjektive Annahmen bzw. Eigenschaftszuschreibungen. Diese können sowohl negativer als auch neutraler bzw. positiver Valenz sein, insofern ist ein Stereotyp nicht zwangsläufig mit feindseligen Gefühlen oder negativem Verhalten verbunden (Schneider, 2004).

> **Definition**
>
> Ein **Stereotyp** (»Alle Italiener lieben Espresso und Eis!«) ist die verallgemeinernde Zuschreibung bestimmter Eigenschaften und Merkmale auf alle Mitglieder einer Gruppe (◉ Abb. 7.1). Dabei bleiben Unterschiede zwischen den Gruppenmitgliedern unberücksichtigt (Aronson, Wilson & Akert, 2008).

Mit dem **Vorurteil ist es etwas anders**: Dieses ist definiert als eine negative Bewertung oder Haltung gegenüber anderen Menschen aufgrund deren Mitgliedschaft in einer bestimmten Gruppe (Dovidio & Gaertner, 2010). Im Gegensatz zum Stereotyp ist beim Vorurteil der negative emotionale Aspekt bei der Definition stärker ausschlaggebend. In seiner klas-

Abb. 7.1 Date nach Stereotyp – Die verallgemeinernde Zuschreibung von Merkmalen im Alltag

sischen Konzeption des Vorurteils betonte schon Allport (1954) diese emotionale Dimension: Charakteristisch für das Vorurteil sei die negative, gar feindselige Haltung gegenüber bestimmten Gruppen und deren Mitgliedern. Die emotionale Abwertung ist zwar eng mit entsprechenden kognitiven Bewertungsprozessen verbunden (vgl. Stereotypisierung), doch diese sind definitorisch nicht gleichermaßen bedeutsam. Von einem Vorurteil würde man beispielsweise dann sprechen, wenn ich andere nur deshalb nicht mag, weil sie Fan einer rivalisierenden Fußballmannschaft sind oder eine mir unliebsame politische Gesinnung haben. Allein die Gruppenzugehörigkeit ist hierbei für die negative Bewertung oder die feindseligen Gefühle entscheidend. Im Gegensatz zum Stereotyp ist das Vorurteil stets negativ (oder zumindest wenig positiv) gefärbt (Dovidio & Gaertner, 2010): So würde eine vorurteilsbehaftete Person beispielsweise nicht nur denken, dass alle Golfspieler reich und oberflächlich seien, sondern diese auch negativ bewerten bzw. eine ablehnende Haltung gegenüber ihnen einnehmen.

Dabei richtet sich das Vorurteil – wie auch das Stereotyp – entweder gegen ein einzelnes Individuum aufgrund dessen Gruppenmitgliedschaft oder gegen die gesamte Gruppe. Aufgrund seiner stärkeren negativen Valenz ist das Vorurteil jedoch richtungsweisend, während ein Stereotyp auch neutral sein kann (Dovidio & Gaertner, 2010).

Gemäß der ursprünglichen Definition von Allport (1954) können Stereotype sowohl Ursache als auch Folge von Vorurteilen sein (Kawakami, Dion & Dovidio, 1998). Ersteres ist beispielsweise gegeben, wenn das Stereotyp »Alle Südeuropäer wollen nicht sparen!« dazu führt, dass wir diese ablehnen und denken, sie leben auf unsere Kosten. Umgekehrt könnte es bei einem stark vorurteilsbehafteten Menschen, der sich zusätzlich in einem vorurteilsgeprägten Umfeld bewegt, grundsätzlich schneller und häufiger zur Entstehung von Stereotypen kommen. Experimentelle Untersuchungen, die den Zusammenhang zwischen Stereotypen und Vorurteilen näher zu bestimmen versuchen, weisen jedoch uneinheitliche Befunde auf. So herrscht Uneinigkeit darüber, ob die unterschiedliche Ausprägung von Vorurteilen (hoch vs. niedrig vorurteilsbehaftete Menschen) tatsächlich bewirkt, dass Stereotype in unterschiedlichem Maß aktiviert werden (Kawakami, Dion & Dovidio, 1998). So postuliert Devine (1989) in ihrem Modell, dass Stereotype bei Perso-

Vorurteile besitzen immer eine **negative Valenz,** während Stereotype auch neutral oder positiv sein können. Stereotype können sowohl Ursache als auch Folge von Vorurteilen sein.

nen mit hohem bzw. niedrigem Level an Vorurteilen gleichermaßen aktiviert werden; Letztere können jedoch die aktivierten Stereotype kontrollieren und hemmen (▶ Abschn. 7.4). Anderen Ansichten zufolge steht jedoch die automatische Aktivierung und nicht die Regulierung von aktivierten Stereotypen in Verbindung mit dem Grad der Vorurteile (Locke, MacLeod & Walker, 1994). Trotz dieser Unklarheiten hinsichtlich der genauen Wirkungsmechanismen bleibt festzuhalten, dass Stereotype und Vorurteile in engem Zusammenhang stehen.

▶ **Definition**
Vorurteil

> **Definition**
>
> Mit **Vorurteil** (»Wer klassische Musik mag, ist ein Langweiler, den ich ablehne!«) meint man die ablehnende Haltung bzw. die negativen Emotionen (affektiv) gegenüber Personen, die allein deshalb bestehen, weil diese Personen einer bestimmten Gruppe angehören. Vorurteile haben sowohl eine kognitive (negative Bewertungen) als auch affektive Komponente, wobei Letztere im Vordergrund steht.

Von **Diskriminierung** spricht man, wenn ein Vorurteil verhaltenswirksam wird. Es kommt zu abwertendem bzw. unfairem Verhalten gegenüber einer Person, allein aufgrund deren Gruppenzugehörigkeit.

Sobald sich ein Vorurteil in abwertendem, aggressivem oder sonstigem schädigenden Verhalten gegenüber Mitgliedern einer bestimmten Personengruppe äußert, spricht man von **Diskriminierung** (Dovidio, Hewstone, Glick & Essens, 2010). Etwa, wenn ein Chef Frauen für weniger kompetent hält und daher einen männlichen Bewerber einstellt, trotz gleicher Voraussetzungen beider Kandidaten. Neben der kognitiven (Stereotype) und affektiven (Vorurteile) Komponente wird hier der Verhaltensaspekt mit aufgegriffen. Schließlich spricht man von **Rassismus**, wenn feindselige Einstellungen, Gefühle oder entsprechendes Verhalten aufgrund von äußerlichen, phänotypischen Merkmalen oder der ethnischen Herkunft bestehen (Clark, Anderson, Clark & Williams, 1999). Hierzu zählen z. B. die Hautfarbe, Sprache oder Religion einer Person.

▶ **Definition**
Diskriminierung

> **Definition**
>
> **Diskriminierung** bezeichnet feindseliges und abwertendes Verhalten gegenüber Personen, das aufgrund deren Zugehörigkeit zu einer bestimmten Gruppe gezeigt wird. Diskriminierung ist der verhaltensbezogene Ausdruck von Stereotypen oder Vorurteilen.

7.2   Vorurteile in Mensch und Gesellschaft

7.2.1 Die vorurteilende Person

Die Sozialpsychologie sah und sieht es als eine ihrer Hauptaufgaben herauszufinden, weshalb Menschen zu Vorurteilen neigen und durch diese veranlasst immer wieder unsagbare Verbrechen verüben.

Am Ende des Zweiten Weltkrieges sah es die Psychologie als eine ihrer Aufgaben an, das unmenschliche, irrationale und destruktive Verhalten von Millionen von Menschen zu erklären und zu verstehen. Wie konnte es zu epidemischem Antisemitismus und Völkermord kommen? Wie konnte es sein, dass die Deutschen unter der Führung der Nazis eines der größten Verbrechen der Menschheitsgeschichte begingen? Beeinflusst vom Marxismus der Frankfurter Schule und der Psychoanalyse Freuds entwickelten Theodor W. Adorno und seine Forschergruppe das Konzept der »**Autoritären Persönlichkeit**« (Adorno, Frenkel-Brunswik,

Levinson & Sanford, 1950). Die zentrale Idee war, dass autoritäre Erziehung, wie sie damals besonders in Deutschland üblich war, eine Persönlichkeit formt, die u. a. von Ethnozentrismus und einer Vorliebe für rigide soziale Strukturen geprägt ist.

In seinem Werk »The Nature of Prejudice«, führte Allport (1954) diese Ideen in die Sozialpsychologie ein und stellte die Hypothese auf, dass autoritäre Personen nicht speziell dem Antisemitismus verpflichtet sind, sondern dass sie eine generelle Neigung haben, Fremdgruppen misstrauisch zu betrachten und abzuwerten. Welche psychologischen Faktoren stecken dahinter? Schon vor dem Erscheinen des Adorno-Textes hatte Else Frenkel-Brunswik (1949) vermutet, dass der Kern einer autoritären Einstellung die Intoleranz gegenüber Ambiguität (Mehrdeutigkeit) ist. Für Frenkel-Brunswik hatte die Ambiguitätsintoleranz sowohl eine wahrnehmungspsychologische als auch eine emotionale Dimension.

> Die Erforschung des **autoritären Charakters** war einer der wichtigsten Ursprünge der modernen Vorurteilsforschung.

Neuere Forschung gibt Frenkel-Brunswik Recht. Im heutigen Sprachgebrauch präsentiert sich die **Ambiguitätsintoleranz** als »**need for closure**« (Webster & Kruglanski, 1994). Menschen mit einem starken Bedürfnis nach »closure« oder Klarheit lieben Ordnung, Entschlossenheit und Vorhersagbarkeit. Die Strukturierung der sozialen Erlebniswelt in Gruppen, die feinsäuberlich voneinander getrennt sind, die jeweils sehr homogen scheinen und die danach bewertet werden, ob man selbst dazu gehört, befriedigen dieses Bedürfnis (Roets & Van Hiel, 2011). Eine besonders perfide Ausprägung des Bedürfnisses nach Klarheit ist die Neigung zu essenzialistischem Denken. Dieses basiert laut Rothbart & Taylor (1992) im Wesentlichen auf zwei Komponenten: der Unveränderlichkeit und dem induktiven Schlussfolgern. Erstere Komponente bezieht sich darauf, dass Menschen derselben Gruppe als »von derselben Essenz«, wahrgenommen werden; d.h., ihnen wird in Bezug auf ihre Gruppenzugehörigkeit dasselbe unveränderbare Wesen unterstellt. Daraus ergibt sich, dass allein aus der Gruppenzugehörigkeit der jeweiligen Personen Schlussfolgerungen gezogen werden und die Gruppenmitglieder entsprechend kategorisiert werden. Als drastisches Beispiel lässt sich hier die Nazi-Ideologie anführen, die eine besonders radikale und unmenschliche Form des Essenzialismus verfolgte. Hierbei wurde strikt zwischen Juden und Ariern unterschieden, wobei die Abstammung das einzige Kriterium war.

> Personen mit einer **niedrigen Ambiguitätstoleranz** bzw. einem **hohen Need for Closure** suchen in ihrer Umwelt nach Klarheit und Ordnung. Eine stark ausgeprägte Form dieses Klarheitsbedürfnisses zeigt sich im **essenzialistischen Denken**, wonach Mitglieder einer bestimmten Gruppe dieselbe, unwandelbare Essenz besitzen.

Zick et al. (2008) haben in repräsentativen Stichproben deutscher Erwachsener Allports Hypothese weiter erhärtet. Die Autoren konnten zeigen, dass Vorurteile gegenüber acht verschiedenen Fremdgruppen (darunter Juden, Muslime und Fremde allgemein) ein statistisches Cluster bilden. Der gemeinsame Nenner dieser Vorurteile ist eine generelle Ideologie der Ungleichheit. Vorurteile, auch wenn sie gegenüber unterschiedlichen Gruppierungen bestehen, haben also dieselbe Basis, nämlich die Abwertung der Fremdgruppe (»**the syndrome of group-focused enmity**«; **GFE**). Die vorgeschlagene Ideologie der Autoren umfasst sowohl Annahmen bezüglich biologischer (Rassismus, Sexismus etc.) als auch kultureller Unterschiede (religiöse Vorurteile) sowie rationalisierende Mythen, die soziale Ungleichheiten rechtfertigen, und, natürlich, Autoritarismus.

> Zick et al. (2008) konnten zeigen, dass sich die Abwertung von Fremdgruppen in verschiedensten Arten von Vorurteilen widerspiegelt. Sie schlagen eine **Ideologie der Ungleichheit** vor, die u. a. durch den Faktor Autoritarismus verstärkt wird. Insofern kann Allports Hypothese weiter untermauert werden.

7.2.2 Gesellschaftliche Trends

Während der Nachkriegsjahre ist der Antisemitismus in Deutschland zum Glück abgeklungen. In den Vereinigten Staaten fand sich die allmähliche Milderung der Vorurteile gegen »Negroes« – »Blacks« – »African-Americans« als paralleles Phänomen. Ist dies als Erfolg eine neuere Ära der Aufklärung und vielleicht sogar als erfolgreicher Beitrag der Sozialwissenschaften zu werten? Wie sieht es denn mit Vorurteilen und Rassismus in der heutigen Gesellschaft aus? Werden wir noch immer nach unserer Hautfarbe, unserem Geschlecht, unserer sexuellen Orientierung beurteilt oder kann man sagen, dass diese Phänomene im Zuge von mehr Toleranz, Offenheit und Gleichberechtigung rückläufig sind?

Zunächst kann dies mit »Ja« beantwortet werden; Vorurteile scheinen tatsächlich abzunehmen. So weisen Schuman, Steeh & Bobo (1985) auf verschiedene Untersuchungen hin, die zeigen, dass Stereotype und Vorurteile weißer Amerikaner gegenüber Amerikanern mit dunkler Hautfarbe über die Jahre hinweg signifikant abgenommen haben. Zudem konnte ein Trend dahingehend festgestellt werden, dass stereotype Darstellungen von ethnischen Minderheiten in den Medien rückläufig sind (Dovidio & Gaertner, 1986). Dieselben Autoren beschreiben auch verbesserte Ausbildungs- und Erwerbsbedingungen für dunkelhäutige Menschen und fügen an, dass Personen mit dunkler Hautfarbe bei der Stellenbesetzung in Unternehmen zunehmend positiv berücksichtigt werden und auch in verstärktem Maße Zugang zu höheren Führungspositionen haben.

Trotz dieser steigenden Toleranz stellen Stereotype und Vorurteile keineswegs Relikte aus vergangenen Zeiten dar. Nach wie vor sind Stereotype und Vorurteile im täglichen Leben fest verankert. Beispielhaft hierfür sind etwa die Vorbehalte, die gegenüber Menschen mit psychischen Erkrankungen bestehen. So konnten Angermeyer & Matschinger (2004) speziell für Deutschland zeigen, dass Menschen mit Schizophrenie vorwiegend als unberechenbar und inkompetent eingeschätzt werden. Interessanterweise sagen diese beiden Faktoren zugleich am besten den Wunsch nach sozialer Distanz zu Menschen mit Schizophrenie vorher; d. h., Menschen, die derartige Stereotype haben, sind weniger dazu bereit, an Schizophrenie erkrankte Menschen in ihrem engeren Umfeld zu haben als Personen, die weniger stereotypbehaftet sind. Insofern ist damit zugleich auch eine Verhaltensabsicht erkennbar, die Hinweise auf potenzielles diskriminierendes Verhalten gibt. Des Weiteren sind in Europa auch Immigranten Opfer von Vorurteilen und Diskriminierung (Zick, Pettigrew & Wagner, 2008). In einer aktuellen Studie konnte beispielsweise gezeigt werden, dass Personen mit muslimischem Namen bei gleicher Eignung signifikant seltener zu Bewerbungsgesprächen in deutschen Unternehmen eingeladen werden als Personen mit einem klassischen deutschen Namen (Kaas & Manger, 2012).

Auch wenn in der Öffentlichkeit Werte wie Gleichheit, Fairness und Toleranz großgeschrieben bzw. Vorurteile und Stereotype abgelehnt werden, zeigen aktuelle Studien (s. oben), dass diese öffentlich vertretene Meinung nicht immer deckungsgleich mit dem tatsächlich gezeigten Verhalten von Personen sein muss. Wir sagen das eine und empfinden bzw. tun aber das Gegenteil. Aus dieser Problematik heraus ergibt sich die Frage, wie wir Stereotype und Vorurteile bei Personen tatsächlich

Bestimmte Vorurteile in der Gesellschaft sind offensichtlich auf dem Rückzug. Fraglich ist aber, ob dem tatsächlich so ist oder ob es nur so scheint.

Für eine Abnahme von Vorurteilen spricht z. B., dass die ethnische Herkunft bei der Stellenvergabe weniger bedeutsam ist und in den Medien seltener Anlass für Stereotype geboten ist. Zudem haben die Stereotype und Vorurteile weißer gegenüber dunkelhäutiger Amerikaner abgenommen.

Gegen eine Abnahme von Vorurteilen sprechen jedoch aktuelle Studien, die zeigen, dass Stereotype, Vorurteile und Diskriminierung in Deutschland nach wie vor häufig auftreten.

Trotz groß geschriebener Werte wie etwa Gleichheit und Toleranz treten auch heutzutage Stereotype und Vorurteile auf. Das zeigt, dass öffentliche Meinung und tatsächliche Einstellung bzw. tatsächliches Verhalten nicht immer deckungsgleich sind.

bestimmen bzw. messen können? Welche Methoden sind hierzu geeignet (valide) und zuverlässig (reliabel)? Diese Frage wird im nächsten Abschnitt behandelt.

7.3   Messung von Stereotypen und Vorurteilen

Der traditionelle sozialwissenschaftliche Ansatz bei der Messung von Stereotypen und Vorurteilen ist es, Personen **direkt** nach ihren Einstellungen zu befragen (▶ Kap. 6). Dies wird schriftlich per Fragebogenverfahren erreicht. Da sich Stereotype und Vorurteile auf unterschiedlichste Bereiche beziehen können, existiert auch eine Vielzahl an Skalen. So stehen beispielsweise Skalen zur Messung von »Right-Wing Authoritarianism« (rechter Autoritarismus; Altemeyer, 1988), »Social Dominance Orientation« (Theorie der sozialen Dominanz; Pratto, Sidanius, Stallworth & Malle 1994) und ähnlichen Konstrukten zur Verfügung. Wie bereits angedeutet können hier jedoch Zweifel aufkommen, ob diese expliziten Aussagen tatsächlich stimmen oder ob sich die Versuchsteilnehmer nur in einem guten Licht darstellen möchten. Daher wurden Methoden entwickelt, mit denen Vorurteile **indirekt** gemessen werden, ohne dass dies der Person bewusst ist. Dies kann wiederum ethisch fragwürdig sein, da die Versuchspersonen ja nichts davon wissen. In einer Gesellschaft, in der Vorurteile und negative Stereotype offiziell verpönt sind, ist die Messung derartiger Einstellungen eine heikle Angelegenheit. Die Wissenschaftler, die sich dennoch dieses Problems angenommen haben, mussten also besonders kreativ sein. Heute existieren vier verschiedenen Messparadigmen, die im Folgenden vorgestellt werden sollen.

> Vorurteile und Stereotype können **direkt** (durch Befragung) und **indirekt** (ohne dass die Personen wissen, worum es geht) gemessen werden.

7.3.1   Bogus Pipeline

Eine sehr aufschlussreiche experimentelle Methode bedient sich der sog. »**Bogus Pipeline**« (Jones & Sigall, 1971). Dies ist ein Gerät, von dem die Versuchsperson glaubt, es könne ihre tatsächliche implizite Einstellung messen; und zwar sowohl ihre Richtung (z. B. Pro oder Contra) als auch ihr Ausmaß. Insofern stellt die Bogus Pipeline eine Art **Lügendetektor** dar, der mittels mutmaßlicher Erfassung physiologischer Merkmale auf die innere Haltung einer Versuchsperson schließen lässt. Ein EEG-Gerät ließe sich beispielsweise als eine Bogus Pipeline ausgeben. Das Ziel einer Bogus Pipeline besteht darin, Verzerrungen durch falsche bzw. sozial erwünschte Antworten zu vermeiden.

> Die **Bogus Pipeline** ist eine Art fingierter Lügendetektor: Der Versuchsperson wird glaubhaft gemacht, damit könne die **Richtung und das Ausmaß ihrer Einstellung** gemessen werden.

In einer Validierungsstudie (d. h., einer Studie, die testet, inwieweit ein Verfahren dazu geeignet ist, ein bestimmtes Konstrukt zu messen) zeigten Sigall und Page (1971), dass Versuchspersonen, die an eine Bogus Pipeline angeschlossen waren, eine negativere Einstellungen gegenüber Amerikanern afrikanischer Herkunft bekundeten als Versuchspersonen in der Kontrollbedingung (ohne Bogus Pipeline). Generell sind Personen in der Bogus-Pipeline-Bedingung eher dazu geneigt, sozial verpönte bzw. nicht akzeptierte Einstellungen zu äußern oder entsprechendes Verhalten »zuzugeben«, wie z. B. Zigarettenkonsum (Aguinis, Pierce & Quigley, 1993) oder von Geschlechtsrollen abweichende sexuelle Verhaltensweisen (Alexander & Fisher, 2003).

◨ Abb. 7.2 Die Bogus Pipeline

ICH MUSS GESTEHEN, KATZEN MAG ICH NICHT Sooo GERNE...

7.3.2 Verdeckte Beobachtung

Die **verdeckte Beobachtung** erfasst Vorurteile, ohne dass sich die Versuchspersonen dessen bewusst sind.

Eine weitere Methode zur Messung von Vorurteilen ist die **verdeckte Beobachtung**. »Verdeckt« bedeutet, dass sich der Versuchsleiter nicht als solcher ausgibt bzw. umgekehrt die Versuchspersonen nicht wissen, beobachtet bzw. getestet zu werden. Bei Studien dieser Art zeigen sich Diskrepanzen zwischen (verdeckt) beobachtetem Verhalten und mündlichen Auskünften über Vorurteile.

Crosby, Bromley & Saxe (1980) fassten in einem Überblicksartikel die Ergebnisse verschiedener Studien zusammen. Dabei konzentrierten sie sich auf das Hilfeverhalten in multiethnischen Settings, d. h., sie untersuchten Merkmale der Hilfeleistung, wenn unterschiedliche Ethnien aufeinandertreffen. Es zeigte sich, dass in 44% der Fälle denjenigen Personen stärker geholfen wurde, die der eigenen ethnischen Gruppe angehörten. Dies traf sowohl auf weiße als auch dunkelhäutige Personen zu (Ingroup-Bias; ▶ Kap. 8). In den verbleibenden 56% der Fälle gab es in Bezug auf die Hilfeleistung keine Unterschiede.

7.3.3 Erfassung physiologischer Reaktionen

Physiologische Reaktionen auf Personen bestimmter Gruppen können Aufschluss über mögliche Vorurteile gegenüber Personen aus diesen Gruppen geben.

Des Weiteren können sich Vorurteile in den **spontanen Körperreaktionen** von Personen zeigen. Dies ist nicht verwunderlich wenn man bedenkt, dass sich auch Gefühle körperlich äußern können; so kann uns unsere Angst »ins Gesicht geschrieben« sein, wir können »aus Angst« davonrennen oder bekommen »Angstschweiß« (▶ Studie: Stirnrunzeln als Indikator für bestehende Vorurteile).

Studie

Stirnrunzeln als Indikator für bestehende Vorurteile (Vanman, Saltz, Nathan & Warren, 2004)

In dieser Studie bekamen Studierende weißer Hautfarbe zunächst die Bewerbungsunterlagen (inkl. Foto) von einem dunkelhäutigen und zwei weißen Doktoranden vorgelegt. Ihre Aufgabe bestand darin, diejenige Person auszuwählen, die ihrer Meinung nach am besten qualifiziert ist für ein Stipendium im Lehrtätigkeitsbereich. Etwa 3 Wochen später wurden dieselben Versuchspersonen ein weiteres Mal einbestellt. Nun wurden ihnen jeweils 8 Fotos von weißen und dunkelhäutigen Studenten dargeboten, wobei sie mündlich deren Sympathie beurteilen sollten. Während der Darbietung wurde bei den Versuchspersonen ein EMG (Elektromyogramm) abgeleitet. Bei diesem Messverfahren werden an der Hautoberfläche Elektroden angebracht, um damit die elektrische Aktivität einzelner Muskelgruppen zu bestimmen. Die Forscher interessierten sich vor allem für Muskelgruppen, die beim Stirnrunzeln beteiligt sind. Diese liegen in der Region des »Musculus corrugator supercilii« (Augenbrauen) sowie des »Musculus zygomaticus major« (Wangenbereich). EMG-Aktivität in der Augenbrauenregion ist größer, wenn unangenehme Reize bzw. unangenehme Szenarien präsentiert werden; im Wangenbereich ist bei derartigen Reizen die EMG-Aktivität dagegen abgeschwächt (Tassinary & Cacioppo, 2000). Die Muskelaktivität ist hier selbst dann messbar, wenn das Stirnrunzeln nicht zu sehen ist. Die Forscher interessierte nun, inwiefern Unterschiede in der Muskelaktivität auftreten, wenn die Fotos von dunkel- versus hellhäutigen Personen gezeigt werden. Hierzu bestimmten sie die mittlere Muskelaktivität bei allen Fotos, auf denen eine hellhäutige bzw. dunkelhäutige Person abgebildet war (getrennt nach Aktivität im Wangen- bzw. Augenbrauenbereich). Um ein Maß für die Muskelaktivität in Abhängigkeit von der Hautfarbe zu finden, bildeten sie daraus für jeden Muskelbereich die Differenz, den »EMG-Bias« (mittlere Muskelaktivität bei weißer Hautfarbe minus mittlere Muskelaktivität bei dunkler Hautfarbe). Je höher dieser Differenzwert bzw. je höher der Bias, desto stärker war die Muskelaktivität, wenn Fotos von hellhäutigen Personen gezeigt wurden.

Die Auswertung ergab nun interessante Befunde: Versuchspersonen, die im Wangenbereich einen besonders hohen Bias aufwiesen (hier: geringe Aktivität bei negativer Emotion), hatten im ersten Teil der Studie auch mit höherer Wahrscheinlichkeit einen weißen Bewerber für das Stipendium ausgewählt. Insofern stand das Ausmaß, mit dem Versuchspersonen verstärkte Muskelaktivität bei Bildern von hellhäutigen im Vergleich zu dunkelhäutigen Personen zeigten, in Zusammenhang mit der Auswahl eines weißen Bewerbers. Dagegen wählten Versuchspersonen, die keinen Bias aufwiesen, verstärkt den dunkelhäutigen Bewerber aus. Die Forscher berücksichtigten dabei natürlich, dass die Grundwahrscheinlichkeit, einen weißen Bewerber auszuwählen per se schon höher ist, da ja zwei weiße, aber nur ein dunkelhäutiger Bewerber zur Auswahl standen. Die Studie zeigt damit, dass die Messung von Muskelaktivität in bestimmten Gesichtsregionen als implizite Messung für bestehende Vorurteile, die in Zusammenhang mit Diskriminierung stehen, genutzt werden kann.

7.3.4 Messung impliziter Assoziationen

Eine weitere verbreitete Methode in der Vorurteilsforschung ist die Messung der Stärke automatischer Assoziationen (gedanklicher Verknüpfungen) mit potenziell stereotypisierten Stimuli. Was heißt das? Hierbei wird gemessen, inwiefern gedankliche Verbindungen zwischen bestimmten Konzepten bzw. Kategorien und beliebigen (meist positiven oder negativen) Attributen bestehen (Gaertner & McLaughlin, 1983; Lalonde & Gardner, 1989). Als Beispiel für ein Konzept dient etwa die ethnische Herkunft (weiße oder dunkelhäutige Personen), die Religion (Christen oder Muslime), die Nationalität (deutsch oder italienisch), etc. Gegenüber diesen Kategorien können potenzielle Stereotype bestehen, was sich daran zeigt, dass die Assoziationen gegenüber negativen Eigenschaftswörtern (z.B. »unordentlich«) stärker sind als gegenüber positi-

Die **Leichtigkeit der Zugänglichkeit kognitiver Konstrukte** wird vom **IAT** als Indikator zur Messung von Stereotypen und Vorurteilen verwendet.

ven Attributen (z. B. »freundlich«). Die populärste Methode innerhalb dieses Forschungsbereichs ist der **Implizite Assoziationstest** (IAT; Greenwald, McGhee & Schwartz, 1998). Der IAT beruht auf der Annahme, dass implizite Einstellungen auf automatischen Bewertungsprozessen basieren, die der jeweiligen Person nicht bewusst zugänglich sind (Greenwald & Banaji, 1995). Beim IAT werden implizite Einstellungen daher gemessen, indem diese automatischen Bewertungsprozesse erfasst werden. Es wird also, wie oben angedeutet, die Assoziation zwischen einer bestimmten Objektkategorie (z. B. ethnische Herkunft) und deren affektiver Bewertung (positiv oder negativ) bestimmt; daraus wird abgeleitet, in welchem Ausmaß ein bestimmtes Stereotyp bzw. Vorurteil von der getesteten Versuchsperson geteilt wird. Wie dies funktioniert, wird anhand der Originalstudie (▶ Studie: Der Implizite Assoziationstest) von Greenwald et al. (1998) beschrieben.

Studie

Der Implizite Assoziationstest (IAT)

Greenwald et al. (1998) führten eine Serie von drei Experimenten durch, mit der sie die Funktionsweise des IAT veranschaulichten. Das Grundprinzip wird bereits in der ersten dieser Studien deutlich, die auf den ersten Blick noch wenig mit Vorurteilen und Stereotypen zu tun hat. Um die Assoziation zwischen einer bestimmten Objektkategorie (»target concept«) und einer Eigenschaftsdimension (»attribute dimension«) zu messen, werden 5 Schritte durchlaufen (◻ Tab. 7.1):

1. Zunächst werden die Objektkategorien, in diesem Fall Blumen- vs. Insektennamen vorgestellt. Dazu werden der Versuchsperson am Bildschirm Begriffe beider Kategorien präsentiert, die sie der entsprechenden Kategorie zuordnen soll. Diese Zuordnung erfolgt mittels Tastendruck; beispielsweise soll sie auf alle Blumennamen mit einem linken Tastendruck reagieren und bei Insektennamen die rechte Taste drücken (oder umgekehrt).
2. Im zweiten Schritt wird die Dimension der Eigenschaftsbeschreibungen eingeführt. Es werden angenehme (Familie, glücklich etc.) und unangenehme (Unfall, hässlich etc.) Begriffe präsentiert, auf die entsprechend ihrer Valenz entweder mit einem linken oder rechten Tastendruck reagiert werden soll.
3. Anschließend werden nun beide gelernten Kategorien (»target concept« und »attribute dimension«) vermischt. Folglich werden Blumen- und Insektennamen sowie positive bzw. negative Begriffe randomisiert präsentiert, wobei jeweils die entsprechende Taste gedrückt werden soll.
4. In Phase 4 wird nun die Tastenbelegung für die Objektkategorie (Blumen- bzw. Insektennamen)

vertauscht. Waren beispielsweise Blumennamen ursprünglich mit einem linken Tastendruck versehen, so sollen sie nun der rechten Taste zugeordnet werden; umgekehrt soll auf Insektennamen mit der linken Taste reagiert werden.
5. Abschließend wird wieder ein kombinierter Durchgang eingeführt, der sowohl die Begriffe der Objektkategorie als auch der verschiedenen Attributdimensionen enthält. Im Gegensatz zum ersten kombinierten Durchgang erfolgt dies jedoch unter der inversen Tastenzuordnung für die Objektkategorie (vgl. Phase 4).

In allen fünf Durchgängen werden jeweils die Antwortzeiten der Versuchspersonen erfasst, d. h., es wird gemessen, wie schnell sie nach Erscheinen des jeweiligen Begriffes mit dem entsprechenden Tastendruck reagieren. Interessant sind dabei die kombinierten Durchgänge (Phase 3 und 5). Sind nämlich die Objektkategorien bei den Versuchspersonen unterschiedlich mit der Eigenschaftsdimension assoziiert (stehen beispielsweise Blumennamen stärker mit positiven Begriffen in Verbindung und die Kategorie »Insekten« ist eher negativ besetzt), so sollten die Versuchspersonen auch denjenigen kombinierten Durchgang als einfacher empfinden, bei dem kongruente Begriffe mit derselben Taste belegt sind (z. B. Blumennamen und positive Begriffe jeweils mit linker Taste). Als **IAT-Effekt** wird nun die Differenz der Antwortzeiten zwischen der nicht kongruenten und der kongruenten Bedingung gemessen.
Was fanden die Forscher nun heraus? Es zeigte sich, dass Personen schnellere Antwortzeiten aufwiesen, wenn Blumennamen und positive Begriffe mit der-

selben Taste belegt waren. Umgekehrt dazu waren die Antwortzeiten langsamer, wenn Blumennamen und negative Eigenschaftswörter bzw. Insekten- namen und positive Eigenschaftswörter dieselbe Tastenkombination hatten. Daraus ist zu schließen, dass Blumen positiver bewertet werden als Insekten. Der Effekt war auch dann zu beobachten, wenn den Versuchspersonen zuerst inkongruente (subjektiv unstimmige) Kombinationen präsentiert wurden (Phase 3).

◻ **Tab. 7.1** Schematische Darstellung der 5 Phasen des IAT. (Nach Greenwald et al., 1998, mit freundlicher Genehmigung der APA)

Phase	1	2	3	4	5
Aufgaben- beschreibung	Unterscheidung der Objektkategorien	Unterscheidung der Eigenschafts- dimension	Kombination	Reverse Unterscheidung der Objektkategorien	Reverse Kombination
Aufgaben- instruktion	o BLUMEN INSEKTEN o	o angenehm unangenehm o	o BLUMEN o angenehm INSEKTEN o unangenehm o	BLUMEN o o INSEKTEN	BLUMEN o o angenehm o INSEKTEN unangenehm o
Beispielitems	o ROSE BIENE o WESPE o o TULPE	Unfall o o glücklich hässlich o o Frieden	o TULPE hässlich o WESPE o o glücklich	ROSE o o BIENE o WESPE TULPE o	o glücklich TULPE o o WESPE Unfall o

Die Kreise symbolisieren die Tastenzuordnung (links vs. rechts) für die jeweilige Kategorie und Eigenschaftsdimension.

Wie oben bereits angedeutet, scheint die erste Studie von Greenwald et al. (1998) zunächst kaum mit Stereotypen und Vorurteilen in Verbin- dung zu stehen. Jedoch wandten die Autoren dieses Prinzip in ihren Folgestudien auch auf andere, stärker einstellungsbezogene Objektkate- gorien an. So sollten die Versuchspersonen in Studie 2 nach japanischen und koreanischen Namen separieren; die positiven und negativen Eigen- schaftsbegriffe waren jeweils dieselben wie in Studie 1. Getestet wurden in diesem Fall japanische und koreanische Studierende. Als Ergebnis konnten bei der japanischen Stichprobe kürzere Antwortzeiten beobach- tet werden, wenn japanische Namen und positive Begriffe dieselbe Tas- tenbelegung hatten. Umgekehrt reagierten koreanische Versuchsperso- nen schneller bei gleicher Tastenbelegung für koreanische Namen und Begriffe positiver Valenz. Schließlich wurde in einer dritten Studie die Wirkungsweise des IAT anhand der Unterscheidung zwischen weißen und dunkelhäutigen Personen demonstriert. In der Stichprobe mit Per- sonen weißer Hautfarbe zeigte sich hypothesenkonform eine stärkere Assoziation (im Sinne einer schnelleren Antwortzeit) zwischen typi- schen Namen für weiße Personen und positiven Begriffen im Gegensatz zu negativen Begriffen. ◻ Abb. 7.3 fasst die Ergebnisse der dritten Studie zusammen.

Die Idee des IAT ist folgende: Perso- nen mit Vorurteilen gegenüber einer bestimmten Fremdgruppe reagieren bei einer Verknüpfung von positiven Begriffen mit der entsprechenden Fremdgruppe langsamer als wenn negative Begriffe mit dieser ver- knüpft werden. Dies wird jeweils in Bezug gesetzt zur Verknüpfung posi- tiver und negativer Begriffe mit der eigenen Gruppe.

Abb. 7.3 Der IAT-Effekt: Ergebnisse der 3. Studie von Greenwald et al. (1998, Copyright © 1998 by the American Psychological Association. Adapted with permission. The use of APA information does not imply endorsement by APA. APA is not responsible for the accuracy of this translation.)

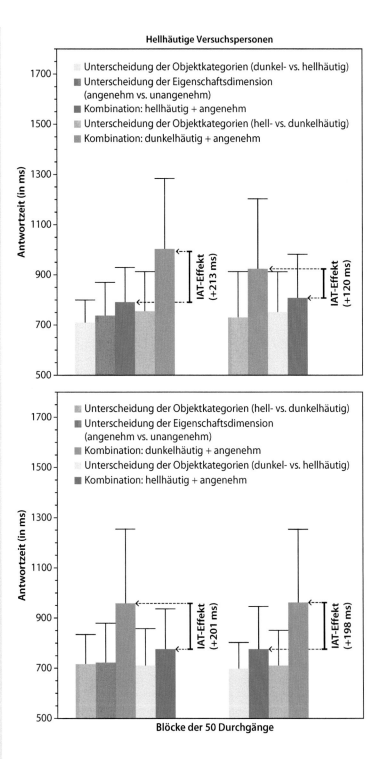

7.4 Aktivierung und Anwendung von Stereotypen

7.4.1 Automatische Aktivierung vs. bewusste Regulierung von Stereotypen

Die Messmethode des IAT geht von der Grundannahme der meisten sozialpsychologischen Theorien aus: nämlich, dass viele Reiz-Reaktions-Verbindungen so automatisch ablaufen, dass sich ein Verhalten einstellen kann, ohne dass der auslösende Reiz bewusst verarbeitet und bewertet wird. **Automatische Reaktionen** werden einem besonderen psychologischen System zugeschrieben, welches oft einfach als »System 1« bezeichnet wird (vgl. Kahneman, 2011). Dieses System ermöglicht **schnelles Handeln**, was von Vorteil ist, wenn die Situation vertraut ist und wenn die automatischen Reaktionen in der Vergangenheit adaptiv gewesen sind. Im Falle von Stereotypen und Vorurteilen ist das gewohnte Verhalten allerdings oft unfair, sozial nicht geduldet und möglicherweise gefährlich, da es zu Konflikten zwischen Personen und zwischen Gruppen beitragen kann. Dank des hoch entwickelten Neokortex verfügt der Mensch allerdings über ein zweites System (»**System 2**«), dessen Aufgabe es ist, die Funktionen von System 1 zu überwachen und**, falls notwendig, zu korrigieren**. Damit ist es an allen anstrengenden und komplexen mentalen Aktivitäten beteiligt, was mit einer Beanspruchung kognitiver Ressourcen einhergeht. Im Kontext von Vorurteilen ermöglicht das System 2 die Kontrolle der ursprünglichen und vorschnellen Impulse, die dadurch abgeschwächt oder gar ausgeschaltet werden können (Devine, 1989; Kahneman, 2011). Stellen Sie sich beispielsweise vor, Sie werden in einem Seminar zur Gruppenarbeit mit einer Person eingeteilt, die bisher häufig gefehlt hatte und auf Sie einen eher desinteressierten Eindruck macht. Möglicherweise ist Ihr erster Gedanke hierzu »Na toll, ausgerechnet diese Person! Da bleibt bestimmt die ganze Arbeit an mir hängen, so selten wie sie bisher anwesend war!« Ihr System 1 nimmt in diesem Fall eine automatische, negativ getönte Bewertung vor. Dennoch lassen Sie sich auf die Gruppenarbeit ein und setzen sich mit Ihrer Kommilitonin zusammen. Möglicherweise regt sich nämlich ein weiterer Gedanke in Ihnen, der Ihre ursprünglichen Vorbehalte in Frage stellt: »Du kennst Sie ja gar nicht! Es ist nicht fair, gleich so zu urteilen!« Hier kommt also das zweite System zum Tragen, das nun bewusst Ihre ursprünglichen Impulse steuert. Als Folge könnten Sie Ihr Gegenüber aufmerksam beobachten und vielleicht sogar dessen Engagement und Teamfähigkeit sehen. In diesem Beispiel konnte durch das System 2 die Fehleinschätzung korrigiert und Vorbehalte abgebaut werden.

> **System 1** ermöglicht schnelles Bewerten und Entscheiden ohne großen kognitiven Aufwand. **System 2** kann dagegen als bewusste Kontroll- und Steuerungsinstanz von System 1 betrachtet werden. System 2 erfordert einen höheren kognitiven Aufwand und bildet das komplexe Denken des Menschen ab.

7.4.2 Die Folgen der Unterdrückung stereotyper Gedankeninhalte

Das System 2 kann also dabei helfen, die Anwendung von Vorurteilen zu verhindern, was natürlich positiv ist. Doch bekanntlich hat ja Vieles einen Haken – so auch der Einsatz von begrenzten kognitiven Ressourcen zur Unterdrückung von Vorurteilen. Das System 2 kann nämlich nur kurzfristig agieren und seine Ressourcen erneuern sich nur relativ lang-

> **Rebound Effekt**: Vorurteile treten besonders dann stark zutage, wenn sie zuvor unterdrückt wurden.

sam. Das heißt, Vorurteile werden oft dann stark ausgedrückt, wenn sie unmittelbar vorher aktiv unterdrückt worden waren (sog. **Rebound-Effekt**; Macrae, Bodenhausen, Milne & Jetten, 1994). In anderen Bereichen kennen Sie dieses Phänomen vielleicht auch bei sich selbst: Sie verbieten sich die Schokotorte und sämtliche andere Süßigkeiten und drängen jeden Gedanken an diese Leckereien sofort beiseite. Was passiert nun? Nachdem es Ihnen eine Zeitlang gelingt, kommt der Gedanke immer wieder und schließlich geben Sie nach. Ehe Sie es sich versehen, ist das Eis auch schon gegessen. Im klinischen Kontext kommt der Rebound-Effekt auch stark bei Gedankenzwängen zum Tragen – was auf der Hand liegt –, des Weiteren bei Essstörungen oder anderen Suchterkrankungen. Doch wie man sich den Rebound-Effekt speziell vor dem Hintergrund stereotyper Gedanken bzw. Vorurteile vorzustellen hat, sei in der Beispielstudie beschrieben (▸ Studie: Der Rebound-Effekt bei Stereotypen).

Studie

Der Rebound-Effekt bei Stereotypen

Macrae et al. (1994; Studie 1) zeigten ihren Versuchspersonen ein Bild, auf dem ein männlicher Skinhead abgebildet war. Die Aufgabe der Versuchspersonen bestand nun darin, ausgehend von diesem Foto einen typischen Tag aus dem Leben der abgebildeten Person zu beschreiben. Zuvor wurde die eine Hälfte der Versuchspersonen auf Forschungsergebnisse hingewiesen, die zeigen konnten, dass Menschen häufig Einstellungen haben, die durch voreilige Schlussfolgerungen bzw. Vorurteile verzerrt sind. Insofern sollten Sie explizit darauf achten, potenzielle Stereotype gegenüber der abgebildeten Person zu vermeiden. Die zweite Hälfte der Versuchspersonen erhielt keine derartige Instruktion. Nach dieser Beschreibung bekamen die Teilnehmer ein zweites Bild mit einem anderen männlichen Skinhead vorgelegt. Wieder sollten Sie schriftlich festhalten, wie ein typischer Tag dieser Person aussehen könnte. Allerdings erhielt dieses Mal keine der Versuchsgruppen eine Instruktion. Als abhängige Variable wurde das Ausmaß bestimmt, in dem die Beschreibungen stereotype Inhalte aufwiesen. Hierzu analysierten zwei unabhängige Personen alle Textpassagen auf einer Skala von 0 (»überhaupt nicht stereotyp«) bis 10 (»sehr stereotyp«). Daraus wurde dann ein Gesamtwert gebildet. Als Ergebnis zeigte sich, dass die zur Stereotypunterdrückung instruierte Gruppe bei der ersten Beschreibung signifikant weniger stereotype Inhalte berichtete. Aktive Unterdrückung hatte also den gewünschten Effekt. Interessant war nun, dass sich dieses Ergebnis bei der zweiten Beschreibung genau umkehrte: Nun enthielten die Texte der ursprünglich instruierten Gruppe mehr Skinhead-spezifische Stereotype als diejenigen der Kontrollgruppe. Folglich führte die vorhergehende Unterdrückung stereotyper Gedankeninhalte dazu, dass diese in verstärkter Form wiederkehrten.

Mit dem **Stroop-Test** können kognitive Verarbeitungskonflikte durch eine Verlängerung von Reaktionszeiten nachgewiesen werden.

Durch die Regulation von Vorurteilen können auch andere Aktivitäten, die Konzentration erfordern, beeinträchtigt werden. Dies ist beispielsweise am sog. »**Stroop-Effekt**« erkennbar, der in diesem Fall stärker auftritt. Der Stroop-Effekt zeigt, dass es bei bestimmten Aufgaben zu kognitiven Verarbeitungskonflikten kommt, was eine stärkere Aufmerksamkeitsleistung erfordert und nachfolgend zu längeren Antwortzeiten führt. Dies kann mit dem »Stroop-Test« (Stroop, 1935; siehe auch Cattell, 1986) gezeigt werden. Hierbei geht es darum, die Druckfarbe von präsentieren Farbwörtern zu benennen. Es werden also unterschiedliche Farbwörter (blau, gelb, grün etc.) in unterschiedlicher Druckfarbe dargeboten, wobei gemessen wird, wie lange es dauert, bis die Farbe, in der das Wort steht, genannt wird. Stimmen Farbwort und Schriftfarbe überein (z.B. wird das Wort »blau« in blauer Schriftfarbe präsentiert), so erscheint die Aufgabe sehr einfach, was sich in kurzen Antwortzeiten widerspiegelt. Ist der Wortinhalt jedoch inkongruent zur Druckfarbe, also von dieser verschieden (z. B. wenn das Wort »blau« in roter Farbe präsentiert wird), so verlängert sich die Antwortzeit. In diesem Fall kommt es zu Verarbeitungskonflikten, da der Impuls, den Wortnamen laut auszusprechen, zugunsten der Farbnennung unterdrückt werden muss.

Welche Rolle der Stroop-Test nun in Zusammenhang mit der Unterdrückung stereotyper Gedankeninhalte spielt, konnten Richeson und Shelton (2003) zeigen. Unter dem Vorwand, es handle sich um eine Wortkategorisierungsaufgabe, absolvierten die Versuchspersonen (Amerikaner europäischer Abstammung) zunächst den IAT hinsichtlich des Konzepts von weißen und dunkelhäutigen Personen. Die eigentliche Absicht bestand jedoch darin, zu messen, inwieweit die Versuchspersonen eine dieser Kategorien implizit bevorzugen (▶ Abschn. 7.3.4). Daran anknüpfend sollten die Versuchspersonen Fragen beantworten, die ihnen entweder von einem hellhäutigen oder einem dunkelhäutigen Versuchsleiter gestellt wurden. Abschließend bearbeiteten die Versuchspersonen den Stroop-Test. Hierbei zeigte sich, dass diejenigen Versuchspersonen schlechter abschnitten (d. h. längere Antwortzeiten aufwiesen), die laut IAT-Messung vorurteilsbehaftet waren und die die Fragen des dunkelhäutigen Versuchsleiters beantwortet hatten. Im Gegensatz dazu kam es zu keinen Leistungseinbußen im Stroop-Test, wenn vorurteilsbehaftete Personen mit einem hellhäutigen Versuchsleiter interagierten oder aber wenn Personen nur ein niedriges Niveau an Vorurteilen aufwiesen. Müssen also Vorurteile aktiv reguliert bzw. unterdrückt werden (was bei vorurteilsbeladenen Personen und Interaktion mit dunkelhäutigem Versuchsleiter der Fall ist), so geht dies zu Lasten anderer Aufgaben, die ebenfalls Aufmerksamkeit und Selbstregulation erfordern.

> Die **Unterdrückung von Vorurteilen** führt nicht nur zum Rebound-Effekt, sondern auch zu verminderter Leistungsfähigkeit bei Aufgaben, die Aufmerksamkeit fordern. So wird der typische **Stroop-Effekt** durch die vorhergehende Regulierung von Vorurteilen zusätzlich **verstärkt**.

Das Denken innerhalb des Systems 2 ist langsamer und anstrengender als dasjenige des Systems 1. Daher ist es auch nicht erstaunlich, dass bereits aktivierte Vorurteile vor allem dann angewendet werden, wenn die begrenzten kognitiven Ressourcen des Systems 2 anderweitig eingesetzt sind (Gilbert & Hixon, 1991). Sind Stereotype bzw. Vorurteile allerdings noch nicht aktiviert, so wird durch die kognitive Auslastung des Systems 2 die Wahrscheinlichkeit dafür reduziert, dass es überhaupt zu einer Aktivierung von Vorurteilen kommt. Dabei wird davon ausgegangen, dass die kognitive Kontrolle abwertender Einstellungen gegenüber Fremdgruppen nur für diejenigen Menschen von Interesse ist, die egalitäre Normen der Gleichwertigkeit und Gleichbehandlung verinnerlicht haben. Andernfalls wäre eine Unterdrückung von Stereotypen bzw. Vorurteilen bei der jeweiligen Person erst gar nicht relevant.

> **Starke kognitive Beanspruchung des Systems 2**
> – **reduziert** die grundsätzliche **Wahrscheinlichkeit zur Aktivierung** von Vorurteilen und
> – **erhöht die Wahrscheinlichkeit zur Anwendung** von Vorurteilen, sofern diese bereits aktiviert worden sind

7.4.3 Andere Wege zur Abschwächung von Vorurteilen

Gemäß der oben beschriebenen Konzeption von System 1 und System 2 werden Vorurteile automatisch von System 1 aktiviert und bereitgestellt. Dies kann nach Überprüfung durch System 2 zu Konflikten führen, etwa, wenn die aktivierten Vorurteile nicht mit bewusst gehaltenen Wertvorstellungen oder Normen übereinstimmen. In diesem Fall mag das System 2 regulierend eingreifen, um die Vorurteile wieder zu unterdrücken. Dies ist jedoch oft sehr mühsam und mit gewissen Risiken

> **Bewusste Regulationsstrategien** von Vorurteilen (System 2) können bei genügend häufiger Wiederholung und Übung automatisiert und so **in System 1 integriert** werden.

7

verbunden (vgl. Rebound-Effekt). Es stellt sich daher die Frage, ob eine elegantere und effizientere Lösung des Vorurteilsproblems möglich ist. In der Tat zeigt das Forschungsprogramm von Gordon Moskowitz (s. zusammenfassend Moskowitz & Ignarri, 2009), dass die **Kontrolle von Vorurteilen selbst automatisiert** werden kann. Diese Strategie nutzt eine generelle Eigenschaft der zwei Systeme; (fast) alles, was System 2 tut, kann durch häufiges Wiederholen zu einer Aktivität von System 1 werden. Das Autofahren ist ein treffendes Beispiel. Man beginnt mit hoher Konzentration und Aufmerksamkeit für jede einzelne Bewegung. Später laufen diese Vorgänge dann routiniert ab; während des Fahrens Musik zu hören, Milchshakes zu trinken und Pizza zu essen, wären dann (sofern wir den Bereich der Verkehrssicherheit einmal außer Acht lassen) auch bei geteilter Aufmerksamkeit möglich. Wie beim Autofahren, so also auch bei der sozialen Kognition.

Wenn auf die Unterdrückung von Vorurteilen kein vollständiger Verlass sein kann, so besteht doch die Möglichkeit, dass sich die Effekte von Vorurteilen dadurch abschwächen, dass andere, persönliche Informationen in den Vordergrund treten. Damit ist gemeint, dass eigene Erfahrungen oder Beobachtungen, die wir im Kontext von Stereotypen bzw. Vorurteilen machen, bewirken können, dass diese reduziert werden. Dies wäre beispielsweise der Fall, wenn Sie in Ihrem persönlichen Umfeld eine Reihe an Gegenbeispielen finden, die dem typischen Stereotyp nicht entsprechen (etwa, wenn sie mehrere französische Freunde haben, die weder Käse noch Wein mögen und im Allgemeinen auch keinen Wert auf Essen legen). Allerdings sind diese persönlich gesammelten Erfahrungen mit Vorsicht zu genießen, da sie nicht immer korrekt sind. So werden Männer stereotyp als aggressiver wahrgenommen als Frauen (Crick & Grotpeter, 1995). Dies liegt vorwiegend an der geschlechtsspezifischen Ausdrucksform von Aggression; während für Männer körperliche Aggression typischer ist (»hauen und stechen«), ist bei Frauen aggressives Verhalten auf verbaler Ebene häufiger (»schreien und schimpfen«). Dabei scheint körperliche Aggression schwerwiegender, also aggressiver als verbale Aggression zu sein. Doch wie würde sich dieser Eindruck der unterschiedlichen Aggressionsausprägung verändern, wenn ein Mann und eine Frau dasselbe aggressive Verhalten zeigen würden (z. B. körperliche Aggressivität)? Die Forschung zeigt, dass die wahrgenommene Aggressivität einer Person mit der Intensität des aggressiven Verhaltens ansteigt. Würden Frauen ihrer Aggression also ebenfalls auf körperlicher Ebene Ausdruck verleihen, so müssten sie auch als aggressiver wahrgenommen werden. Stattdessen bleibt der Unterschied zwischen Mann und Frau aber konstant. Da man aufgrund normativer statistischer Kriterien erwarten sollte, dass bei extremem Verhalten Gruppenunterschiede (hier: Unterschiede zwischen Männern und Frauen) gegen Null streben, kann man schließen, dass Stereotype einen robusten Einfluss auf die Wahrnehmung von Individuen haben (Krueger & Rothbart, 1988).

Dennoch sind konkrete Verhaltensinformationen, die von Individuen gesammelt werden, nicht irrelevant. Jahrzehntelange Forschung zur sog. »**Kontakthypothese**« (▶ Kap. 8) hat gezeigt, dass Vorurteile unter sorgfältig ausgewählten Bedingungen reduziert werden können. Wie schon Allport (1954) voraussah, ist es besonders wichtig, dass Kontakt unter Menschen verschiedener Gruppenzugehörigkeit in einem egalitä-

Allport's **Kontakthypothese** als weitere Möglichkeit zur **Reduktion von Vorurteilen**: Je häufiger und intensiver der Kontakt zwischen Mitgliedern unterschiedlicher Gruppen ist, desto geringer werden in beiden Gruppen die Vorurteile gegenüber Mitgliedern der jeweils anderen Gruppe.

ren und kooperativen Zusammenhang geschieht. Wenngleich derartige Bedingungen nicht zwingend notwendig sind, um Misstrauen und Vorurteile abzubauen, so bewirken sie doch, dass der Abbau von Vorurteilen schneller vonstatten geht (Pettigrew & Tropp, 2006). Die schwierige praktische Frage bleibt allerdings bestehen: Wie können diese restriktiven Umstände bereitgestellt werden?

7.5 Aversiver Rassismus – Wollen und Tun sind zweierlei

Die Messung impliziter und automatischer Reaktionen zeigt, dass Vorurteile nach wie vor bestehen. Einerseits sprechen wir also von Gleichberechtigung, andererseits lassen sich aber viele Bereiche finden, in denen Vorurteile und Stereotype zu diskriminierendem Verhalten führen. So fanden beispielsweise Klink & Wagner (1999), dass in Deutschland ethnische Minderheiten bei der Wohnungssuche stark benachteiligt werden. Im Vergleich zu deutschen Bewerbern werden türkische oder polnische Interessenten seltener zu einem Wohnungsbesichtigungstermin eingeladen. Weitere experimentelle Studien konnten zeigen, dass osteuropäischen – im Vergleich zu deutschen – Personen seltener Auskunft gegeben wird, wenn diese Passanten nach dem Weg fragen. Ebenso erhalten sie im Schnitt weniger Hilfe, wenn sie Passanten darum bitten, ihnen Geld für ein dringendes Telefonat zu geben, da ihr Portemonnaie abhanden gekommen sei; hier werden deutsche Personen klar bevorzugt. Die Diskriminierung von ethnischen Minderheiten spiegelt sich auch auf subjektiver Ebene der Betroffenen wider. So führen Penner et al. (2009) aus dem Bereich des amerikanischen Gesundheitswesens Beispiele an, die zeigen, dass dunkelhäutige Personen ihre ethnische Zugehörigkeit als ausschlaggebend für die Qualität ihrer medizinischen Versorgung ansehen. Laut einer Umfrage von Malat und Hamilton (2006; zitiert nach Penner et al., 2009) geben knapp 60% der dunkelhäutigen Befragten an, dass sie oft (bzw. sehr oft) von weißen Ärzten diskriminiert würden. Und was die Gleichstellung der Geschlechter betrifft, so ist der männliche Anteil in höheren Führungspositionen trotz Emanzipation und Bemühungen zur Geschlechtergleichheit nach wie vor wesentlich höher als derjenige von Frauen (Eagly & Karau, 2002).

Gaertner und Dovidio (1986) haben sich vor dem Hintergrund bestehender Unterschiede zwischen weißen und dunkelhäutigen Amerikanern mit diesem Phänomen befasst. Sie bezeichnen die Dualität von nach außen hin vertretenen Ansichten, die tolerant bzw. offen sind, und den tatsächlich bestehenden Vorurteilen, die sich in Diskriminierung äußern können, als »**aversiven Rassismus**«. Basierend auf den Arbeiten von Kovel (1970) stellen sie den aversiven Rassismus als eine neuere Form des Rassismus dar. Im Gegensatz zum klassischen Rassismus, bei dem die eigenen Einstellungen offen ausgelebt werden, betrachten sie den aversiven Rassismus eher als unbewusst und subtil.

Charakteristisch für aversiven Rassismus ist hierbei, dass die jeweilige Person
1. zwar bestrebt ist, nach außen hin tolerant und vorurteilsfrei zu wirken,
2. sie jedoch innerlich negative Gefühle gegenüber der anderen ethnischen Gruppe empfindet (Dovidio & Gaertner, 2004).

Antidiskriminierende und antirassistische Einstellungen sind nach wie vor häufig nur Lippenbekenntnisse. Bei genauerer Betrachtung finden sich in unserer Gesellschaft viele Beispiele dafür, dass es diese negativen Phänomene durchaus noch gibt – eben nur in mehr verdeckter Form als z. B. noch vor 50 Jahren.

Als **aversiven Rassismus** bezeichnet man den **unbewusst und subtil** ausgelebten Rassismus, der auch heutzutage noch häufig in der Gesellschaft anzutreffen ist.

Kennzeichen des aversiven Rassismus sind:
- Streben nach **vorurteilsfreier bzw. toleranter Außenwirkung,**
- **negative Gefühle** gegenüber der jeweiligen ethnischen Gruppe,c
- **subtile Diskriminierung.**

◼ **Abb. 7.4** Diskriminierung unter dem Deckmantel mangelnder Kompetenz – Der aversive Rassismus

3. Auch wenn die Person nicht beabsichtigt, sich diskriminierend zu verhalten, so resultieren ihre aversiven (unangenehmen) Gefühle dennoch in einer subtilen Form der Benachteiligung der jeweiligen ethnischen Gruppe. Dies ist vor allem in Situationen der Fall, die mehrdeutig sind bzw. Situationen, die mit Unsicherheit verbunden sind, d. h., wenn diskriminierendes Verhalten auch durch andere Faktoren (nicht die ethnische Zugehörigkeit) subjektiv »gerechtfertigt« bzw. dahinter leicht versteckt werden kann (Dovidio & Gaertner, 2000; ◼ Abb. 7.4).

Beispiel

Stellen Sie sich vor, Sie müssten sich für die Einstellung eines Mitarbeiters zwischen einem dunkelhäutigen und einem weißen Bewerber entscheiden und hätten jeweils Informationen zur Qualifikation dieser Kandidaten (Dovidio & Gaertner, 2000). Weisen beide die gleichen Qualifikationen auf (entweder hoch oder niedrig) und Sie entscheiden sich für den weißen Bewerber, so könnte schnell der Eindruck entstehen, sie hätten Vorurteile. Denn wie könnten Sie Ihre Wahl auch rechtfertigen als über das Kriterium der ethnischen Zugehörigkeit? Um also nicht als parteiisch zu gelten, würden Sie vermutlich eher den dunkelhäutigen Bewerber auswählen oder zumindest beide Bewerber mit der derselben Wahrscheinlichkeit. Ist die Situation jedoch nicht eindeutig, d. h., liegen keine Angaben zur Qualifikation vor, so könnte die Einstellung des weißen Bewerbers damit begründet werden, dass dieser sich gegenüber dem Kontrahenten fachlich positiv abhebt. Diskriminierendes Verhalten wäre hier also mit anderen Faktoren als der ethnischen Zugehörigkeit zu rechtfertigen. Als Folge tritt es in derartigen Situationen auch häufiger auf (Dovidio & Gaertner, 2000; vgl. auch Dovidio, Gaertner, Kawakami & Hodson, 2002).

Aversiver Rassismus ist dadurch gekennzeichnet, dass auf **kognitiver Ebene** sämtliche Vorurteile ausgeräumt sind; auf **emotionaler Ebene** bestehen diese jedoch weiter.

Der Ausspruch von Allport »defeated intellectually, prejudice lingers emotionally« (Allport, 1954, S. 328) fasst die Thematik des aversiven Rassismus ganz treffend zusammen: Zwar sind die Vorurteile rein intellektuell besiegt, doch auf der emotionalen Ebene bestehen sie weiter. Dies verdeutlicht die häufige Diskrepanz zwischen Gedanken bzw. intellektuellem Wissen und den eigenen Gefühlen. Ich weiß um soziale Normen und möchte mich diesen entsprechend verhalten, doch tue es nicht immer. Stereotype, wenn auch eher subtiler und unbewusster Natur, bestehen nach wie vor und erklären diskriminierendes Verhalten in verschiedenen Bereichen (z. B. Hilfeverhalten; Saucier, Miller & Doucet, 2005).

Definition

Mit **aversivem Rassismus** ist das gleichzeitige Bestehen einer vorurteilsfreien, öffentlichen Meinung mit egalitären Werten sowie einem vorurteilsbehafteten, diskriminierenden Verhalten gemeint. Aversiver Rassismus äußert sich dabei meist unterschwellig und indirekt. Kennzeichnend sind negative Gefühle gegenüber einer bestimmten ethnischen Gruppe, Vermeidung von Kontakt mit deren Mitgliedern sowie unbeabsichtigtem, diskriminierendem Verhalten gegenüber dieser Ethnie (Gaertner & Dovidio, 1986).

▶ **Definition**
Aversiver Rassismus

7.6 Stereotype Threat – Bedrohung durch Stereotype

Bisher haben wir die Thematik hauptsächlich aus der »Täterperspektive« betrachtet, d. h., ausgehend von derjenigen Person, die Stereotype und Vorurteile hat. Doch wie verhält sich ein Mensch, gegen den diese Stereotype gerichtet werden? Treffen diese tatsächlich zu und Stereotype und Verhalten entsprechen einander oder wird durch gegenteiliges Verhalten der Person erkennbar, dass die Vorurteile nicht korrekt sind?

Die Forschung zum **Stereotype-Threat-Effekt** untersucht die Auswirkung von Stereotypen auf Personen, die stereotypisiert werden.

7.6.1 Definitorische Grundlagen

Ein interessantes Phänomen in diesem Zusammenhang ist, dass sich Menschen aus der Angst heraus, ein bestimmtes Stereotyp zu bestätigen, erst recht entsprechend diesem Stereotyp verhalten. Sprich, Personen einer bestimmten Gruppe wissen um bestehende Vorurteile ihnen gegenüber und möchten mit allen Mitteln vermeiden, dass sie diese durch ihr eigenes Verhalten bestätigen. Gerade deshalb tritt jedoch das befürchtete Ereignis im Sinne einer »sich selbst erfüllenden Prophezeiung« (»self-fulfilling-prophecy«; Merton, 1948) ein und sie verhalten sich tatsächlich analog dem Stereotyp. Steele und Aronson (1995) prägten hierfür den Begriff »**stereotype threat**« oder »**Bedrohung durch Stereotype.**«

Definition

Die Angst davor, die bestehenden Stereotype gegenüber der eigenen Gruppe zu erfüllen, führt dazu, dass sich Menschen erst recht so verhalten, wie es die Stereotype vorhersagen. Dies wird auch als »**stereotype threat**« oder »Bedrohung durch Stereotype« bezeichnet (Steele & Aronson, 1995).

▶ **Definition**
Stereotype Threat

Die **schlechteren schulischen und beruflichen Leistungen** dunkelhäutiger (im Vergleich zu weißen) Personen bei gleichzeitig bestehendem Stereotyp, dass **dunkelhäutige Personen weniger intelligent** seien, war Ausgangspunkt für die Forschung zu **Stereotype Threat.**

Ausschlaggebend für Untersuchungen zu diesem Thema waren Unterschiede in den schulischen und beruflichen Leistungen zwischen dunkelhäutigen und weißen Amerikanern (Steele, 1992). Erstere wiesen mehr Schulabbrüche auf, erhielten geringere Bildungsabschlüsse und erzielten bei gleicher Eignung (gemessen mittels verschiedener Tests) schlechtere Ergebnisse. Wie war dies zu erklären? Traf das scheinbar bestehende Stereotyp, dunkelhäutige Menschen seien weniger intelligent (vgl. Abschnitt 3.1, Bogus Pipeline), etwa tatsächlich zu? Um die Antwort vorwegzunehmen: Nein! (▶ Studie: Stereoytype Threat)

Studie

Stereoytype Threat

Steele und Aronson (1995) gaben dunkelhäutigen und weißen Versuchspersonen zur Bearbeitung einen Test, der normalerweise als Auswahlverfahren für die Aufnahme in ein Graduiertenkolleg verwendet wird. Einem Teil der Versuchspersonen wurde jedoch gesagt, es handele sich dabei um einen diagnostischen Intelligenztest; die individuellen Ergebnisse würden der Versuchsperson im Anschluss an die Untersuchung rückgemeldet werden. Durch diese Leistungs- und Bewertungssituation sollte bei den dunkelhäutigen Versuchspersonen das scheinbare Stereotyp bezüglich der geringeren intellektuellen Fähigkeiten betont (salient gemacht) werden. Als Folge sollte die damit verbundene Gefahr, das Stereotyp zu erfüllen, das Erleben einer Bedrohung auslösen. Den übrigen Versuchspersonen wurde in der Kontrollbedingung stattdessen glaubhaft gemacht, dass es hierbei lediglich um die Bearbeitung von nichtdiagnostischen Problemlöseaufgaben ginge; das Stereotyp sollte hier also irrelevant sein. Die Ergebnisse zeigten zunächst, dass dunkelhäutige Versuchspersonen schlechter abschnitten als weiße. Interessant war allerdings, dass dies lediglich in der »diagnostischen« Bedingung der Fall war, also wenn die Versuchspersonen dachten, es handle sich um einen Intelligenztest. In diesem Fall war die Leistung der dunkelhäutigen Amerikaner signifikant schlechter als die der weißen und dunkelhäutigen Versuchspersonen in der Kontrollbedingung (kein diagnostischer Test).

Darüber hinaus fanden die Forscher in einer Folgestudie, dass dunkelhäutige Versuchspersonen in der diagnostischen Bedingung mehr Selbstzweifel hatten als in der Kontrollbedingung, ihnen ethnische Stereotype leichter zugänglich waren und sie auch angaben, sich bei der Aufgabenbearbeitung schlechter konzentrieren zu können bzw. den Test als unfair erlebt zu haben. In der nicht diagnostischen Bedingung traten diese Unterschiede zwischen weißen und dunkelhäutigen Versuchspersonen nicht auf. Die Befunde zeigen also klar, dass es zu Leistungseinbußen kommen kann, wenn bestimmte Stereotype salient gemacht werden. Nicht die tatsächlich bestehenden Intelligenzunterschiede führen also zu Leistungsunterschieden zwischen den ethnischen Gruppen, sondern die Gegenwart von Stereotypen und dem damit verbundenen Erleben einer Bedrohung. In anderen Worten: Es gibt keine Intelligenzunterschiede zwischen Personen mit weißer und dunkler Hautfarbe. Werden derartige Unterschiede in Studien dennoch entdeckt, so kann dies zumindest teilweise durch den Stereotype-Threat-Effekt erklärt werden; also durch die kognitive Salienz von angenommenen, aber de facto nicht zutreffenden Stereotypen (◘ Abb. 7.5).

◘ **Abb. 7.5** Stereotype Threat

7.6.2 Prozessklärung – Wie kommt es vom Stereotyp zu Leistungseinbußen?

Um den Weg zwischen einer Bedrohung durch Stereotype und nachfolgender Leistungsbeeinträchtigung bei kognitiven und sozialen Aufgaben zu veranschaulichen (z. B. Mathematikaufgaben oder Aufrechterhalten einer Interaktion mit anderen), fassten Schmader, Johns & Forbes (2008) die unterschiedlichen Forschungsergebnisse hierzu in einem Modell zusammen. Die Autoren schlagen **drei verschiedene Mechanismen** vor, über die der Effekt vermittelt sein kann. Alle diese Mechanismen führen zu einer **Beeinträchtigung des Arbeitsgedächtnisses**, was schließlich zu einer schlechteren Leistung führt.

1. Zum einen kann die wahrgenommene Bedrohung durch ein Stereotyp eine **körperliche Stressreaktion** auslösen, die wiederum zu einer Beeinträchtigung des Arbeitsgedächtnisses führen kann. Als Folge davon stellen sich Leistungsdefizite ein. Hinsichtlich des Zusammenhangs zwischen Stereotype Threat und Stress konnten beispielsweise Blascovich, Spencer, Quinn & Steele (2001) zeigen, dass es bei dunkelhäutigen Versuchspersonen, bei denen ein Sterotyp bedroht wurde (im Gegensatz zu dunkelhäutigen Versuchspersonen ohne Stereotype Threat oder weißen Versuchspersonen), in einem Leistungstest zu einem starken Anstieg des Blutdrucks kam. Schmader et al. (2008) räumen zwar ein, dass damit noch keine direkte Verknüpfung zu Prozessen des Arbeitsgedächtnisses bestehe; sie führen jedoch Beispiele an, die belegen, dass akuter Stress bei schwierigen Aufgaben zu einer Beeinträchtigung des Arbeitsgedächtnisses führt (vgl. Blair, 2006, zitiert nach Schmader et al., 2008).

2. Des Weiteren kann es zu einem **aktiven Selbst-Monitoring hinsichtlich der eigenen Leistung** kommen. Vielleicht kennen Sie Situationen, in denen Sie das Gefühl haben, sich selbst genau zu beobachten und jeden Ihrer Schritte zu analysieren? Im Kontext von Stereotype Threat meint Leistungs-Monitoring, dass die Bedrohung durch ein Stereotyp bewirkt, dass der eigene Fokus darauf liegt, bei der Aufgabenbearbeitung ja keinen Fehler zu begehen (Seibt & Förster, 2004). Als Folge verhält man sich sehr vorsichtig und Aufgaben, die man sonst eher automatisch erledigt, werden zu bewussten Vorgängen, die in Einzelschritte zerlegt werden. Richtet sich die Aufmerksamkeit verstärkt auf die eigene Person, so führt dies zu Leistungsdefiziten (Lewis & Linder, 1997).

3. Der dritte Mechanismus betrifft den **Umgang mit negativen Gedanken bzw. Gefühlen**, die als Folge auf die Bedrohung durch Stereotype auftreten (Cadinu, Maass, Rosabianca & Kiesner, 2005; Keller & Dauenheimer, 2003) können. Die Unterdrückung von ungewollten Gedankeninhalten (Wenzlaff & Wegner, 2000) oder negativen Gefühlen (Schmeichel, 2007) nimmt nämlich kognitive Kapazitäten in Anspruch, die dann wiederum bei der Bearbeitung der eigentlichen Aufgabe fehlen. Folglich kommt es zu einer Leistungsverschlechterung.

Vermittelt über einen (oder auch mehrere) dieser drei Mechanismen kommt es schließlich zu einer Beeinträchtigung des Arbeitsgedächtnisses (vgl. auch Schmader & Johns, 2003) mit nachfolgender Leistungsminderung.

Laut Schmader et al. (2008) gibt es 3 unterschiedliche Mechanismen, die dem Stereotype Threat-Effekt im Kontext von Leistungseinbußen unterliegen können:

Prozess 1: Körperliche Stressreaktionen führen zu Beeinträchtigungen im Arbeitsgedächtnis und dadurch zu einer Leistungsverschlechterung.

Prozess 2: Verstärktes Monitoring auf die eigene Leistungsfähigkeit reduziert die Fähigkeiten zur automatischen Verarbeitung von Informationen, was Leistungseinbußen nach sich zieht.

Prozess 3: Die Stereotypisierungssituation löst **negative Gedanken und Emotionen** aus. Deren Unterdrückung verbraucht kognitive Ressourcen, die bei der eigentlichen Aufgabenbearbeitung fehlen.

7.6.3 Abschließende Bemerkungen und theoretische Implikationen

Leistungseinbußen durch Stereotype Threat können z. B. **reduziert werden**, indem
- Intelligenz als veränderbares Konstrukt angesehen wird,
- Leistungsdefizite external attribuiert werden.

Auch wenn die Bedrohung durch bestehende Stereotype mit negativen Folgen verbunden sein kann, so ist glücklicherweise – als »Happy End« – zu sagen, dass dieses Phänomen auch positiv beeinflusst werden kann. So konnten Aronson, Fried & Good (2002) zeigen, dass die Leistungsdefizite weniger stark ausfallen, wenn den Versuchspersonen mitgeteilt wird, dass Intelligenz nicht als starres Konstrukt zu sehen sei, sondern dass dieses veränderbar ist. Eine weitere Hilfe besteht darin, Leistungsdefizite external zu attribuieren, d. h., für Leistungseinbußen nicht die eigene Person, sondern äußere Umstände verantwortlich zu machen (Good, Aronson & Inzlicht, 2003).

Welche weiteren praktischen Implikation ergeben sich also für Ihren Alltag? Für die männlichen Leser unter Ihnen: Teilen Sie Ihrer Freundin nicht mit, dass Sie finden, Frauen könnten schlechter Autofahren als Männer. Wenn diese nämlich gerade dabei ist, das Auto einzuparken, könnte Sie das teuer zu stehen kommen – und wie wir nun wissen, läge die eigentliche Schuld in diesem Fall nicht bei Ihrer Freundin, sondern bei Ihnen selbst!

? Kontrollfragen

1. Definieren Sie den Begriff »Vorurteil« und grenzen ihn von der Bezeichnung »Stereotyp« ab!
2. Worin bestehen die Unterschiede zwischen dem Impliziten Assoziationstest (IAT) und der Bogus Pipeline zur Messung von Stereotypen und Vorurteilen?
3. Inwiefern kann die Anwendung von Vorurteilen mithilfe der beiden Denkmodi »System 1 bzw. System 2« (Kahneman, 2011) erklärt werden?
4. Worin unterscheiden sich der »klassische« und der »aversive« Rassismus?
5. Was versteht man unter »Stereotype Threat«? Wie kann dieser Effekt in Bezug auf Leistungsbeeinträchtigungen erklärt werden?

▶ **Weiterführende Literatur**

Ames, D. R., Weber, E. U. & Zou, X. (2012). Mind-reading in strategic interaction: The impact of perceived similarity on projection and stereotyping. *Organizational Behavior and Human Decision Processes, 117*, 96–110.

Devine, P. G., Plant, E. A., Amodio, D. M., Harmon-Jones, E. & Vance, S. L. (2002). The regulation of explicit and implicit race bias: The role of motivations to respond without prejudice. *Journal of Personality and Social Psychology, 82*, 835–848.

Luguri, J. B., Napier, J. L. & Dovidio, J. F. (2012). Reconstructing intolerance: Abstract thinking reduces conservatives' prejudice against nonnormative groups. *Psychological Science, 23*, 756–763.

Tajfel, H. (1969). Cognitive aspects of prejudice. *Journal of Social Issues, 25*, 79–97.

Literatur

Adorno, T. W., Frenkel-Brunswik, E., Levinson, D. J. & Sanford, R. N. (1950). *The authoritarian personality.* New York: Harper.

Alexander, M. & Fisher, T. (2003). Truth and consequences: Using the bogus pipeline to examine sex differences in self-reported sexuality. *Journal of Sex Research, 40*, 27–35.

Allport, G. W. (1954). *The nature of prejudice.* Reading: Addison-Wesley.

Altemeyer, B. (1988). *Enemies of freedom: Understanding right-wing authoritarianism.* San Francisco: Jossey-Bass.

Angermeyer, M. C. & Matschinger, H. (2004). The stereotype of schizophrenia and ist impact on discrimination against people with schizophrenia: Results from a representative survey in Germany. *Schizophrenia Bulletin, 30,* 1049–1061.

Aguinis, H., Pierce, C. A. & Quigley, B. M. (1993). Conditions under which a bogus pipeline procedure enhances the validity of self-reported cigarette smoking: A meta-analytic review. *Journal of Applied Social Psychology, 23,* 352–373.

Aronson, J., Fried, C. B. & Good, C. (2002). Reducing the effects of stereotype threat on African American college students by shaping theories of intelligence. *Journal of Experimental Social Psychology, 38,* 113–125.

Aronson, E., Wilson, T. D. & Akert, R. M. (2008). *Sozialpsychologie* (6. Aufl.). München: Pearson Studium.

Blascovich, J., Spencer, S. J., Quinn, D. & Steele, C. (2001). African Americans and high blood pressure: The role of stereotype threat. *Psychological Science, 12,* 225–229.

Blair, C. (2006). How similar are fluid cognition and general intelligence? A developmental neuroscience perspective on fluid cognition as an aspect of human cognitive ability. *Behavioral and Brain Sciences, 29,* 109–160.

Cadinu, M., Maass, A., Rosabianca, A. & Kiesner, J. (2005). Why do women underperform under stereotype threat? Evidence for the role of negative thinking. *Psychological Science, 16,* 572–578.

Cattell, J. M. (1886). The time it takes to see and name objects. *Mind, 11,* 63–65.

Clark, R., Anderson, N. B., Clark, V. R. & Williams, D. R. (1999). Racism as a stressor for African Americans: A biopsychosocial model. *American Psychologist, 54,* 805–816.

Crick, N. R. & Grotpeter, J. K. (1995). Relational aggression, gender, and social-psychological adjustment. *Child Development, 66,* 710–722.

Crosby, F., Bromley, S. & Saxe, L. (1980). Recent unobtrusive studies of Black and White discrimination and prejudice: A literature review. *Psychological Bulletin, 87,* 546–563.

Devine, P. G. (1989). Stereotypes and prejudice: Their automatic and controlled components. *Journal of Personality and Social Psychology, 56,* 5–18.

Dovidio, J. F. & Gaertner, S. L. (1986). *Prejudice, discrimination, and racism.* Orlando: Academic Press.

Dovidio, J. F. & Gaertner, S. L. (2000). Aversive Racism and Selection Decisions: 1989 and 1999. *Psychological Science, 11,* 315–319.

Dovidio, J. F. & Gaertner, S. L. (2004). Aversive racism. In M. P. Zanna (Ed.), *Advances in Experimental Social Psychology* (vol. 36, pp. 1–52). San Diego: Academic Press.

Dovidio, J. F. & Gaertner, S. L. (2010). Intergroup bias. In S. T. Fiske, D. T. Gilbert & G. Lindzey (Eds.), *The handbook of social psychology* (5th ed., vol. 2, pp. 1084–1124). Hoboken: Wiley & Sons.

Dovidio, J. F., Gaertner, S. L., Kawakami, K. & Hodson, G. (2002). Why can't we just get along? Interpersonal biases and interracial distrust. *Cultural Diversity & Ethnic Minority Psychology, 8,* 88–102.

Dovidio, J. F., Hewstone, M., Glick, P. & Esses, V. (2010). Prejudice, stereotyping and discrimination: Theoretical and empirical overwiev. In J. F. Dovidio, M. Hewstone, P. Glick & V. Esses (Eds.), *The Sage handbook of prejudice, stereotyping and discrimination* (pp. 3–28). London: Sage.

Eagly, A. H. & Karau, S. J. (2002). Role congruity theory of prejudice toward female leaders. *Psychological Review, 109,* 573–598.

Fiske, S. T. (1993). Controlling other people: The impact of power on stereotyping. *American Psychologist, 48,* 621–628.

Frenkel-Brunswik, E. (1949). Intolerance of ambiguity as an emotional and perceptual variable. *Journal of Personality, 18,* 108–143.

Gaertner, S. L. & Dovidio, J. F. (1986). The aversive form of racism. In J. F. Dovidio & S. L. Gaertner (Eds.), *Prejudice, discrimination, and racism* (pp. 61–89). Orlando: Academic Press.

Gaertner, S. & McLaughlin, J. (1983). Racial stereotypes: Associations and ascriptions of positive and negative characteristics. *Social Psychology Quarterly, 46,* 23–30.

Gilbert, D. T. & Hixon, J. G. (1991). The trouble with thinking: Activation and application of stereotypic beliefs. *Journal of Personality and Social Psychology, 60,* 509–517.

Good, C., Aronson, J. & Inzlicht, M. (2003). Improving adolescents' standardized test performance: An intervention to reduce the effects of stereotype threat. *Journal of Applied Developmental Psychology, 24,* 645–662.

Greenwald, A. G. & Banaji, M. R. (1995). Implicit social cognition: Attitudes, self-esteem, and stereotypes. *Journal of Personality and Social Psychology, 102*, 4–21.

Greenwald, A. G., McGhee, D. E. & Schwartz, J. L. K. (1998). Measuring individual differences in implicit cognition: the Implicit Association Test. *Journal of Personality and Social Psychology, 74*, 1464–1480.

Jones, E. E. & Sigall, H. (1971). The bogus pipeline: A new paradigm for measuring affect and attitude. *Psychological Bulletin, 76*, 349–364.

Kaas, L. & Manger, C. (2012). Ethnic discrimination in Germany's labour market: A field experiment. *German Economic Review, 13*, 1–20.

Kahneman, D. (2011). *Thinking, fast and slow*. New York: Farrar, Straus and Giroux.

Kawakami, K., Dion, K. L. & Dovidio, J. F. (1998). Racial prejudice and stereotype activation. *Personality and Social Psychology Bulletin, 24*, 401–416.

Keller J. & Dauenheimer D. (2003) Stereotype threat in the classroom: Dejection mediates the disrupting threat effect on women's math performance. *Personality and Social Psychology Bulletin, 29*, 371–381.

Klink, A. & Wagner, U. (1999). Discrimination against ethnic minorities in Germany: Going back to the field. *Journal of Applied Social Psychology, 29*, 402–423.

Kovel, J. (1970). *White Racism: A Psychohistory*. New York: Pantheon.

Krueger, J. & Rothbart, M. (1988). Use of categorical and individuating information in making inferences about personality. *Journal of Personality and Social Psychology, 55*, 187–195.

Lalonde, R. N. & Gardner, R. C. (1989). An intergroup perspective on stereotype organization and processing. *British Journal of Social Psychology, 28*, 289–303.

Lewis, B. P. & Linder, D. E. (1997). Thinking about choking? Attentional processes and paradoxical performance. *Personality and Social Psychology Bulletin, 23*, 937–944.

Lippmann, W. (1922). *Public opinion*. New York: Harcourt, Brace.

Locke, V., MacLeod, C. & Walker, I. (1994). Automatic and controlled activation of stereotypes: Individual differences associated with prejudice. *British Journal of Social Psychology, 33*, 29–46.

Macrae, C. N., Bodenhausen, G. V., Milne, A. B. & Jetten, J. (1994). Out of mind but back in sight: Stereotypes on the rebound. *Journal of Personality and Social Psychology, 67*, 808–817.

Malat, J. & Hamilton, M. A. (2006). Preference for same-race health care providers and perceptions of interpersonal discrimination in health care. *Journal of Health and Social Behavior, 47*, 173–187.

Merton, R. K. (1948). The self-fulfilling prophecy. *Antioch Review, 8*, 193–210.

Moskowitz, G. B. & Ignarri, C. (2009). Implicit volition and stereotype control. *European Review of Social Psychology, 20*, 97–145.

Penner, L., Dovidio, J., Edmonson, D., Dailey, R. K., Markova, T., Albrecht, T. & Gaertner, S. L. (2009). The experience of discrimination and Black-White health disparities in medical care. *Journal of Black Psychology, 35*, 180–203.

Pettigrew, T. F. & Tropp, L. (2006). A meta-analytic test of intergroup contact theory. *Journal of Personality and Social Psychology, 90*, 751–783.

Pratto, F., Sidanius, J., Stallworth, L. M. & Malle, B. F. (1994). Social dominance orientation: A personality variable predicting social and political attitudes. *Journal of Personality and Social Psychology, 67*, 741–763.

Richeson, J. A. & Shelton, J. N. (2003). When prejudice does not pay: Effects of interracial contact on executive function. *Psychological Science, 14*, 287–290.

Roets, A. & Van Hiel, A. (2011). Allport's prejudiced personality today: Need for closure as the motivated cognitive basis of prejudice. *Current Directions in Psychological Science, 20*, 349–354.

Rothbart, M. & Taylor, M. (1992). Category labels and social reality: Do we view social categories as natural kinds? In G. R. Semin & K. Fiedler (Eds.), *Language, interaction and social cognition* (pp. 11–36). Thousand Oaks: Sage.

Saucier, D., Miller, C. & Doucet, N. (2005). Differences in helping Whites and Blacks: A meta-analysis. *Personality and Social Psychology Review, 9*, 2–16.

Schmader, T. & Johns, M. (2003). Converging evidence that stereotype threat reduces working memory capacity. *Journal of Personality and Social Psychology, 85*, 440–452.

Schmader, T., Johns, M. & Forbes, C. (2008). An integrated process model of stereotype threat effects on performance. *Psychological Review, 115*, 336–356.

Schmeichel, B. J. (2007). Attention control, memory updating, and emotion regulation temporarily reduce the capacity for executive control. *Journal of Experimental Psychology. General, 136,* 241–255.

Schneider, D. J. (2004). *The psychology of stereotyping.* New York: Guilford.

Schuman, H., Steeh, C. & Bobo, L. (1985). *Racial attitudes in America: Trends and interpretations.* Cambridge, MA: Harvard University Press.

Seibt, B. & Förster, J. (2004). Stereotype threat and performance: How self-stereotypes influence processing by inducing regulatory foci. *Journal of Personality and Social Psychology, 87,* 38–56.

Sherman, J. W., Lee, A. Y., Bessenoff, G. R. & Frost, L. A. (1998). Stereotype efficiency reconsidered: Encoding flexibility under cognitive load. *Journal of Personality and Social Psychology, 75,* 589–606.

Sigall, H. & Page, R. (1971). Current stereotypes: A little fading, a little faking. *Journal of Personality and Social Psychology, 18,* 247–255.

Steele, C. M. (1992). Race and the schooling of black Americans. *The Atlantic Monthly,* 68–78.

Steele, C. & Aronson, J. (1995). Stereotype threat and the intellectual test performance of African Americans. *Journal of Personality and Social Psychology, 69,* 797–811.

Stroop, J. R. (1935). Studies of interference in serial verbal reactions. *Journal of Experimental Psychology, 18,* 643–662.

Tassinary, L. G. & Cacioppo, J. T. (2000). The skeletomotor system. In L. G. Tassinary & J. T. Cacioppo (Eds.), *Psychophysiology* (2nd ed., pp. 163–199). New York: Cambridge University Press.

Vanman, E. J., Saltz, J. L., Nathan, L. R. & Warren, J. A. (2004). Racial discrimination by low-prejudiced whites: Facial movements as implicit measures of attitudes related to behavior. *Psychological Science, 15,* 711–714.

Webster, D. M. & Kruglanski, A. (1994). Individual differences in need for cognitive closure. *Journal of Personality and Social Psychology, 67,* 1049–1062.

Wenzlaff, R. M, & Wegner, D. M. (2000). Thought suppression. *Annual Review of Psychology, 51,* 59–91.

Zick, A., Pettigrew, T. F. & Wagner, U. (2008). Ethnic prejudice and discrimination in Europe. *Journal of Social Issues, 64,* 233–251.

Zick, A., Wolf, C., Küpper, B., Davidov, E., Schmidt, P. & Heitmeyer, W. (2008). The syndrome of group-focused enmity: The interrelation of prejudices tested with multiple cross-sectional and panel data. *Journal of Social Issues, 64,* 363–383.

8 Gruppenprozesse und soziale Identität

© Springer-Verlag GmbH Deutschland, ein Teil von Springer Nature 2018
P. Fischer et al. (Hrsg.), *Sozialpsychologie für Bachelor*, Springer-Lehrbuch
https://doi.org/10.1007/978-3-662-56739-5_8

Lernziele

- Die Grundannahmen der Theorie der sozialen Identität sowie der Selbstkategorisierungstheorie darlegen können.
- Moderne Theorien zur Psychologie der Masse den Vorstellungen Le Bons und Freuds gegenüberstellen können.

- Die Ambivalenz von Gruppen anhand positiver und negativer Gruppenmerkmale aufzeigen können.
- Typische Befunde zum Eigen- und Fremdgruppenverhalten sowie Möglichkeiten zur Verbesserung der Intergruppenbeziehungen nennen können.

»Wir sind die Besten!« – diese Redewendung aus einem Lied-Text der Gruppe »Die Ärzte« dürfte uns allen bekannt vorkommen (ganz zu schweigen von Queens »We are the champions,« ein Lied, an das sich die älteren Semester gerne erinnern), beispielsweise aus dem Sport, wenn sich eine Mannschaft für das nächste Spiel motivieren möchte; aus der Schule, wenn Kinder eine Gruppenarbeit zu erledigen haben, oder aus dem Werbe- und Wirtschaftskontext, bei dem Firmen sich bzw. ihre Produkte besonders empfehlen möchten, um den Konkurrenten auszuschalten. Meist geht diese positive Sichtweise gegenüber der eigenen Gruppe direkt mit einer negativen Beurteilung von anderen einher, die nicht Teil der Gruppe sind. Beides sind typische Verhaltensmuster, die in Gruppenprozessen auftreten. Doch warum ist dies so? Warum werten wir als Gruppe andere Gruppen oft ab, benachteiligen diese und verhalten uns unfair gegenüber ihnen?

Wenn es um die **Erklärung von Intergruppendiskriminierung** geht, bezieht sich die Literatur häufig auf die »Theorie des realistischen Gruppenkonflikts« (Sherif, 1966). Diese Theorie besagt, dass die Knappheit an Ressourcen zu Streit, Vorurteilen und Diskriminierung führen

Gruppen tendieren dazu, mit anderen Gruppen zu rivalisieren bzw. diese systematisch abzuwerten.

Die **Theorie der sozialen Identität** befasst sich mit dem Erleben und Verhalten von Menschen in **Gruppenkontexten** sowie dem **Intergruppenverhalten**.

kann. Denken Sie z. B. an ein Geschwisterpaar oder eine Gruppe von Kindern, die Süßigkeiten geschenkt bekommen. Wenn es nun mehr Kinder als Bonbons gibt, dann führt dies schnell zu Konflikt und Tränen. In größeren Dimensionen ist dies natürlich auch im politischen bzw. wirtschaftlichen Bereich erkennbar, wenn sich zwei Mächte um ein Territorium oder natürliche Rohstoffe streiten. Hier mag es nachvollziehbar erscheinen, dass es zu Rivalität kommen kann (selbst wenn es nicht immer logisch zu rechtfertigen ist). Wir möchten den Schwerpunkt in diesem Kapitel aber bewusst auf eine andere Theorie legen, die Intergruppendiskriminierung selbst dann erklären kann, wenn keine offensichtlichen Merkmale zugegen sind, die Interessenskonflikte erkennbar machen könnten. Zusätzlich setzt sich diese Theorie mit der Entstehung und Bildung von Gruppen auseinander – einem wichtigen Prozess, der uns tagtäglich begleitet.

8.1   Theorie der sozialen Identität

Die Theorie der sozialen Identität entstand, um die Diskriminierung zwischen verschiedenen Gruppen und die damit verbundenen psychologischen Prozesse besser zu verstehen.

Tajfel und Turner (1979/1986) haben sich gezielt mit diesen Fragen auseinandergesetzt und in ihrem Werk »**The social identity theory of intergroup behavior**« die Theorie der sozialen Identität beschrieben. Die Theorie entstand, um die Diskriminierung zwischen verschiedenen Gruppen und die damit verbundenen psychologischen Prozesse besser zu verstehen. Hierunter fällt auch das oben dargestellte Phänomen, dass Personen Eigengruppen (also Gruppen, denen sie angehören, wie z.B. die Gruppe der Frauen, der Studierenden, der Deutschen, etc.) aufwerten und demgegenüber Fremdgruppen (also Gruppen, denen sie nicht angehören) abwerten (Haslam, 2004; Tajfel, Billig, Bundy & Flament, 1971).

In einer klassischen Studie untersuchten Tajfel et al. (1971), wie es zur Diskriminierung anderer Gruppen kommen kann, ohne dass zuvor feindselige Einstellungen zwischen den Gruppen bestanden oder sich die Gruppen durch unterschiedliche Interessen voneinander abgegrenzt hatten (▶ Studie: Minimalgruppen-Paradigma).

Studie

Minimalgruppen-Paradigma

Im zweiten Experiment der Versuchsreihe von Tajfel et al. (1971) wurden die Versuchsteilnehmer (Schulkinder) anhand bedeutungsloser Kriterien (persönliche Präferenz für den Maler Klee oder Kandinsky) jeweils einer Gruppe zugeteilt. Ihnen wurde gesagt, dass ihre Aufgabe darin bestehe, Belohnungspunkte an Mitglieder der eigenen sowie der der fremden Gruppe zu verteilen. Diese Punkte symbolisierten echte Geldbeträge, die später ausgezahlt würden. Jedes Kind bekam hierzu eine kleine Broschüre vorgelegt, in der 44 Matrizen abgebildet waren. Diese bestanden aus diversen Punktepaaren, z. B. 7/8, 10/5, 15/15. Aus jeder der 44 Matrizen sollte das Kind nun ein Punktepaar auswählen, deren Werte jeweils auf eine Person der eigenen bzw. eine Person der anderen Gruppe aufgeteilt wurden. Die Zuteilung der Zahlenwerte war festgelegt, d. h. aus der Matrize war ersichtlich, welcher Person welche Punkteanzahl zukommen würde (◻ Abb. 8.1).

In ◻ Abb. 8.1 ist zu sehen, dass die Matrize aus zwei Zahlenreihen gebildet wurde und sich die einzelnen Punktepaare aus den beiden Zahlenwerten zusammensetzten, die direkt untereinander standen. Dabei variierte, ob die obere Zahlenreihe Punktewerte für ein Fremdgruppenmitglied oder eines der Eigengruppe waren. Bei der Auswahl der einzelnen Zahlenpaare gab es drei verschiedene Möglichkeiten, die jeweils mit unterschiedlichen Ausgängen für das Mitglied der eigenen und fremden Gruppe verbunden waren. ◻ Abb. 8.2 verdeutlicht diese drei Ausgänge:

- MJP (»maximum joint payoff«): Zahlenpaar mit dem größtmöglichen gemeinsamen Nutzen für beide Personen ⇒ maximaler gemeinsamer Nutzen für Eigen- und Fremdgruppe
- MIP (»maximum ingroup payoff«): Zahlenpaar mit dem größten Punktewert für das Eigengruppen-Mitglied ⇒ maximaler Eigengruppen-Nutzen
- MD (»maximum difference«): Zahlenpaar, bei dem der Punktewert für die Eigengruppe mit dem größtmöglichen Abstand über demjenigen der Fremdgruppe liegt ⇒ maximaler Unterschied zugunsten der Eigengruppe

Die Auswertung des Experiments war sehr vielschichtig. Das Hauptziel war jedoch, zu bestimmen, inwiefern die Verteilung der vergebenen Punktepaare für beide Gruppen davon beeinflusst wurde, ob die Schulkinder den Profit für beide Gruppen, für ihre eigene Gruppe oder ob sie den Abstand zwischen beiden Gruppen maximieren wollten. Aus ökonomischer Sicht ist es rational, den Profit der eigenen Gruppe zu maximieren ohne Berücksichtigung des Profits der anderen Gruppe (Akerlof & Kranton, 2000). Dies zeigte sich empirisch allerdings nicht: Die Kinder wählten nämlich überwiegend diejenigen Punktepaare aus, bei der sie die

Differenz zwischen dem Profit der eigenen Gruppe sowie dem Profit der anderen Gruppe maximierten. Den Gruppen ging es also nicht so sehr darum, für sich selbst den höchsten Profit herauszuschlagen; sie nahmen sogar ein »Weniger« an ihrem eigenen Profit in Kauf, nur um den Abstand zwischen der eigenen und der anderen Gruppe möglichst groß zu halten (vgl. Haslam, 2004). Sprich, lieber wiesen die Kinder einem Mitglied der eigenen Gruppe beispielsweise nur 5 Punkte zu und demjenigen der Fremdgruppe 1 Punkt (Differenz: 4 Punkte), als dem Mitglied der eigenen Gruppe 9 und demjenigen der Fremdgruppe 7 Punkte zuzuteilen (Differenz: 2 Punkte). Insofern wurde die Punkteverteilung am besten vom Ziel der **maximalen Differenz** bestimmt; das Ziel, die Eigengruppe maximal zu belohnen, hatte zwar einen Einfluss auf die Punkteverteilung, jedoch weniger stark; das Ziel des maximalen gemeinsamen Nutzens hatte keinerlei Einfluss. Ähnliche Befunde konnten auch in Feldexperimenten mit erwachsenen Versuchspersonen repliziert werden (Brewer & Silver, 1978; Brown, 1978), wobei eine Vielzahl möglicher Alternativerklärungen (z. B. wie gut sich die Personen vorher kannten oder wie ähnlich sie einander einschätzten) ausgeräumt werden konnten (Billig & Tajfel, 1973).

Broschüre der Klee-Gruppe												
Diese Nummern sind Gewinne für:												
Mitglied Nr. 74 der Klee-Gruppe	25	23	21	19	17	15	13	11	9	7	5	3	1
Mitglied Nr. 44 der Kandinsky-Gruppe	19	18	17	16	15	14	13	12	11	10	9	8	7

Bitte trage untenstehend die Punktewerte des ausgewählten Zahlenpaares ein:

Belohnung für Mitglied Nr. 74 der Klee-Gruppe   _____

Belohnung für Mitglied Nr. 44 der Kandinsky-Gruppe   _____

◨ **Abb. 8.1** Beispiel für eine Matrize aus der Studie von Tajfel et al. (1971, republished with permission of John Wiley & Sons Inc., permission conveyed through Copyright Clearance Center, Inc.)

| Mitglied der Eigengruppe | 19 | 18 | 17 | 16 | 15 | 14 | 13 | 12 | 11 | 10 | 9 | 8 | 7 |
| Mitglied der Fremdgruppe | 1 | 3 | 5 | 7 | 9 | 11 | 13 | 15 | 17 | 19 | 21 | 23 | 25 |

MJP (maximaler gemeinsamer Nutzen)   7 / 25

MIP (maximaler Eigengruppen-Nutzen)   19 / 1

MD (maximaler Unterschied)   19 / 1

◨ **Abb. 8.2** Verschiedene Motive bei der Auswahl der Zahlenpaare. (In Anlehnung an Tajfel et al., 1971, republished with permission of John Wiley & Sons Inc., permission conveyed through Copyright Clearance Center, Inc.)

Intergruppendiskriminierung tritt auf, weil Gruppen bestrebt sind, sich von anderen Gruppen positiv abzuheben.

Wieso tritt dieser **Effekt der Intergruppendiskriminierung** auf? Tajfel (1972) geht davon aus, dass Gruppen bestrebt sind, sich von anderen Gruppen positiv abzuheben bzw. eine »**positive soziale Distinktheit**« gegenüber anderen Gruppen herzustellen. Dieses Streben kommt selbst in Situationen bzw. Gruppenkonstellationen zum Tragen, in denen die Gruppeneinteilung anhand von unbedeutenden und beliebigen (»minimalen«) Kriterien vorgenommen wurde, die nicht auf bestimmte Einstellungen, Vorlieben etc. schließen lassen (z. B. Losverfahren, gleicher Geburtsmonat). Positive Distinktheit kann sowohl durch Aufwertung der Eigengruppe als auch durch Abwertung der Fremdgruppe erreicht werden. Der psychologische Grund dafür ist, dass Menschen ihren Selbstwert beibehalten oder nach Möglichkeit steigern möchten (Frey & Gaska, 1993) und zugleich aber aus ihren Gruppenzugehörigkeiten Selbstwert ableiten. Je besser die eigene Gruppe im Vergleich zu einer anderen Gruppe »dasteht«, desto positiver ist dies für den eigenen Selbstwert. In diesem Zusammenhang ist auch das Ergebnis der Studie von Tajfel et al. (1971) zu sehen: Zentral war die Vergrößerung des Unterschieds zwischen beiden Gruppen, also das »Sich-positiv-Abheben« von der anderen Gruppe bzw. die positive Distinktheit gegenüber dieser. Die psychologisch interessante Frage ist, warum sich die Versuchspersonen überhaupt als eine Einheit bzw. Gruppe wahrgenommen haben, handelte es sich doch lediglich um eine »minimale« Gruppe? Warum haben sie eine »soziale Identität« entwickelt?

8.1.1 Grundlegende Annahmen der Theorie der sozialen Identität (social identity theory; SIT)

Personale Identität bildet das **Wissen um die eigene Person** ab. Ein potenzieller sozialer Vergleich läuft auf der Ebene »**Ich**« vs. »**Du**« ab.

Tajfel und Turners (1979) Grundannahme ist, dass sich die Identität eines Menschen auf einem Kontinuum bewegt, das von dem einen Extrem einer rein persönlichen Identität bis zu einem anderen Extrem einer rein sozialen Identität reicht. Mit **personaler Identität** ist das Wissen über die eigene Person gemeint, also bestimmte Vorlieben und Fähigkeiten, Charakterzüge, Intelligenz, etc. Dieses Wissen bzw. diese Selbstsicht erhält der Mensch größtenteils durch den **Vergleich mit anderen Personen** (Stets & Burke, 2000; s. auch Suls & Wheeler, 2000), was ihm ermöglicht, sich selbst einordnen bzw. einschätzen zu können. Dieser Vergleich läuft dabei auf der Ebene des »**Ich**« vs. »**Du**« ab (Haslam, 2004). Bei diesen sozialen Vergleichsprozessen stehen einzelne Individuen im Vordergrund, die sich miteinander vergleichen oder miteinander interagieren.

Im Modus der sozialen Identität finden **soziale Vergleiche** nicht auf individueller, sondern auf **Gruppenebene** statt.

Die andere Seite des Kontinuums betrifft dagegen die **soziale Identität**. Hier geht es nicht um das einzelne Individuum, sondern um dessen Wahrnehmung, ein Teil einer Gruppe zu sein. Das Individuum befindet sich nun im Modus der sozialen Identität (d. h. die Salienz der sozialen Identität ist hoch). Also finden die **Vergleiche hier auf Gruppenebene** statt, d. h., die Eigenschaften der eigenen Gruppe (z. B. Status, Macht) werden mit denen anderer Gruppen verglichen. Dabei werden die Eigenschaften der eigenen Gruppe im Vergleich zu Eigenschaften der anderen Gruppe aufgewertet, um besser als diese zu sein bzw. über dieser zu stehen – was wiederum den eigenen Selbstwert steigert (Tajfel & Turner, 1979). Wenn sich Menschen im »**Wir-Modus**« (hohe soziale Identität) befinden, sehen sie sowohl die Eigengruppe als auch die

Fremdgruppe als relativ homogen an. In Bezug zur Eigengruppe bedeutet dies eine gewisse »Depersonalisierung«. Die Person sieht sich in erster Linie als quasi austauschbares Exemplar der Gruppe. In diesem Sinne schließt die soziale Identität die personale Identität aus. In Bezug auf die Fremdgruppe ist der Eindruck der Homogenität ein Baustein der Stereotypenbildung und Diskriminierung (Park & Rothbart, 1982).

Im Gegensatz dazu stehen im »Ich«-Modus die individuellen Persönlichkeitsmerkmale (sowohl eigene als auch die der anderen) im Vordergrund. Folglich nehmen Menschen die Mitglieder vor allem der eignen Gruppe als heterogen, d. h. unterschiedlich wahr (»Jeder Mensch ist anders«) und verhalten sich gegenüber diesen auch auf interpersonaler Ebene bzw. im Modus personaler Identität (Tajfel, 1978). Während es, wie bereits gesagt, nicht möglich ist, im Hinblick auf eine Gruppe gleichzeitig im Ich- und Wir-Modus zu sein, ist es jedoch klar, dass jeder Mensch vielen Gruppen angehört. Typischerweise ist zu jedem gegebenen Zeitpunkt aber nur eine Gruppenzugehörigkeit psychologisch salient (Krueger & DiDonato, 2008; Lickel et al., 2000), so dass auch persönliche Beziehungen zu einzelnen Mitgliedern anderer Fremdgruppen gepflegt werden können. Ob die soziale oder die personale Identität dominiert, hängt von jeweiligen Merkmalen der Situation ab (Hogg & Reid, 2006; vgl. auch ▶ Abschn. 7.2.1).

> Im **Wir-Modus** kommt es zu einer gewissen Depersonalisierung gegenüber Eigen- und Fremdgruppenmitgliedern (Homogenität). Dagegen stehen im **Ich-Modus** die individuellen Persönlichkeitsmerkmale im Vordergrund (Heterogenität). Beide Modi können kaum gleichzeitig wirken, einer ist stets dominierend.

Beispiel

Die Merkmale der Situation entscheiden zwischen Wir- und Ich-Modus

Stellen Sie sich vor, Sie sind Fußballfan des FC Bayern München (wenn Sie sich dies gar nicht vorstellen müssen, sondern dem so ist, umso besser!) und besuchen ein Spiel in der Allianz-Arena. Mit Tausenden anderer Bayern-Fans, darunter auch einige Ihrer Bekannten und Freunde, befinden Sie sich im Fanblock und verfolgen das Spiel. Schließlich pfeift der Schiedsrichter zu Unrecht ein Foul, was der gegnerischen Mannschaft einen Elfmeter einbringt. Der ausgesuchte Stürmer verwandelt ihn und es steht 1:0 bei einer restlichen Spielzeit von 5 Minuten. Sie hören den Jubel der gegnerischen Fans, deren ausgelassenes Freudengeschrei und sehen gleichzeitig die fassungslosen Gesichter der Bayern-Fans, teilweise begleitet von verärgerten Pfiffen ob des ungerechten Elfmeters. Wie nehmen Sie nun wohl Ihre Leidensgenossen wahr? Wie die Fans der gegnerischen Mannschaft?

Betrachten wir diese Situation also im Kontext von sozialer und personaler Identität. Durch das Fußballszenario ist hier klar Ihre Gruppenzugehörigkeit zu den Anhängern des FC Bayerns salient. Das aktuelle Fußballspiel, zu dem Sie extra gefahren sind, lässt somit Ihre soziale Identität dominieren. Im Vordergrund steht für Sie nicht Ihre Rolle als Studierender, Hobbymusiker oder als ehrenamtlich tätige Person. Genauso wenig wird für Sie in dieser Situation relevant sein, dass Ihr Bekannter, der neben ihnen steht, erst kürzlich eine Meinungsverschiedenheit mit Ihnen hatte; dass Sie sein Wissen in politischen Angelegenheiten sehr schätzen, ihn zu Kunstthemen jedoch nicht um Rat fragen zu brauchen. Alle diese individuellen Merkmale rücken nun in den Hintergrund und werden über dem gemeinsamen »Leid« vergessen. Sie nehmen Ihren Bekannten und auch die übrigen Bayern-Fans als eine Einheit, als eine Gruppe wahr, die die Präferenz für den FC Bayern verbindet. Mit den Worten der Theorie der sozialen Identität: Die soziale Identität ist salient, die personale Identität und die damit verbundene Heterogenität werden verdrängt. Entsprechend kommt es zu einer homogenen Wahrnehmung der eigenen (»*wir* Bayern-Fans«) sowie fremden Gruppe (»*die* Fans der gegnerischen Mannschaft«). Fahren Sie nach dem Fußballspiel jedoch wieder nach Hause und treffen sich beispielsweise privat mit einer Freundin, so wird sich der Modus vermutlich in Richtung personale Identität verschieben.

▶ Definition
Soziale Identität

> ┌─ Definition ───
> **Soziale Identität** bezeichnet die persönliche Wahrnehmung, selbst zu einer bestimmten Gruppe bzw. sozialen Kategorie zu gehören, wobei diese Gruppenzugehörigkeit mit einem bestimmten affektiven und evaluativen Wert assoziiert sein muss (Tajfel, 1972; s. auch Hogg & Abrams, 1988).

8.1.2 Interaktionsformen zwischen Gruppen

Drei wesentliche **Grundannahmen der Theorie der sozialen Identität** sind:
(1) Streben nach positivem Selbstwert,
(2) beidseitige Valenz der eigenen Gruppenmitgliedschaft,
(3) Bewertung der Eigengruppe im Vergleich zu anderen Gruppen.

Um Gruppenprozesse bzw. die damit verbundenen Phänomene wie Fremdgruppenhomogenität, Diskriminierung, Vorurteilsbildung, etc. verstehen zu können, sollten wir vorab drei wesentliche Grundannahmen der Theorie der sozialen Identität betrachten. Tajfel und Turner (1979) gehen davon aus, dass

1. Personen nach einer positiven Selbstsicht und einem hohen Selbstwert streben;
2. die Mitgliedschaft in einer sozialen Gruppe (die Wahrnehmung sozialer Identität) sowohl positiv als auch negativ behaftet sein kann, je nachdem, wie das Individuum die eigene Gruppe bewertet;
3. die Bewertung der eigenen Gruppe im Vergleich zu anderen Gruppen erfolgt, wobei eine positive Differenz zwischen eigener und fremder Gruppe zu hohem eigenem Status und eine negative Differenz zu niedrigem Status führt.

Soziale Mobilität bezieht sich darauf, wie leicht bzw. schwer eine Person von einer zur anderen Gruppe wechseln kann.

Vor dem Hintergrund dieser Annahmen lassen sich drei verschiedene Möglichkeiten beschreiben, wie individuelle Personen im Rahmen von sozialen Kategorien strategisch handeln können. Der erste Prozess wird dabei als »**soziale Mobilität**« (»social mobility«; Haslam, 2004) bezeichnet. Damit sind das Motiv und der Versuch gemeint, von einer Gruppe in die andere zu wechseln (etwa wenn eine Person die eigene Gruppe negativ bewertet und folglich auch keinen positiven Selbstwert mehr aus ihrer Gruppenzugehörigkeit ziehen kann). Die soziale Mobilität ist beispielsweise hoch, wenn ein Kind von seinem bisherigen Freundeskreis in einen anderen wechseln kann und dabei von den Kindern der neuen Gruppe ohne Vorbehalte als vollwertiges Gruppenmitglied aufgenommen wird. Dies kann allerdings problematisch werden, wenn es zwischen den Gruppen Statusunterschiede gibt. So ist es schwerer, als Mitglied einer statusniedrigen Gruppe in eine statushöhere Gruppe zu wechseln. Dies tritt vor allem deshalb auf, weil statushöhere Gruppen ihren Status absichern und bewahren wollen (Dovidio, Gaertner & Saguy, 2009). Die Aufnahme zu vieler Personen aus statusniedrigen Gruppen würde nämlich ihren eigenen hohen Status bedrohen und »verwässern« (vgl. Haslam, 2004).

Soziale Kreativität drückt sich in Umbewertungsprozessen aus, die immer dann einsetzen, wenn einer Person der Wechsel in eine statushöhere Gruppe verweigert wird. Positive Aspekte der statusniedrigen Gruppe werden dann kognitiv stärker hervorgehoben.

Der zweite Prozess wird als »**soziale Kreativität**« (»social creativity«) bezeichnet. Soziale Kreativität ist immer dann gefragt, wenn Personen ihre Gruppe nicht verlassen können; beispielsweise, wenn eine Person aus einer statusniedrigen Gruppe nicht von einer statushöheren Gruppe aufgenommen wird. Um weiterhin einen positiven Selbstwert aus der Mitgliedschaft in der statusniedrigeren Gruppe zu ziehen, zeigen Personen kognitive Umbewertungsprozesse. Der Fokus wird also umgelenkt, sodass nicht mehr die negativen Aspekte der Eigengruppe im Vordergrund stehen (wegen derer ein Gruppenwechsel erwünscht war), sondern positive Merkmale gesucht und besonders herausgestellt werden. Es muss also die soziale Vergleichsdimension gewechselt werden (vgl. Haslam, 2004). Wenn jemandem, wie im obigen Beispiel, der Gruppenwechsel in eine statushöhere Gruppe verwehrt wird, so sollte das Merkmal »Status« ersetzt werden. Sind beispielsweise die sozialen Beziehungen innerhalb der eigenen Gruppe besonders positiv und angenehm, so könnte man das Gewicht hierauf legen, um seinen Selbstwert zu schützen (Jackson, Sullivan, Harnish & Hodge, 1996).

Der dritte postulierte Prozess wird als **sozialer Wettbewerb** (»social competition«) bezeichnet. Sozialer Wettbewerb tritt immer dann auf, wenn ein sozialer Konflikt zwischen den beiden Gruppen vorliegt. In dieser Situation wollen und können beispielsweise Personen einer statusniedrigeren Gruppe nicht zur statushöheren Gruppe wechseln und sie würden von dieser auch nicht aufgenommen werden. Vor allem unter Bedingungen des sozialen Wettbewerbs treten Prozesse wie Aufwertung der eigenen Gruppe und Abwertung der Fremdgruppe auf. Sozialer Wettbewerb zwischen Gruppen kann sich zudem durch einen offenen Konflikt zwischen beiden Gruppen ausdrücken (Haslam, 2004).

> **Sozialer Wettbewerb** tritt immer dann auf, wenn ein sozialer Konflikt zwischen zwei Gruppen vorliegt. Sozialer Wettbewerb führt in der Regel zur Aufwertung der eigenen Gruppe und/oder Abwertung der Fremdgruppe.

8.1.3 Anwendungsbereiche der Theorie der sozialen Identität

Die Theorie der sozialen Identität findet unterschiedliche psychologische Anwendungen. In der Organisationspsychologie trägt sie zum Verständnis organisationalen Verhaltens bei und zur Analyse organisationaler Prozesse. Organisationen sind große Gruppen von Menschen mit vielen kleinen Untergruppen (einzelne Abteilungen). Das Leben in Organisationen (z. B. in der Wirtschaft) ist nachhaltig geprägt von Gruppenprozessen und wahrgenommenen sozialen Identitäten. Die Theorie der sozialen Identität kann in Organisationen beispielsweise dabei helfen, das Gelingen oder Scheitern von Unternehmensfusionen genauer zu analysieren, weil gerade bei Fusionen meist Statusunterschiede zwischen den zu fusionierenden Gruppen bestehen (vgl. Fischer, Greitemeyer, Omay & Frey, 2007).

> Die **Theorie der sozialen Identität** findet in verschiedenen Kontexten **Anwendung**. Im Bereich der Organisationspsychologie kann sie organisationales Verhalten und entsprechende organisationale Prozesse erklären.

Auf die Theorie der sozialen Identität kann aber auch zurückgegriffen werden, wenn grundlegende sozialpsychologische Prozesse wie Vorurteile und Rassismus erklärt werden sollen (Brown, 2000). Warum diskriminieren sich Personen unterschiedlicher Ethnien? Warum haben wir Vorurteile gegenüber Personen aus anderen Gruppen? Die Annahme, dass Personen positiven Selbstwert aus ihren Gruppenzugehörigkeiten beziehen und Gruppenunterschiede möglichst maximal zu ihren Gunsten forcieren wollen, gibt eine konkrete Antwort auf diese Fragen. Letztlich ist die Theorie der sozialen Identität auch dazu in der Lage, einen wichtigen Beitrag zum Verständnis von Krieg und Gewalt unter verschiedenen Gruppen zu leisten (vgl. Haslam, 2004).

> Die Theorie der sozialen Identität kann viele gesellschaftliche Probleme wie z. B. Krieg, Rassismus und Diskriminierung erklären.

Entscheidend an dieser Theorie ist letztlich, dass sie über die Analyseeinheit des Individuums hinaus geht und die Wahrnehmung und das Leben in Gruppen als eigenständigen psychologischen Prozess betrachtet. Im Gegensatz zum »methodologischen Individualismus«

> Entscheidend an der Theorie der sozialen Identität ist, dass sowohl das Individuum, die Gruppe als auch die Interaktion aus beiden Komponenten als Analyseeinheiten betrachtet werden.

postuliert die Theorie der sozialen Identität, dass Gruppen mehr als die Summe ihrer Teile sind. Gruppenverhalten kann also nicht ausschließlich durch die Analyse des Erlebens und Verhaltens der einzelnen Gruppenmitglieder verstanden werden. Vielmehr geht es um die Analyse sozialer Identitäten in Interaktion mit anderen sozialen Identitäten in einem sich ändernden sozialen Kontext (Haslam, 2004).

8.2   Selbstkategorisierungstheorie

Die Selbstkategorisierungstheorie befasst sich mit der Frage, wie Personen überhaupt zu Gruppenmitgliedern werden.

Ein Nachteil der Theorie der sozialen Identität ist, dass sie keine Aussagen über die zugrunde liegenden psychologischen Prozesse macht (vgl. Haslam, 2004). Wie kommt es beispielsweise dazu, dass soziale Identität salient wird, d.h., die Wahrnehmung der Gruppenzugehörigkeit das jeweilige Verhalten in einer Situation bestimmt? Und wie werden wir überhaupt Mitglied einer Gruppe? Wie ihr Name bereits andeutet, beschäftigt sich die **Theorie der Selbstkategorisierung** mit sozialen Kategorien, beispielsweise deren Bildung und Wahrnehmung, und versucht damit, auf die obigen Fragen eine Antwort zu geben (Turner, 1982, 1985; Turner, Oakes, Haslam & McGarty, 1994).

8.2.1 Wahrnehmung sozialer Identität

Saliente soziale Identität erhöht die wahrgenommene Ähnlichkeit mit anderen Mitgliedern der eigenen Gruppe.

Wie oben dargestellt, treffen Menschen ihre Selbsteinschätzung (Selbstkategorisierung) meist im Vergleich zu anderen. Dies kann sowohl auf personaler (»ich« vs. »du«) als auch auf sozialer Ebene (»wir« vs. »die anderen«) geschehen. Wie bereits angedeutet, nimmt die Selbstkategorisierungstheorie in letzterem Fall an, dass Personen bei erhöhter sozialer Identität in einen Prozess der Depersonalisierung eintreten. Depersonalisierung in dem Sinne, dass das eigene Selbst mit anderen Selbsts austauschbar wird. Gesehen wird nun nicht mehr das einzelne Individuum, sondern der Mensch als Teil der jeweiligen Gruppe. Im Vordergrund stehen also die gruppenspezifischen Merkmale, die auf jedes Mitglied zutreffen. Diese erhöhte Salienz sozialer Identität führt dazu, dass die wahrgenommene Ähnlichkeit mit anderen Mitgliedern der eigenen Gruppe erhöht wird; d.h. der Ingroup-Konsensus bzw. die Übereinstimmung innerhalb der eigenen Gruppe, auch wahrgenommene »**ingroup-homogeneity**« genannt, steigt an (s. auch Haslam, 2004).

Damit es zur sozialen Kategorisierung kommt, ist es wichtig, die jeweilige Kategorie überhaupt wahrzunehmen und sich dieser subjektiv ähnlich zu fühlen.

Die Kategorisierung in Gruppen geschieht spontan und ist stark abhängig vom sozialen Kontext. So ist es beispielsweise wichtig, dass die soziale Kategorie überhaupt wahrgenommen wird, ihre Zugänglichkeit also gegeben ist (»**accessibility**«; Mackie, Hamilton, Susskind & Rosselli, 1996). Gleichermaßen ist es erforderlich, das Gefühl zu haben, in die jeweilige Gruppe zu »passen«, dieser ähnlich zu sein (»**fit**«; Hogg & Reid, 2006). Wird schließlich eine bestimmte Kategorie (z.B. das Geschlecht) durch den sozialen Kontext salient gemacht (vgl. »accessibility«), so kann sich eine Personen spontan auch als Mann oder Frau sehen und definieren. Hogg und Turner (1987) konnten dies in einem aufschlussreichen Experiment zeigen (▶ Studie: Selbstkategorisierung in Abhängigkeit der Salienz bestimmter Merkmale).

Studie

Selbstkategorisierung in Abhängigkeit der Salienz bestimmter Merkmale

Hogg und Turner (1987) wollten die Theorie der Selbstkategorisierung überprüfen, d. h., sie untersuchten, ob die Salienz der sozialen Identität zu gruppenspezifischen Prozessen wie Depersonalisierung und erhöhter Ingroup-Homogeneity führt und damit Einfluss auf das Selbstkonzept (die kognitiven Annahmen einer Person über sich selbst) hat. Hierzu bildeten sie zwei experimentelle Gruppen. Gruppe 1 bestand sowohl aus Frauen als auch aus Männern; Gruppe 2 war dagegen gleichgeschlechtlich (also entweder nur Frauen oder nur Männer). Mit dieser Gruppenbildung wurde die soziale Identität über das Geschlecht variiert: In der gleichgeschlechtlichen Bedingung war das Geschlecht nicht salient während die gemischte Bedingung eine hohe Salienz der Geschlechtskategorie bewirkte. Als abhängige Variablen wurden Selbstbeschreibungen der Versuchspersonen in Bezug auf geschlechtsspezifische Aspekte erhoben sowie Gruppenprozesse mittels kognitiver und verhaltensbezogener Maße bestimmt. Als Ergebnis zeigte sich, dass sich die Versuchspersonen in der gemischten Geschlechtsbedingung spontan in die Geschlechtskategorien einordneten und sich verstärkt als Frauen bzw. Männer definierten. Dies war daran zu sehen, dass die Selbstbeschreibungen in der gemischten Bedingung eine höhere Anzahl geschlechtsspezifischer Stereotype enthielten als in der gleichgeschlechtlichen Bedingung (Selbststereotypisierung). Frauen nahmen sich untereinander als ähnlicher wahr und demgegenüber schätzten sich auch Männer als einander ähnlicher ein. Die personale Identität trat also in den Hintergrund (Depersonalisierung). Insofern wurden durch die Salienz des Geschlechts Prozesse der Selbststereotypisierung (s. unten) und Selbstkategorisierung ausgelöst, was einen Beweis für die Selbstkategorisierungstheorie lieferte.

Wenn sich Individuen als Gruppenmitglieder definieren, und wenn durch den Prozess der Depersonalisierung das Gefühl der eigenständigen Identität geschwächt wird, kommt es mitunter zur **Selbststereotypisierung**. Hiermit ist gemeint, dass man sich selbst und seine anderen Gruppenmitglieder als besonders ähnlich wahrnimmt. Man überträgt dabei diejenigen Annahmen, die man über die eigene Gruppe hat, auf sich selbst. Sprich, die Stereotype, die gegenüber der Eigengruppe bestehen (z. B. bestimmte Eigenschaften), schreibt man auch sich selbst zu. Hält man beispielsweise seine eigene Gruppe für besonders leistungsstark und erfolgreich, so übernimmt man diese Attribute auch zur persönlichen Einschätzung (vgl. auch obige Beispielstudie von Hogg & Turner, 1987: Selbstbeschreibung enthält in einem gemischt-geschlechtlichen Kontext mehr geschlechtsspezifische Stereotype). Allerdings sind kognitive Prozesse der sozialen Kategorisierung allein nicht hinreichend für dieses Ergebnis. Weitere motivationale Elemente, wie z. B. die Einschätzung, dass das Bestehen der eigenen Gruppe gefährdet sei, müssen hinzutreten (Latrofa, Vaes, Cadinu & Carnaghi, 2010; ❑ Abb. 8.3).

> Bei salienter sozialer Identität und dem Zustand der Depersonalisierung kann es zur **Selbststereotypisierung** kommen.

Zusammenfassend lässt sich festhalten, dass Selbstkategorisierungsprozesse bestimmen, wie sehr sich Personen unterschiedlicher Gruppen vertrauen, wie ähnlich sie sich gegenüber Personen der eigenen Gruppe und der Fremdgruppe sehen (DiDonato, Ullrich & Krueger, 2011), wie sehr Gruppen miteinander kooperieren oder in Konflikt stehen und wie nachhaltig Personen kollektive Ziele verfolgen (vgl. Haslam, 2004).

> Selbstkategorisierungsprozesse bestimmen die Art und Enge der Beziehungen, die Menschen zu Personen der Eigen- und Fremdgruppe haben.

8.2.2 Wie werden wir Mitglied einer Gruppe?

Die Selbstkategorisierungstheorie befasst sich auch mit der Frage, wie wir Mitglied einer bestimmten Gruppe werden. Vielleicht erinnern Sie

> Bevor wir vollständige Gruppenmitglieder werden, müssen wir lernen, wie die Gruppe funktioniert.

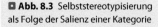

Abb. 8.3 Selbststereotypisierung als Folge der Salienz einer Kategorie

sich noch an den Beginn Ihres Studiums: Frisch aus der Schule waren Sie natürlich noch nicht in die Gruppe der Studierenden aufgenommen; mittlerweile schon – doch wie ist Ihnen dies gelungen? Vermutlich haben Sie zunächst das Verhalten anderer Studierender beobachtet: Welche Kurse besuchen sie? Wann wird mit dem Lernen für Prüfungen begonnen? Wo und wie oft treffen sich Lerngruppen? Und, besonders wichtig, wie sieht das typische Nachtleben eines Studierenden aus? Antworten auf diese Fragen haben Sie als Erstsemester durch eigene Beobachtung sowie durch Gespräche mit Kommilitonen aus höheren Semestern erhalten, die ja bereits seit geraumer Zeit Mitglied dieser Gruppe sind. Im Laufe der Zeit wurden Sie also mit diesen **Gruppennormen** vertraut, verinnerlichten diese und übernahmen Sie in Ihr Verhaltensrepertoire. Sie wurden Teil der Gruppe.

Gruppennormen werden von Personen zunächst gelernt und verinnerlicht, um dann später aktiv reproduziert zu werden.

Entscheidend für die Mitgliedschaft in einer Gruppe ist, dass die typischen Merkmale und Charakteristiken einer Gruppe geteilt werden. Die Mitglieder haben die gleichen Prototypen bzw. die jeweiligen Gruppennormen sind gedanklich repräsentiert (verinnerlicht). Daraus resultiert schließlich gruppenspezifisches, normorientiertes Verhalten (Hogg & Reid, 2006). Die Gruppenormen werden also von den neuen Studierenden reproduziert und in Folge wiederum an nachfolgende Studierendengenerationen weitergegeben. Durch derartige Prozesse können Gruppennormen über etliche Kohorten und gar Generationen tradiert werden. So lässt sich beispielsweise auch erklären, warum viele militärische Konflikte auf der Welt potenzielle subjektive Ursachen in der tiefen Vergangenheit haben. Im Kosovokrieg 1998–1999 wurde beispielsweise als Ursache die Schlacht auf dem Amselfeld (1389) herangezogen, um Muslime und Christen ein weiteres Mal gegeneinander aufhetzen und zum gegenseitigen Töten motivieren zu können.

8.3   Psychologie der Masse

Nun haben wir uns hauptsächlich mit der Entstehung von Gruppen, der Wahrnehmung von Gruppenzugehörigkeit und daraus resultierendem Intergruppenverhalten beschäftigt. Fraglich ist, ob auch die Gruppengröße einen Einfluss darauf hat, wie wir uns verhalten? Macht es einen Unterschied, ob ich mich einer Gruppe von 3 Personen zugehörig fühle oder Teil einer 1000-köpfigen Gruppe bin? Im folgenden Abschnitt untersuchen wir, welche Verhaltensweisen in großen Gruppen (Massen) auftreten und welche psychologischen Prozesse in derartigen Situationen zum Tragen kommen.

8.3.1 Die Psychologie der Masse nach Le Bon

Gustave Le Bon war der erste Theoretiker, der sich in seinem Buch »Psychologie des foules« (1895) mit diesen Fragen auseinandersetzte. Le Bon beschreibt darin grundlegende Prozesse, die beim Verschmelzen von großen Menschengruppen auftreten können: Hierzu zählen Anonymität, Gefühlsansteckung und Suggestion (unbewusste Beeinflussung). Diese Prozesse führen dazu, dass der Mensch mit der Masse verschmilzt und sich als Folge daraus ein sog. »**Massengeist**« herausbildet. Das bedeutet, dass die Masse quasi ein Eigenleben entwickelt und eigene Ziele verfolgt, die über die Ziele der einzelnen Menschen hinausgehen. Als Teil einer Masse verfolgt ein Individuum demnach ganz andere Ziele bzw. legt anderes Verhalten an den Tag und seine individuellen und persönlichen Züge verschwinden. Le Bon beschreibt dies mit folgenden Worten: »Die bewusste Persönlichkeit schwindet, die Gefühle und Gedanken aller Einzelnen sind nach derselben Richtung orientiert. Es bildet sich eine Gemeinschaftsseele, die wohl veränderlich, aber von ganz bestimmter Art ist.« (Le Bon 1895; zit. nach der deutschen Übersetzung 2009, S. 29). Le Bon erklärt dies hauptsächlich damit, dass Menschen aufgrund der Tatsache, zu einer psychologischen Masse zu gehören, ein starkes Gefühl von Macht verspüren. Dieses gestattet es ihnen, sämtliche Normen und Regeln außer Acht zu lassen und ihre »Triebe« auszuleben. Hinzu kommt der Faktor der Anonymität innerhalb der Masse, der es möglich macht, unerkannt und unentdeckt zu bleiben. Durch gegenseitige Ansteckung und Suggestion unter den Mitgliedern wird dieses Verhalten noch verstärkt. Le Bon betrachtet die Masse also sehr negativ und gesteht ihr rationales Urteilsvermögen nur in reduzierter Form zu. Stattdessen sei die Masse charakterisiert durch Impulsivität, Irritation sowie übersteigerte Emotionalität. Le Bon legte mit seinen theoretischen Überlegungen auch den Grundstein für Freuds Überlegungen zur Psychologie der Masse (◘ Abb. 8.4).

Gemäß den Ideen Le Bons kann eine Art »**Massengeist**« entstehen, der ganz andere Ziele verfolgt als die einzelnen Individuen persönlich verfolgen würden. **Le Bons Sicht der Masse war sehr negativ**; für ihn war sie durch Impulsivität, Irritation und übersteigerte Emotionalität gekennzeichnet.

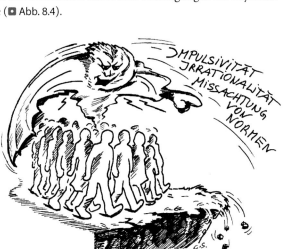

◘ **Abb. 8.4** Die Persönlichkeit geht, der Massengeist kommt!

8.3.2 Freud und weitere massenpsychologische Konzeptionen

Sigmund Freuds Sicht der Masse ähnelt derjenigen Le Bons, ist allerdings **weniger negativ** ausgeprägt. So gestand Freud der Masse auch teilweise **schöpferische Kräfte** zu, wie z. B. eine gemeinsame Sprache.

Freuds (1921, 1960) Anschauungen ähneln jenen Le Bons, nämlich dahingehend, dass sich der Einzelne innerhalb der Masse verändert. Als grundlegend hierfür sieht Freud die reduzierte individuelle Triebhemmung innerhalb der Masse und die damit verbundene affektive Ansteckung. Dennoch fällt Freuds Beschreibung etwas **weniger negativ** aus. So glaubt er zwar grundlegend an einen verminderten Intellekt innerhalb der Masse, stellt aber gleichzeitig auch **massenspezifische Qualitäten**, wie die Sprache oder die Schöpfung bestimmten Liedguts (Volkslied, Folklore etc.) heraus.

Modernere Theorien zur Psychologie der Masse widersprechen der quasi metaphysischen Annahme eines autonomen Geistes der Masse. Dagegen wird vielmehr postuliert, dass der **Einfluss von Gruppen** auf das individuelle Erleben und Verhalten **normativen und informationalen Charakter** haben kann.

Nachfolgende Wissenschaftler griffen die Gedanken Le Bons und Freuds auf (Deutsch & Gerard, 1955; Kelley, 1952). Vor allem widersprachen sie aber Le Bons nahezu metaphysischer Annahme, dass Massen eine Art »Massengeist« mit einem transzendenten Eigenleben ausbilden (s. Allport, 1924). Vielmehr postulierten sie, dass der Einfluss von Gruppen auf das Erleben und Verhalten von Personen normativ oder auch informational sein kann. **Normativ** bedeutet, dass die Mitgliedschaft in einer Gruppe dazu führt, dass Personen sich in ihren Meinungen, Einstellungen und Verhaltensweisen der Gruppe anpassen; sie orientieren sich also an den gängigen Gruppennormen, um in der jeweiligen Gruppe nicht negativ aufzufallen und dadurch möglicherweise von dieser bestraft oder ausgeschlossen zu werden. **Informationaler Einfluss** bedeutet dagegen, dass Gruppen mehr oder weniger rational genutzt werden, um unsichere soziale Situationen besser und objektiver einschätzen zu können. In diesem Sinne dienen Gruppen als Informationsquelle und helfen – getreu dem Motto »vier Augen sehen mehr als zwei« – bei einer besseren und effektiveren Problemlösung.

Informationaler Einfluss: Suche nach dem korrekten Standpunkt.

Normativer sozialer Einfluss: Wunsch nach sozialer Anerkennung durch die Gruppe bzw. Vermeidung von negativen Sanktionen durch die Gruppe.

Informationaler Einfluss von Gruppen ist somit gekennzeichnet durch die Motivation, zu **korrekten Einstellungen und Wahrnehmungen** zu gelangen (Deutsch & Gerard, 1955; Kelley, 1952). Normativer sozialer Einfluss ist dagegen gekennzeichnet durch den Wunsch nach **sozialer Anerkennung** und die **Vermeidung negativer Sanktionen** durch die Gruppe (z. B. Allen, 1965; Crutchfield, 1962; Nail, 1986).

8.4   Ambivalenz von Gruppen

Gruppen können sowohl positive als auch negative Merkmale zugeschrieben werden.

Folgt man den bisherigen Ausführungen, so wird deutlich, dass Gruppen sowohl mit positiven als auch mit negativen Aspekten verbunden sind. Positiv ist natürlich, dass wir durch unsere Gruppenzugehörigkeit unseren Selbstwert erhöhen können, Anschluss finden oder bei bestimmten Problemen Unterstützung erfahren bzw. vom Wissen der Gruppe profitieren können. Gleichermaßen führt eine hohe soziale Identität häufig zu Verzerrungen wie der Fremdgruppenhomogenität, was mit Vorurteilen, Diskriminierung und Feindseligkeiten gegenüber Fremdgruppen einhergehen kann. Im Folgenden möchten wir daher versuchen, die angesprochene Ambivalenz von Gruppen, also deren Vor- und Nachteile, etwas genauer zu beleuchten.

8.4.1 Positive Merkmale von Gruppen

Die positiven Merkmale von Gruppen betreffen vor allem die Interaktion *innerhalb* der Gruppe (und damit nicht zwischen verschiedenen Gruppen). Wie bereits dargelegt, kann gemäß der Theorie der sozialen Identität der eigene Selbstwert durch die Gruppenzugehörigkeit gesteigert werden, zum Beispiel wenn der Status der eigenen Gruppe sehr hoch ist (Ellemers, Kortekaas & Ouwerkerk, 1999). Dies kann dazu führen, dass man sich quasi im Lichte der anderen Gruppenmitglieder sonnt und von deren Status profitieren kann (beispielsweise wenn sich ein mittelmäßiger Tennisspieler selbst als besserer Tennisspieler fühlt, nur weil einige seiner Clubkameraden gerade ein bedeutendes Mannschaftsturnier gewonnen haben). Dieser Effekt wird auch als »**basking in reflected glory**« bezeichnet (Cialdini et al., 1976). Hier sei nochmals betont, dass es um Innergruppenverhalten geht – andernfalls bestünde nämlich die Gefahr, den eigenen Selbstwert durch die Abwertung der Fremdgruppe zu steigern; dieser Aspekt fällt natürlich nicht unter die positiven Merkmale von Gruppen.

Ein ganz anderes Feld betrifft das Leistungsverhalten in Gruppen: Gruppenleistungen sind oft besser als Einzelleistungen (Liang, Moreland & Argote, 1995). Dies liegt nicht nur daran, dass in Gruppen mehrere Personen anwesend sind und sich dadurch einfach die Gesamtleistung durch die einzelnen Mitglieder vervielfacht; vielmehr können durch die Interaktion und gegenseitige Beeinflussung der Gruppenmitglieder zusätzliche psychologische Prozesse ausgelöst werden, die die Leistung erhöhen (Frey & Bierhoff, 2011). Dies ist beispielsweise der Fall, wenn ein Student oder eine Studentin bei der Referatsvorbereitung feststellt, dass die anderen mehr Wissen haben. Die betreffende Person wird sich möglicherweise intensiver mit der Thematik auseinandersetzen und der Gruppe dadurch mit einem exzellenten Beitrag helfen, was die Gesamtleistung erhöhen und die Note verbessern könnte. Hier führt **der soziale Vergleich**, also der soziale Wettbewerb dazu, dass die Motivation erhöht und die eigene Leistung sowie diejenige der Gruppe gesteigert wird (Stroebe, Dieh & Abakoumkin, 1996).

Die Gruppe kann aber auch ausschließlich einen Einfluss auf die eigene Leistung haben. So konnte Triplett (1898) zeigen, dass die **Gegenwart anderer** dazu führen kann, dass die eigene Leistung bei einfachen Aufgaben verbessert wird. Er stellte fest, dass Radrennfahrer schneller sind, wenn sie gegen Konkurrenten antreten, als wenn sie einfach nur gegen die Uhr fahren. Zajonc (1965) begründete dies später damit, dass Menschen in Gegenwart anderer erregter sind (sie ein höheres Arousal haben), was zu einer Leistungssteigerung führen kann. Diese kommt dann zum Tragen, wenn die Einzelleistung feststellbar ist, d. h., wenn die anderen die eigene Leistung sehen können (z. B. bei einer benoteten Klausur). Die Verbesserung der Leistung ist jedoch auf einfache Aufgaben beschränkt; müssen wir nämlich schwere Aufgaben vor anderen absolvieren (etwa ein anspruchsvolles Klavierstück vorführen, bei dem wir noch unsicher sind), so schneiden wir schlechter ab, als wenn wir alleine sind (für uns selbst üben). Dieses Phänomen wird auch als **soziale Erleichterung** bezeichnet (»**social facilitation**«; ◘ Abb. 8.5).

Ein positiver Effekt von Gruppen kann sein, dass sich Gruppenmitglieder besser fühlen wegen der besonders guten Leistung ihrer eigenen Gruppe (»**basking in reflected glory**«).

Gute Leistungen anderer Gruppenmitglieder können durch **soziale Vergleichsprozesse** das Individuum anspornen, ebenfalls bessere Leistungen zu erbringen und so die Gruppenleistung insgesamt weiter verbessern.

Die Anwesenheit anderer Personen erhöht die Leistung des Individuums bei einfachen Aufgaben und verringert seine Leistung bei schwierigen Aufgaben.

Abb. 8.5 Soziale Erleichterung – Manchmal sind andere Leute doch ganz praktisch, oder?!!

▶ Definition
  Soziale Erleichterung

┌─ Definition ─────────────────────────────
  Soziale Erleichterung (»social facilitation«) beschreibt die Tatsache, dass sich die individuelle Leitungsfähigkeit in Gegenwart anderer verbessert, sofern es sich um einfache Aufgaben handelt und die Einzelleistung messbar ist. Im Gegenzug sinkt die Leistung bei schwierigen Aufgaben ohne individuelle Leistungsmessung.
└──

Ein weiterer positiver Aspekt von Gruppen kann der »**informationale Einfluss**« sein, der im Gruppenkontext meist höher ist.

Was Ihnen allen aus eigener Erfahrung bekannt sein dürfte, ist die Tatsache, dass mit vielen Menschen auch die verfügbare Menge leistungsrelevanter Informationen ansteigt und somit auch die Wahrscheinlichkeit für das Erzielen guter Ergebnisse erhöht wird. Vielleicht sind Sie selbst Teil einer Lerngruppe, die sich regelmäßig trifft und sich gegenseitig austauscht? Hier bekommt der »**informationale Einfluss**« einer Gruppe Bedeutung und man profitiert von unterschiedlichen Aspekten, auf die man alleine nicht (oder nur erschwert) gekommen wäre. Dies ist vor allem bei »additiven Aufgaben« zu beobachten, d. h., bei Aufgaben, bei denen die Gruppenleistung von der jeweiligen Leistung des Individuums abhängt (Steiner, 1972).

8.4.2 Negative Merkmale von Gruppen

Leistungsbezogene Prozessverluste

Soziales Faulenzen

An das Phänomen der sozialen Erleichterung lässt sich jedoch direkt mit einem negativen Aspekt von Gruppen anknüpfen: **dem sozialen Faulenzen** (»social loafing«; Latané, Williams & Harkins, 1979). Vielleicht kennen Sie das Gefühl, in einer Gruppe weniger ängstlich oder aufgeregt zu sein, wenn es um die Bewertung der Gruppenleistung geht? Etwa, wenn Sie im Mannschaftssport als Team auftreten oder in einem Chor singen? Vielleicht fühlen Sie sich sicherer, da Sie nicht als Einzelperson bewertet und identifiziert werden. Dies birgt jedoch die Gefahr, zu entspannt an die Sache heranzugehen, was wiederum zu einem Leistungsabfall führen kann: In diesem Fall werden Sie schlechter als bei einem Solo singen. Im Gegensatz zum Effekt der sozialen Erleichterung tritt dieser Effekt jedoch nur dann auf, wenn es sich um **leichte Aufgaben** handelt, bei denen die **Einzelleistung nicht bestimmbar** ist; bei komplexen Aufgaben bewirkt die physiologische/psychologische Anspannung dagegen eine Leistungssteigerung (Karau & Williams, 1993).

Definition

Ist die Einzelleistung nicht messbar, so führt die Gegenwart anderer zu einer Leistungsverschlechterung bei einfachen Aufgaben und zu einer verbesserten Leistung bei schwierigen Aufgaben. Dieser Effekt wird als **soziales Faulenzen** (»social loafing«) bezeichnet

---

▶ **Definition**
Soziales Faulenzen

Das »soziale Faulenzen« zeigt, dass in der Gruppe Prozesse auftreten können, die dazu führen, dass die Gesamtleistung der Gruppe unterhalb ihres eigentlichen Leistungspotenzials liegt. Unter diese sog. **Prozessverluste** fallen sämtliche Aspekte innerhalb einer Gruppe, die eine effektive Problemlösung beeinträchtigen, mit der Folge, dass die Gesamtleistung der Gruppe absinkt. Beispielsweise, wenn sehr dominante und von sich selbst überzeugte Gruppenmitglieder anderen ihre Ideen aufdrücken möchten und keiner sich traut – trotz fehlender Qualität dieser Ideen – Kontra zu geben.

Soziales Faulenzen führt zu Prozessverlusten, d. h., die Gesamtleistung einer Gruppe liegt unterhalb ihres eigentlichen Leistungspotenzials.

Hidden Profiles (geteilte Informationen)

Ein weiteres häufig beobachtetes Beispiel für einen Prozessverlust ist die Tatsache, dass Gruppenmitglieder dazu neigen, nicht alle Informationen mit den anderen zu teilen (Stasser & Titus, 1985). Dies kann bei Gruppenentscheidungen dazu führen, dass wichtige Informationen nicht geäußert bzw. nicht berücksichtigt werden, was wiederum zu Lasten der Entscheidungsqualität geht. Aufgaben, bei denen die Gruppenmitglieder nicht über dieselben Informationen verfügen, sondern auf gegenseitigen Austausch angewiesen sind, nennt man auch »**Hidden-Profile-Aufgaben**« (Stasser & Titus, 2003; ▶ Studie: Hidden Profile).

Hidden-Profile-Aufgaben, bei denen die einzelnen Gruppenmitglieder nicht auf demselben Informationsstand sind, können ebenfalls zu **Prozessverlusten** führen.

Studie

Hidden Profile

In der Studie von Stasser und Titus (1985) sollten die Probanden gemeinsam einen Kandidaten für ein Gremium bestimmen. In einem Vorexperiment wurde anhand der Kandidatenprofile bestimmt, dass Kandidat A hierfür am besten geeignet ist. Insgesamt gab es 3 Bedingungen: In der einen Bedingung hatten alle Gruppenmitglieder dieselben Informationen zu den 3 Kandidaten A, B und C, nämlich positive und negative (die Informationen waren also »geteilt«). In den beiden anderen Bedingungen waren den Probanden die vollständigen Profile jedoch nicht zugänglich, die Informationen waren daher »ungeteilt«. Dies wurde einmal so gestaltet, dass die positiven Informationen von Kandidat A sowie die negativen von Kandidat B ungeteilt waren (direkte Ablehnung von Person A bei Befürwortung von B) und in einer weiteren Bedingung die negativen Informationen der Kandidaten B und C ungeteilt blieben (keine Präferenz von A, aber auch keine direkte Befürwortung von B und C).

Es stellte sich heraus, dass 83% der Gruppen in der »geteilten Bedingung« für Kandidat A stimmten, während dies bei ungeteilten Informationen nur 18% der Gruppen taten. Die Qualität der Entscheidung war also besser (die Entscheidung für Kandidat A war ja objektiv richtig), wenn alle Gruppenmitglieder auch alle Informationen kannten.

Von einem **Hidden Profile** spricht man, wenn Gruppenentscheidungen vorwiegend durch geteilte Informationen beeinflusst werden und demgegenüber nicht geteilte Informationen zu wenig berücksichtigt werden. **Geteilte Informationen** sind dabei solche, die allen Gruppenmitgliedern vorliegen, während **ungeteilte Informationen** nur jeweils einzelne Gruppenmitglieder besitzen.

Bei Gruppenentscheidungen können weitere Verzerrungen auftreten, wie etwa der »discussion bias« (Betonung meinungskonformer Argumente) und der »evaluation bias« (qualitative Überbewertung meinungskonformer Argumente).

Die Autoren erklärten den Befund damit, dass Diskussionen häufig von den Anfangspräferenzen der Gruppenmitglieder bestimmt werden. Verfügt eine Person z. B. über mehr positive Informationen zu einem Kandidaten A und hat gleichzeitig negative Informationen zu Kandidat B, so wird er vermutlich auch eine Präferenz für Person A entwickeln und seinen Standpunkt innerhalb der Gruppe entsprechend vertreten.

Brodbeck, Kerschreiter, Mojzisch und Schulz-Hardt (2007) erweiterten diesen Aspekt der einseitigen Verhandlung (»negotiation bias«) um zwei weitere Verzerrungen, die bei Gruppenentscheidungen bzw. Hidden-Profile-Aufgaben zum Tragen kommen können: Zum einen neigen Menschen dazu, Argumente, die ihre Meinung bestätigen, besonders zu betonen bzw. häufiger zu nennen (»**discussion bias**«) als Argumente, die ihrer Ansicht widersprechen; zum anderen bewerten sie meinungskonforme Information auch besser, d. h., sie halten sie für wichtiger und glaubwürdiger (»**evaluation bias**«).

Schlechteren Gruppenentscheidungen bei Aufgaben mit ungeteilten Informationen könnte man z. B. entgegenwirken, indem offen kommuniziert wird, welches Gruppenmitglied gegenüber den anderen Mitgliedern einen Wissensvorsprung hat. Weiß man also, welches Gruppenmitglied auf welchem Gebiet über Expertenwissen verfügt, so kann man diese Person gezielt ansprechen bzw. fragen, was die Wahrscheinlichkeit dafür erhöht, dass diese ihr Wissen auch kundtut (Stasser, Stewart & Wittenbaum, 1995).

Gruppendenken

Von »**Gruppendenken**« (»**groupthink**«), spricht man, wenn in einer Gruppenentscheidungssituation die einheitliche Meinung, Konformität und Angepasstheit wichtiger sind als eine objektive und neutrale Betrachtung bestimmter entscheidungsrelevanter Tatsachen.

Die Qualität von Gruppenentscheidungen kann auch beeinträchtigt sein, wenn der Zusammenhalt in der Gruppe (die Kohäsion) besonders stark im Vordergrund steht. Janis (1972) prägte in diesem Zusammenhang den Begriff »**Gruppendenken**« (»**groupthink**«), womit er einen Denkmodus beschrieb, bei dem die einheitliche Meinung, Konformität und Angepasstheit wichtiger sind als eine objektive und neutrale Betrachtung bestimmter Tatsachen. Laut Janis kann es vor allem bei einem hohen Gruppenstatus zu Gruppendenken kommen, bei Abschottung der Gruppe von anderen (Meinungen) oder wenn die Gruppe von einer dominanten Führungskraft geleitet wird, die abweichende Meinungen kaum toleriert. Gruppendenken zeigt sich beispielsweise darin, dass Fremdgruppen abgewertet und mit Vorurteilen behaftet werden; es kann sich aber auch gegen eigene Gruppenmitglieder richten, indem diese bei geäußerter Kritik ausgeschlossen werden. Häufig fühlt sich die Gruppe als unbesiegbar und ist gezeichnet durch Realitätsverkennung und einer irrationalen Sicht der Dinge.

Geschichtliche Beispiele zeigen, dass die Auswirkungen von »Gruppendenken« fatal sein können.

Wenn Sie diese Zeilen lesen, so wird Ihnen vielleicht die Ähnlichkeit zu Le Bons Konzeption der Masse auffallen, deren »Massengeist« jeglicher Vernunft entbehrt. Tatsächlich kann das beschriebene Gruppendenken zu fehlerhaften und auch folgeschweren Entscheidungen führen, etwa wenn wir an die Ausweitung des Korea-Kriegs (1950er Jahre) denken. Die damaligen Hauptentscheidungsträger (Präsident Truman und General MacArthur) entschieden, trotz widriger Umstände, den Norden Koreas weiterhin zu attackieren. Sie übergingen damit die drohende Gefahr Nordkoreas sowie eine potenzielle Beteiligung Chinas an den Kämpfen (als Unterstützung Nordkoreas). Und tatsächlich kam es zu einer Intervention Chinas, sodass die amerikanischen Streitkräfte sowie diejenigen der UNO den Rückzug antreten mussten. Möglicherweise hätte diese fehlerhafte Entscheidung verhindert werden können, wenn die entsprechenden Anzeichen, die zum damaligen Zeitpunkt bereits gegeben waren, ausreichend berücksichtigt worden wären; stattdessen waren bei dieser Entscheidung, die unter Zeitdruck getroffen wurde, Prozesse des Gruppendenkens beobachtbar (Kohäsion). Gleiches gilt für den amerikanischen Angriff auf den Irak wegen vermuteter Massenvernichtungswaffen. Die USA (unter Präsident Bush) gingen davon aus, der Irak verfüge über Massenvernichtungswaffen und leiteten die Bombardierung bestimmter Ziele in Bagdad ein. Eingehende Untersuchungen widerlegten jedoch die Existenz irakischer Massenvernichtungswaffen. Auch hier traten Aspekte von Groupthink auf, vor allem im Hinblick auf eine einseitige Medienberichterstattung sowie der »Null-Toleranz« gegenüber widersprechender Meinungen. Die weitreichenden und tragischen Folgen dieser Beispiele machen deutlich, dass das Phänomen »Gruppendenken« weit über den reinen Leistungsbereich hinausgehen kann.

Nicht leistungsbezogene negative Folgen

Deindividuierung

Wie auch von Le Bon (1895) beschrieben, ist der Mensch in der Masse zu Verhaltensweisen fähig, die für ihn als Individuum undenkbar gewesen wären – etwa Diskriminierung und Gewalt gegenüber Fremdgruppen. Ein klassisches Phänomen, das an dieser Stelle von Bedeutung ist, wird mit dem Begriff »Deindividuierung« (z. B. Festinger, Pepitone & Newcomb, 1952; Zimbardo, 1969) beschrieben. Hiermit ist gemeint, dass in Gruppen norm- und wertorientiertes Verhalten relativ leicht abgelegt werden kann und sich Individuen stattdessen zu impulsivem, gewalttätigem Verhalten verleiten lassen. Dies ist vor allem darauf zurückzuführen, dass der Einzelne in der Masse enthemmt ist, darin untertauchen und nicht zur Verantwortung gezogen werden kann (Postmes & Spears, 1998). Für diese Annahme des »Nicht-entdeckt-Werdens« spricht auch, dass Deindividuation in verstärktem Maße auftritt, wenn die betreffenden Personen verkleidet oder maskiert sind (Watson, 1973). Doch die Tatsache, in einer Masse zu sein, führt nicht zwangsläufig zu gewalttätigem bzw. normabweichendem Verhalten. In ihrer Metaanalyse konnten die Postmes & Spears (1998) zeigen, dass die jeweiligen Gruppennormen ebenfalls entscheidend sind: Lässt die jeweilige Norm gewalttätige Verhaltensweisen zu, dann ist auch deindividuiertes Verhalten möglich; andernfalls nicht.

> **Deindividuierung** kann auftreten, wenn in Gruppen normorientiertes Verhalten zugunsten von gewalttätigem Verhalten aufgegeben wird. **Neuere Ansätze zur Deindividuierungstheorie** gehen davon aus, dass die jeweiligen **salienten Gruppennormen** dafür entscheidend sind, ob sich die Masse insgesamt positiv oder negativ verhält. Demnach ist Deindividuation nur möglich, wenn die Gruppennormen destruktiv sind.

8.5 Verbesserung der Intergruppenbeziehungen

Wir haben nun gehört, dass Gruppenprozesse häufig auch mit negativen Aspekten verbunden sind, was besonders im sozialen Bereich (sozialer Ausschluss, In- und Outgroup-Bias etc.) dramatisch sein kann. Um jedoch nicht mit dieser negativen Seite abzuschließen, sei an dieser Stelle erwähnt, dass es sich dabei nicht um ein unveränderliches Phänomen handelt (»das ist halt so!«), sondern negative Effekte von Gruppen durchaus reduziert werden können. Im Kontext von Intergruppenbeziehungen

> Ein wichtiges Ziel der sozialpsychologischen Gruppenforschung ist die **Verbesserung von Intergruppenbeziehungen**.

bedeutet dies also weniger Stereotype, Vorurteile und Feindseligkeiten zwischen den Gruppen, stattdessen mehr Toleranz, Offenheit und Gleichbehandlung. Doch wie lässt sich dies erreichen? Wie ist es z. B. möglich, die Kluft zwischen Jung und Alt zu verkleinern? Zwischen Personen unterschiedlicher ethnischer Herkunft oder unterschiedlichem sozialen Status? Oder zwischen verschiedenen Cliquen, Schulklassen, Mannschaften, deren soziale Identität salient ist?

8.5.1 Kontakthypothese

Die **Kontakthypothese** besagt, dass der unmittelbare Kontakt zwischen zwei Gruppen zu einem Abbau von Vorurteilen und Feindseligkeiten führen kann.

Vielleicht haben Sie selbst schon einmal die Erfahrung gemacht, sich mit einer Person aus der eigenen »Fremdgruppe« unterhalten zu haben – etwa, wenn sie beide ausgelost wurden, zusammen ein Referat vorzubereiten oder sie über einen gemeinsamen Freund in ein Gespräch verwickelt wurden. Möglicherweise haben Sie danach festgestellt, dass die andere Person gar nicht so »schlimm« war, wie befürchtet, und Ihr Eindruck anschließend weniger negativ ausfiel. Oft sind Vorurteile gegenüber einer Fremdgruppe auch einfach in mangelnder Vertrautheit und fehlendem Wissen über die andere Person als Teil der Fremdgruppe begründet. Teilweise lässt sich diese Kluft durch Kontakt miteinander beheben. Allport (1954) formulierte daher die sog. **Kontakthypothese**, die besagt, dass der Kontakt zwischen zwei Gruppen zu einem Abbau von Vorurteilen und Feindseligkeiten führen kann.

Doch Kontakt allein führt nicht zwangsläufig zu einer Verbesserung der Intergruppenbeziehungen; stattdessen sind gewisse Bedingungen vorausetzend:

Zur **Verbesserung der Intergruppenbeziehungen** sind folgende Bedingungen vorausetzend:
- gleicher Status beider Gruppen,
- gemeinsames Ziel,
- festgelegte Normen,
- häufiger Kontakt zu Fremdgruppenmitgliedern.

1. Der Status beider Gruppen sollte gleich sein, da häufig negative Stereotype in Bezug auf die Fähigkeiten bzw. Kompetenzen von Gruppen mit geringem sozialen Status bestehen.
2. Beide Gruppen sollten ein gemeinsames Ziel verfolgen bzw. bestimmte Aufgaben gemeinsam zu lösen haben (das Beispiel eines gemeinsamen Referats).
3. Die Gruppen sollten in ihrem Verhalten durch festgelegte Normen unterstützt werden (etwa wenn eine Lehrkraft prosoziale Normen aufstellt).
4. Der Bekanntschaftsgrad bzw. die Kontakthäufigkeit zu bestimmten Mitgliedern der Fremdgruppe sollte sehr hoch sein. Dies kann nämlich dazu führen, dass der der positive Affekt gegenüber einer Person auf die gesamte Fremdgruppe generalisiert wird.

8.5.2 Weiterentwicklungen der Kontakthypothese

Die verschiedenen Weiterentwicklungen der Kontakthypothese haben drei wesentliche Ansätze:

Allports Kontakthypothese (1954) wurde von vielen Forschern aufgegriffen und weiterentwickelt (Pettigrew, 1998; Rothbart & John, 1985). Diese Weiterentwicklungen versuchten in erster Linie, die Kontakthypothese mit der Theorie der sozialen Kategorisierung (s. oben) zu verbinden. Hierbei sind drei Ansätze zentral:
1. Dekategorisierung,
2. Rekategorisierung sowie
3. eine Kombination aus De- und Rekategorisierung.

Der **Dekategorisierungsansatz** basiert dabei auf den Arbeiten von Brewer und Miller (1984). Wie der Begriff bereits nahelegt, geht es hierbei darum, die soziale Kategorisierung zu reduzieren, indem die Salienz der Gruppenmitgliedschaft möglichst gering gehalten wird. Dies ist durch interpersonellen Kontakt zwischen den Gruppenmitgliedern möglich, da die andere Person dabei als Individuum und nicht als Mitglied der Fremdgruppe wahrgenommen wird (Miller, Brewer & Edwards, 1985).

> **Dekategorisierung** bedeutet die Reduktion salienter sozialer Kategorien, was zu einer verstärkten Wahrnehmung von Individualität führt.

Stattdessen hat der **Rekategorisierungsansatz** (z. B. Gaertner, Mann, Murrell & Dovidio, 1989; Gaertner & Dovidio, 2000) nicht zum Ziel, die Kategorisierung aufzuheben, sondern versucht, aus beiden Gruppen eine **übergeordnete Gruppe** zu bilden. Dadurch wird eine neue, gemeinsame Identität geschaffen, die die alten bestehenden Kategoriengrenzen zwischen Eigen- und Fremdgruppe in den Hintergrund rückt. Dies könnte beispielsweise der Fall sein, wenn sich Studierende beim jährlichen Fußballturnier zwischen Studierenden und Dozenten weniger als verschiedenen Fachrichtungen zugehörig ansehen, sondern stattdessen ihre gemeinsame Identität (Student) bzw. ihr gemeinsames Ziel (Sieg) betonen. In Anlehnung daran, dass quasi eine neue »Ingroup« geschaffen wird, lässt sich der Rekategorisierungsansatz im »Common Ingroup Identity Model« (Gaertner, Dovidio, Anastasio, Bachman & Rust, 1993) zusammenfassen. Die Betonung liegt dabei auf einem »Wir« statt dem ursprünglich bestehenden »Sie« oder »die anderen«.

> **Rekategorisierung** findet statt, wenn aus zwei rivalisierenden Gruppen eine übergeordnete Gruppe gebildet wird.

Schließlich stellen Hewstone und Brown (1986) die Wichtigkeit einer »**wechselseitigen Differenzierung**« in den Raum. Im Gegensatz zu den vorherigen Ansätzen versuchen sie nicht, die soziale Kategorisierung zu reduzieren, sondern halten gerade eine positive eigene Identität für wichtig. Eine Verbesserung der Intergruppenbeziehungen ist ihrer Meinung nach über einen abgemilderten sozialen Wettbewerb möglich, wobei es wichtig ist, dass jede der Gruppen ihre eigene Rolle zugeteilt bekommt.

> **Wechselseitige Differenzierung** von Gruppen findet statt, wenn zwei rivalisierenden Gruppen die Möglichkeit gegeben wird, eine eigene positive Identität zu entwickeln bzw. nach außen zu demonstrieren.

? Kontrollfragen

1. Was bedeutet »soziale Identität« und welche Prozesse kommen hierbei zum Tragen?

2. Was versteht die Theorie der sozialen Identität unter »sozialer Mobilität«? Welche Faktoren begünstigen eine hohe soziale Mobilität?

3. Es gibt unterschiedliche Auffassungen über die Psychologie der Masse. Worin unterscheiden sich die Ansichten von Le Bon gegenüber moderneren Theorien?

4. Die Gegenwart anderer Personen kann die eigene Leistung sowohl positiv als auch negativ beeinflussen. Wie werden diese beiden Phänomene bezeichnet und durch welche Faktoren sind sie gekennzeichnet?

5. Was bedeutet »groupthink« und welche Konsequenzen können damit verbunden sein?

Mok, A. & Morris, M. W. (2010). An upside to bicultural identity conflict: Resisting groupthink in cultural ingroups. *Journal of Experimental Social Psychology, 46,* 1114–1117.

Roccas, S. & Brewer, M. B. (2002). Social identity complexity. *Personality and Social Psychology Review, 6,* 88–106.

Tajfel, H. (2010). *Social identity and intergroup relations.* New York: Cambridge University Press.

Terry, D. J. & O'Brien, A. T. (2001). Status, legitimacy, and ingroup bias in the context of an organizational merger. *Group Processes & Intergroup Relations, 4,* 271–289.

▶ **Weiterführende Literatur**

Literatur

Akerlof, G. A. & Kranton, R. E. (2000). Economics and identity. *The Quarterly Journal of Economics, 115,* 715–753.

Allen, V. L. (1965). Situational factors in conformity. In L. Berkowitz (Ed.), *Advances in Experimental Social Psychology,* (vol. 2, pp. 133–175). New York: Academic Press.

Allport, F. H. (1924). The group fallacy in relation to social science. *The Journal of Abnormal Psychology and Social Psychology, 19,* 60–73.

Allport, G. W. (1954). *The nature of prejudice.* Reading: Addison-Wesley.

Billig, M. & Tajfel, H. (1973). Social categorization and similarity in ingroup behavior. *European Journal of Social Psychology, 3,* 27–52.

Brewer, M. B. & Miller, N. (1984). Beyond the contact hypothesis: Theoretical perspectives on desegregation. In N. Miller & M. B. Brewer (Eds.), *Groups in contact: The psychology of desegregation* (pp. 281–302). New York: Academic Press.

Brewer, M. B. & Silver, M. (1978). Ingroup bias as a function of task characteristics. *European Journal of Social Psychology, 8,* 393–400.

Brodbeck, F. C., Kerschreiter, R., Mojzisch, A. & Schulz-Hardt, S. (2007). Group decision making under conditions of distributed knowledge: The information asymmetries model. *The Academy of Management Review, 32,* 459–479.

Brown, R. (2000). Social identity theory: Past achievements, current problems and future challenges. *European Journal of Social Psychology, 30,* 745–778.

Brown, R. J. (1978). Devided we fall: An analysis of relations between sections of a factory workforce. In H. Tajfel (Ed.), *Differentiation between social groups: Studies in the social psychology of intergroup relations* (pp. 395–429). London: Academic Press.

Cialdini, R. B., Borden, R. J., Thorne, A., Walker, M. R., Freeman, S. & Sloan, L. R. (1976). Basking in reflected glory: Three (football) field studies. *Journal of Personality and Social Psychology, 34,* 366–375.

Crutchfield, R. S. (1962). Conformity and creative thinking. In H. E. Gruber, G. Terrell & M. Wertheimer (Eds.), *Contemporary approaches to creative thinking: A symposium held at the University of Colorado. The Atherton Press behavioral science series* (pp. 120–140). New York: Atherton Press.

Deutsch, M. & Gerard, H. B. (1955). A study of normative and informational social influences upon individual judgment. *The Journal of Abnormal and Social Psychology, 51,* 629–636.

DiDonato, T. E., Ullrich, J. & Krueger, J. I. (2011). Social perception as induction and inference: An integrative model of intergroup differentiation, ingroup favoritism, and differential accuracy. *Journal of Personality and Social Psychology, 100,* 66–83.

Dovidio, J. F., Gaertner, S. L. & Saguy, T. (2009). Commonality and the complexity of »we«: Social attitudes and social change. *Personality and Social Psychology Review, 13,* 3–20.

Ellemers, N., Kortekaas, P. & Ouwerkerk, J. W. (1999). Self-categorisation, commitment to the group and group self-esteem as related but distinct aspects of social identity. *European Journal of Social Psychology, 29,* 371–389.

Festinger, L., Pepitone, A. & Newcomb, T. (1952). Some consequences of de-individuation in a group. *The Journal of Abnormal and Social Psychology, 47,* 382–389.

Fischer, P., Greitemeyer, T., Omay, S. I. & Frey, D. (2007). Mergers and group status: the impact of high, low and equal group status on identification and satisfaction with a company merger, experienced controllability, group identity and group cohesion. *Journal of Community and Applied Social Psychology, 17,* 203–217.

Freud, S. (1921). *Massenpsychologie und Ich-Analyse.* Wien: Internationaler Psychoanalytischer Verlag.

Freud, S. (1960). *Das Unbewußte.* Frankfurt am Main: Fischer.

Frey, D. & Bierhoff, H. W. (2011). *Bachelorstudium Psychologie: Sozialpsychologie – Interaktion und Gruppe.* Göttingen: Hogrefe.

Frey, D. & Gaska, A. (1993). Die Theorie der kognitiven Dissonanz. In D. Frey & M. Irle (Eds.), *Kognitive Theorien der Sozialpsychologie* (2. vollständig überarbeitete Auflage, pp. 275–325). Bern: Huber.

Gaertner, S. L. & Dovidio, J. F. (2000). *Reducing intergroup bias. The common ingroup identity model.* Philadelphia: Taylor & Francis.

Gaertner, S. L., Dovidio, J. F., Anastasio, P. A., Bachman, B. A. & Rust, M. C. (1993). The common ingroup identity model: Recategorization and the reduction of intergroup bias. *European Review of Social Psychology, 4,* 1–26.

Gaertner, S. L., Mann, J., Murrell, A. & Dovidio, J. F. (1989). Reducing intergroup bias: The benefits of recategorization. *Journal of Personality and Social Psychology, 57,* 239–249.

Haslam, S. A. (2004). *Psychology in organizations: The social identity approach.* Thousand Oaks: Sage.

Hewstone, M. & Brown, R. (1986). *Contact and conflict in intergroup encounters.* Social psychology and society. Cambridge: Blackwell.

Hogg, M. A. & Abrams, D. (1988). *Social identifications: A social psychology of intergroup relations and group processes.* Florence: Taylor & Frances/Routledge.

Hogg, M. A. & Reid, S. A. (2006). Social Identity, self-categorization, and the communication of group norms. *Communication Theory, 16,* 7–30.

Hogg, M. A. & Turner, J. C. (1987), Intergroup behaviour, self-stereotyping and the salience of social categories. *British Journal of Social Psychology, 26,* 325–340.

Jackson, L. A., Sullivan, L. A., Harnish, R. & Hodge, C. N. (1996). Achieving positive social identity: Social mobility, social creativity, and permeability of group boundaries. *Journal of Personality and Social Psychology, 70,* 241–254.

Janis, I. L. (1972). *Victims of groupthink: A psychological study of foreign-policy decisions and fiascoes.* Oxford: Houghton Mifflin.

Karau, S. J. & Williams, K. D. (1993). Social loafing: A meta-analytic review and theoretical integration. *Journal of Personality and Social Psychology, 65,* 681–706.

Kelley, H. H. (1952). Two functions of reference groups. In G. E. Swanson, T. M. Newcomb & E. L. Hartley (Eds.), *Readings in social psychology* (2nd ed., pp. 410–414). New York: Holt, Rinehart & Winston.

Krueger, J. K. & DiDonato, T. E. (2008). Social categorization and the perception of groups and group differences. *Social and Personality Psychology Compass, 2,* 733–750.

Latané, B., Williams, K. & Harkins, S. (1979). Many hands make light the work: The causes and consequences of social loafing. *Journal of Personality and Social Psychology, 37,* 822–832.

Latrofa, M., Vaes, J., Cadinu, M. & Carnaghi, A. (2010). The cognitive representation of self-stereotyping. *Personality and Social Psychology Bulletin, 36,* 911–922.

Le Bon, G. (1895). *Psychologie des foules.* Paris: Félix Alcan (dtsch. Übers. 2009 von R. Eisler: Psychologie der Massen. Hamburg: Nikol Verlagsgesellschaft).

Liang, D. W., Moreland, R. & Argote, L. (1995). Group versus individual training and group performance: The mediating rule of transactive memory. *Personality and Social Psychology Bulletin, 21,* 384–393.

Lickel, B., Hamilton, D. L., Wieczorkowska, G., Lewis, A., Sherman, S. J. & Uhles, A. N. (2000). Varieties of groups and the perception of group entitativity. *Journal of Personality and Social Psychology, 78,* 223–246.

Mackie, D. M., Hamilton, D. L., Susskind, J. & Rosseli, F. (1996). Social psychological foundations of stereotype formation. In C. N. Macrae, C. Stangor & M. Hewstone (Eds.), *Stereotypes and stereotyping* (pp. 41–78). New York: Guilford.

Miller, N., Brewer, M. B. & Edwards, K. (1985). Cooperative interaction in desegregated settings: A laboratory analogue. *Journal of Social Issues, 41,* 63–79.

Nail, P. R. (1986). Toward an integration of some models and theories of social response. *Psychological Bulletin, 100,* 190–206.

Park, B. & Rothbart, M. (1982). Perception of out-group homogeneity and levels of social categorization: Memory for the subordinate attributes of in-group and out-group members. *Journal of Personality and Social Psychology, 42,* 1051–1068.

Pettigrew, T. (1998). Intergroup contact theory. *Annual Review of Psychology, 49,* 65–85.

Postmes, T. & Spears, R. (1998). Deindividuation and antinormative behavior: A meta-analysis. *Psychological Bulletin, 123,* 238–259.

Rothbart, M. & John, O. P. (1985). Social categorization and behavioral episodes: A cognitive analysis of the effects of intergroup contact. *Journal of Social Issues, 41,* 81–104.

Sherif, M. (1966). *In common predicament: Social psychology of intergroup conflict and cooperation.* Boston: Houghton Mifflin.

Stasser, G., Stewart, D. D. & Wittenbaum, G. M. (1995). Expert roles and information exchange during discussion: The importance of knowing who knows what. *Journal of Experimental Social Psychology, 31,* 244–265.

Stasser, G. & Titus, W. (1985). Pooling of unshared information in group decision making: Biased information sampling during discussion. *Journal of Personality and Social Psychology, 48,* 1467–1478.

Stasser, G. & Titus, W. (2003). Hidden profiles: A brief history. *Psychological Inquiry, 14,* 304–313.

Steiner, I. D. (1972). *Group process and productivity.* New York: Academic Press.

Stets, J. E. & Burke, P. J. (2000). Identity theory and social identity theory. *Social Psychology Quarterly, 63,* 224–237.

Stroebe, W., Diehl, M. & Abakoumkin, G. (1996). Social compensation and the Köhler effect: Toward a theoretical explanation of motivation gains in group productivity. In E. H. Witte (Ed.), *Understanding group behavior* (vol. 2, pp. 37–65). Hillsdale: Lawrence Erlbaum Associates.

Suls, J. M. & Wheeler, L. (2000). *Handbook of social comparison: Theory and research.* Dordrecht: Kluwer Academic Publishers.

Tajfel, H. (1972). Experiments in a vacuum. In J. Israel & H. Tajfel (Eds.), *The context of social psychology: a critical assessment* (pp. 69–119). London: Academic Press.

Tajfel, H. (1978). Social categorization, social identity and social comparison. In H. Tajfel (Ed.), *Differentiation between social groups* (pp. 61–76). London: Academic Press.

Tajfel, H., Billig, M. G., Bundy, R. P. & Flament, C. (1971). Social categorization and intergroup behavior. *European Journal of Social Psychology, 1,* 149–178.

Tajfel, H. & Turner, J. C. (1979). An integrative theory of intergroup conflict. In W. G. Austin & S. Worchel (Eds.), *The social psychology of intergroup relations* (pp. 33–47). Monterey, CA: Brooks/Cole.

Tajfel, H. & Turner, J. C. (1986). The social identity theory of intergroup behavior. In S. Worchel & W. G. Austin (Eds.): *Psychology of intergroup relations* (pp. 7–24). Chicago: Nelson-Hall.

Triplett, N. (1898). The dynamogenic factors in pacemaking and competition. *American Journal of Psychology, 9,* 507–533.

Turner, J. C. (1982). Towards a cognitive redefinition of the social group. In H. Tajfel (Ed.), *Social identity and intergroup relations* (pp. 15–40). Cambridge, England: Cambridge University Press.

Turner, J. C. (1985). Social categorization and the self-concept: A social cognitive theory of group behavior. In E. J. Lawler (Ed.), *Advances in group processes* (vol. 2, pp. 77–122). Greenwich: JAI Press.

Turner, J. C., Oakes, P. J., Haslam, S. A. & McGarty, C. (1994). Self and collective: Cognition and social context. *Personality and Social Psychology Bulletin, 20,* 454–463.

Watson, R. I. (1973). Investigation into deindividuation using a cross-cultural survey technique. *Journal of Personality and Social Psychology, 25,* 342–345.

Zajonc, R. B. (1965). Social facilitation. *Science, 149,* 269–274.

Zimbardo, P. G. (1969). The human choice: Individuation, reason, and order versus deindividuation, impulse, and chaos. *Nebraska Symposium on Motivation, 17,* 237–307.

9 Sozialer Einfluss

© Springer-Verlag GmbH Deutschland, ein Teil von Springer Nature 2018
P. Fischer et al. (Hrsg.), *Sozialpsychologie für Bachelor*, Springer-Lehrbuch
https://doi.org/10.1007/978-3-662-56739-5_9

Lernziele

- Den Begriff »sozialer Einfluss« definieren und die verschiedenen Arten sozialen Einflusses erklären können.
- Den Unterschied zwischen normativem und informativem sozialen Einfluss anhand von klassischen Forschungsbeispielen darlegen können.

- Das Milgram-Experiment darstellen und in einen theoretischen Kontext einordnen können.
- Erklären können, über welchen psychologischen Prozess Minderheiten Einfluss ausüben.

9.1   Forschung zum sozialen Einfluss

»In der Sozialpsychologie und speziell im Bereich der Forschung zu sozialem Einfluss versucht man zu beschreiben, erklären und vorherzusagen, wie Gedanken, Emotionen und Verhaltensweisen von Personen durch die tatsächliche, vorgestellte oder implizite Anwesenheit anderer Personen beeinflusst werden« (Allport, 1985, S. 3; Übers. v. Verf.). Die Forschung zu sozialem Einfluss kann als einer der Kernbereiche der klassischen Sozialpsychologie betrachtet werden. Dies ist unter anderem auch einer der zentralen Gründe, warum die Sozialpsychologie aus einem modernen Institut für Psychologie nicht mehr wegzudenken ist.

Viele Fragestellungen aus diesem Forschungsbereich entspringen dem Bedürfnis, katastrophale Ereignisse der Menschheitsgeschichte, wie z. B. den Holocaust, zu erklären. Wie konnte es möglich sein, dass Menschen dem Befehl folgten, selbst zu morden, ohne dabei ein schlechtes Gewissen zu haben? Wie lässt sich erklären, dass Familienväter in Konzentrationslagern andere Menschen vernichteten und abends mit ihrer

> Forschungen zum sozialen Einfluss stellen einen der zentralen Bereiche der klassischen Sozialpsychologie dar.

> Forschungen zum sozialen Einfluss sind häufig motiviert durch den Versuch, Verbrechen gegen die Menschlichkeit zu erklären, vorherzusagen und letztlich zu verhindern.

Familie zufrieden unter dem Weihnachtsbaum saßen (s. Biografie Adolf Eichmann, in Wucher, 1961)?

Die Tatsache, dass der Mensch zu derartigem Verhalten fähig ist, erklärt, warum die Sozialpsychologie kurz nach dem 2. Weltkrieg von einem sehr negativen Menschenbild ausging. Diese Betonung der »dunklen Seite« des Menschen zeigte sich auch in den damaligen Forschungsinteressen: Die Sozialpsychologie versuchte zu erforschen, warum und unter welchen Umständen Menschen dazu gebracht werden können, Böses zu tun. Die wohl berühmteste Studie in diesem Zusammenhang ist das sog. »Milgram-Experiment« zum Einfluss von Autoritäten auf Gehorsam, welches bereits in ▶ Kap. 1 kurz umrissen wurde und im Folgenden (▶ Abschn. 9.3) ausführlich dargestellt wird. Weitere Klassiker finden sich in den Arbeiten von Sherif und Asch, die sich mit der Frage beschäftigen, inwiefern die Urteile anderer Personen die eigenen Urteile beeinflussen können (▶ Abschn. 9.2). Es geht in diesen Studien also um den Einfluss von Mehrheiten auf Minderheiten (wie z. B. der eigenen Person).

Darüber hinaus werden wir uns auch mit der umgekehrten Seite befassen, also mit dem Einfluss, den Minderheiten auf Mehrheiten ausüben. Dieser Aspekt ist besonders im Bereich sozialer und gesellschaftlicher Umwälzungen und Revolutionen von Bedeutung. Hier führt nämlich konsistentes und gleichförmiges Verhalten einer Minderheit dazu, dass die Mehrheit überzeugt wird und sich der Minderheit anschließt. Berühmte Beispiele sind hier der Fall der Berliner Mauer oder auch die mittlerweile gesamtgesellschaftlich akzeptierte Idee des Umweltschutzes.

> **Forschungen zum sozialen Einfluss** befassen sich zum einen mit Effekten, die Majoritäten auf Minoritäten haben, und zum anderen mit dem Einfluss von Minoritäten auf Majoritäten.

▶ Definition
   Sozialer Einfluss

--- Definition ---
Unter **sozialem Einfluss** versteht man die Wirkung einer Person oder einer Personengruppe auf die Gefühle, Gedanken und das Verhalten einer anderen Person (bzw. Personengruppe). Dabei kann die Wirkungsquelle eine tatsächlich anwesende, eine implizit anwesende oder nur eine vorgestellte Person sein. Je nach Art des zugrunde liegenden Motivs unterteilt man in normativen und informativen sozialen Einfluss.

9.2   Normativer und informativer sozialer Einfluss

Aus theoretischer Sicht sind zwei grundlegende Prozesse von sozialem Einfluss zu unterscheiden (vgl. Hogg & Turner, 1987):
- normativer sozialer Einfluss und
- informativer (informationaler) sozialer Einfluss.

> Man unterscheidet zwischen **normativem** und **informativem sozialen Einfluss**.

Von **normativem sozialen Einfluss** spricht man dann, wenn sich eine Person den Meinungen und Verhaltensweisen der Mehrheit anschließt, um dadurch einen guten Eindruck bei der Gruppe zu machen. Wie der Begriff »normativ« bereits nahelegt, ist hierbei die Orientierung an der Gruppennorm zentral bzw. das Vermeiden, von dieser abzuweichen und negativ aufzufallen. Stellen Sie sich vor, Sie sind Teil einer Ihnen nur wenig vertrauten Gruppe, die überlegt, welcher Kinofilm sich am besten

> Bei **normativem sozialen Einfluss** richtet sich das Individuum nach der Majorität, nur um negative Sanktionen durch die Gruppe zu vermeiden.

Abb. 9.1 Gruppendruck vs. Informationsbeschaffung – Die Unterschiede zwischen normativem und informativem sozialen Einfluss

für die Abendplanung eignen würde. Wenn sich nun die Mehrheit der Gruppe klar für den anspruchsvollen Dokumentarfilm ausspricht, der in einem kleinen Programmkino läuft, werden Sie sich dieser Meinung vermutlich anschließen, auch wenn Sie insgeheim gerne den neuen Blockbuster gesehen hätten. Ihnen liegt daran, mit der Gruppenmeinung übereinzustimmen und nicht als »Kulturbanause« abgestempelt zu werden.

Neben diesem Motiv nach sozialer Anerkennung, Akzeptanz und Sympathie kann die Orientierung an anderen auch darauf beruhen, dass man versucht, korrekte Informationen zu sammeln. In diesem Fall spricht man von **informativem sozialen Einfluss**. Gerade dann, wenn man sich bezüglich eines Themas, einer Beurteilung etc. unsicher ist, dient oft die Mehrheit der Gruppe als nützliche Informationsquelle; man geht nämlich davon aus, dass die Gruppe richtig liegt. Beispielhaft hierfür wäre die Situation vor einer Sozialpsychologieklausur, bei der Sie nicht mehr genau wissen, welcher Forscher die Empathie-Altruismus-Hypothese aufgestellt hat (▶ Kap. 4). Auch wenn Sie selbst vielleicht glauben, dass es Freud war, werden Sie sich wohl umentscheiden, wenn alle anderen (korrekterweise) annehmen, die Hypothese gehe auf Batson et al. (1991) zurück. Folglich werden Sie Ihr Kreuz auch an der richtigen Stelle setzen (▶ Abb. 9.1)!

> Von **informativem sozialen Einfluss** spricht man, wenn Individuen die Majorität als nützliche Informationsquelle nutzen (s. Publikumsjoker bei »Wer wird Millionär«).

9.2.1 Normativer Sozialer Einfluss: Die Asch-Experimente (1951, 1956)

In den Asch-Studien wurde die Frage behandelt, ob sich offensichtliche Fehlurteile anderer Personen auf die eigene Urteilskraft auswirken (Asch, 1956; ▶ Studie: Aschs klassisches Experiment zum Gruppendruck). Sprich, schließe ich mich dem Urteil der Mehrheit an, selbst wenn dieses falsch ist?

> Berühmte Forschungsarbeiten zum normativen sozialen Einfluss sind die **Asch-Experimente**. Sie zeigen, dass selbst ein **falsches Urteil der Mehrheit** die eigene Urteilsbildung beeinflussen kann.

Aschs klassisches Experiment zum Gruppendruck
Aschs Versuchspersonen gingen davon aus, dass es in dieser Studie um die Bearbeitung einfacher Wahrnehmungsaufgaben ging. Den Probanden wurde per Diaprojektion eine einfache Linie (Standardlinie X) gezeigt. Diese sollten sie hinsichtlich ihrer Länge mit drei weiteren Linien vergleichen (Vergleichslinien A, B und C; ▶ Abb. 9.2). Insgesamt gab es dabei 18 Durchgänge. Die Linienschätzaufgaben

wurden in Gruppen von 8 Personen durchgeführt. Folglich sahen die Versuchspersonen die Linien zusammen mit 7 weiteren Personen, die ebenfalls eine Einschätzung abgeben sollten. Allerdings waren diese keine wirklichen Versuchspersonen, sondern Konföderierte des Versuchsleiters. Sie hatten den Auftrag, in 12 der 18 Durchgänge falsche Wahrnehmungsurteile abzugeben (kritische Durchgänge). Der Reihe nach gab nun jede der 8 Personen ihr Urteil ab, wobei die echte Versuchsperson an vorletzter Stelle saß. Bevor sie also in den kritischen Durchgängen ihr Urteil abgab, hörte sie die offensichtlich falschen Antworten ihrer 6 Vorgänger. Statt beispielsweise die Länge der Standardlinie X und der Vergleichslinie A als gleich zu bewerten, gaben die Konföderierten in diesem Fall an, dass Standardlinie X gleich lang sei wie die Vergleichslinie B oder C. In den verbleibenden 6 Durchgängen sollten die Konföderierten dann eine korrekte Einschätzung treffen (neutrale Durchgänge). Zusätzlich wurde noch eine Kontrollgruppe eingeführt, die ebenfalls aus 8 Personen (7 Konföderierte, 1 echte Versuchsperson) bestand. Der Unterschied war hier jedoch, dass die Konföderierten ihre persönliche bzw. individuelle Einschätzung abgeben sollten, d. h., es gab keinerlei Antwortvorgaben. Bei der echten Versuchsperson wurde nun als abhängige Variable erfasst, wie oft sie in den kritischen Durchgängen einer falschen Antwort zustimmte.

Als Ergebnis fand Asch, dass in den Experimentalgruppen die Fehlerrate in den kritischen Durchgängen bei 37% lag, wohingegen in der Kontrollgruppe lediglich 0,7% der Antworten falsch waren. Hier betrug der Anteil der Versuchspersonen, die in *allen* 12 kritischen Durchgängen fehlerlos waren, 95%. In der Experimentalgruppe waren lediglich 25% der Versuchspersonen fehlerfrei. Stattdessen gaben 5% der Versuchspersonen in allen Durchgängen ein falsches Urteil ab und ein Prozentsatz von 75% antwortete mindestens einmal falsch, wenn die Konföderierten zuvor eine offensichtlich falsche Schätzung abgegeben hatten. Eine genaue Auflistung der Fehlerverteilung findet sich in ◻ Tab. 9.1.

◻ **Abb. 9.2** Beispiel für einen Linienvergleich aus dem Experiment von Asch (1956; mit freundlicher Genehmigung der APA)

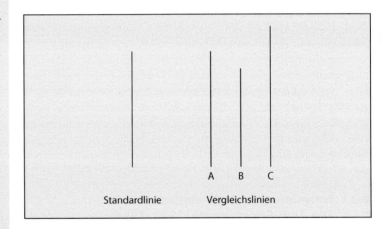

Standardlinie   Vergleichslinien

Der Effekt des Gruppendrucks wurde zusätzlich beeinflusst durch:
– die **wahrgenommene Wichtigkeit** der Gruppe und
– die **unmittelbare Anwesenheit** der Gruppe.

Von **privater Akzeptanz** spricht man, wenn Personen das offensichtlich falsche Urteil der Majorität tatsächlich internalisieren.

In weiteren Studien fand Asch auch potenzielle **Moderatoren** seines Effekts. Der Effekt des Gruppendrucks war umso stärker
1. je wichtiger die Gruppe der Konföderierten für die echte Versuchsperson war,
2. je unmittelbarer die Konföderierten anwesend waren (physisch und zeitlich) und je höher die Zahl der Konföderierten war.

Hinsichtlich der möglichen zugrunde liegenden psychologischen Prozesse befragte Asch seine Versuchspersonen am Ende der Studie, warum sie ihrer Meinung nach falsche Antworten gegeben hatten. Ein Teil der Befragten gab an, tatsächlich davon überzeugt gewesen zu sein, dass die Gruppe recht hatte. Dies würde bedeuten, dass normativer sozialer Einfluss tatsächlich auch unsere physische Wahrnehmung beeinflussen

◻ Tab. 9.1 Fehlerverteilung der Kontroll- und Experimentalgruppen aus dem Experiment von Asch (1956)

Anzahl der Fehler	Alle Experimentalgruppen (N = 123)	Kontrollgruppe (N = 37)
0	29	35
1	8	1
2	10	1
3	17	
4	6	
5	7	
6	7	
7	4	
8	13	
9	6	
10	6	
11	4	
12	6	
Mittlere Fehleranzahl	4,41	0,08
Mittlere Fehleranzahl in %	36,8	0,7

kann. Wir schließen uns nicht nur äußerlich einer anderen Meinung an, sondern glauben wirklich, dass diese korrekt ist. Diese Internalisierung (= innerliche Zustimmung) wird auch als **private Akzeptanz** (Konversion) bezeichnet. Hier kommt der **informative soziale Einfluss** zum Tragen, da die Versuchspersonen die Gruppe als nützliche und zuverlässige Informationsquelle betrachteten.

Im Gegensatz dazu gab ein weiterer Teil der Versuchspersonen an, dass sie das falsche Urteil der Gruppe nicht geglaubt, sich diesem aber dennoch anschlossen hatte, um mit der Gruppe konform zu gehen. Die Zustimmung zur Gruppe erfolgte in diesem Fall also lediglich im äußerlichen Verhalten, keinesfalls aber in Bezug auf die innere Überzeugung. Man spricht hierbei von *öffentlicher Compliance*. Im Vordergrund stand bei diesen Versuchspersonen das Bestreben, nicht negativ aufzufallen; sie unterlagen daher dem **normativen sozialen Einfluss.**

Insgesamt zeigt sich also bei den Asch-Studien, dass beide Prozesse möglich sind, informativer wie normativer sozialer Einfluss. Manche Versuchspersonen schlossen sich der falschen Mehrheitsmeinung an, um damit die Validität ihres eigenen Urteils abzugleichen (informativer sozialer Einfluss), während andere vermeiden wollten, sich negativ von der Gruppe abzuheben (normativer sozialer Einfluss).

Von **öffentlicher Compliance** spricht man, wenn sich Personen nach dem Gruppenurteil richten, obwohl sie innerlich wissen, dass dieses falsch ist.

Die Asch-Studien zeigen, dass sowohl **normativer als auch informativer sozialer Einfluss** bewirken kann, dass Personen sich einem **falschen Mehrheitsurteil** anschließen.

9.2.2 Informationaler sozialer Einfluss: Die Sherif-Studien (1935)

Klassischen Forschungsarbeiten zum informativen sozialen Einfluss sind die Sherif-Studien zum autokinetischen Effekt.

Sherifs Studien zum autokinetischen Effekt (Sherif, 1935) gehören zu den ersten und wohl einflussreichsten wissenschaftlichen Untersuchungen zum informativen sozialen Einfluss. Der **autokinetische Effekt** ist eine optische Täuschung, die immer dann auftritt, wenn das menschliche Auge keinen zweiten visuellen Referenzpunkt hat (▶ Studie: Sherifs Studien zum informationalen Gruppeneinfluss).

Studie

Sherifs Studien zum informationalen Gruppeneinfluss

Sherif (1935) erzeugte zunächst einen autokinetischen Effekt: Die Versuchspersonen saßen in einem vollkommen abgedunkelten Raum und sollten einen weißen Punkt beobachten, der an die Wand projiziert wurde. Die optische Täuschung bestand dabei darin, dass der Punkt nach einer gewissen Zeit im Blickfeld des Betrachters als bewegt wahrgenommen wurde. Die Stärke der Bewegung (Amplitude) war dabei abhängig vom physiologischen Aufbau des Auges. In einem ersten Teil des Experiments sollten die Versuchspersonen zunächst das Ausmaß der Amplitude einschätzen, also angeben, wie stark sich der Punkt ihrer Meinung nach bewegt hatte (Einzelphase 1). Der zweite Teil des Experiments sah vor, dass die Versuchspersonen in einer Gruppe mit anderen Versuchspersonen darüber diskutieren sollten, wie stark sich der Punkt bewegt hatte. Sie sollten hierüber eine Gruppenentscheidung treffen (Gruppenphase). Im dritten und letzten Teil des

Experiments wurden die Versuchspersonen dann nochmals gebeten, alleine eine Einschätzung zur wahrgenommenen Amplitude zu treffen (Einzelphase 2).

Welche Ergebnisse konnte Sherif nun beobachten? In der ersten Einzelphase war die Varianz der Einzelmeinungen zur Stärke der Amplitude des Punktes relativ hoch, d. h., die Einschätzungen der Versuchspersonen unterschieden sich stark. In der Gruppenphase glichen sich die Einzelmeinungen dann an eine moderatere Gruppenmeinung an (die Varianz wurde signifikant geringer). Interessant war nun, dass die Versuchspersonen in der zweiten Einzelphase nicht mehr zu ihrer ursprünglichen Ausgangsmeinung aus Einzelphase 1 zurückkehrten, sondern sich auch bei der individuellen Befragung an das moderatere, geringer streuende Urteil aus der Gruppenphase anpassten (◨ Abb. 9.3).

Aufgrund der **Unsicherheit** bzgl. des eigenen Urteils in der ersten Einzelphase diente die Gruppe in der zweiten Phase als Informationsquelle (**informativer sozialer Einfluss**). Die dabei entwickelten Gruppennormen wurden verinnerlicht (**private Akzeptanz**) und das abschließende Individualurteil wurde an dasjenige der Gruppe angeglichen.

Welche psychologischen Prozesse können dieses Ergebnis der Sherif-Studien erklären? Zunächst bleibt festzuhalten, dass die Situation, die Sherif mit dem autokinetischen Effekt erzeugt hatte, von großer **Unsicherheit** begleitet war; die Probanden waren sich bezüglich ihrer eigenen Einschätzung also sehr unsicher. Als Folge versuchten die Versuchspersonen, gerade in der späteren Gruppenphase die Urteile der anderen Versuchspersonen zu nutzen, um die Realität zu definieren und so letztendlich selbst zu einem validen Urteil zu kommen (**informativer sozialer Einfluss**). Sobald die Versuchspersonen in der Gruppenphase allerdings eine bestimmte Gruppennorm über die Stärke der Amplitude des weißen Punktes entwickelt hatten, wirkte diese Gruppennorm auch später noch in der Einzelphase 2 nach und beeinflusste das zweite Individualurteil der Versuchspersonen. Folglich hatten die Probanden die Gruppennorm verinnerlicht bzw. waren von ihrer Richtigkeit überzeugt (**private Akzeptanz**).

EINZELPHASE   GRUPPENPHASE

Abb. 9.3 Wie stark bewegt sich der Lichtpunkt? Der informative Einfluss der Gruppe beim autokinetischen Effekt

9.3 Das Milgram-Experiment

Neben den Studien zum normativen und informativen sozialen Einfluss sind auch die Studien Milgrams wesentlich für die Forschung zu sozialem Einfluss. Hierbei geht es nicht um den Einfluss von Gruppen, sondern um die Beeinflussung durch Autoritätspersonen. In diesem Zusammenhang führte Stanley Milgram (1963) eine Reihe aufsehenerregender **Studien zu Gehorsam und Autorität** durch. Er ging der Frage nach, inwieweit Menschen die Befehle und Anweisungen von Autoritätspersonen befolgen bzw. wie weit sie dabei gehen. Wären Menschen beispielsweise dazu bereit, eine andere Person zu töten, nur weil ihnen dies befohlen wurde? Nach den unfassbaren Verbrechen gegen die Menschlichkeit, die während des 2. Weltkrieges durch die Nationalsozialisten in Deutschland begangen wurden, war dieser Schluss naheliegend. Zur Klärung seiner Fragestellung führte Milgram zahlreiche Experimente durch, die alle einen ähnlichen Aufbau hatten (▶ Studie: Die Milgram-Experimente zum Gehorsam gegenüber Autoritäten).

Das **Milgram-Experiment** wurde konzipiert, um den **Einfluss von Autorität auf Gehorsam** besser zu verstehen.

Studie

Die Milgram-Experimente zum Gehorsam gegenüber Autoritäten

In den von Milgram (1963) durchgeführten Experimenten wurden die Versuchspersonen in der Annahme rekrutiert, an einem Lernexperiment teilzunehmen. Dabei sollte geklärt werden, ob Bestrafung generell zu besseren Lernleistungen führt. Den Versuchspersonen wurde suggeriert, dass es zwei Bedingungen gebe, wobei ein Teil der Probanden die Rolle der Lehrkraft und der andere Teil die Rolle des Schülers übernehmen sollte. In Wirklichkeit wurden die Versuchspersonen jedoch stets der Lehrer-Bedingung zugeordnet. Die Aufgabe des Lehrers war es, dem Schüler Aufgaben zu stellen und diesen bei einer falschen Beantwortung mit einem Elektroschock zu bestrafen. Der Schüler, der in Wirklichkeit ein Konföderierter von Milgram war, saß im Nebenraum des Labors. Der Zeitpunkt, zu dem der Schüler einen Fehler machte und auch die Art des Fehlers waren in einem Protokoll vorgegeben, das für alle Versuchspersonen gleich war. Zur Bestrafung eines Fehlers sollte der Lehrer also einen Elektroschock erteilen, wobei für jeden weiteren Fehler die Schockstärke intensiviert werden musste. Begonnen wurde mit einer Schockstärke von 15 Volt (leichter Schock), die bis zu einer maximalen Schockstärke von 450 Volt (tödlicher Schock) gesteigert wurde. Die Schockstärken waren auf einem vorgetäuschten Generatorkasten aufgemalt. In Wirklichkeit bekam der Schüler natürlich keinen Elektroschock; jegliche Reaktion des Schülers auf einen angeblichen Schock des Lehrers war nur gespielt. Dabei wurden die Proteste des Schülers mit zunehmender Schockstärke immer lauter und mündeten in der Bitte, aufgrund der zugefügten Schmerzen endlich aus dem Experiment entlassen zu werden. Bei weiter steigenden Schockstärken bekam der Lehrer nur noch ein Wimmern, Stöhnen und letztlich Schreien des Schülers zu hören.

Der Versuchsleiter (Experimentator), gekleidet in einen weißen Kittel, saß dabei hinter dem Lehrer (Versuchsperson) und gab die Anweisung, bei jeder falschen Antwort des Schülers die Schockstufe zu erhöhen und den Schock dann auch zu verabreichen. Immer wenn der Lehrer aufhören wollte, etwa weil er Mitleid mit dem Schüler empfand, entgegnete ihm der Versuchsleiter: »Bitte machen Sie weiter«. Wenn der Lehrer dann immer noch nicht überzeugt war, weiterzumachen, schob der Versuchsleiter nach: »Der Versuch erfordert es, dass sie weitermachen«. Zögerte die Versuchsperson nach wie vor, fügte der Versuchsleiter ergänzend hinzu: »Es ist absolut notwendig, dass Sie weitermachen« und schließlich »Sie haben keine andere Wahl, Sie müssen weitermachen«. Weigerte sich die Versuchsperson auch noch nach der vierten Aussage des Versuchsleiters, mit den Elektroschocks fortzufahren, so brach der Ver-

suchsleiter das Experiment ab und die höchste bis dahin erreichte Schockstärke wurde als abhängige Variable notiert.

Bevor Milgram seine Daten publizierte, schilderte er seinen Versuchsaufbau Psychiatern und ließ diese einschätzen, wie hoch der Prozentsatz derjenigen Versuchspersonen lag, die bei der Verabreichung der Schocks bis zur höchsten Stufe gingen (450 Volt). Die Psychiater – als Experten für menschliches Erleben und Verhalten – schätzten, dass dieser Anteil unter 0,2 lag.

Das tatsächliche Ergebnis war dagegen schockierend: In dem ersten durchgeführten Experiment verabreichten mehr als 60% der Versuchspersonen (eine absolute Anzahl von N = 26 bei insgesamt 40 Versuchspersonen) Elektroschocks auf der höchsten Schockstufe von 450 Volt. Mit anderen Worten: Über 60% der Versuchsteilnehmer gehorchten bis zum Schluss und hätten in Kauf genommen, dass die andere Versuchsperson durch einen tödlichen Elektroschock stirbt. Milgram fand diesen erschreckenden Befund relativ konstant über verschiedene Länder und Kulturen hinweg. In ◻ Abb. 9.4 sind die Ergebnisse der Studie dargestellt.

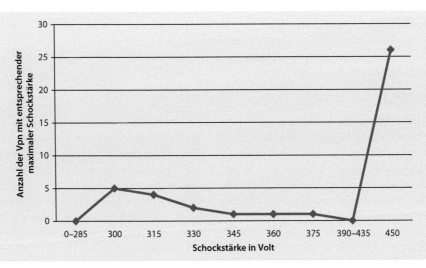

◻ **Abb. 9.4** Absolute Häufigkeiten der maximalen Schockstärken. (Adaptiert nach Milgram, 1963.) Jeder Datenpunkt markiert die Anzahl der Versuchspersonen, für die die entsprechende Schockstärke die maximale Intensität darstellte; d. h., die Versuchspersonen gingen bei der Bestrafung bis zu dieser Schockstärke

Eindrucksvoll beschreibt Milgram das Verhalten seiner Versuchspersonen: »Ich beobachtete einen Geschäftsmann mittleren Alters, der fröhlich und zufrieden das Experimentallabor betrat. Innerhalb von 20 Minuten war er nur noch ein Häufchen Elend, das kurz vor einem Nervenzusammenbruch stand. Er zog permanent an seinen Ohrläppchen und rieb nervös seine Hände. Plötzlich stützte er seinen Kopf auf seine Hände und stammelte ‚Oh Gott, lass es bitte aufhören'. Und dann machte er weiter und gehorchte dem Versuchsleiter bis zum Ende« (Milgram, 1963, S. 377).

9.3.1 Moderatoren des Milgram-Effekts

Milgram konnte allerdings auch Bedingungen ausmachen, unter denen der Gehorsamseffekt reduziert war. Eine zentrale Variable war dabei die **physische Nähe des Lehrers zum Schüler**. Der Prozentsatz der Personen, die bis zur maximalen Schockstärke gingen, reduzierte sich signifikant, wenn der Lehrer den Schüler nicht nur hören, sondern auch sehen konnte und wenn der Lehrer während des Experiments die Hand des Schülers halten sollte. Neben der Nähe zum Schüler stellte auch die **physische Nähe zur Autoritätsperson** eine wichtige Moderatorvariable dar. War der Versuchsleiter nicht mehr physisch anwesend und gab seine Anweisungen daher nur über das Telefon, so reduzierte sich der Anteil derer, die zu einer maximalen Schockstärke bereit waren von 65% in der Standardbedingung auf »nur« noch 20,5%. Auch die **Legitimität der Autoritätsperson** (Versuchsleiter) spielte eine entscheidende Rolle. Wenn das Experiment beispielsweise in einem heruntergekommenen Bürogebäude durchgeführt wurde, ging der Prozentsatz mit maximaler Schockrate zurück auf 48%. Schließlich wurde der Milgram-Effekt auch durch das **Verhalten weiterer anwesender Personen** beeinflusst: War ein zusätzlicher Lehrer anwesend, der konsistent gehorchte, stieg die Maximalschockrate sogar bis auf 92% an. Dagegen waren nur noch 10% der Versuchspersonen bereit, die maximale Schockstärke zu verabreichen, wenn einer der anderen Lehrer nicht mehr gehorchte (siehe Milgram, 1974, für einen Überblick, und Blass, 2004, für eine Biographie).

9.3.2 Warum tritt der Milgram-Effekt auf?

Es stellt sich natürlich die Frage, warum es zum Milgram-Effekt kommt bzw. wie dieser psychologisch erklärt werden kann. Zum einen zeigen uns diese Studien, dass die Macht der Situation meist stärker ist als der Einfluss der Persönlichkeit. Wer hätte gedacht, dass so viele Menschen, die »ganz normal« erscheinen, keinerlei aggressive bzw. antisoziale Persönlichkeitstendenzen aufweisen oder sonstige Auffälligkeiten haben, bis zur höchsten Schockstufe gehen und Mitmenschen auf Befehl töten würden?

Ein denkbarer zugrunde liegender psychologischer Prozess ist das sog. »**Entrapment**«. In diesem Fall ist damit gemeint, dass sich die Versuchspersonen durch die Anweisungen des Versuchsleiters und durch ihr eigenes Gehorchen immer stärker dazu verpflichtet fühlen, dem Versuchsleiter auch weiterhin bei höheren Schockstufen zu gehorchen. Etwas allgemeiner gefasst, beschreibt Entrapment das Phänomen, dass

> **Der Befund des Milgram-Experiments ist erschreckend**: Über 60% der Versuchspersonen waren bereit, die maximale Schockstärke von 450 Volt zu verabreichen.

> Der Milgram-Effekt konnte durch einfache **situative Manipulationen** stark reduziert werden.

> Im Kontext der Milgram-Experimente bedeutet **Entrapment**, dass sich Personen immer stärker dazu verpflichtet fühlen, der Autorität zu gehorchen, nur weil sie dieser zuvor auch schon gehorcht haben.

Wir werden so sozialisiert, dass wir für **Gehorsam belohnt** und für **Ungehorsam bestraft** werden. Deshalb ist später die Wahrscheinlichkeit für gehorsames Verhalten auch höher als für ungehorsames Verhalten.

Expertenheuristik: Experten haben immer recht und man kann ihnen vertrauen (und gehorchen).

Die Milgram-Experimente zeigen, dass Menschen leicht dazu zu bringen sind, anderen Grausamkeiten zuzufügen, sofern diese von einer **Autoritätsperson** befohlen wurden.

eigene Verhaltensweisen häufig nicht beendet werden, obwohl deutlich wird, dass diese nicht mehr gewinnbringend sind bzw. sogar zu Nachteilen führen können. Im Wirtschaftssektor lässt sich dies beispielsweise daran erkennen, dass an einst getroffenen Entscheidungen festgehalten wird, Prozessänderungen abgelehnt werden, auch wenn sich abzeichnet, dass die Entscheidungen fehlerhaft sind. Grundlegend hierfür kann sein, dass die Risikobereitschaft im Verlustbereich zunimmt (▶ Abschn. 3.2.6) oder aber man schon so viele Ressourcen (Energie, Zeit, Geld etc.) in ein Projekt investiert hat und man daher bestrebt ist, diesen Aufwand zu rechtfertigen (Staw, 1976). Beispielhaft hierfür sind auch Verluste im Aktiengeschäft, wobei versäumt wurde, die Aktien trotz deren schlechten Verlaufes wieder zu verkaufen. Im buchstäblichen Sinne bedeutet also Entrapment, dass man durch sein eigenes Verhalten selbst »in eine Falle tappt«.

Eine weitere Erklärung für den Milgram-Effekt ist, dass wir Menschen in unserer Sozialisation generell **stärker für Gehorsam als für Ungehorsam** belohnt werden. Wir haben vermutlich alle als Kind die Erfahrung gemacht, dass unsere Eltern bevorzugt dann schimpfen oder uns bestraften, wenn wir nicht artig und folgsam waren (z. B. unser Zimmer nicht aufgeräumt haben). Dagegen wurde gehorsames Verhalten (z. B. erledigte Hausaufgaben, ein aufgeräumtes Zimmer etc.) natürlich meist belohnt, sei es durch ein einfaches Lob oder durch andere Gesten wie einer Taschengelderhöhung oder einem Geschenk.

Eine weitere psychologische Ursache des Milgram-Effekts könnte darin liegen, dass wir Menschen uns auf die **scheinbare Objektivität und Sachlichkeit von Wissenschaftlern und Experten** verlassen (Expertenheuristik). Wenn uns ein Wissenschaftler grausame Dinge befiehlt, dann »muss« dies einen Sinn haben. Demnach würden die Versuchspersonen das grausame Verhalten gegenüber anderen Menschen im Dienste der Wissenschaft zeigen. Dadurch finden sie auch eine Rechtfertigung für ihr Verhalten und können ihre persönliche Verantwortung, einem anderen Menschen zu helfen bzw. diesen nicht zu quälen, leichter abschieben (Darley & Latané, 1968; Latané & Nida, 1981).

9.3.3 Bedeutung des Milgram-Experiments

Als Fazit aus den Milgram-Experimenten bleibt festzuhalten, dass es leicht ist, Menschen dazu zu bringen, anderen Personen Grausamkeiten zuzufügen. Scheinbar bedarf es lediglich einer Autoritätsperson, die diese grausamen Taten befiehlt, um bereitwillig zu gehorchen. Die Tatsache, dass die Milgram-Experimente sehr realistisch in ihrem Versuchsaufbau sind und eine hohe externe Validität aufweisen, lässt ihre Ergebnisse umso verstörender wirken. Sie zeichnen passend zum Zeitgeist der Nachkriegsjahre ein düsteres Bild der menschlichen Natur. Aufgrund der schockierenden Befunde wird sozialer Einfluss daher meist als etwas sehr Negatives angesehen. Es bleibt glücklicherweise anzumerken, dass es heutzutage ethisch gar nicht mehr vertretbar wäre, solche sog. »High-Impact«-Studien durchzuführen. Dennoch haben diese sicherlich wie kein anderes Forschungsprogramm dazu beigetragen, zu verstehen, was im nationalsozialistischen Deutschland und während des Holocausts passiert ist. Darüber hinaus mahnen sie uns zur Vorsicht, dass derartige Grausamkeiten auch in Zukunft noch möglich wären.

9.4 Einfluss von Minderheiten

Aufgrund der oben dargestellten Forschung zu sozialem Einfluss und Konformität entsteht leicht der Eindruck, dass es bei sozialem Einfluss lediglich darum ginge, wie Mehrheiten auf Minderheiten Einfluss nehmen. Betrachtet man aber die menschliche Geschichte und Entwicklung der Gesellschaft, so fällt auf, dass die meisten gesellschaftlichen Umwälzungen und Revolutionen von Minderheiten hervorgerufen wurden. Nehmen wir als Beispiel die Energiewende in Deutschland: In den 70er und 80er Jahren wurden Gegner der Kernenergie meist als eine Handvoll »Spinner« abgetan, die nicht wirklich wüssten, worin das Wohl der Gesellschaft liege. Sie ketteten sich an die Gleise von Castor-Transporten, betonierten sich teilweise ein und setzten für die Idee einer atomfreien Gesellschaft ihre eigene Gesundheit oder sogar ihr Leben aufs Spiel. Nach mehr als drei Jahrzehnten und nach atomaren Unfällen wie Tschernobyl oder Fukushima ist nun die Mehrheit der deutschen Gesellschaft auf die Seite der Kernenergiegegner geschwenkt. Hier hat also eine absolute Minderheit über viele Jahre hinweg auf die Meinung der Mehrheit Einfluss genommen und diese geändert. Ähnliches ist beim Fall der Berliner Mauer passiert. Was zu Beginn nur Montagsdemonstrationen weniger hundert DDR-Bürger waren, weitete sich über mehrere Monate hinweg zu einem Massenprotest aus, der dann letztendlich zum Fall der Mauer sowie des gesamten DDR-Regimes führte. Wir sehen, dass auch Minderheiten Macht haben und einen Einfluss auf die überlegen erscheinende Mehrheit ausüben können. Doch welche psychologischen Prozesse sind dafür verantwortlich?

Um den Einfluss von Minderheiten auf Mehrheiten zu demonstrieren, kehrten Moscovici, Lage und Naffrechoux (1969) das klassische Asch-Paradigma zum normativen sozialen Einfluss (s. oben) einfach um und wandelten es inhaltlich etwas ab. Nun gab nicht mehr die Mehrheit der Konföderierten eine falsche Einschätzung ab, sondern diejenigen mit falscher Angabe blieben in der Minderheit (▶ Studie: Experimentelle Untersuchung zum Einfluss von Minderheiten).

> Soziale Einflussnahme kann auch von **Minderheiten auf Mehrheiten** stattfinden. So gehen **gesellschaftliche Umwälzungen und Revolutionen** häufig von Minderheiten anstatt von Mehrheiten aus.

> Um den Einfluss von Minderheiten auf Mehrheiten zu überprüfen, kehrten Moscovici et al. (1969) das klassische Asch-Paradigma einfach um.

Studie

Experimentelle Untersuchung zum Einfluss von Minderheiten

In einem Experiment von Moscovici et al. (1969) nahmen die Versuchspersonen in Gruppen zu 6 Personen teil. Alle der Versuchspersonen bekamen in den experimentellen Durchgängen stets blaue Dias zu sehen. Die Aufgabe der Versuchspersonen bestand dabei darin, die Farbe des gesehenen Dias öffentlich dem Versuchsleiter mitzuteilen. Die Farbe war immer blau, lediglich deren Intensität wurde in den einzelnen Durchgängen verändert. Es gab zwei Experimentalgruppen (mit je 2 Konföderierten und 4 tatsächlichen Versuchspersonen) und eine Kontrollgruppe. Letztere bestand ausschließlich aus naiven Versuchspersonen, also wirklichen Teilnehmern, die keine Konföderierten waren. In der ersten Experimentalbedingung verhielt sich die Minderheit (Konföderierte) inkonsistent, d. h., sie gab in zwei Drittel der Durchgänge eine falsche Antwort ab (sie teilte dem Versuchsleiter mit, dass das Dia grün sei). In der zweiten experimentellen Bedingung handelte es sich um eine konsistente Minderheit, d. h., die beiden Konföderierten beharrten in allen Versuchsdurchgängen auf der falschen Antwort »grün«.

Als Ergebnis zeigte sich, dass nur die konsistente Minderheit einen signifikanten Einfluss auf die die Versuchspersonen (die Mehrheit) hatte; und zwar sowohl hinsichtlich der öffentlichen Compliance als auch in Bezug auf die private Akzeptanz. Inkonsistente Minoritäten hatten dagegen nur einen geringfügigen Einfluss auf die Rate der falschen Antworten.

Persistierende Minderheiten lösen bei uns einen **kognitiven Konflikt** aus und bringen uns dazu, tiefer zu elaborieren (»think twice«).

Warum und wie können Minderheiten Einfluss nehmen? Moscovici und Personnaz (1980) argumentieren, dass – wenn Minderheiten über eine längere Zeitspanne hinweg auf ihrer Meinung beharren (persistieren) – Personen noch ein zweites Mal über bestimmte Probleme nachdenken (»think twice«). Ursächlich dafür ist ein kognitiver Konflikt, der durch die voneinander abweichenden Meinungen ausgelöst wird. Man fragt sich natürlich, ob das Urteil der Minderheit nicht doch einen wahren Kern hat, da diese ja sehr konsistent in ihrer Meinung ist. Diese Überprüfung wird auch als **Validierungsprozess** bezeichnet. Er führt zu einer tieferen kognitiven Verarbeitung der jeweiligen Entscheidungs- und Urteilsprobleme, da man sich intensiv mit der Thematik auseinandersetzt und die einzelnen Argumente gegeneinander abwägt. Darüber hinaus werden Mehrheitsnormen hinterfragt und können somit durchbrochen werden (◻ Abb. 9.5).

Durch die tiefere Elaboration von Minderheitenpositionen kann es zur Einstellungsänderung kommen. Diese Änderung wird als **Konversion** bezeichnet.

Erfolgt nach dem Validierungsprozess tatsächlich eine Einstellungsänderung in Richtung der Minderheit, kommt es zur sog. **Konversion**. Moscovici und Personnaz (1980, S. 271) beschreiben dies als einen »subtilen Prozess wahrnehmungsbezogener oder kognitiver Veränderung, bei dem eine Person ihre ursprüngliche Antwort aufgibt um eine andere Sichtweise oder Antwort einzunehmen, ohne sich der Veränderung notwendigerweise bewusst oder dazu gezwungen worden zu sein.« In seiner **Konversionstheorie** (1980) spezifiziert Moscovici, dass Konversion nur in Zusammenhang mit **Minderheiten** auftritt. Ausschließlich diese führen zu einer tieferen und genaueren Prüfung des Urteils und – sofern es zu einer Umkehr der Meinung kommt – zu einer wirklichen Überzeugung bzw. Einstellungsänderung (private Akzeptanz). Im Vordergrund steht also ein **inhaltlicher Konflikt** darüber, welche Einstellung bzw. welche Meinung nun die tatsächlich korrekte ist. Dieser Konflikt könnte beispielsweise entstehen, wenn Sie in Ihrem Freundeskreis zwei Bekannte haben, die es massiv ablehnen, sich bei Facebook zu registrieren (Min-

◻ **Abb. 9.5** Der Validierungsprozess

derheit). Ihnen gegenüber steht eine breite Masse von Facebook-Nutzern, die viele persönliche Dinge öffentlich preisgeben (Mehrheit). Stellen Sie sich vor, Sie sind selbst in Facebook aktiv; vermutlich lehnen Sie erst einmal die Meinung Ihrer beiden »Minderheiten-Freunde« ab. Vielleicht wundern Sie sich aber mit der Zeit über deren persistierendes Verhalten, das andauert, obwohl die Mehrheit anderer Meinung ist. Sie fragen sich vielleicht, ob nicht doch etwas an deren Auffassung dran sein könnte, zumal die beiden Freunde ja den eher unangenehmen Platz der Minderheit einnehmen. Sie beginnen, sich Gedanken über die Thematik zu machen, und wägen das Für und Wider beider Positionen ab. Es kommt zu einem inhaltlichen Konflikt, der möglicherweise dazu führt, dass Sie Ihre bisherige Meinung ändern und Ihren Facebook-Account löschen. (Bitte beachten Sie, dass mit diesem Beispiel kein »Richtig oder Falsch« vermittelt werden soll – die Auswahl des Beispiels bzw. die Bestimmung von Minderheit und Mehrheit orientiert sich lediglich an dem derzeitigen Trend zur Facebook-Nutzung). Im Gegensatz dazu findet kein solch ausgeprägter Validierungsprozess statt, wenn sich die eigene Meinung von derjenigen der **Mehrheit** unterscheidet. In diesem Fall prüft man die einzelnen Argumente nämlich nicht so exakt; stattdessen kommt vorwiegend ein **sozialer Konflikt** zum Tragen, d. h., es geht weniger um den Inhalt der Argumente bzw. Meinungen als um den Wunsch, von der Mehrheit akzeptiert zu werden und nicht aufzufallen. Passt man sich also der mehrheitlichen Meinung an, beruht dies meist nur auf einer äußerlichen Verhaltensanpassung (öffentliche Compliance). Dies wäre beispielsweise der Fall, wenn eine Person, die den einfachen Zelt- bzw. Rucksack-Urlaub bevorzugt, in einer Gruppe von Personen, die stets einen All-Inclusive-Urlaub bucht, vorgibt, auch selbst vorwiegend Hotel-Urlaube zu planen. Um nicht aufzufallen, passt sie sich also äußerlich der Mehrheit an. Dies schließt jedoch nicht aus, dass der nächste Urlaub doch wieder eine Rucksack-Tour wird.

9.5 Abschließende Bemerkungen

In Moscovicis Konversionstheorie wird der Unterschied zwischen dem Einfluss von Mehrheiten und demjenigen von Minderheiten betont. Erster basiert meist nur auf öffentlicher Compliance und einer weniger intensiven Informationsverarbeitung, während Letzterer zu einer gründlichen Verarbeitung und tatsächlicher Einstellungsänderung führt. In Zusammenhang mit den Asch-Studien zum normativen sozialen Einfluss (s. oben) haben wir jedoch gehört, dass auch hier einige Versuchspersonen private Akzeptanz zeigten, obwohl sie von einer Mehrheit beeinflusst worden waren. Zu widersprüchlichen Untersuchungsergebnissen kommt auch Mackie (1987), die zeigen konnte, dass gerade die Argumente der Mehrheit gründlich verarbeitet werden und es auch hier zu einer langfristigen Akzeptanz der Mehrheitsmeinung kommt.

Wir möchten Sie mit diesen widersprüchlichen Ergebnissen natürlich keinesfalls verwirren. Vielmehr geht es uns darum, Ihnen zu vermitteln, dass sozialer Einfluss über ganz unterschiedliche Prozesse vermittelt sein kann und es darüber hinaus auch ganz unterschiedliche Arten von sozialem Einfluss gibt. So haben wir uns mit dem Einfluss von Mehrheiten, Minderheiten und Autoritäten beschäftigt, haben eine Untertei-

In der **Konversionstheorie** (Moscovici, 1980) wird postuliert, dass Einstellungsänderung in Richtung Minderheit zu **privater Akzeptanz** führt und jene in Richtung Mehrheit vorwiegend zu **öffentlicher Compliance**. Andere wissenschaftliche Befunde sind jedoch widersprüchlich: So wird z. B. in den Asch-Studien gezeigt, dass Einfluss von Mehrheiten auch zu privater Akzeptanz führen kann.

Sozialer Einfluss ist ein vielschichtiges Phänomen, das in vielen sozialen Situationen zum Tragen kommt.

lung in normativen und informativen sozialen Einfluss vorgenommen, die jeweils auf unterschiedlichen motivationalen Motiven beruht und haben erwähnt, dass sozialer Einfluss sowohl bewusst als auch unbewusst ablaufen kann. Gerade im Hinblick auf die teilweise unbewusste, unterschwellige Natur sozialen Einflusses sei noch einmal betont, wie vielfältig und übergreifend dieses Phänomen ist, das sich daher auch in vielen Bereichen zeigt: Vielleicht haben Sie beim Lesen Überschneidungspunkte zur Theorie der kognitiven Dissonanz (▶ Kap. 2) oder auch zu den Befunden zur Einstellungsänderung (▶ Kap. 6) entdeckt? Etwa dahingehend, dass Einstellungsänderung über das Verhalten erfolgen bzw. öffentliche Compliance zu privater Akzeptanz führen kann? Oder Sie haben sich an die Foot-in-the-door-Technik erinnert (Freedman & Fraser, 1966), die ein Beispiel dafür gibt, dass Compliance ohne offenen Druck von statten gehen kann? Sozialer Einfluss ist also in vielen Situationen gegenwärtig – mal sehen, wann Sie das nächste Mal beeinflusst werden!

? Kontrollfragen

1. Was versteht man unter sozialem Einfluss und zwischen welchen Arten sozialen Einflusses unterscheidet man im Wesentlichen?

2. Fassen Sie die zentralen Ergebnisse der Asch-Experimente (1951, 1956) zusammen! Welche Art sozialen Einflusses stellen diese dar?

3. Worin besteht der Unterschied zwischen öffentlicher Compliance und privater Akzeptanz?

4. Stellen Sie kurz den Befund von Milgram (1963) dar! Welche psychologischen Erklärungen können für diesen Effekt herangezogen werden?

5. Wie kann der Einfluss von Minderheiten erklärt werden?

▶ **Weiterführende Literatur**

Cialdini, R. B. (2001). *Influence: Science and practice* (4th ed.). Boston: Allyn & Bacon.

Meeus, W. H. J. & Raaijmakers, Q. A. W. (2010). Obedience in modern society: The Utrecht studies. *Journal of Social Issues, 51,* 155–175.

Wood, W., Lundgren, S., Ouellette, J. A., Busceme, S. & Blackstone, T. (1994). Minority influence: A meta-analytic review of social influence processes. *Psychological Bulletin, 115,* 323–345.

Literatur

Allport, G. W. (1985). The historical background of social psychology. In G. Lindzey & E. Aronson (Eds.), *The handbook of social psychology* (3rd ed., vol. 1, pp. 1–46). New York: Random House.

Asch, S. E. (1951). Effects of group pressure upon the modification and distortion of judgments. In H. Guetzknow (Ed.), *Groups, leadership and men* (pp. 177–190). Pittsburgh: Carnegie Press.

Asch, S. E. (1956). Studies of independence and conformity: I. A minority of one against a unanimous majority. *Psychological Monographs: General and Applied, 70,* 1–70.

Batson, C. D., Batson, J. G., Slingsby, J. K., Harrell, K. L., Peekna, H. M. & Todd, R. M. (1991). Empathic joy and the empathy-altruism hypothesis. *Journal of Personality and Social Psychology, 61,* 413–426.

Blass, T. (2004). *The man who shocked the world.* New York: Basic Books.

Darley, J. M. & Latané, B. (1968). Bystander intervention in emergencies: Diffusion of responsibility. *Journal of Personality and Social Psychology, 8,* 377–383.

Freedman, J. L. & Fraser, S. C. (1966). Compliance without pressure: The foot-in-the-door technique. *Journal of Personality and Social Psychology, 4,* 195–202.

Hogg, M. A. & Turner, J. C. (1987). Social identity and conformity: A theory of referent informational influence. In W. Doise & S. Moscovici (Eds.), *Current issues in European social psychology* (vol. 2, pp. 139–182). Cambridge: Cambridge University Press.

Latané, B. & Nida, S. (1981). Ten years of research on group size and helping. *Psychological Bulletin, 89*, 308–324.

Mackie, D. M. (1987). Systematic and nonsystematic processing of majority and minority persuasive communications. *Journal of Personality and Social Psychology, 53*, 41–52.

Milgram, S. (1963). Behavioral study of obedience. *The Journal of Abnormal and Social Psychology, 67*, 371–378.

Milgram, S. (1974). *Obedience to authority*. New York: Harper & Row.

Moscovici, S. (1980). Toward a theory of conversion behavior. In L. Berkowitz (Ed.), *Advances in experimental social psychology* (vol. 13, pp. 209–242). New York: Academic Press.

Moscovici, S., Lage, E. & Naffrechoux, M. (1969). Influence of a consistent minority on the response of a majority in a color perception task. *Sociometry, 32*, 365–380.

Moscovici, S. & Personnaz, B. (1980). Studies in social influence: V. Minority influence and conversion behavior in a perceptual task. *Journal of Experimental Social Psychology, 16*, 270–282.

Sherif, M. (1935). A study of some social factors in perception. *Archives of Psychology, 27*, 1–60.

Staw, B. (1976). Knee-deep in the big muddy: a study of escalation commitment to a chosen course of action. *Organizational Behavior and Human Performance, 16*, 27–44.

Wucher, A. (1961). *Eichmanns gab es viele. Ein Dokumentarbericht über die Endlösung der Judenfrage*. München: Droemer/Knaur.

10 Sozialpsychologie der menschlichen Existenz: Positive Psychologie und Psychologie der Religion

© Springer-Verlag GmbH Deutschland, ein Teil von Springer Nature 2018
P. Fischer et al. (Hrsg.), *Sozialpsychologie für Bachelor*, Springer-Lehrbuch
https://doi.org/10.1007/978-3-662-56739-5_10

Lernziele

- Das Konzept Religiosität erklären können (Unterscheidung zwischen intrinsischer und extrinsischer Religiosität, Messung von Religiosität etc.).
- Die Rolle von Religiosität in Zusammenhang mit psychischer und physischer Gesundheit bzw. Copingverhalten darstellen können.
- Die Wirkung von Religiosität unter terroristischer Bedrohung bzw. Mortalitätssalienz beschreiben können.
- Aufzeigen können, inwiefern Religiosität auch negative Auswirkungen haben kann.

Wenn euer Vertrauen auch nur so groß wäre wie ein Senfkorn, dann könntet ihr zu dem Maulbeerbaum dort sagen:,Zieh deine Wurzeln aus der Erde und verpflanze dich ins Meer!', und er würde euch gehorchen.
(Lukas, 17,5-6)

Lukas beschreibt metaphorisch, worum es in diesem Kapitel geht. Aber keine Angst – wir haben weder die Absicht, Nichtgläubige zum Glauben zu bekehren, noch, uns mit religiösen bzw. theologischen Inhalten auseinanderzusetzen. Wie im Einführungskapitel gesagt, beschäftigt sich die Sozialpsychologie mit dem Erleben und Verhalten von Individuen im sozialen Kontext. Was hat Religion damit zu tun? Religion hat im Leben vieler Menschen einen hohen Stellenwert und Religiosität übt einen tiefen Einfluss auf das menschliche Erleben und Verhalten aus. Deshalb ist in den vergangenen Jahren die Anzahl der psychologisch-empirischen Publikationen zum Thema Religion stark angestiegen. Was die religiöse Identität betrifft, so bezeichnen sich laut einer Umfrage im Jahr 2004

Religion bzw. Religiosität übt einen hohen Einfluss auf das menschliche Erleben und Verhalten aus und ist daher auch für die sozialpsychologische Forschung von Bedeutung.

Unser persönliches **Erleben und** nachfolgend auch unser **Verhalten** werden oft unbewusst von religiöser Identität beeinflusst.

Das Thema **Gesundheit** ist nicht nur für die Medizin, die Politik und Wirtschaft von Bedeutung, sondern auch für die Psychologie.

Neben biologischen sind auch **psychologische und soziale Faktoren** zentral für unsere psychische und physische **Gesundheit**. Insofern liegt der Einfluss der **Psychologie** hier auf der Hand.

89% der befragten Erwachsenen in den USA als religiös (Newport, 2004). Weltweit liegt der Anteil derer, die in irgendeiner Form religiös sind, bei 85%, wohingegen sich 15% der Befragten als Nichtgläubige, Atheisten oder Agnostiker einstufen (Zuckerman, 2005). Speziell für die USA gaben in einer aktuellen Umfrage 54% der Befragten an, dass Religion für sie sehr wichtig sei (Newport, 2010). Auch wenn 70% der Befragten glauben, dass Religion grundsätzlich an Einfluss verliert, so liegt der Anteil derer, die in der Religion Antworten auf aktuelle Lebensprobleme sehen, bei 58%. Insofern spielt die Religion eine erstaunlich große Rolle, selbst wenn ihr Einfluss im Alltag teilweise unbemerkt bleiben mag.

Die **religiöse Identität** kann bewirken, dass Menschen bestimmte Gegebenheiten, Ereignisse, ihre Umwelt, aus einer bestimmten Perspektive heraus wahrnehmen und interpretieren ohne dies selbst zu bemerken. Das persönliche Erleben ist somit verändert, was dann auch Auswirkungen auf das Verhalten haben kann – womit wir uns schon wieder inmitten der Sozialpsychologie bewegen. Beginnen wir mit einem Blick auf die junge Disziplin der »Religionspsychologie«.

10.1   Religion und Gesundheit

Jeder weiß, dass regelmäßiger Sport gesundheitsförderlich ist. Er stärkt das Immunsystem und hebt das Wohlbefinden (Gabriel & Kindermann, 1998; Ströhle, 2009). Die enorme Fülle an Ratgebern, Tipps und mehr oder weniger fundierten Hinweisen in Bezug auf die eigene Gesundheit spricht für die Wichtigkeit, die diese Thematik für die meisten von uns hat. Dass es dabei jedoch nicht nur um die persönlichen Besorgnisse jedes Einzelnen geht, sieht man daran, dass sich verschiedenste Einrichtungen diesem Thema annehmen: Medizinische Strukturen und in diesem Feld tätiges Personal bilden wohl das Zentrum des Gesundheitswesens; aber genauso ist Gesundheit auch eine politische und staatliche Angelegenheit und stellt darüber hinaus einen der wichtigsten Wirtschaftssektoren dar (Statistisches Bundesamt, 2005).

Doch auch die Sozialpsychologie ist hier beteiligt, nicht zuletzt deshalb, weil die Entstehung und erfolgreiche Behandlung von Erkrankungen von vielen Faktoren abhängt. Neben biologischen Faktoren sind auch psychologische und soziale Einflussgrößen entscheidend (multifaktorielle Störungsmodelle, vgl. Margraf & Schneider, 2009). Es sei betont, dass der psychologische Einfluss nicht nur in Bezug auf die mentale (geistige bzw. psychische) Gesundheit zu sehen ist, wie man vielleicht primär annehmen könnte, sondern genauso auch auf die physische. Doch wo genau liegt nun die Aufgabe der Sozialpsychologie? Und vor allem, was hat Religion damit zu tun? Folgende Abschnitte sollen diesbezüglich Klarheit schaffen.

10.1.1   »Always look on the bright side of life« – Positive Psychologie und Coping

Dass Körper und Seele zusammenhängen bzw. die Heilung der Seele mit der Heilung des Körpers einhergeht, hatte bereits Platon ausgedrückt. In seinem Werk »Charmides« beschreibt er den Dialog zwischen Sokrates und einem Mann, der an Kopfschmerzen leidet. Sokrates betont, »daß es eine große Torheit sei zu glauben, man könne den Kopf selbst für sich ohne den ganzen Leib ärztlich behandeln« (Platon, zit. nach Loewenthal, 2004, S. 245; 156A–156E). Laut Sokrates gilt folgende Regel: »…wie man nicht versuchen dürfe, die Augen ohne den Kopf zu heilen, noch den Kopf ohne den Leib, so auch nicht den Leib ohne die Seele« (ebd.). Die Überwindung der Trennung von Körper und Geist ist das Ziel ganzheitlicher Heilansätze (s. oben, multifaktorielle Störungsmodelle). Zusätzlich geht man aber immer mehr dazu über, neben der Behandlung von Krankheiten oder Störungen auch Faktoren ausfindig zu machen, die einer Erkrankung präventiv entgegenwirken. Schlagwörter sind hier beispielsweise »**protektive Faktoren**«, »**Resilienzfaktoren**«, »**Schutzfaktoren**«. Zentral ist hierbei die Annahme, dass es bestimmte Einflussgrößen gibt, die die eigene Widerstandsfähigkeit und emotionale Stabilität erhöhen und den Umgang mit belastenden Situationen erleichtern. Diese haben mitunter den Charakter einer stabilen **Persönlichkeitseigenschaft** (Block, 1971; Block & Kremen, 1996).

Der Zusammenhang zwischen **Körper und Geist** ist zentral bei der Behandlung von Krankheiten. Daher wirken sog. **Resilienzfaktoren**, die die emotionale Stabilität und Widerstandsfähigkeit erhöhen, Erkrankungen präventiv entgegen.

Definition

Unter **Resilienz** versteht man die psychische Widerstandsfähigkeit, die es ermöglicht, die eigene körperliche und seelische Gesundheit auch in belastenden Situationen zu erhalten (Rieckmann, 2002). Resiliente Menschen können auch unter widrigsten Umständen ein gewisses Maß an positiven Kognitionen und Emotionen erzeugen bzw. erleben.

▶ Definition
Resilienz

Dieser ressourcenorientierte Ansatz wird auch als »**positive Psychologie**« bezeichnet (Seligman, 2005; Seligman & Csikszentmihalyi, 2000). Diese betont die Wichtigkeit von positiven Emotionen und Einstellungen für das Wohlbefinden bzw. die psychische Gesundheit (Ai & Park, 2005). Sie kennen vielleicht das Gefühl, frisch verliebt zu sein? Dann werden Sie bestimmt festgestellt haben, dass sie in diesem Zustand bisherige Probleme auf einmal nicht mehr so schwer nehmen? Oder Sie haben bemerkt, dass mit einer optimistischen Einstellung vieles leichter von der Hand geht. Bei der positiven Psychologie geht es also um die »bright side of life«, um positive Gefühle wie Glück, Optimismus, Zufriedenheit, Geborgenheit, Vertrauen etc., die dabei helfen, auch schwierige und belastende Situationen gut bewältigen zu können (◻ Abb. 10.1).

Eine zentrale Annahme der **positiven Psychologie** ist, dass positive Emotionen und optimistische Einstellungen die eigene psychische und physische Gesundheit positiv beeinflussen können.

◻ **Abb. 10.1** Positive Psychologie – »the bright side of life«!

▶ Definition
Positive Psychologie

┌─ Definition ───

Die **Positive Psychologie** ist ein relativ neuer Zweig innerhalb der
Psychologie und wurde von Martin Seligman begründet. Sie verfolgt
einen ressourcenorientierten Ansatz, daher liegt der Fokus auf allen
Aspekten, die das Leben schöner und lebenswerter machen. Darunter sind drei Forschungsschwerpunkte zentral: 1. positive Emotionen,
2. positive Charaktereigenschaften und 3. positive gesellschaftliche
und institutionelle Strukturen (Seligman & Csikszentmihalyi, 2000).

Empirische Studien belegen den
**Zusammenhang zwischen positi-
ven Gefühlen** und einer **positiven
gesundheitlichen Entwicklung**.

Empirisch ist der **Zusammenhang zwischen positiven Gefühlen und
positiven gesundheitlichen Entwicklungen** (physisch wie psychisch)
bereits in vielen Studien nachgewiesen worden (Davidson, Mostofsky &
Whang, 2010; Fredrickson & Joiner, 2002). So besteht etwa ein Zusammenhang zwischen einer hohen Selbstwirksamkeitserwartung und einer
höheren Lebenserwartung bei Brustkrebs, der Anzahl der Freunde und
einer verminderten Kortisolausschüttung unter Stress (Heinrichs,
Baumgartner, Kirschbaum & Ehlert, 2003), der Anzahl der Freunde und
Wohlbefinden im Alter (Street, Burge, Quadagno & Barrett, 2007).

Positive Gefühle und Persönlichkeitseigenschaften haben nicht automatisch präventive Wirkung hinsichtlich
der Gesundheit; entscheidend sind
genauso auch **situative Faktoren**.

Neben derartigen Befunden gibt es jedoch auch Arbeiten, die zeigen,
dass vermeintlich positive Gefühle nicht zwangsläufig mit persönlichem
Wohlergehen in Zusammenhang stehen müssen. McNulty und Fincham
(2012) argumentieren, dass neben positiven Gefühlen bzw. Persönlichkeitsfaktoren auch der jeweilige Kontext entscheidend ist. Daher könnten bestimmte Faktoren wie Vertrauen, Versöhnlichkeit, etc. auch nicht
als grundsätzlich positiv angenommen werden, was in der Literatur zur
positiven Psychologie jedoch der Fall ist (z. B. Seligman & Csikszentmihalyi, 2000). Die Autoren beziehen sich dabei u. a. auf Studien, die einen
moderierenden (oder sogar umkehrenden) Effekt zeigen konnten. So
wirkt sich laut Maisel und Gable (2009) die Bereitschaft, eine andere
Person zu unterstützen, nur dann positiv auf die Beziehung aus, wenn
damit auf die Bedürfnisse des Hilfeempfängers eingegangen wird. Ist dies
jedoch nicht der Fall, so kann der zunächst positiv erscheinende Charak-
terzug der Hilfeleistung bzw. Unterstützung die jeweilige Beziehung sogar schwächen. In einem anderen Kontext fanden Cohen et al. (1999)
heraus, dass Optimismus die eigene Immunantwort nur dann verbessert,
wenn sich diese auf akute Stressoren bezieht. Handelt es sich dagegen um
chronischen Stress, so geht Optimismus mit einer verschlechterten Immunantwort einher. Diese Befunde seien hier zum einen angefügt, um
darauf hinzuweisen, dass es neben den vielen Befunden zur positiven
Psychologie eben auch widersprüchliche Ergebnisse und kritische Hal-
tungen gibt, die man nicht außer Acht lassen sollte; zum anderen zeigen
sie, dass neben Persönlichkeitsfaktoren auch die situativen Faktoren des
sozialen Kontextes zentral sind (vgl. interaktionistische Sichtweise der
Sozialpsychologie, ▶ Kap. 1).

Im Sinne einer ressourcenorientierten Sichtweise der positiven Psychologie existiert eine Vielzahl an Studien im Kontext von **Stress**.

Was jedoch die Literatur zur »positiven Psychologie« betrifft, so beschäftigen sich viele dieser Studien mit schwierigen Lebenssituationen,
beispielsweise einer Krebserkrankung, dem Umgang mit Todesfällen
(Keltner & Bonanno, 1997; Moskowitz, 2001), der Bedrohung durch Terrorismus (Fredrickson, Tugade, Waugh & Larkin, 2003). Derartige Situationen erzeugen in der Regel starken **Stress** (vgl. Vulnerabili-
täts-Stress-Modell, Lazarus & Folkman, 1984).

> **Definition**
>
> **Stress** ist ein unangenehmer Erregungszustand, der entsteht, wenn man das Gefühl hat, dass die äußeren Anforderungen die eigenen Ressourcen übersteigen (Lazarus & Folkman, 1984).

Es gibt zahlreiche Faktoren (sog. Stressoren), die Stress auslösen können, wie z. B. die Vorbereitung auf eine Prüfung oder ein bevorstehendes Rendezvous; aber es gibt auch eine Fülle von Möglichkeiten, diesem Stress zu begegnen. Diese Techniken werden auch als **Coping** bezeichnet.

> **Definition**
>
> Als **Coping** (engl. »to cope with« = etwas bewältigen, verkraften) bezeichnet man alle Anstrengungen, die eine Person unternimmt, um mit einer kritischen bzw. belastenden Situation umzugehen. Zentral ist dabei das Bemühen der Person und nicht die erfolgreiche Anwendung einer Bewältigungsstrategie (Schulz, 2005).

Generell unterscheidet man zwischen internalen und externalen Ressourcen zur Stressbewältigung (z. B. McIntosh, Silver, & Wortman, 1993). **Internale Ressourcen** beziehen sich auf Faktoren innerhalb der Person selbst, vorwiegend auf Gedanken und Gefühle (Koenig, George & Siegler, 1988). Im Hinblick auf Prüfungsstress könnten Sie also versuchen, Ihre Gedanken zu verändern bzw. eine gelassenere und optimistischere Einstellung zu entwickeln, um leichter mit der Situation zurechtzukommen (z. B. sich die Vorbereitung in konkreten durchführbaren Schritten vorstellen). Dieser gedankliche Weg ist eng mit einer Veränderung der Emotionen verbunden bzw. ist oft auslösend hierfür (◘ Abb. 10.2).

SAGEN WIR MAL SO: ZUMINDEST HABE ICH EINEN TRIFTIGEN GRUND, HEUTE NICHT ZU OMAS KAFFEEKRÄNZCHEN KOMMEN ZU MÜSSEN!

◘ **Abb. 10.2** Internale Coping-Ressourcen: Die Macht der Gedanken

Eine weitere Möglichkeit wäre, sich einer Lerngruppe anzuschließen. Dadurch könnten Sie den Stoff schneller erarbeiten oder zumindest die eigenen Sorgen mit der Gruppe teilen und ggf. Hilfe bekommen. Diese verhaltensbasierte Strategie betrifft in diesem Fall die **externalen Ressourcen**. Damit ist vorwiegend die soziale Unterstützung von außen gemeint; also Gruppen (Freunde, Familie, Sportverein, etc.), die in schwierigen Situationen helfen (vgl. Grom, 1992). Zusätzlich spielt aber auch materielle Unterstützung eine wichtige Rolle (im obigen Beispiel etwa finanzielle Mittel zum Kauf von Lernmaterial). Unabhängig davon, ob internale oder externale Ressourcen aktiviert werden: Ziel ist immer ein besserer Umgang mit der Stresssituation, indem die eigenen Emotionen positiv beeinflusst werden und eine optimistischere Grund-

▶ Definition
Stress

▶ Defintion
Coping

Häufig wird zwischen internalen und externalen Ressourcen zur **Stressbewältigung** unterschieden. **Internale Ressourcen** betreffen dabei Faktoren innerhalb der Person, z. B. deren Gefühle und Gedanken.

Mit **externalen Ressourcen** meint man vorwiegend soziale Unterstützung von außen, wie etwa durch Freunde und Familie.

Positive Emotionen helfen dabei, Belastungssituationen besser zu bewältigen:
- Ablenkung von negativer Stimmung (gelassenere Haltung),
- Dämpfung negativer physiologischer Erregung,
- verändertes Denken und erweitertes Verhaltensrepertoire.

haltung aufgebaut wird. Hier wären wir also wieder bei der positiven Psychologie angelangt!

Die Frage ist aber, *warum* **positive Emotionen** helfen, Stress zu reduzieren oder Belastungssituationen leichter bewältigen zu können (z. B. Reed & Aspinwall, 1998). Hierfür sind drei Gründe zentral:

1. Positive Emotionen lenken von negativer Stimmung ab und führen dadurch zu einer gelasseneren Einstellung (Fredrickson, Tugade, Waugh & Larkin, 2003).
2. Positive Emotionen dämpfen negative physiologische Erregungszustände (z. B. erhöhter Blutdruck, gesteigerte Herzrate), die als Folge stressiger Ereignisse aufgetreten sind (Fredrickson & Levenson, 1998; Fredrickson, Mancuso, Branigan & Tugade, 2000).
3. Positive Emotionen verändern das Denken in Krisensituationen. Sie erweitern den Aufmerksamkeitsfokus und dadurch auch das Verhaltensrepertoire (Fredrickson, 2000).

10.1.2   Religion und Coping

Da **Religiosität** sowohl internale als auch externale positive Ressourcen bereitstellt, dient es als **Resilienzfaktor** bei Stresssituationen.

Nun haben wir gehört, dass es bestimmte (Resilienz-) Faktoren gibt, die positive Emotionen fördern und dadurch sowohl internale als auch externale Coping-Strategien freisetzen. Vor diesem Hintergrund möchten wir nun überprüfen, ob auch Religiosität positive Emotionen auslösen und somit Resilienz fördern kann. Dafür spricht, dass Religiosität sowohl internale (religiöse Überzeugungen, Glauben, Vertrauen etc.) als auch externale Ressourcen (sozialer Anschluss in der Glaubensgemeinschaft) bereitstellt. Insofern kann Religiosität als eine gute Bewältigungsmöglichkeit von Stress angesehen werden. Dies wurde auch in zahlreichen Studien gezeigt (Ai, Dunkle, Peterson, & Bolling, 1998; Ai, Peterson, Tice, Bolling, & Koenig, 2004; Hill & Pargament, 2003).

Definition und Messung von Religiosität

Beim Konzept der »**Religiosität**« unterscheidet man zwischen **intrinsischer** und **extrinsischer** Religiosität.

Als kritischer Leser fragen Sie sich nun, was die Sozialpsychologie unter Religiosität versteht. Tatsache ist, dass Religiosität äußerst vielfältig ausgeprägt ist (Dittes, 1996). Man kann kaum von »der« Religiosität sprechen, die ausschließlich anhand eines bestimmten Faktors gemessen wird, wie etwa der Anzahl der Gottesdienstbesuche. Die erste klassische Unterscheidung, die Ordnung in diese Vielfältigkeit bringt, ist die Unterscheidung zwischen **intrinsischer und extrinsischer Religiosität**.

Die **Religious Orientations Scale** von Allport unterscheidet zwischen intrinsischer und extrinsischer religiöser Orientierung.

Allport (1959; 1966) fiel auf, dass intrinsisch orientierte Menschen ihre Religion um ihrer selbst willen und aus Überzeugung heraus praktizieren, während für extrinsisch Orientierte der soziale Faktor im Vordergrund steht, wie z. B. gesellschaftliche Beziehungen, die Erfahrung von Sicherheit und Trost oder das Sozialprestige. In diesem Sinne stellt Religion ein Mittel zum Zweck dar. Zur Unterscheidung beider Orientierungen entwickelten Allport und Ross (1967) die »**Religious Orientations Scale**« (ROS), die noch heute in Gebrauch ist (◘ Abb. 10.3).

Abb. 10.3 Internale vs. externale religiöse Orientierung

Beispiel

Itembeispiele der »Religious Orientations Scale«

Extrinsische Religiosität:
- »Es ist nicht so wichtig, was ich glaube, solange ich nur ein moralisches Leben führe.«
- »Obwohl ich an meine Religion glaube, bin ich überzeugt, dass mir viele andere Dinge in meinem Leben wichtiger sind.«

Intrinsische Religiosität:
- »Für mich ist es wichtig, dass ich mir immer wieder Zeit nehme für ein persönliches religiöses Nachdenken und Meditieren.«
- »Religion ist für mich besonders wichtig, weil sie mir Antwort auf viele Fragen nach dem Sinn des Lebens gibt.«

Coping und intrinsische vs. extrinsische Religiosität

Aus Allports Pionierarbeit schließen wir, dass es speziell die intrinsische Form der Religiosität ist, die physische und psychische Gesundheit fördert. Die intrinsische Religiosität erleichtert nämlich das Erleben von positiven Gefühlen und dämpft negative Emotionen, was wiederum effektiveres Coping-Verhalten in Belastungssituationen ermöglicht. Im Gegensatz dazu scheint extrinsische Religiosität in keinem (oder gar in negativem) Zusammenhang mit mentaler Gesundheit zu stehen (Bergin, 1991).

Empirisch ist eine positive Korrelation zwischen intrinsischer Religiosität (gemessen mit der ROS) und mentaler Gesundheit im Allgemeinen zu beobachten – etwa emotionaler Zufriedenheit, Selbstbestimmtheit bzw. Selbstkontrolle sowie Unabhängigkeit von äußeren Einflüssen (Bergin, Masters, & Richards, 1987). Insbesondere wird bei schwer belastenden Ereignissen besseres Coping-Verhalten bei hoch intrinsisch-religiösen Personen beobachtet, d. h. die Betreffenden kommen besser mit der belastenden Situation zurecht. Beispiele derartiger Ereignisse sind der Tod eines Familienmitgliedes (McIntosh et al., 1993), medizinische Transplantationseingriffe (Tix & Frazier, 1998), Krebsdiagno-

> Als wirksame Bewältigungsstrategie in Belastungssituationen ist vorwiegend die **intrinsische Religiosität** von Bedeutung.

> Personen mit stark ausgeprägter intrinsischer Religiosität können besser mit stark belastenden Ereignissen (z. B. Tod, Krankheit) umgehen.

sen (Carver et al., 1993) oder Naturkatastrophen (Smith, Pargament, Brant, & Oliver, 2000). Negative Emotionen bzw. Gedanken wie Angst oder Sorgen über den Tod sind bei hoher intrinsischer Religiosität reduziert (Hill & Pargament, 2003; Spilka, Hood, & Gorsuch, 1985). Dies kann als eine psychologische Grundfunktionalität von Religion betrachtet werden und erklärt so auch deren weite Verbreitung in der Köpfen der Menschen weltweit.

Allerdings sind die meisten entsprechenden Studien korrelativer Natur, was natürlich auch daran liegt, dass realitätsnahe Belastungssituationen aus ethischen Gründen nicht induziert und somit nicht experimentell manipuliert werden können (▶ Kap. 1). Genauso wenig kann intrinsische Religiosität experimentell manipuliert werden, da diese ja personenabhängig ist. Hinzu kommt, dass es sich in den Studien häufig um persönliche und individuell sehr verschiedene Belastungssituationen handelt, die eben nur einzelne Menschen betreffen. Dennoch gibt es auch gewisse belastende Umstände und Gegebenheiten, unter denen eine Vielzahl an Menschen zu leiden hat: beispielsweise die Hungerkatastrophe in Somalia, die diktatorische Herrschaft in Weißrussland, den ständigen Konflikt am Gazastreifen zwischen Palästinensern und Israelis, terroristische Angriffe jeder Art, Selbstmordattentate usw. Wir greifen uns nun den Bereich Terrorismus heraus und betrachten ihn gesondert dahingehend, inwieweit Religiosität hier als Resilienzfaktor dienen kann.

Die meisten Studien zu Religiosität und Coping sind korrelativer Art und beziehen sich oft nur auf Einzelpersonen. Belastende äußere Situationen, die dagegen eine Vielzahl an Menschen betreffen, können politische Umstände, wie etwa Krieg oder **Terrorismus** sein.

10.2   Bewältigung kollektiver Bedrohungen und Religion: Terrorismus als Spezialfall belastender Lebensumstände – Dient auch hier Religiosität als Resilienzfaktor?

Neben dem Terroranschlag auf das World Trade Center 2001 und weiteren Anschlägen 2008 in Mumbai sowie bei der Fußball-Weltmeisterschaft 2010 in Kampala ist zunehmend auch der europäische Raum der internationalen Terrorismusgefahr ausgesetzt. Dies ist beispielsweise an den Anschlägen auf die größte Synagoge Istanbuls im Jahr 2003 zu sehen, ebenso wie an den Zuganschlägen in Madrid 2004 oder denjenigen auf drei U-Bahnen bzw. einen Bus in London 2005, sowie den verheerenden Terroranschlägen in Paris (2015) und Berlin (2016). Laut amerikanischen Meinungsumfragen geht diese erhöhte Terrorismusgefahr zu Lasten der mentalen Gesundheit der Bevölkerung: Als US-Amerikaner nach dem 11. September 2001 ihre Gefühle beschreiben sollten, wurden am häufigsten negative Emotionen wie Angst, Trauer, Ärger genannt (Saad, 2001). Symptome eines posttraumatischen Stresssyndroms konnten in der Bevölkerung sogar noch nach 6 Monaten festgestellt werden (Silver, Holman, McIntosh, Poulin, & Gil-Rivas, 2002) und allgemein stieg die Angst vor weiteren terroristischen Anschlägen gegenüber dem Vorjahr extrem an – von 24% auf 54% (Fredrickson et al., 2003).

Die mögliche Bedrohung durch terroristische Anschläge wirkt sich deutlich negativ auf den emotionalen Zustand der Bevölkerung aus. Da terroristische Anschläge der ISIS mittlerweile auch in Europa auftreten, ist ebenso hier mit negativen emotionalen Folgen zu rechnen. Wie gelingt es also, hiermit einen guten Umgang zu finden?

Erhöhte Terrorismusgefahr wirkt sich negativ auf die **psychische und physische Gesundheit** der Betroffenen aus.

10.2.1 Religion und Coping im Kontext von Terrorismus

Es stellt sich die Frage, ob intrinsische Religiosität auch im Kontext von Terrorismusgefahr – und somit unter massiven äußeren Belastungen, die mit Todesgefahr verbunden sind – einen schützenden Faktor darstellt. Die meisten Studien hierzu sind aus dem amerikanischen Raum, korrelativer Art und Terrorismus wird häufig nur als eine von vielen Variablen erfasst. Ai und Peterson (2004) fanden bei Flüchtlingen aus dem Kosovo eine positive Verbindung zwischen Religion, Optimismus und einem effektiven Coping-Verhalten. Im Hinblick auf Terrorismus zeigte sich bei einer Befragung 3 Monate nach dem Anschlag auf das World Trade Center ein positiver Zusammenhang zwischen Religiosität und dem Zurückgreifen auf Gebete als einer Coping-Strategie: Je höher das Ausmaß der erlebten negativen Emotionen als Folge des Anschlags war, desto häufiger beteten die befragten Studenten, was wiederum mit weniger persönlichem Distress (also emotionalem Leid, negativen Gefühlen) verbunden war (Ai, Tice, Peterson & Huang, 2005). Des Weiteren konnte in einer Längsschnittstudie gezeigt werden, dass Religiosität mit zukünftigem subjektivem Wohlbefinden (gemessen nach 1 Jahr) einhergeht (McIntosh, Poulin, Silver, Holman, & Gil-Rivas, 2003).

Aber wie sehen nun die Ergebnisse bei experimentellen Studien im Labor aus? Was besagen europäische Daten? Untenstehend ist ein Beispiel für ein typisches Vorgehen, das zudem auch Aufschluss darüber geben soll, *wie* intrinsische Religiosität, Stimmung und Coping miteinander zusammenhängen (► Studie: Der Einfluss von Terrorismusgefahr auf

> **Korrelationsstudien** zeigen, dass unter **Terrorismusgefahr** ein negativer Zusammenhang zwischen intrinsischer Religiosität und persönlichem Distress besteht.

> **Studie**
>
> Stimmung und Selbstwirksamkeitserwartung).
>
> **Der Einfluss von Terrorismusgefahr auf Stimmung und Selbstwirksamkeitserwartung bei religiösen und nicht religiösen Personen**
>
> In der Studie von Fischer, Greitemeyer, Kastenmüller, Jonas und Frey (2006) bekamen die Versuchspersonen zunächst einen Text zu lesen, in dem der Geheimdienst die Gefahr von Terroranschlägen in Deutschland entweder als hoch oder als niedrig einschätzte. Nach dieser Manipulation füllten die Teilnehmer die Skala zur intrinsischen und extrinsischen Religiosität von Allport und Ross (1967) aus. Die Einteilung in hohe versus niedrige bzw. keine intrinsische Religiosität erfolgte anhand eines Mediansplits (es wird der Wert ermittelt, der die Stichprobe in zwei Gruppen teilt, sodass 50% der Probanden einen kleineren Wert aufweisen und die anderen 50% oberhalb dieser Grenze liegen). Mit der 8-Item-Affekt-Skala von Brunstein (1993) wurde anschließend die Stimmungslage der Teilnehmer erfasst; hierbei gaben sie ihre aktuellen positiven und negativen Gefühle (z. B. glücklich, zufrieden vs. frustriert, ängstlich) an.
>
> Gemäß den Hypothesen zeigten die Ergebnisse, dass eine erhöhte Terrorismusgefahr (im Vergleich zu keiner Gefahr) bei den nicht religiösen Probanden verstärkt zu negativen Emotionen führt. Dies war bei intrinsisch-religiösen Menschen nicht der Fall; hinsichtlich der Stimmung machte es hier keinen Unterschied, ob Terrorgefahr vorlag oder nicht. Der direkte Vergleich beider Gruppen unter der Bedingung hoher Terrorgefahr ergab signifikante Unterschiede, was die Stimmungslage betraf: Gegenüber den nicht religiösen Probanden war die Anzahl der positiven Emotionen bei den religiösen deutlich höher, negative Emotionen kamen dagegen seltener vor.

Zusammengefasst kann gesagt werden, dass **intrinsische Religiosität** mit **positiven Emotionen** bzw. emotionaler Stabilität in Verbindung steht. Dadurch kommt es zu einem besseren Coping-Verhalten, da posi-

Im Kontext von Terrorismusgefahr zeigt sich, dass intrinsische Religiosität sowohl mit mehr **positiven Emotionen** als auch einer höheren **Selbstwirksamkeitserwartung** einhergeht.

tive Emotionen negative Gefühle verdrängen, Arousal reduzieren und gedankliche Prozesse beeinflussen können (Fredrickson et al., 2003). Doch angemessenes Coping-Verhalten ist nicht nur über positive Emotionen vermittelt, sondern steht auch in Verbindung mit einer **höheren Selbstwirksamkeitserwartung** (Fischer et al., 2006). Darunter versteht man die subjektive Überzeugung, aufgrund der eigenen Fähigkeiten eine bestimmte Aufgabe erfolgreich bewältigen zu können (Bandura, 1997; Schwarzer & Jerusalem, 1995). Man geht also davon aus, dass intrinsische Religiosität mit einem Gefühl stärkerer Kontrolle über äußere Einflüsse bzw. Belastungen verbunden ist (Ellison, 1991). Für das Coping-Verhalten bedeutet dies, dass leichter Bewältigungsstrategien entwickelt werden können und vor allem auch die Überzeugung besteht, durch eigenes aktives Handeln etwas gegen die »Misere« ausrichten zu können.

Der Einfluss von Terrorismusgefahr auf die Stimmungslage wird über die eigene **Selbstwirksamkeitserwartung** vermittelt.

Fischer et al. (2006) konnten in ihrer zweiten Studie zeigen, dass der Einfluss von Terrorismusgefahr auf die Stimmungslage über **Selbstwirksamkeitserwartung** vermittelt zu sein scheint. Hohe Terrorgefahr wirkte sich nur bei nicht religiösen Probanden negativ auf deren Selbstwirksamkeitserwartung aus, nicht aber bei intrinsisch–religiösen Personen. Wurde der Faktor Selbstwirksamkeitserwartung statistisch kontrolliert, so unterschieden sich die beiden Personengruppen nicht mehr. Zwar handelte es sich hierbei um eine Korrelationsstudie, die genaue Ursache-Wirkungs-Zusammenhänge nicht definitiv klären kann, doch es kann dennoch gesagt werden, dass das Coping-Verhalten bei intrinsisch-religiösen Personen stark mit einer hohen Selbstwirksamkeitserwartung und positiven Emotionen verbunden ist. Insofern sind sowohl Selbstwirksamkeitserwartung als auch positive Emotionen entscheidende Faktoren in Bezug auf die mentale Gesundheit bei intrinsischer Religiosität.

10.2.2 Terrormanagement

Die Beschäftigung mit dem eigenen Tod bzw. der eigenen Sterblichkeit wird auch als **Mortalitätssalienz** bezeichnet und ist Thema der meisten Religionen. In der Sozialpsychologie wird Mortalitätssalienz innerhalb der sog. **Terrormanagement-Theorie** behandelt.

Extremsituationen wie terroristische Angriffe sind von der Einzelperson weder vorhersehbar noch kontrollierbar. Der Tod steht daher als Gefahr im Raum (Boscarino, Figley, & Adams, 2004). Die Beschäftigung mit dem Tod bzw. die psychische Vergegenwärtigung der eigenen Sterblichkeit wird etwas umständlich als **Mortalitätssalienz** bezeichnet. Dieses Thema wird von den meisten Religionen aufgegriffen, wenn auch in unterschiedlicher Weise. Manche entwickeln die Idee von einem Leben nach dem Tod, während andere die irdische Wiedergeburt versprechen. Zudem kann Religion dem jetzigen Leben Bedeutung verleihen. Diese Attribute von Religion reduzieren die Angst vor dem eigenen Tod und können somit als eine Plattform für Coping-Strategien angesehen werden. In der Sozialpsychologie ist dieses Thema das Spezialgebiet der **Terrormanagement-Theorie**.

Terrormanagementtheorie (TMT)

Gegenstand der Terrormanagement-Theorie ist die menschliche **Angst vor dem eigenen Tod**. Für einen erfolgreichen Umgang mit dieser Angst sind zwei Faktoren zentral: die Aneignung einer **kulturellen Weltsicht** und die Erhöhung des **Selbstwertgefühls**.

Die **Terrormanagement-Theorie**, oder kurz TMT (Greenberg, Solomon, & Pyszczynski, 1997), postuliert, dass sich Menschen durch ihren Selbsterhaltungstrieb und ihre Fähigkeit zur Selbstwahrnehmung ihrer Sterblichkeit bzw. der Gewissheit des Todes bewusst sind. Dieses Bewusstsein kann »Terror« auslösen – einen intensiven Angstzustand aufgrund des Wissens um die eigene Sterblichkeit. Um diesen aversiven

Zustand abzuwehren (und somit ein erfolgreiches Terrormanagement zu betreiben), schlägt die Theorie zwei psychologische Mechanismen vor:

- die Aneignung einer **kulturellen Weltsicht** und
- die Stärkung der eigenen **Selbstachtung** bzw. des eigenen **Selbstwertgefühls**.

Aneignung einer kulturellen Weltsicht Eine kulturelle Weltsicht bzw. kulturelle Glaubenssysteme geben der Welt Ordnung, Sinn und Beständigkeit, und zwar über die eigene Lebenszeit hinaus. Sie stellen Vorschriften und Standards zur persönlichen Orientierung bereit, anhand derer man ein wertvolles Leben führen kann. Ebenso vermitteln sie die Hoffnung auf Unsterblichkeit (z.B. durch religiöse Konzepte wie Seele, Himmel oder Nirvana). Wer diese Standards einhält, erfährt Schutz, Sinn und eine Verringerung der eigenen Angst.

Eine **kulturelle Weltsicht** bzw. kulturelle Glaubenssysteme schaffen **Struktur**, indem sie bestimmte Werte, Standards oder die Hoffnung auf Unsterblichkeit vermitteln. Die Orientierung daran gibt Sicherheit und **verringert die Angst vor dem Tod**.

Eigene Selbstachtung bzw. Stärkung des Selbstwertgefühls Durch das Streben nach den kulturellen Normen werden auch die Selbstachtung und das Selbstwertgefühl gestärkt. Wie andere psychologische Theorien, sieht auch die TMT das Streben nach einem positiven Selbstbild als eine fundamentale Motivation an, die dazu beiträgt, Gefahren und auf den Tod bezogene Ängste abzuwehren (Dechesne et al., 2003). Zahlreiche Studien zeigen, dass ein hohes Selbstwertgefühl (entweder experimentell induziert oder dispositional bedingt) tatsächlich zu einem geringeren Angsterleben führt, wenn Menschen an ihre eigene Sterblichkeit erinnert werden (Pyszczynski, Greenberg, Solomon, Arndt & Schimel, 2004). Umgekehrt bewirkt eine hohe Mortalitätssalienz, dass verstärkt Anstrengungen unternommen werden, den eigenen Selbstwert zu stärken (z.B. die eigene schlechte Leistung external zu attribuieren, also äußeren Faktoren und nicht sich selbst zuzuschreiben; Mikulincer & Florian, 2002). Insofern kann ein positives Selbstbild bzw. ein hohes Selbstwertgefühl die eigene Angst verringern und auch vor zukünftiger Angst schützen. Neben dem Streben nach kulturellen Normen dient somit auch das Selbstwertgefühl als »Angstpuffer« bzgl. der eigenen Sterblichkeit (Abb. 10.4).

Ein hohes **Selbstwertgefühl** wirkt als weiterer »**Angstpuffer**« bzgl. der eigenen Sterblichkeit: Es reduziert todesbezogene Ängste und kann auch zukünftig vor diesen schützen.

Was hat dies nun mit Mortalitätssalienz bei terroristischen Bedrohungen zu tun? Wie in einer Reihe von Studien gezeigt werden konnte (zum Überblick: Solomon, Greenberg, & Pyszczynski, 2004), verstärkt Mortalitätssalienz das Bemühen, **eigene Glaubenssätze aufrechtzu-**

Mortalitätssalienz (und damit verbunden auch Terrorsalienz) lösen **Investitionen** in **kulturelle Werte** sowie den **Selbsterhalt** aus, um dadurch indirekt nach Unsterblichkeit zu streben. Dies wird auch als »**worldview defense**« bezeichnet.

 Abb. 10.4 Die Terrormanagement-Theorie. **a** Kulturelle Weltsicht bzw. hohes Selbstwertgefühl als Coping-Möglichkeiten bei bestehender Todesangst; **b** kulturelle Weltsicht bzw. hohes Selbstwertgefühl als Schutz vor zukünftiger Todesangst

erhalten und die **Selbstachtung** zu stärken. Menschen investieren sozusagen psychologisch in eine **wörtliche** (religiöser Glaube an ein ewiges Leben) oder **symbolische Unsterblichkeit** (kulturelles Erbe wie Kunst, Musik etc.), um die eigenen Ängste abzubauen. Dies bezeichnet man auch als »**worldview defense**«, also wörtlich übersetzt die »Verteidigung der eigenen Weltsicht«. Ist Mortalitätssalienz hoch (z. B. wenn die Probanden an ihren eigenen Tod denken oder an Terroranschläge wie den 9. September erinnert werden), so betrachtet man beispielsweise andere positiver, die im Einklang mit den (eigenen) kulturellen Normen leben und diejenigen negativer, die diese Normen missachten (Rosenblatt, Greenberg, Solomon, Pyszczynski, & Lyon, 1989). Auch das eigene Verhalten ist stärker an kulturellen Normen orientiert, was sich z. B. in erhöhter Toleranz, Fairness oder Großzügigkeit gegenüber anderen zeigen kann (Schimel, Greenberg & Pyszczynski, 2002).

Von Terrormanagement zu Religion

Religion ist grundlegend für viele kulturelle Glaubenssätze (Wertevermittlung, Leben nach dem Tod etc.). Daher kann sie **Schutz** bieten im Umgang mit Ängsten vor dem eigenen Tod.

Wir wissen nun, dass die kulturelle Weltsicht in der TMT als ein wichtiger Baustein zur Bewältigung von Ängsten, die mit dem Tod verbunden sind, angesehen wird. Religion stellt selbst eine Grundlage für kulturelle Glaubenssätze dar, indem sie Regeln bzw. Werte zur Orientierung vorgibt, wichtig bei der Sinngebung ist und – als wohl wichtigsten Punkt – den Glauben an ein Leben nach dem Tod vermittelt. Insofern übernimmt Religion eine Schutzfunktion im Umgang mit der Angst vor dem Tod (Jonas & Fischer, 2006). Aber wie kann man das messen? Hierzu der
► Exkurs: Messung von »Worldview Defense« in der TMT.

Exkurs

Messung von »Worldview Defense« in der TMT

Eine zentrale Annahme der TMT ist also, dass hohe Mortalitätssalienz die indirekte Angstabwehr fördert mittels Investitionen in die eigene kulturelle Weltsicht bzw. die eigene Selbstachtung (Verteidigung der eigenen Weltsicht). Beide diese Mechanismen schützen folglich vor Todesängsten. Um diese Annahme zu überprüfen, beruft sich die TMT auf folgende Überlegung: Schützt ein psychologischer Mechanismus (kulturelle Weltsicht, Selbsterhalt) tatsächlich vor Todesängsten, so sollte er bei Gedanken an die Sterblichkeit auch verstärkt aktiviert werden. Sprich, unter Mortalitätssalienz sollten verstärkt Investitionen in die kulturelle Weltsicht bzw. den eigenen Selbstwert unternommen werden. Für die Forschung zur TMT stellen diese Investitionen daher entscheidende Messvariablen dar. So wird beispielsweise untersucht, wie stark sich Menschen dafür einsetzen, die Weltsicht ihrer eigenen Kultur aufrecht-

zuerhalten. Als abhängige Variable wird also das Ausmaß der »Verteidigung der eigenen Weltsicht« verwendet. In amerikanischen Studien wird dies z. B. gemessen, indem (amerikanische) Versuchspersonen zwei Aufsätze bewerten, die entweder positive oder negative Ansichten über Amerikaner enthalten (Greenberg et al., 1997). Je größer der Bewertungsunterschied zugunsten des pro-amerikanischen Aufsatzes ausfällt, desto stärker ist die Verteidigung der eigenen Weltsicht, da die eigene Kultur ja stärker verteidigt wurde. Es muss jedoch beachtet werden, dass dieses Paradigma kein universelles Paradigma zur Hypothesentestung darstellt, da es inhaltlich auf den amerikanischen Kulturraum beschränkt ist. Vermutlich würden die wenigsten europäischen und weniger patriotischen Personen durch die bessere Bewertung eines pro-amerikanische Aufsatzes ihre Angst vor dem Tod abmildern können.

In der Tat konnten Studien eine negative Korrelation zwischen Religiosität und den eigenen Sorgen über den Tod zeigen (Feifel & Nagy, 1981; Kahoe & Dunn, 1975). Dies spiegelt sich auch im beobachteten Verhalten nach induzierter Mortalitätssalienz wider: Normalerweise löst diese eine

Verteidigung der kulturellen Weltsicht und, damit verbunden, ein Streben nach Selbstachtung aus (s. oben). Bei Personen, die an ein Leben nach dem Tod glauben, ist dieser Effekt aber abgeschwächt (Dechesne et al., 2003). Und noch spezifischer: Bei der Unterscheidung zwischen Personen mit hoher vs. niedriger intrinsischer Religiosität zeigten nur Letztere eine starke Verteidigung der eigenen Weltsicht (gemessen als asymmetrische Informationsbewertung zugunsten ihrer eigenen Haltung). Stattdessen bewerteten Personen, die zuvor auf der Religiositätsskala (deutsche Übersetzung der »Religious Orientation Scale«) eine hohe Ausprägung an intrinsischer Religiosität aufwiesen, die gezeigten Informationen ausgewogen; bei ihnen war keine Notwendigkeit gegeben, todesbezogene Ängste durch Investitionen in eigene kulturelle Werte abzubauen (Jonas & Fischer, 2006). Interessanterweise tritt dieser Effekt nur bei einer hohen Mortalitätssalienz (hier: direkt nach den Terroranschlägen in Istanbul, 2003) auf. Ist diese dagegen gering (8 Tage verzögert), unterscheiden sich beide Gruppen nicht und zeigen eine leichte Tendenz zu einer Bevorzugung ihrer Sichtweise.

> **Hohe intrinsische Religiosität** kann vor todesbezogenen Ängsten schützen: Hohe Mortalitätssalienz führt nur bei Personen mit niedriger intrinsischer Religiosität zu einer Verteidigung der eigenen Weltsicht (**asymmetrische Informationsbewertung**), nicht aber bei hoher intrinsischer Religiosität (**ausgewogene Informationsbewertung**).

Warum erleichtert Religiosität das Terrormanagement?

Die Befundlage spricht dafür, dass Religiosität vor Sorgen, die den Tod betreffen, schützt; dies sieht man daran, dass das Bedürfnis zur Verteidigung der eigenen Weltsicht reduziert ist. Warum ist dies so bzw. welcher psychologische Prozess bewirkt diesen Effekt? Zunächst einmal ist es wichtig, wieder zwischen intrinsischer und extrinsischer Religiosität zu unterscheiden. Fischer et al. (2006) konnten in mehreren Studien zeigen, dass ausschließlich **intrinsische Religiosität** das Terrormanagement erleichtert, nicht jedoch die extrinsische Form. Hier kam es bei hoher Mortalitätssalienz zu einer verstärkten Verteidigung der eigenen Weltsicht, was bedeutet, dass ein »innerer Terror« vorhanden gewesen sein musste. (Darüber hinaus erbrachten Untersuchungen, die keine Trennung der beiden Komponenten intrinsisch und extrinsisch vornahmen, keine signifikanten Ergebnisse; vgl. Burling, 1993; Greenberg et al., 1997). Diese Befunde sind gut im Kontext der TMT zu erklären, da nur intrinsische Religiosität stark mit religiösen Werten verbunden ist, die für die Betreffenden bedeutend sind und die auf qualitative Weise ein haltgebendes Glaubenssystem darstellen. Dagegen fällt diese »Weltsicht-Komponente« bei den extrinsisch Motivierten weg, da bei ihnen Religiosität vorwiegend eine Nützlichkeitsfunktion hat und auch eher quantitativer Natur ist (Allport & Ross, 1967). Es scheint, dass dieser Unterschied, der die Qualität und Tiefe der Religiosität betrifft, entscheidend für die unterschiedlichen Befunde ist.

> Im Gegensatz zu extrinsischer Religiosität ist **intrinsische Religiosität** mit religiösen Werten verbunden und daher im Sinne einer **kulturellen Weltsicht** ein haltgebendes Glaubenssystem.

Doch wie kommt dieser Effekt zustande? Ist die Angst vor dem Tod (aktiviert durch hohe Mortalitätssalienz) bei intrinsisch religiösen Personen weniger stark ausgeprägt, sodass sie gar keine Veranlassung zu einer Worldview Defense sehen? Oder verfügen sie einfach über bessere Coping-Strategien im Umgang mit ihrer Angst? Grundsätzlich wenden sich Menschen in Krisensituationen oft zu ihrer Religion hin (Carver, Scheier, & Weintraub, 1989; McCrae & Costa, 1986). Auf der Suche nach Antworten beten sie und hoffen auf göttliche Hilfe (Ebaugh, Richman, & Chafetz, 1984; Heine, 2005). Sie bekennen sich also zu ihrer Religion, um die jeweilige Situation und damit verbundenen Stress bewältigen zu können. Dies ist auch im Kontext von Terrorismus zu beobachten; beispielsweise stieg die Anzahl der Kirchenbesuche direkt nach den Anschlägen vom

> Eine hohe intrinsische Religiosität verhindert nicht automatisch das Auftreten todesbezogener Ängste und die nachfolgende Verteidigung der eigenen Weltsicht. Entscheidend ist vielmehr, dass zuvor die eigene **intrinsische Religiosität** bekundet wurde.

11. September kurzzeitig rapide an (Pyszczynski, Solomon, & Greenberg, 2003; Saad, 2001). Dass tatsächlich die Bezeugung des Glaubens bzw. die persönliche Bestätigung desselben für diesen Effekt entscheidend ist, konnten Jonas und Fischer (2006) zeigen (▸ Studie: Bezeugung des Glaubens verhindert Worldview Defense bei hoher intrinsischer Religiosität).

Studie

Bezeugung des Glaubens verhindert Worldview Defense bei hoher intrinsischer Religiosität

Unter dem Vorwand, verschiedene Aspekte der Person, wie Persönlichkeit, religiöse Orientierung oder allgemeine Einstellungen zu erfragen, bekamen die Versuchspersonen zunächst ein Paket an diversen Fragebögen ausgehändigt. Die eine Hälfte der Versuchspersonen sollte dabei zuerst die Skala zur intrinsischen bzw. extrinsischen **Religiosität** ausfüllen. Im Anschluss daran wurde bei diesen Versuchspersonen entweder **Mortalitätssalienz** erzeugt oder nicht. Hierzu wurde die eine Gruppe aufgefordert, ihre Gedanken aufzuschreiben, die sie haben, wenn sie an ihren eigenen Tod denken. Die Kontrollgruppe sollte ebenfalls ihre Gedanken benennen, allerdings bezogen auf einen Zahnarztbesuch. Nach dieser Manipulation erfolgte die Messung der **abhängigen Variable** (also das Ausmaß der Verteidigung der eigenen Weltsicht). Hierbei sollten die Versuchspersonen anhand verschiedener Kriterien zwei Aufsätze zur Wohnqualität ihrer eigenen Stadt bewerten. Davon waren in einem Aufsatz die positiven Aspekte der eigenen Stadt zentral, der andere Aufsatz fokussierte dagegen auf alle negativen Seiten der Heimatstadt. Als abhängiges Maß wurde nun die Differenz der Bewertungen des Pro-Heimatstadt-Aufsatzes und des Contra-Heimatstadt-Aufsatzes

erhoben. Diejenigen Versuchspersonen, die die Religiositätsskala nicht zu Beginn ausgefüllt hatten (s. oben), taten dies nun nach Messung der abhängigen Variable, also ganz zum Schluss der Fragebögen. Alles andere war bei dieser Gruppe identisch, also bei einer Hälfte wurde zuvor Mortalitätssalienz induziert, bei der anderen nicht.

Als Ergebnis zeigte sich, dass es einen Unterschied hinsichtlich der Aufsatzbewertung machte, ob die Religiositätsskala ganz zu Beginn oder am Ende der Untersuchung ausgefüllt wurde: Von denjenigen Personen mit hoher intrinsischer Religiosität kam es nur bei denjenigen zu einer starken Bevorzugung der eigenen Sichtweise (einer starken Verteidigung der eigenen Weltsicht), die die Religiositätsskala *nach* Messung der AV ausgefüllt hatten; bei der anderen Gruppe blieb der Effekt aus. Somit bewahrte eine hohe intrinsische Religiosität nicht automatisch vor einer Verteidigung der eigenen Weltsicht bzw. dient umgekehrt als Schutzfaktor – dies war nur bei denjenigen Personen der Fall, die ihre hohe intrinsische Religiosität *vor* Messung der AV bekunden konnten. **Entscheidend für ein erfolgreiches Coping ist also die vorherige Bekräftigung des eigenen Glaubens**.

Eine aktive Bezeugung des eigenen Glaubens kann die Angst vor dem Tod verringern.

Insofern kann also nicht angenommen werden, dass Menschen mit hoher intrinsischer Religiosität grundsätzlich über bessere Coping-Strategien verfügen und dadurch mit Mortalitätssalienz besser zurechtkommen; sonst hätte der Zeitpunkt des Ausfüllens der Skala keinen Einfluss gehabt. Stattdessen fanden Jonas und Fischer (2006) in einer weiteren Studie, dass Menschen mit hoher intrinsischer Religiosität nach induzierter Mortalitätssalienz seltener an den Tod denken als Menschen mit einer niedrigen intrinsischer Religiosität. Zusammengenommen weist dies darauf hin, dass eine **aktive Bezeugung des eigenen Glaubens**, z. B. durch entsprechende Handlungen, die Angst vor dem Tod verringern kann und folglich auch weniger Gedanken daran geknüpft sind. Wenn wir also intrinsisch religiös sind und uns dies – beispielsweise durch das Ausfüllen einer entsprechenden Religiositätsskala – bewusst ist, dann empfinden wir in Situationen, die todesbezogene Ängste auslösen können (Terrorismus, experimentelle Induktion von Mortalitätssalienz etc.), weniger Angst; als Folge besteht natürlich nur eine geringere Notwendigkeit, einen Weg zum Umgang mit dieser Angst zu finden.

10.3 · Religion doch nicht nur als »the bright side of life«?

193

10

10.3 Religion doch nicht nur als »the bright side of life«?

Bisher haben wir uns mit Religion im Kontext von psychischer Gesundheit bzw. bei terroristischer Gefahr auseinandergesetzt. Daneben ist Religion in der Sozialpsychologie aber auch relevant im Zusammenhang mit **sozialer Identität** und dem Thema »**Gruppen**« (▶ Kap. 8). So kann natürlich auch eine religiöse Glaubensgemeinschaft als eine Gruppe angesehen werden, deren Mitglieder ähnliche metaphysische Überzeugungen haben und somit derselben sozialen Kategorie angehören (vgl. soziale Kategorisierung; Turner, Oakes, Haslam, & McGarty, 1994).

Wie wir von der Theorie der Sozialen Identität (Tajfel & Turner, 1979) wissen, fördert die Identifikation mit einer Gruppe das Selbstbewusstsein und stärkt das Selbstwertgefühl. Gleiches kann daher auch für Gruppen angenommen werden, die sich aufgrund ähnlicher religiöser Überzeugungen gebildet haben. Im Gegensatz zu anderen Gruppen oder sozialen Netzwerken scheint Religiosität hierbei aber eine besondere Rolle zu spielen, da sie besonders auch im Umgang mit schwierigen Belastungssituationen eine wichtige Stütze sein kann (Muldoon, Trew, Todd, Rougier, & McLaughlin, 2007).

Bis zu dieser Stelle ist noch der positive Aspekt von Religiosität angesprochen, dem wir uns in diesem Kapitel hauptsächlich zugewandt haben. Doch wo Licht ist, da ist bekanntlich auch Schatten – und genauso kann (intrinsische) Religiosität bzw. religiöse Identität in diesem Kontext auch mit negativen Folgen verbunden sein.

10.3.1 Religion im Gruppenkontext – Abwertung der Fremdgruppe

Eine **starke Identifikation** mit der eigenen Religionsgemeinschaft kann dazu führen, dass man nur seine Glaubensrichtung als die einzig wahre anerkennt, die eigene Glaubensgemeinschaft daher aufwertet und andere Religionen bzw. religiöse Gruppen abwertet (Hunsberger & Jackson, 2005; Kinnvall, 2004). Dies kann wiederum stark mit **Vorurteilen** behaftet sein. Beispielsweise untersuchten Fischer, Greitemeyer und Kastenmüller (2007) das Auftreten verschiedener impliziter Annahmen, die Christen gegenüber Muslimen haben: z. B. die Annahme, dass die intrinsische Religiosität bei Muslimen höher ist, dass sich Muslime stärker mit ihrer Religion identifizierten, dass sie generell aggressiver seien und daher auch eher terroristische Handlungen akzeptierten. Es zeigte sich allerdings, dass sich Christen und Muslime lediglich in Bezug auf ihre religiöse Identität unterschieden: Diese war bei Muslimen stärker ausgeprägt. In den übrigen Bereichen gab es keine Unterschiede. In anderen Worten: Viele Christen hatten bestimmte, zum Teil negative Erwartungen an Personen mit muslimischem Glauben, die so aber in einer muslimischen Stichprobe überhaupt nicht anzutreffen waren.

Dass Religiosität im sozialen Umgang mit anderen (bzw. Andersdenkenden) durchaus auch negative Auswirkungen haben kann, ist auch an religiös-politisch motivierten Konflikten zu sehen (von den Kreuzzügen über den Dreißigjährigen Krieg bis hin zur konfessionellen Spaltung von Nordirland) oder auch an eingeschränkter Hilfeleistung intrinsisch reli-

Eine ähnliche religiöse Überzeugung kann auch als **Gruppenmerkmal** betrachtet werden.

Religiosität ist auch im Kontext der **Theorie der Sozialen Identität** von Bedeutung, da sich Mitglieder religiöser Gruppierungen genauso mit ihrer Gruppe identifizieren und Selbstwert daraus beziehen wir Mitglieder anderer Gruppen.

Eine starke **Identifikation** mit der eigenen Glaubensgemeinschaft kann mit **Vorurteilen gegenüber Andersgläubigen** verbunden sein.

Eine unterschiedliche religiöse Orientierung ist oft Grund für schwere zwischenmenschliche **Konflikte** bzw. die **Abwertung** Andersgläubiger.

giöser Menschen gegenüber Personen, die andere Werte verfolgen (Batson, Floyd, Meyer & Winner, 1999; Batson, Schoenrade, & Ventis, 1993) bzw. kulturell bedingt einer Fremdgruppe angehören (höhere Hilfeleistung gegenüber Obdachlosen als gegenüber Immigranten; Pichon & Saroglou, 2009).

Religiosität hat zwei Gesichter: Innerhalb der religiösen **Eigengruppe** fördert sie z. B. prosoziales Verhalten, gegenüber religiösen **Fremdgruppen** dagegen Vorurteile.

Insofern kann Religiosität also mit enormen Vorurteilen gegenüber der Fremdgruppe verbunden sein, was bereits Allport (1954, S. 444) wie folgt ausdrückte: »The role of religion is paradoxical. It makes prejudice and it unmakes prejudice.« Er spielt damit auf die **zweischneidige Rolle von Religiosität** an, die innerhalb der eigenen Gruppe positiv (prosozial und altruistisch), gegenüber der Fremdgruppe jedoch mit negativen Aspekten und eben Vorurteilen behaftet sein kann (Norenzayan & Shariff, 2008). Viele neuere Arbeiten bestätigen diesen Befund, indem sie zeigen, dass religiöses Priming (z. B. religiöse vs. neutrale Worte) neben prosozialen Verhaltensweisen auch Vorurteile gegenüber einer religiösen Fremdgruppe fördern können (Ginges, Hansen, & Norenzayan, 2009; Preston & Ritter, 2009).

10.3.2   Religiöser Terrorismus und Fundamentalismus

Religiös bedingte Vorurteile weiten sich oft auch auf die **ethnische Herkunft** aus.

Da religiöse Unterschiede zwischen Gruppen teilweise mit einer unterschiedlichen ethnischen Herkunft einhergehen, bleiben Vorurteile oft nicht auf den Bereich Religion beschränkt, sondern weiten sich auf die ethnische Herkunft aus (Hall, Matz & Wood, 2010). In ihrer Metaanalyse fanden Hall et al. (2010) jeweils einen positiven Zusammenhang zwischen religiöser Identität, extrinsischer Religiosität, religiösem Fundamentalismus und **Rassismus**. (Dagegen konnte keine positive Korrelation zwischen intrinsischer Religiosität und Rassismus nachgewiesen werden.)

Vor allem der **religiöse Fundamentalismus** steht in Zusammenhang mit **Rassismus**. Dies ist u. a. darin begründet, dass verlorene Sicherheit durch Abwertung der Fremdgruppe wiedergewonnen werden kann.

Speziell der **religiöse Fundamentalismus** ist hierbei zentral und spielt besonders auch in Verbindung mit Terrorismus eine wichtige Rolle. Grundsätzlich steht er in Zusammenhang mit Gewalt (Ginges, Hansen & Norenzayan, 2009) und nicht selten auch mit Selbstaufopferung bzw. Selbstmordattentaten (Routledge & Arndt, 2008). Bedeutende Beispiele sind vor diesem Hintergrund der Anschlag auf das World Trade Center in New York am 11. September 2001 oder auch die Zuganschläge in Madrid am 11. März 2004. Insofern kann Religiosität in extremer Form auch zu Märtyrertum und Aufopferung für die eigene religiöse Glaubensgemeinschaft führen. Eine mögliche Ursache hierfür sehen Brandt und Reyna (2010) darin, dass Fundamentalismus gewisse Ideologien, Glaubenssätze, Regeln und dadurch bedingt Sicherheit und Kontrolle bereitstellt. Werden diese Strukturen bedroht, so kann die ursprüngliche Sicherheit durch Abwertung bzw. Diskriminierung der Fremdgruppe wiederhergestellt werden (s. auch Altemeyer & Hunsberger, 2005).

Bei den Stichworten »Bedrohung persönlich wichtiger Werte und Normen« sowie »Schutzmechanismen zur Verteidigung dieser« fällt vermutlich die Ähnlichkeit zur Terrormanagementtheorie auf. Interessanterweise konnten Pyszczynski et al. (2006) zeigen, dass Mortalitätssalienz die Absicht zur Selbstaufopferung im religiösen Kontext erhöht. Insofern könnten Märtyrertum bzw. Selbstmordattentate im Sinne der TMT eine Verteidigung der eigenen kulturellen bzw. religiösen Weltsicht bedeuten.

10.3 · Religion doch nicht nur als »the bright side of life«?

195   **10**

10.3.3 Berufung auf religiöse Schriften – Zuschreibung von Autorität auf geistliche Texte

Die Schattenseite der Religion ist aber nicht begrenzt auf den Fundamentalismus und die Intergruppenbeziehungen. Es ist ein generelles Merkmal der intrinsischen Religiosität, dass den sakralen Texten hohe Autorität zugeschrieben wird. So kann »Und die Bibel hat doch recht« das Motto des intrinsisch religiösen Christen sein. Psychologen vermuten daher, dass diese **zugeschriebene Autorität** das menschliche Verhalten im Guten sowie im Bösen beeinflussen kann (▶ Studie: Der Effekt biblischer Gewalt auf aggressives Verhalten).

> Die **Zuschreibung von Autorität** auf geistliche Texte kann negative Folgen haben.

Studie ▮

Der Effekt biblischer Gewalt auf aggressives Verhalten

Bushman, Ridge, Das, Key und Busath (2007) beschäftigten sich in ihrer Arbeit mit dieser Schattenseite. Sie fragten sich, ob das Lesen eines Textes über Gewalt Menschen aggressiver macht, wenn sie den Text der Bibel und nicht einer anderen Quelle zuschreiben. Bushman und Kollegen wählten eine Geschichte, die einen blutigen Rachefeldzug der Israeliten gegen die Bewohner einer ihrer eigenen Städte (Gibeah in der Region Benjamin) beschreibt. Den Versuchspersonen wurde entweder erklärt, dass die Geschichte in der Bibel zu finden sei (was stimmt) oder dass sie einer anderen archäologischen Quelle entstamme. Im Anschluss daran nahmen die Versuchspersonen an einem wettbewerbsbetonten Reaktionszeitexperiment teil, worin sie ihre Partner ohrenbetäubendem Lärm aussetzen konnten. Gemessen wurde die gewählte Lautstärke, die als ein konventionelles Maß von Aggression gilt (▶ Kap. 5). Die Befunde zeigten eine höhere Lautstärke in der Gruppe, die die Bibel als Textquelle annahm – allerdings traf dies nur für diejenigen Versuchspersonen zu, die angaben, an die Bibel zu glauben.

10.3.4 Aggression gegenüber Gott

Das aggressive Potenzial der Religion kann sich auch gegen Gott selbst richten. Dies zeigt sich schon in der biblischen Geschichte des Ijob (Altes Testament). Als ein stets gottestreuer und aufrichtiger Mann wird Ijob auf Vorschlag des Satans auf die Probe gestellt: Bleibt sein Vertrauen in Gott unerschüttert, auch wenn er großes Leid erfährt? Gott lässt zu, dass Ijob seinen gesamten Besitz sowie seine zehn Kinder verliert und darüber hinaus an einem bösartigen Geschwür erkrankt. Ijob erträgt sein Schicksal, doch schließlich verliert auch er irgendwann die Geduld und fordert Gott in einem Streitgespräch heraus. Er macht ihn für sein Leiden verantwortlich und schiebt es auf dessen Willkür, da er sich selbst nichts vorzuwerfen hat, weswegen man ihn mit all diesen Schicksalsschlägen bestrafen sollte. Ijobs Ärger ist also direkt gegen Gott gerichtet.

Exline, Park, Smyth und Carey (2011) haben diesen Ijob-Effekt an Menschen der Jetztzeit nachgewiesen. Zwei Befunde sind dabei von besonderem psychologischem Interesse: Zunächst zeigten sie, dass die Ärgerreaktion anthropomorphisch ist, d. h., Menschen reagieren auf Gott wie auf einen anderen Menschen, der sie ärgerlich macht. Zusätzlich ist auch der zentrale Attributionsprozess der gleiche: Eine negative oder schmerzhafte Erfahrung wird auf eine absichtliche Intervention zurückgeführt. Der resultierende Ärger trägt zur Depression bei und ist der Genesung abträglich – genauso wie das beim Ärger über andere Menschen der Fall ist.

> Negatives Potenzial von Religiosität kann sich auch **gegen Gott** selbst richten: Er wird für eigenes Leid verantwortlich gemacht, was zu Ärger führt.

10.4 Abschließende Überlegungen

Viele positive Seiten **intrinsischer Religiosität** liegen im Bereich der **psychischen und physischen Gesundheit**.

Trotz dieser »dark side of religion« bleibt zu sagen, dass **intrinsischer Religiosität** speziell im Rahmen der physischen und psychischen Gesundheit eine bedeutende Rolle zukommt. So kann religiöse Überzeugung besonders bei geringer internaler und externaler Kontrolle den Umgang mit der eigenen **Unsicherheit und Angst** erleichtern (Kay, Gaucher, McGregor & Nash, 2010). Zudem scheint intrinsische Religiosität auch mit weiteren positiven Aspekten verbunden zu sein, wie etwa **prosozialem Verhalten** (Pichon & Saroglou, 2009) oder einem **geringeren Empfinden von Ärger und Aggression**, bedingt durch Beten (Bremner, Koole & Bushman, 2011).

Religion ist **mehrdimensional** und wird mit der Unterteilung in extrinsische und intrinsische Religiosität nicht vollständig erfasst. Auch sind **kulturelle Unterschiede** zu bedenken.

Es muss allerdings stets berücksichtigt werden, dass Religion selbst **mehrdimensional** ist, sich aus verschiedenen Aspekten zusammensetzt und dass die Unterteilung in extrinsische vs. intrinsische Religiosität nur einen Versuch darstellt, Religion empirisch zu messen. Abgesehen davon ist fraglich, ob intrinsische Religiosität ein kulturübergreifendes Maß sein kann. Fischer, Greitemeyer und Kastenmüller (2007) fanden nämlich Unterschiede in der Ausprägung intrinsischer Religiosität zwischen orthodoxen Christen, deutschen Christen und Muslimen. Es besteht daher die Möglichkeit, dass sich religiöse Orientierungen auch in ihrem Coping-Verhalten unterscheiden. Pargament (2002) beschreibt, dass Katholiken bevorzugt Belastungssituationen bewältigen können, die kontrollierbar sind, während Protestanten in unkontrollierbaren Stresssituationen ein besseres Coping-Verhalten zeigen. Zukünftige Forschung sollte sich daher auch diesen Aspekten zuwenden und verstärkt mit experimenteller Herangehensweise versuchen, die sozialpsychologisch relevanten Aspekte von Religion weiter zu klären.

Eine andere Richtung sozialpsychologischer Religionsforschung stellt das **Verhalten** des Individuums in Gemeinschaft mit anderen in den Vordergrund.

Ein weiterer Punkt ist, dass wir mit der intrinsischen Religiosität die tiefsten Überzeugungen des Individuums betont haben. Es soll aber daran erinnert werden, dass es eine zweite Richtung der psychologischen Forschung gibt, die sich verstärkt am sozialen Verhalten, vor allem im Kontext von Gruppen, orientiert. Diese Forschungsrichtung wurde von Emile Durkheims (1915/1965) klassischen Arbeiten inspiriert. Graham und Haidt (2010) haben unlängst die Thesen dieser Richtung anschaulich zusammengefasst. Sie stellen darin **das Verhalten des Individuums** in den Vordergrund: Zentral ist, was das Individuum tut – gemeinsam mit anderen –, und nicht, was es glaubt. Dabei verwenden sie das Bild von Gott als einem »Maibaum«, wobei das gemeinsame Sitzen und Beten analog zum Maibaumtanz betrachtet werden kann. Diese »funktionale Theorie« ist von besonderem Interesse, weil sie Allports Rätsel erklären kann: Wie kann Religion gleichzeitig eine helle und eine dunkle Seite haben? Graham und Haidt vermuten, dass die Religion, dadurch dass sie das Verhalten der Menschen innerhalb einer Gruppe standardisiert und koordiniert, eine »moralische Gemeinschaft« schafft. Diese Gemeinschaft muss Grenzen haben, was bedeutet, dass andere Gruppen oder Gemeinschaften außerhalb der eigenen liegen und leicht zu einem Objekt von Gier, Neid oder Rache werden können.

Lopez, S. J. & Snyder, C.R. (2009). *Oxford handbook of positive psychology*. New York: Oxford University Press.

Pargament, K. I. (1997). *The psychology of religion and coping: Theory, research, practice*. New York: Guilford Press.

Salsman, J. M., Brown, T. L., Brechting, E. H. & Carlson, C. R. (2005). The link between religion and spirituality and psychological adjustment: The mediating role of optimism and social support. *Personality and Social Psychology Bulletin, 31*, 522–535.

► **Weiterführende Literatur**

Literatur

Ai, A. L., Dunkle, R. E., Peterson, C. & Bolling, S. F. (1998). The role of private prayer in psychosocial recovery among midlife and aged patients following cardiac surgery. *The Gerontologist, 38*, 591–601.

Ai, A. L. & Park, C. L. (2005). Possibilities of the positive following violence and trauma: Informing the coming decade of research. *Journal of Interpersonal Violence, 20*, 242–250.

Ai, A. L. & Peterson, C. (2004). Symptoms, religious coping, and positive attitudes of refugees from Kosovo War. In T. A. Corales (Ed.), *Focus on posttraumatic stress disorder research* (pp. 127–161). New York: Nova Science Publishers.

Ai, A. L., Peterson, C., Tice, T. N., Bolling, S. F. & Koenig, H. (2004). Faith-based and secular pathways to hope and optimism subconstructs in middle-aged and older cardiac patients. *Journal of Health Psychology, 9*, 435–450.

Ai, A. L., Tice, T. N., Peterson, C. & Huang, B. (2005). Prayers, spiritual support, and positive attitudes in coping with the September 11 national crisis. *Journal of Personality, 73*, 763–792.

Allport, G. W. (1954). *The nature of prejudice*. Oxford, England: Addison-Wesley.

Allport, G. W. (1959). Religion and prejudice. *Crane Review, 2*, 1–10.

Allport, G. W. (1966). The religious context of prejudice. *Journal for the Scientific Study of Religion, 5*, 447–457.

Allport, G. W. & Ross, J. M. (1967). Personal religious orientation and prejudice. *Journal of Personality and Social Psychology, 5*, 432–443.

Altemeyer, B. & Hunsberger, B. (2005). Fundamentalism and authoritarianism. In R. F. Paloutzian & C. L. Park (Eds.), *Handbook of the psychology of religion and spirituality* (pp. 378–393). New York: Guilford Press.

Bandura, A. (1997). *Self-efficacy: The exercise of control*. New York: Freeman.

Batson, C. D., Floyd, R. B., Meyer, J. M. & Winner, A. L. (1999). »And who is my neighbor?«: Intrinsic religion as a source of universal compassion. *Journal for the Scientific Study of Religion, 38*, 445–457.

Batson, C. D., Schoenrade, P. & Ventis, W. L. (1993): *Religion and the individual: A social-psychological perspective*. New York: Oxford University Press.

Bergin, A. E. (1991). Values and religious issues in psychotherapy and mental health. *American Psychologist, 46*, 394–403.

Bergin, A. E., Masters, K. S. & Richards, P. S. (1987). Religiousness and mental health reconsidered: A study of an intrinsically religious sample. *Journal of Counseling Psychology, 34*, 197–204.

Block, J. (1971). *Lives through time*. Berkeley: Bancroft Books.

Block, J. & Kremen, A. M. (1996). IQ and ego-resiliency: Conceptual and empirical connections and separateness. *Journal of Personality and Social Psychology, 70*, 349–361.

Boscarino, J. A., Figley, C. R. & Adams, R. E. (2004). Compassion fatigue following the September 11 terrorist attacks: A study of secondary trauma among New York City social workers. *International Journal of Emergency Mental Health, 6,* 57–66.

Brandt, M. J. & Reyna, C. (2010). The role of prejudice and the need for closure in religious fundamentalism. *Personality and Social Psychology Bulletin, 36,* 715–725.

Bremner, R. H., Koole, S. L. & Bushman, B. J. (2011). »Pray for those who mistreat you«: Effects of prayer on anger and aggression. *Personality and Social Psychology Bulletin, 37,* 830–837.

Brunstein, J. C. (1993). Personal goals and subjective well-being: A longitudinal study. *Journal of Personality and Social Psychology, 65,* 1061–1070.

Burling, J. W. (1993). Death concerns and symbolic aspects of the self: The effects of mortality salience on status concern and religiosity. *Personality and Social Psychology Bulletin, 19,* 100–105.

Bushman, B. J., Ridge, R. D., Das, E., Key, C. W. & Busath, G. L. (2007). When God sanctions killing: Effect of scriptural violence on aggression. *Psychological Science, 18,* 204–207.

Carver, C. S., Pozo, C., Harris, S., Noriega, V., Scheier, M. F., Robinson, D. S., Ketcham, A. S., Moffat Jr., F. L. & Clark, K. C. (1993). How coping mediates the effect of optimism on distress: A study of women with early stage breast cancer. *Journal of Personality and Social Psychology, 65,* 375–390.

Carver, C. S., Scheier, M. F. & Weintraub, J. K. (1989). Assessing coping strategies: A theoretically based approach. *Journal of Personality and Social Psychology, 56,* 267–283.

Cohen, F., Kearney, K. A., Zegans, L. S., Kemeny, M. E., Neuhaus, J. M. & Stites, D. P. (1999). Differential immune system changes with acute and persistent stress for optimists vs. pessimists. *Brain, Behavior, and Immunity, 13,* 155–174.

Davidson, K. W., Mostofsky, E. & Whang, W. (2010). Don't worry, be happy: Positive affect and reduced 10-year incident coronary heart disease: The canadian nova scotia health survey. *European Heart Journal, 31,* 1065–1070.

Dechesne, M., Pyszczynski, T., Arndt, J., Ransom, S., Sheldon, K. M., van Knippenberg, A. & Janssen, J. (2003). Literal and symbolic immortality: The effect of evidence of literal immortality on self-esteem striving in response to mortality salience. *Journal of Personality and Social Psychology, 84,* 722–737.

Dittes, J. E. (1996). *Driven by hope. Men and meaning.* Louisville: Westminster John Knox Press.

Durkheim, E. (1915/1965). *The elementary forms of religious life* (J. W. Swain, Transl.). New York: Free Press.

Ebaugh, H. R. F., Richman, K. & Chafetz, J. S. (1984). Life crisis among the religiously committed: do sectarian differences matter? *Journal for the Scientific Study of Religion, 23,* 19–31.

Ellison, C. G. (1991). Religious involvement and subjective well-being. *Journal of Health and Social Behavior, 32,* 80–99.

Exline, J. J., Park, C. L., Smyth, J. M. & Carey, M. P. (2011). Anger toward God: Social-cognitive predictors, prevalence, and links with adjustment to bereavement and cancer. *Journal of Personality and Social Psychology, 100,* 129–148.

Feifel, H. & Nagy, V. T. (1981). Another look at fear of death. *Journal of Consulting and Clinical Psychology, 49,* 278–286.

Fischer, P., Greitemeyer, T. & Kastenmüller, A. (2007). What do we think about Muslims? The validity of Westerners' implicit theories about the associations between Muslims' religiosity, religious identity, aggression potential, and attitude to terrorism. *Group Processes and Intergroup Relations, 10,* 373–382.

Fischer, P., Greitemeyer, T., Kastenmüller, A., Jonas, E. & Frey, D. (2006). Coping with terrorism: The impact of increased salience of terrorism on mood and self-efficacy of intrinsically religious and nonreligious people. *Personality and Social Psychology Bulletin, 32,* 365–377.

Fredrickson, B. L. (2000). Cultivating positive emotions to optimize health and well-being. *Prevention & Treatment, 3,* Article 0001a. Retrieved from http://www.rickhanson.net/wp-content/files/papers/CultPosEmot.pdf

Fredrickson, B. L. & Joiner, T. (2002). Positive emotions trigger upward spirals toward emotional well-being. *Psychological Science, 13,* 172–175.

Fredrickson, B. L. & Levenson, R. W. (1998). Positive emotions speed recovery from cardiovascular sequelae of negative emotions. *Cognition and Emotion, 12,* 191–220.

Fredrickson, B. L., Mancuso, R. A., Branigan, C. & Tugade, M. (2000). The undoing effect of positive emotions. *Motivation and Emotion, 24,* 237–258.

Fredrickson, B. L., Tugade, M., Waugh, C. & Larkin, G. (2003). What good are positive emotions in crises? A prospective study of resilience and emotions following the terrorist attacks on the United States on September 11th, 2001. *Journal of Personality and Social Psychology, 84*, 365–376.

Gabriel, H. & Kindermann, W. (1998). Immunsystem und körperliche Belastung: Was ist gesichert? *Deutsche Zeitschrift für Sportmedizin, 49*, 93–99.

Ginges, J., Hansen, I. & Norenzayan, A. (2009). Religion and support for suicide attacks. *Psychological Science, 20*, 224–230.

Graham, J. & Haidt, J. (2010). Beyond beliefs: Religions bind individuals into moral communities. *Personality and Social Psychology Review, 14*, 140–150.

Greenberg, J., Solomon, S. & Pyszczynski, T. (1997). Terror management theory of self-esteem and cultural worldviews: Empirical assessments and conceptual refinements. In M. P. Zanna (Ed.), *Advances in experimental social psychology* (vol. 29, pp. 61–139). San Diego: Academic Press.

Grom, B. (1992). *Religionspsychologie*. München/Göttingen: Kösel.

Hall, D. L., Matz, D. C. & Wood, W. (2010). Why don't we practice what we preach? A meta-analytic review of religious racism. *Personality and Social Psychology Review, 14*, 126–139.

Heine, S. (2005). *Grundlagen der Religionspsychologie*. Göttingen: Vandenhoeck & Ruprecht.

Heinrichs, M., Baumgartner, T., Kirschbaum, C. & Ehlert, U. (2003). Social support and oxytocin interact to supress cortisol and subjective responses to psychosocial stress. *Biological Psychiatry, 54*, 1389–1398.

Hill, P. C. & Pargament, K. I. (2003). Advances in the conceptualization and measurement of religion and spirituality: Implications for physical and mental health research. *American Psychologist, 58*, 64–74.

Hunsberger, B. & Jackson, L. M. (2005). Religion, meaning, and prejudice. *Journal of Social Issues, 61*, 807–826.

Jonas, E. & Fischer, P. (2006). Terror management and religion – evidence that intrinsic religiousness mitigates worldview defense following mortality salience. *Journal of Personality and Social Psychology, 91*, 553–567.

Kahoe, R. D. & Dunn, R. F. (1975). The fear of death and religious attitudes and behavior. *Journal for the Scientific Study of Religion, 14,* 379–382.

Kay, A. C., Gaucher, D., McGregor, I. & Nash, K. (2010). Religious beliefs as compensatory control. *Personality and Social Psychology Review, 14*, 37–48.

Keltner, D. & Bonanno, G. A. (1997). A study of laughter and dissociation: Distinct correlates of laughter and smiling during bereavement. *Journal of Personality and Social Psychology, 73*, 687–702.

Kinnvall, C. (2004). Globalization and religious nationalism: Self, identity, and the search for ontological security. *Political Psychology, 25*, 741–767.

Koenig, H. G., George, L. K. & Siegler, I. C. (1988). The use of religion and other emotion-regulating coping strategies among older adults. *The Gerontologist, 28*, 303–310.

Lazarus, R. L. & Folkman, S. (1984). *Stress, appraisal, and coping*. New York: Springer.

Loewenthal, E. (2004). *Platon. Sämtliche Werke in drei Bänden. Band I*. Darmstadt: Wissenschaftliche Buchgesellschaft.

Maisel, N. C. & Gable, S. L. (2009). The paradox of received social support: The importance of responsiveness. *Psychological Science, 20*, 928–932.

Margraf, J. & Schneider, S. (2009). *Lehrbuch der Verhaltenstherapie. Band 2: Störungen in Erwachsenenalter, spezielle Indikationen, Glossar* (3. Aufl.). Heidelberg: Springer.

McCrae, R. R. & Costa, P. T. (1986). Personality, coping, and coping effectiveness in an adult sample. *Journal of Personality and Social Psychology, 54*, 385–404.

McIntosh, D. N., Poulin, M. J., Silver, R. C., Holman, E. A. & Gil-Rivas, V. (2003). *Religion, well-being, and distress in the year following 9/11: A nationwide longitudinal study.* Poster presented at: Integrating research on spirituality and health and well-being into service delivery: A research conference, Bethesda, MD.

McIntosh, D. N., Silver, R. C. & Wortman, C. B. (1993). Religion's role in adjustment to a negative life event: Coping with the loss of a child. *Journal of Personality and Social Psychology, 65*, 812–821.

McNulty, J. K. & Fincham, F. D. (2012). Beyond positive psychology? Toward a contextual view of psychological processes and well-being. *American Psychologist, 67*, 101–110.

Mikulincer, M. & Florian, V. (2002). The effects of mortality salience on self-serving attributions-evidence for the function of self-esteem as a terror management mechanism. *Basic and Applied Social Psychology, 24*, 261–271.

Moskowitz, J. T. (2001). Emotion and coping. In T. J. Mayne & G. A. Bonnano (Eds.), *Emotion: Current issues and future directions* (pp. 311–336). New York: Guilford.

Muldoon, O. T., Trew, K., Todd, J., Rougier, N. & McLaughlin, K. (2007). Religious and national identity after the Belfast Good Friday Agreement. *Political Psychology, 28*, 89–103.

Newport, F. (2004). *Update: Americans and religion*. Gallup. Retrieved from http://www.gallup.com/poll/14446/Update-Americans-Religion.aspx

Newport, F. (2010). *Near-record high see religion losing influence in America*. Gallup. Retrieved from http://www.gallup.com/poll/145409/Near-Record-High-Religion-Losing-Influence-America.aspx

Norenzayan, A. & Shariff, A. F. (2008). The origin and evolution of religious prosociality. *Science, 322*, 58–62.

Pargament, K. I. (2002). The bitter and the sweet: An evaluation of the costs and benefits of religiousness. *Psychological Inquiry, 13*, 168–181.

Pichon, I. & Saroglou, V. (2009). Religion and helping: Impact of target thinking styles and just-world beliefs. *Archive for the Psychology of Religion, 31*, 215–236.

Preston, J. L. & Ritter, R. S. (2009). God or religion? Divergent effects on ingroup and outgroup altruism. *Unpublished manuscript*.

Pyszczynski, T., Abdolhossein, A., Solomon, S., Greenberg, J., Cohen, F. & Weise, D. (2006). Mortality salience, martyrdom, and military might: The great satan versus the axis of evil. *Personality and Social Psychology Bulletin, 32*, 525–537.

Pyszczynski, T., Greenberg, J., Solomon, S., Arndt, J. & Schimel, J. (2004). Why do people need self-esteem? A theoretical and empirical review. *Psychological Bulletin, 130*, 435–468.

Pyszczynski, T., Solomon, S. & Greenberg, J. (2003). *In the wake of 9/11: The psychology of terror*. Washington: American Psychological Association.

Reed, M. B. & Aspinwall, L. G. (1998). Self-affirmation reduces biased processing of health-risk information. *Motivation and Emotion, 22*, 99–132.

Rieckmann, N. (2002). Resilienz, Widerstandsfähigkeit, Hardiness. In R. Schwarzer, M. Jerusalem & H. Weber (Hrsg.), *Gesundheitspsychologie von A bis Z* (S. 462–465). Göttingen: Hogrefe.

Rosenblatt, A., Greenberg, J., Solomon, S., Pyszczynski, T. & Lyon, D. (1989). Evidence for terror management theory: I. The effects of mortality salience on reactions to those who violate or uphold cultural values. *Journal of Personality and Social Psychology, 57*, 681–690.

Routledge, C. & Arndt, J. (2008). Self-sacrifice as self-defence: Mortality salience increases efforts to affirm a symbolic immortal self at the expense of the physical self. *European Journal of Social Psychology, 38*, 531–541.

Saad, L. (2001). *Personal impact on Americans' lives: Three in four Americans watched Bush's address to congress; slight uptick in church attendance*. Gallup. Retrieved from http://www.gallup.com/poll/4900/personal-impact-americans-lives.aspx

Schulz, P. (2005). Stress- und Copingtheorien. In R. Schwarzer (Hrsg.), *Gesundheitspsychologie* (S. 219–235). Göttingen: Hogrefe.

Schwarzer, R. & Jerusalem, M. (1995). Self-efficacy measurement: Generalized Self-Efficacy Scale (GSES). In J. Weinman, S. Wright & M. Johnston (Eds.), *Measures in health psychology: A user's portfolio*. Windsor: NFER-Nelson.

Seligman, M. E. P. (2005). *Der Glücks-Faktor. Warum Optimisten länger leben*. Bergisch Gladbach: Bastei Lübbe.

Seligman, M. E. P. & Csikszentmihalyi, M. (2000). Positive psychology: An introduction. *American Psychologist, 55*, 5–14.

Silver, R., Holman, A., McIntosh, D., Poulin, M. & Gil-Rivas, V. (2002). Nationwide longitudinal study of psychological response to September 11. *Journal of American Medical Association, 288*, 1235–1244.

Smith, B. W., Pargament, K. I., Brant, C. R. & Oliver, J. M. (2000). Noah revisited: Religious coping by church members and the impact of the 1993 Midwest flood. *Journal of CommunityPsychology, 28*, 169–186.

Solomon, S., Greenberg, J. & Pyszczynski, T. (2004). The cultural animal: Twenty years of terror management theory and research. In J. Greenberg, S. Koole & T. Pyszczynski (Eds.), *Handbook of experimental existential psychology* (pp. 13–34). New York: Guilford Press.

Spilka, B., Hood, R. W. Jr. & Gorsuch, R. L. (1985). *The psychology of religion: An empirical approach.* Englewood Cliffs: Prentice Hall.

Statistisches Bundesamt (2005). *Gesundheitsausgaben und Gesundheitspersonalrechnung.* Retrieved from http://www.bpb.de/politik/innenpolitik/gesundheitspolitik/72547/einfuehrung-gesundheitswesen-ueberblick

Street, D., Burge, S., Quadagno, J. & Barret, A. (2007). The salience of social relationships for resident well-being in assisted living. *Journal of Gerontology, 62,* 129–134.

Ströhle, A. (2009). Physical activity, exercise, depression and anxiety disorders. *Journal of Neural Transmission, 116,* 777–784.

Tajfel, H. & Turner, J. C. (1979). An integrative theory of social contact. In W. Austin & S. Worchel (Ed.), The social psychology of intergroup relations (pp. 33–47). Monterey: Brooks/Cole.

Tix, A. P. & Frazier, P. A. (1998). The use of religious coping during stressful life events: Main effects, moderation, and mediation. *Journal of Consulting and Clinical Psychology, 66,* 411–422.

Turner, J. C., Oakes, P. J., Haslam, S. A. & McGarty, C. (1994). Self and collective: Cognition and social context. *Personality and Social Psychology Bulletin, 20,* 454–463.

Zuckerman, P. (2005). Atheism: Contemporary rates and patterns. In M. Martin (Ed.), *The Cambridge companion to atheism* (pp. 47–67). Cambridge: Cambridge University Press.

11 Soziale Dilemmata

© Springer-Verlag GmbH Deutschland, ein Teil von Springer Nature 2018
P. Fischer et al. (Hrsg.), *Sozialpsychologie für Bachelor*, Springer-Lehrbuch
https://doi.org/10.1007/978-3-662-56739-5_11

Lernziele

- Die Besonderheiten des »sozialen« Urteilens und Entscheidens darstellen können.
- Soziale Dilemmata definieren und verschiedene Formen nennen können.
- Strategien zur Erhöhung der Kooperationsbereitschaft beschreiben können.
- Die Rolle der strategischen Perspektivenübernahme in Bezug auf soziale Dilemmata erläutern können.

Der Mensch spielt nur, wo er in voller Bedeutung des Wortes Mensch ist, und er ist nur da ganz Mensch, wo er spielt. (Friedrich Schiller, Über die ästhetische Erziehung des Menschen, 15. Brief)

11.1 Vom Urteilen über das Entscheiden zum strategischen Handeln

Stellen Sie sich vor, Sie müssten für eines Ihrer Seminare bei einer Gruppenarbeit mitwirken. Der Arbeitsauftrag widerstrebt Ihnen, da Sie sehr im Stress sind und nicht wissen, wie Sie das zeitlich noch schaffen könnten. Ihr vorrangiges Interesse besteht darin, möglichst wenig Zeit in die Arbeit zu investieren. Gleichzeitig hoffen Sie darauf, dass Ihre Kommilitonen fleißig sind und möglicherweise Ihren Teil der Arbeit mit übernehmen. Dummerweise geht es diesen jedoch ähnlich und auch sie spekulieren darauf, selbst wenig leisten zu müssen und durch die Gruppe getragen zu werden. Was nun? Wie würden Sie sich verhalten? Würden

Häufig stehen wir vor **Problemen**, die wir nicht ohne weiteres lösen können, da alle Alternativen mit bestimmten Nachteilen verbunden sind.

Sie sich von der Arbeit fernhalten, auch auf die Gefahr hin, dass dies alle so handhaben und sie alle am Ende nichts vorweisen können bzw. eine schlechte Note bekommen? Oder würden Sie in den sauren Apfel beißen, eigene Interessen zurückstecken, um dadurch dem Wohl der Gruppe zu dienen? Um diese Frage zu beantworten, können Sie nun kritisch in sich gehen – oder aber Sie nehmen dies lediglich als Ausgangspunkt für weitere Überlegungen, die mit diesem Beispiel zusammenhängen, und lesen weiter. Schon wieder ein Problem! Sie sehen, wir sind bereits mitten in der Thematik des Urteilens und Entscheidens und haben das Wesen des sozialen Dilemmas aufgespürt.

11.1.1 Aspekte des Urteilens

> Wenn die urteilende Person eine Größe oder Menge **subjektiv** bewertet, gibt es kein richtig oder falsch. Vielmehr zählt die Konsistenz, d. h. die Widerspruchsfreiheit der Urteile.

Erinnern wir uns an die sozialpsychologischen Grundlagen des Urteilens und Entscheidens (▶ Kap. 3). Eine einfache **Urteilssituation** ist dann gegeben, wenn eine objektiv messbare Menge geschätzt wird. Was ist beispielsweise das Bruttosozialprodukt von Bangladesch oder wie viel Packeis ist noch auf Grönland zu finden? Bei solchen Urteilen fungiert die urteilende Person als Messinstrument und die Frage der Schätzgenauigkeit kann **objektiv** beantwortet werden. Eine für die Sozialpsychologie typischere Situation entsteht, wenn die urteilende Person eine Größe oder Menge **subjektiv** bewertet. Beispielsweise wenn ich eine Einschätzung darüber treffe, wie glücklich mich ein Rendezvous mit Scarlett Johansson bzw. George Clooney machen würde? Oder wie hoch meine Freude bei einem Gewinn von 100.000 Euro wäre? Wie viel Zufriedenheit würde ich empfinden, wenn eine ungeliebte Fußballmannschaft ein Endspiel verlöre? Bei derartigen Urteilen ist Genauigkeit nicht von Interesse, da sie nicht quantifizierbar ist; es gibt kein richtig oder falsch. Vielmehr zählt die Konsistenz, d. h. die Widerspruchsfreiheit der Urteile.

> ▶ Definition
> Urteilen

Definition

Urteilen bedeutet, eine Einschätzung zu treffen. Die Einschätzung kann sich dabei auf eine objektiv messbare Menge beziehen (quantitatives Urteil; vgl. Baron, 2000) oder auf eine subjektive Größe. Subjektive Einschätzungen können weder richtig noch falsch sein.

11.1.2 Aspekte des Entscheidens

> **Nutzentheorien** beschreiben, wie Menschen Entscheidungen treffen. Die zentrale Idee ist, dass Menschen jede mögliche Handlung (und ihre Konsequenzen) bewerten und die **Wahrscheinlichkeit** dafür schätzen, mit der die jeweiligen Konsequenzen eintreten werden.

Die gleiche Frage stellt sich bei Entscheidungen: Entscheiden bedeutet wählen. Ein Lotterielos zu kaufen oder eine Versicherungspolice abzuschließen, heißt daher, entweder einen sicheren Verlust zu akzeptieren in der Hoffnung, einen großen Gewinn zu machen (Lotterie) oder einen katastrophalen Verlust zu vermeiden (Versicherung). Mit Scarlett Johansson auszugehen und Jessica Biel sitzen zu lassen (ein offensichtlich rein theoretisches Beispiel) stellt ebenfalls eine Wahl dar. Die eine Alternative zu wählen, heißt gleichzeitig, die andere zu meiden bzw. aufzugeben. Verschiedene Varianten von **Nutzentheorien beschreiben, wie Menschen Entscheidungen treffen**. Die zentrale Idee ist, dass Menschen jede mögliche Handlung (und ihre Konsequenzen) bewerten und die

Abb. 11.1 Nutzenmaximierung durch Schadensbegrenzung? Rationales Entscheiden als Produkt aus subjektivem Wert und Wahrscheinlichkeit

Wahrscheinlichkeit dafür schätzen, mit der diese Konsequenzen eintreten werden. Sie wählen dann diejenige Handlungsalternative, die den größten Nutzen bringt, wobei sich der Nutzen als das **Produkt von subjektivem Wert und Wahrscheinlichkeit** für das Eintreten der Handlungsalternative berechnet (Bernoulli, 1738/1896). Bei einfachen Entscheidungen dieser Art braucht man nur seine eigenen Werturteile (Präferenzen) und Wahrscheinlichkeitsschätzungen zu berücksichtigen (Abb. 11.1).

> **Definition**
>
> **Entscheiden** bedeutet, eine Auswahl aus mindestens zwei Alternativen zu treffen. Mit der Wahl der einen Alternative wird gleichzeitig die andere Option vernachlässigt bzw. aufgegeben.

► Definition
Entscheiden

Sozialer Kontext und einfache Entscheidungen

Im sozialen Feld gestalten sich die Dinge meist komplizierter. Die Konsequenzen hängen oft nicht nur von unseren eigenen Entscheidungen ab, sondern auch von den Entscheidungen anderer. Nehmen wir ein relativ simples Koordinationsproblem: Die Personen A und B dürfen jeweils eine Münze auf den Tisch legen. Wenn beide die Münze so legen, dass sie Kopf zeigt, erhalten beide 10 €; in den übrigen Fällen gehen sie leer aus. Person A bzw. »Spieler A« – denn derartige Entscheidungsszenarien werden von der sog. »Spieltheorie« behandelt (Luce & Raiffa, 1957; von Neumann & Morgenstern, 1947) – kann den Preis nicht aus eigener Kraft gewinnen. Hierzu sind sowohl die Koordination mit Spieler B als auch ein strategisches Handeln des Spielers notwendig (Colman, 2003; Krueger, 2014). Im einfachsten Fall denkt Spieler A, dass er Kopf wählen muss, da dies eine notwendige, wenn auch nicht hinreichende Bedingung ist, den Preis zu erhalten. Darüber hinaus mag Spieler A auch Mutmaßungen darüber anstellen, welche Strategie Spieler B fahren wird. Dabei geht die **Spieltheorie** davon aus, dass beide Spieler **rational** sind und auch voneinander wissen, dass sie sich rational verhalten. Mit rational ist dabei gemeint, dass die Spieler versuchen werden, den **maximalen Gewinn** zu erzielen. Sprich, sie werden auf jeden Fall Kopf wählen, da sie nur so zu Geld kommen. Wenn dies beide Spieler tun, so ist **ein Äquilibrium**

Die **Spieltheorie** unterstellt, dass Menschen **rational** sind und voneinander wissen, dass sie sich rational verhalten. »Rational« bedeutet, dass die Spieler versuchen, den **maximalen Gewinn** zu erzielen.

(Gleichgewicht) erreicht; der Nutzen ist für beide Spieler maximal und kein Spieler kann seine Situation (seinen individuellen Nutzen) durch einseitiges Wechseln der Strategie verbessern.

Sozialer Kontext und schwierigere Entscheidungen

Entscheidungen sind schwieriger, wenn **zwei Äquilibria** möglich sind.

Die Lage wird komplizierter, wenn die Spieler die 10 € bereits dann gewinnen können, wenn sie auf die gleiche Seite der Münze setzen; wenn sich also entweder beide Spieler für Kopf oder beide für Zahl entscheiden. Setzen sie auf verschiedene Seiten, so erhalten sie keine Belohnung. Dieses Koordinationsspiel hat **zwei Äquilibria**, nämlich Kopf-Kopf und Zahl-Zahl. Dennoch weiß der rationale Spieler nicht, was er tun soll, und muss daher auf eine Mischstrategie zurückgreifen. Er muss sozusagen sprichwörtlich die Münze im Kopf werfen, um dann mit der Ratewahrscheinlichkeit von 50% auf Kopf zu setzen. Davon ausgehend, dass der andere Spieler das gleiche tut, liegt die Wahrscheinlichkeit für eine erfolgreiche Koordination bei 50%.

11.2   Soziale Dilemmata

Diese beiden Beispiele lassen bereits erahnen, wie wichtig der soziale Bezugsrahmen für das Entscheidungsverhalten ist. Durch den sozialen Kontext kommen zu den eigenen Interessen auch diejenigen der anderen Menschen hinzu. Daraus können sich komplexe Situationen und Problemstellungen ergeben, die zu keiner Lösung führen; es kommt zu einem **sozialen Dilemma**. Die Spieltheorie beschreibt eine Vielzahl solcher Dilemmata, indem sie versucht, die jeweiligen sozialen Problemstellungen in Spielen darzustellen. Im Folgenden möchten wir nun auf einige wichtige Dilemmata eingehen.

▶ Definition
  Soziales Dilemma

┌─ Definition ─────────────────────────────
│ Ein **soziales Dilemma** besteht dann, wenn individuelles rationales
│ Handeln zu kollektiven Konsequenzen führt, die jeder Einzelne ab-
│ lehnt. Die Verfolgung des individuellen Nutzens steht also im Wider-
│ spruch zum Wohl der Allgemeinheit.
└──

11.2.1   Gefangenendilemma

Das bekannteste Spiel ist das Gefangenendilemma (»prisoner's dilemma«; Flood & Drescher, 1952). Das folgende klassische Beispiel soll die Situation verdeutlichen.

Beispiel

Prisoner's Dilemma Game

Wegen eines Verbrechens wurden zwei Verdächtige verhaftet und in getrennte Zellen gesperrt. Der Staatsanwalt bietet ihnen getrennt voneinander folgenden Handel an: Für ein Geständnis des mutmaßlichen Kapitalverbrechens gibt es 1 Jahr Haft sofern der andere nicht gesteht; gestehen beide, so liegt ihre Strafe jeweils bei 10 Jahren Haft. Schweigt die Person, muss sie mit 5 Jahren Gefängnis rechnen, falls der andere Verdächtige auch schweigt, bzw. mit 20 Jahren, falls dieser gesteht. Diese Situation stellt ein Dilemma dar, weil zwei rationale Entscheidungen zu einem schlechten Ergebnis führen. Wären beide Spieler irrational, so würden sie beide schweigen und damit ein besseres Ergebnis erzielen (nur 5 Jahre Haft per capita).

Die traditionelle Spieltheorie besagt, dass Spieler diejenige Strategie wählen, die zu einem Äquilibrium führt. Im Gefangenendilemma ist das Äquilibrium gegeben, wenn beide gestehen (jeweils 10 Jahre). Würde ein Gefangener einseitig widerrufen, verdoppelte sich die Haftzeit. Jeder Spieler kann leicht sehen, dass ein Geständnis zu einem besseren Resultat führt, ganz egal, wie sich der andere Spieler verhält. Im spieltheoretischen Jargon ist das Geständnis ein Akt des **Desertierens** (d. h., man fällt dem anderen Spieler in den Rücken), während das Schweigen der Kooperation gleichkommt. Vom Standpunkt des Kollektivs der beiden Gefangenen wäre die erfolgreiche Koordination natürlich am besten – oder effizientesten. In diesem Beispiel wäre die Summe der Haftzeiten 10 Jahre, wohingegen die beiden rationalen Deserteure insgesamt 20 Jahre absitzen würden. Das Dilemma besteht also darin, dass sowohl die Gruppe als auch der Einzelne besser dastehen würden, wenn sie sich koordinieren bzw. untereinander absprechen könnten. Man würde vermuten, dass jeder an einer Kooperation interessiert sei, da sich – wie bereits gesagt – auch der Einzelne in einer Gruppe von Kooperierenden besser tut als in einer Gruppe von Deserteuren. Doch diese theoretische Überlegung trifft in der Praxis nicht immer zu. Warum? Die Antwort liegt in der »Versuchung.« Wenn der andere (oder alle anderen) kooperiert, kann der individuelle Deserteur am meisten gewinnen. In unserem Beispiel lockt ihn also die Aussicht darauf, nur 1 Jahr hinter Gittern zu verbringen. Diese Versuchung ist auch als das sog. »**Trittbrettfahrerproblem**« (»freerider problem«) bekannt (Andreoni, 1988).

Für klassische Spieltheoretiker ist der Fall klar. Alle rationalen Akteure desertieren. Das Resultat mag zwar bedauerlich sein, aber dem mathematisch Gesinnten ist dies egal. »Es ist, wie es ist!« Orthodoxen Spieltheoretikern kommen die Sorgenfalten erst im Angesicht der empirischen Befundlage. In Experimenten, die nach dem Gefangenendilemma konzipiert sind, kooperieren fast die Hälfte der Versuchspersonen (Sally, 1995). Etwa die Hälfte dieser Kooperierenden wird von Deserteuren ausgebeutet, während die andere Hälfte mit anderen Kooperierenden zu gutem Erfolg kommt. Wie sich dies erklären lässt, ist das Thema eines späteren Abschnittes. Zunächst werfen wir einen Blick auf die Vielfältigkeit sozialer Dilemmata.

> Nach der **traditionellen Spieltheorie** wird von beiden Spielern diejenige Strategie gewählt, die zu einem kollektiven Äquilibrium führt. Doch oft ist die Versuchung groß, den eigenen Nutzen auf Kosten der anderen zu maximieren (»**Trittbrettfahrerproblem**«).

> In Experimenten, die nach dem **Gefangenendilemma** konzipiert sind, **kooperieren fast die Hälfte der Teilnehmer**.

11.2.2 Gib-was-Dilemma (Beitragsdilemma)

Das Gefangenendilemma kann als eine einfache finanzielle Transaktion umgeschrieben werden. Nehmen wir an, jeder von zwei Spielern (du und ich) hat 10 € zur Verfügung. Laut Vorgabe besteht nun eine Möglichkeit darin, das Geld dem anderen Mitspieler zu geben (Kooperation); in diesem Fall würde sich der Betrag verdoppeln. Der andere Weg besteht darin, das Geld für sich zu behalten (Desertieren; Verrat). Daraus ergeben sich vier Möglichkeiten, die für mich mit jeweils unterschiedlichen

> In einem »**Gib-was-Dilemma**« ist jeder Einzelne versucht, nichts zu geben, während das kollektive Wohl jedoch nur durch die Kooperation vieler Individuen gesichert werden kann.

◘ Abb. 11.2 Grafische Darstellung des Gefangenendilemmas: Matrixform und Baumdiagramm. (k = kooperieren; d = desertieren)

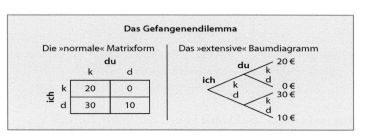

Mit dem »**Public-Goods-Dilemma**«, der »**Hirschjagd**« und dem »**Hühnerspiel**« werden typische soziale Problemstellungen nachgespielt.

Die Verfügbarkeit öffentlicher Güter (»**public goods**«) hängt von der Kooperation der Menge ab. Einzelne **Trittbrettfahrer** (»free riders«) profitieren davon. Sind es jedoch zu viele, bricht das System ein.

Außervertragliche Leistungen sind kooperative Leistungen, die der Gruppe oder Organisation nützen; sie sind aber für die Einzelperson mit Nachteilen verbunden.

Geldbeträgen verbunden sind: Nur ich kooperiere (0 €); wir beide kooperieren (20€); nur ich desertiere (30€); wir beide desertieren (10€). Diese Form des Spiels bezeichnet man als »**Gib-was-Dilemma**« (Dawes, 1980). Jeder Einzelne ist versucht, nichts zu geben, während das kollektive Wohl durch die Kooperation vieler Individuen gesichert wird. ◘ Abb. 11.2 stellt das Dilemma sowohl in ihrer »normalen« Matrixform als auch in der »extensiven« Form als Zweigdiagramm dar.

Im Folgenden werden drei Spiele dargestellt, die die Grundlage zu einer Reihe von Studien zum Kooperationsverhalten bzw. zur Erforschung der emotionalen Ursachen der Kooperation bildeten, und zwar:

- das Public-Goods-Dilemma,
- die Hirschjagd und
- das Hühnerspiel.

Diese Spiele werden auch deshalb immer wieder gewählt, weil sie typische und wichtige Situationen der sozialen Welt abbilden: die Bereitstellung gesellschaftlicher Versorgung und Infrastruktur (sog. »public goods«), die Hoffnung auf die Kooperation der anderen zu erfolgreichem kollektiven Verhalten (Hirschjagd) und die Angst vor katastrophalem Verlust aufgrund des Desertierens der anderen (Hühnerspiel).

Public-Goods-Dilemma

Wenn viele Individuen beteiligt sind, spricht man auch von einem »**Public-Goods-Dilemma**.« In diesem Fall tragen viele Personen dazu bei, ein gemeinschaftliches Ziel zu erreichen, von dem anschließend jeder etwas hat. Die einzelne Person nimmt also einen persönlichen Nachteil in Kauf, um damit einen **Beitrag zum Wohl aller** zu leisten. So hängen in den Vereinigten Staaten viele Dienstleistungen von freiwilligen Beiträgen ab. Public Broadcasting wird z. B. von Spenden finanziert und das System würde zusammenbrechen, wenn die Summe der Spenden unter einen bestimmten Schwellenwert fiele. Solange Public Broadcasting allerdings besteht, kann es jeder nutzen, unabhängig davon, ob ein eigener Beitrag geleistet wurde. Insofern kommen diejenigen am besten weg, die keinen eigenen Beitrag geleistet haben, aber dennoch Profit aus dem allgemeinen Gut schlagen (vgl. Trittbrettfahrer).

Etwa der Umweltsünder, der nicht bereit ist, Strom zu sparen, Müll zu trennen oder auch mal das Rad zu nehmen – er selbst leistet keinen Beitrag zum Umweltschutz, profitiert aber von denjenigen, die dies tun. In der Wirtschaft leisten viele Professionelle und Angestellte Beiträge und Leistungen, die über das vertraglich Geregelte hinausgehen, d. h., Menschen, die nicht nur »Dienst nach Vorschrift« ausüben (siehe Organ, 1988, zum Konzept des »organizational citizenship«). Das Unternehmen bzw. die Organisation und somit das gesamte ökonomische System ziehen daraus einen Nutzen. Trotzdem ist es im engeren Interesse des Einzelnen, keine Extraleistungen zu erbringen. Auf politischer Ebene ist die Lage ähnlich: Das Abgeben der eigenen Wählerstimme ist der zentrale individuelle Akt in einer Demokratie. Dennoch ist es für den Einzelnen rational, nicht zu wählen, denn eine einzelne Stimme kann nicht wahlentscheidend sein (Acevedo & Krueger, 2004; Aldrich, 1993). Es mag also kurzfristig angenehmer sein, zu Hause zu bleiben oder einem Hobby nachzugehen, statt den umständlichen Weg ins Wahllokal zu nehmen. Generell lässt sich festhalten, dass diese Lösung eines sozialen Dilemmas von der Freisetzung kollektiven Verhaltens abhängt. Dabei muss der Einzelne nicht nur ein Opfer bringen, sondern auch das Risiko auf sich nehmen, ausgebeutet zu werden.

Aus dem Kleingruppenbereich bieten sich hier ebenfalls zahlreiche Beispiele an. Wo immer Menschen zusammenarbeiten um ein gemeinsames Ziel zu erreichen, mag der Einzelne versucht sein, sich zurückzuhalten und dennoch die Früchte der Gruppenarbeit zu ernten. Ob es sich um Studenten handelt, die an einem Semesterprojekt arbeiten, Arbeiter in einer Betriebsgruppe oder Mitglieder einer Familie, die die Hausarbeit bewältigen müssen – der Mechanismus ist stets der gleiche (◘ Abb. 11.3).

◘ **Abb. 11.3** Das Public-Goods-Dilemma

Hirschjagd

Das Koordinationsproblem hat tiefe Wurzeln in der Evolutions- und Kulturgeschichte. Als einzelne Personen sind die Menschen eine schwache Spezies; nur wenige sind autark, also unabhängig von anderen. Stattdessen sind die meisten auf erfolgreiche Gruppenaktivitäten angewiesen. Rousseau (1755/1992) beschreibt folgende Situation, die unter Jägern typischer gewesen sein mag als unter Sammlern: Zwei Jäger wollen einen Hirsch erlegen, können dies aber nur als Kollektiv erreichen. Jeder Einzelne ist nämlich nur dazu imstande, einen Hasen zu fangen. Einigen sich beide Jäger darauf, auf Hirschjagd zu gehen, könnte folgendes Problem auftreten: Einer der Jäger entscheidet sich um, und zieht es trotz Abmachung vor, allein auf Hasenjagd zu gehen. Da die Jäger während der Jagd nicht laut kommunizieren können – sonst würden sie alle Tiere scheu machen – bekommt der andere Jäger von diesem Entschluss nichts mit.

Das **Zusicherungsspiel** (Hirschjagd) ähnelt dem Gefangenendilemma: Die **beste Lösung** für alle Beteiligten wird erreicht, wenn **jeder kooperiert**. Kommt es dennoch zum Desertieren, so geschieht dies aus Furcht davor, dass der andere desertieren könnte, nicht aber aus Gier (wie beim Gefangenendilemma).

Dies kommt einem Akt des Desertierens gleich und derjenige, der nach wie vor bereit ist, sich kooperativ an der Hirschjagd zu beteiligen, geht leer aus. Im Gegensatz zum Gefangenendilemma ist das Desertieren hier keine dominante Strategie. Das heißt, das Desertieren führt nicht unter allen Umständen zu einem besseren Ergebnis. Hätte man glaubhafte Versicherungen, dass andere kooperieren, dann wäre die eigene Kooperation die rationale Entscheidung. Aus diesem Grund wird die **Hirschjagd**, oder »stag hunt,« auch als ein **Zusicherungsspiel** (»assurance game«) bezeichnet. Im Großen und Ganzen ist die Hirschjagd leichter im Sinne kollektiver Kooperation zu lösen als das Gefangenendilemma oder das Public-Goods-Dilemma. Der Unterschied liegt darin, dass im Hirschjagd-Dilemma alle individuell besser durch gegenseitige Kooperation bedient sind. In dieser Situation wird niemand desertieren in der Hoffnung, dass andere kooperieren (wie beim Public-Goods-Dilemma); stattdessen kommt die Desertation nur aus der Furcht davor zustande, dass andere auch desertieren.

Beispiel

Die Hirschjagd von heute

Die Problematik der Hirschjagd tritt häufig in Zusammenhang mit einem Vertragsbruch auf oder auch wenn »lose« Abmachungen nicht eingehalten werden. Stellen Sie sich vor, Sie sind am Ende des Studiums und die weitere Berufsplanung ist ein gängiges Thema für Sie. Gemeinsam mit Ihrem Freund malen Sie sich aus, wie Sie beide später zusammen arbeiten werden. Sie beide haben ähnliche berufliche Vorstellungen, sie studieren dasselbe Fach, allerdings mit unterschiedlichen Schwerpunkten. Insofern würden Sie sich, wenn Sie gemeinsam etwas auf die Beine stellten, sehr gut ergänzen. Sprich: Sie planen, sich zusammen selbstständig zu machen. Bei einer Karriereveranstaltung, die Sie besuchen, kommen Sie in Kontakt mit Personen, die bereits im Berufsleben stehen. Über diese kommen Sie an ein Praktikum in einem für Sie sehr interessanten Unternehmen, das Ihnen auch Spaß macht und bei dem Sie die anderen Mitarbeiter von Ihrem Können überzeugen. Sie bekommen daher das Angebot, dort direkt nach Ihrem Studium eine Stelle anzutreten. Hierbei würden Sie sich allerdings für mindestens drei Jahre binden. Was machen Sie nun? Ihr Freund benötigt für sein Studium noch ein Jahr länger als Sie, sodass Sie sich ohnehin noch nach etwas anderem umsehen müssten. Vertrauen Sie darauf, dass Ihr Freund auch noch in zwei Jahren dieselben beruflichen Pläne haben wird wie aktuell? Oder wird er sich am Ende doch umentscheiden und Sie im Stich lassen? Sie müssen wählen: Entweder den beruflichen Traum erfüllen, auch auf die Gefahr hin, dass dieser durch einen Rückzieher Ihres Freundes zum Platzen gebracht wird oder aber nach dem Motto »besser als nichts« auf die weniger favorisierte Option zurückgreifen.

Im **Hühnerspiel** (»the game of chicken«) führt das gemeinsame Desertieren zu einem kollektiven Untergang.

Hühnerspiel

Eine weitere Variante ist das sog. **Hühnerspiel** (»the game of chicken«). Die Rangordnung der Konsequenzen (»payoffs«) ähnelt derjenigen im Gefangenendilemma. Der kritische Unterschied ist, dass das gemeinsame Desertieren den kollektiven Untergang bedeutet (Smith, 1982). Wie bei der Hirschjagd, und im Gegensatz zum Gefangenendilemma, gibt es also keine dominante Strategie. Wenn andere kooperieren, ist es am besten, selbst zu desertieren; wenn andere desertieren, ist kooperatives Verhalten am besten.

Im Alltag zeigt sich das Hühnerspiel im Verhalten von Passanten auf dem Bürgersteig. Normalerweise weichen sich entgegenkommende Fußgänger aus, was beidseitiger Kooperation entspricht (Nummenmmaa, Hyönä & Hietanen, 2009). Nur ein selbstbewusster Deserteur geht geradeaus, in der Erwartung, dass andere Personen ausweichen werden. Niemand wünscht einen Zusammenstoß wegen beidseitiger Sturheit (beidseitiges Desertieren). In größerem Rahmen kann dieses Spiel als ein Modell für Wettrüsten bei gegenseitig zugesicherter nuklearer Vernichtung dienen (Russell, 1959).

Natürlich gibt es noch eine große Zahl weiterer Spiele, die von eher esoterischem Interesse sind. Guyer und Rapoport (1966) kamen insgesamt auf 78 Spiele, die sich durch verschiedene Anordnungen der Konsequenzen in der 2×2-Matrix definieren lassen.

11.2.3 Nimm-was-Dilemma (Nutzungsdilemma)

Bisher haben wir uns mit den »Gib-was-Spielen« beschäftigt; also mit Situationen, in denen es darum geht, durch viele individuelle Beiträge ein gemeinnütziges Gut zu schaffen oder zu unterhalten. Bei derartigen Konstellationen besteht die Versuchung der Beteiligten darin, als Nutznießer bzw. Trittbrettfahrer quasi »umsonst zu fahren«, d.h., von den Früchten der anderen zu ernten, ohne selbst etwas beizusteuern. Doch wie sieht es aus, wenn es nicht um den Aufbau oder die Instandhaltung einer Ressource geht (eigenes Geben), sondern um deren Verbrauch (eigenes Nehmen)? Ein Paradebeispiel hierfür stellt der Fischfang dar:

> Das »**Nimm-was-Dilemma**« beschäftigt sich mit dem Verbrauch gemeinnütziger Ressourcen. Dabei steht deren Erhaltung auf dem Spiel.

Beispiel

Der Fischfang als ein Nimm-was-Spiel

Im Fischfang besteht die allgemeine Ressource in der Größe der Fischpopulation. Fahren nur wenige Boote zum Fang hinaus, so hat dies kaum Auswirkungen auf den Fischbestand und die durch Fang verlorenen Fische reproduzieren sich schnell wieder. Steigt jedoch die Anzahl der Fangboote, so ist davon die Reproduktionskapazität der Fischpopulation betroffen. Bei weiterhin steigender Fangquote beginnt die Population zu schrumpfen. Wird dabei schließlich die Minimaldichte unterschritten, die für die Populationsregenerierung nötig ist, stürzt die verblei-
bende Population katastrophal auf null ab (Pilkey & Pilkey-Jarvis, 2007). Das Dilemma des einzelnen Fischers (des einzelnen Betriebes oder der einzelnen fischenden Nation) besteht in dem Widerspruch zwischen eigener Nutzenmaximierung und der Verhinderung von negativen Konsequenzen. Der individuelle Anreiz, mehr Boote zu Wasser zu lassen und dadurch einen möglichst hohen Fang zu erzielen, führt– da alle denselben Anreiz haben – zum kollektiven Kollaps (Diamond, 2005).

Bei **Nimm-was-Spielen** besteht die Versuchung des Einzelnen darin, sich beim Verbrauch gesamtgesellschaftlicher Güter bzw. beim Ernten von Früchten (oder Fangen von Fischen!) nicht zurückzunehmen. Trifft dies auf alle zu, d.h., verhalten sich alle Individuen egoistisch, kommt es zu einem Zusammenbruch der Ressource. In diesem Fall gehen alle leer aus. Insofern ist das typische Nimm-was-Spiel eher eine Variante des Hühnerspiels als eine Variante des Gefangenendilemmas.

> Verhalten sich alle Individuen beim Verbrauch gemeinschaftlicher Güter egoistisch, so kommt es zu einem **Zusammenbruch der Ressource**.

In einem berühmten Artikel in »Science Magazin« beschrieb Garrett Hardin (1968) diese Situation als tragisch und führte den Begriff des »**Commons Dilemma**« ein. Im Neuengland der Kolonialzeit war ein Commons eine Weidefläche, die von allen Anwohnern genutzt werden konnte. Jeder Bauer hatte den Anreiz, weitere Stück Vieh dort weiden zu lassen. Dies kommt dem Desertieren im Gefangenendilemma gleich. Es ist somit die dominante Strategie. Wenn sich jedoch alle rationalen

Abb. 11.4 Wahrlich keine Augenweide – Das Weidedilemma

Auf gesamtgesellschaftlicher Ebene kann die **Überbevölkerung als Nutzungsdilemma** aufgefasst werden. Kinderreichtum ist dabei kooperativ oder desertierend, je nach gesellschaftlichem Zusammenhang.

Das **malthusische Problem der Übervölkerung** lässt sich hinausschieben, aber nicht überwinden.

Bauern gleich verhalten, kommt es zur Überweidung und damit zu einer Zerstörung der gemeinsamen Ressource. Im Sinne von Äschylos ist dies tragisch, weil es unvermeidlich ist und niemand persönliche Schuld trägt (■ Abb. 11.4).

Für Hardin ist das Weidedilemma eine Metapher für ein größeres und generelleres Problem: **Die Überbevölkerung.** Aus planetarischer Sicht ist die Überbevölkerung das Urdilemma. Umweltverschmutzung, Entwaldung, Überfischung sind Sonderprobleme, die sich vom Urgrund der Überbevölkerung ableiten lassen. Der individuelle Mensch hat den Anreiz, mehr Kinder in die Welt zu setzen. Dies hat sowohl eine biologische als auch eine soziologische Logik. Kraft Definition sind diejenigen individuellen Organismen die Sieger im Spiel der Evolution, die ihre Gene am schnellsten replizieren (Dawkins, 1976). In vielen Gesellschaften besteht ein zusätzlicher soziologischer Anreiz darin, dass Nachkommen eine direkte und oft die einzige Altersversicherung für ihre Eltern darstellen. Hier sei Folgendes bemerkt: In vielen entwickelten Ländern hat sich der soziologische Anreiz in sein Gegenteil verkehrt. Wenn alle zu einem kollektiven System der Altersversicherung beitragen, können sich diejenigen das materiell angenehmste Leben leisten, die keine Kinder zeugen. Diese »Deserteure« verlassen sich darauf, dass die Kinder anderer später die Alterskassen finanzieren. Die Grundstruktur des Dilemmas bleibt dabei dieselbe. So oder so sagen die spieltheoretischen Propheten den Zusammenbruch voraus – bei aller Rationalität.

Vom Sonderfall des Geburtenknicks in der sog. Ersten Welt (reichere Industrienationen) abgesehen, bleibt die globale Bevölkerungsentwicklung das Hauptproblem der Menschheit. Dies wurde sehr früh erkannt. Der englische Politökonom Thomas Malthus (1798) wagte die kühne Vorhersage, dass sich die Bevölkerung exponentiell entwickelt, während die Nahrungsproduktion nur linear ansteigt. Jahrzehntelang sah es die Wissenschaft als ihre Aufgabe an, Malthus zu widerlegen. Während des 20. Jahrhunderts wuchs die Nahrungsproduktion schneller als erwartet, während sich gleichzeitig die Zahl der Länder mit einer negativen Bevölkerungsentwicklung mehrte. Dennoch lässt sich das Malthusische Problem nur modifizieren, aber nicht überwinden. Die jüngsten Zahlen zu Weltbevölkerung, Energieverbrauch und Hunger belegen dies.

11.3   Lösungsversuche

Es gibt in der Psychologie und anderen Sozialwissenschaften zahlreiche Versuche, soziale Dilemmata zu lösen und damit Malthusens Geist zu vertreiben. Was kann man also tun, um Einzelpersonen dazu zu bewegen, in einer Gib-was-Situation zum Allgemeinwohl beizutragen und in einer Nimm-was-Situation vom egoistischen Ausbeuten der gemeinsamen Substanz abzusehen? Die Situation ist aus folgenden Gründen kompliziert: Zunächst sei daran erinnert, dass viele Personen in Gib-was-Dilemmata sowieso schon kooperieren. In Nimm-was-Situationen ist dies ähnlich. Es geht es also eher darum, besser zu verstehen, wie derartiges »irrationales« Verhalten überhaupt zustande kommt und ob sich gewonnenes Wissen für die **Steigerung der Kooperationsrate** nutzen lässt. Es sei außerdem daran erinnert, dass ein Dilemma per definitionem unlösbar ist. Gäbe es eine einfache Lösung, dann wäre es kein Dilemma. Die Implikation dieser Einsicht ist, dass die Lösung eines Dilemmas einen grundlegenden Strukturwandel erfordert, sodass sich das Individuum gar keinem Dilemma mehr gegenüber sieht.

> Es gilt zu verstehen, wie »irrationales« Verhalten zustande kommt und ob sich gewonnenes Wissen für die **Steigerung der Kooperationsrate** nutzen lässt.

11.3.1   Gewissen

Hardin (1968) scheint an derartige Eingriffe in die Belohnungsstruktur der Dilemmata gedacht zu haben, während er psychologische Lösungsvorschläge als lächerlich abtat. Aus psychologischer Sicht spielt das **Gewissen** eine zentrale Rolle. Gewissenhafte Menschen stellen das Interesse der Gruppe (oder des Planeten) den unmittelbaren persönlichen Interessen voran oder ignorieren es zumindest nicht vollständig. Täten sie es nicht, so würden sie moralische Schuld empfinden. Aus dieser Annahme lassen sich mehrere konkrete Ideen ableiten:

> Unser Gewissen – und damit verbunden soziale Normen – können Kooperation fördern. Hierbei sind folgende Faktoren relevant:

1. Menschen können kooperieren, wenn sie dies als ihre **moralische Pflicht** empfinden (Kant, 1785/2004; Krueger, Massey & DiDionato, 2008).
2. Menschen haben die Norm der **Reziprozität** verinnerlicht (Trivers, 1971). Dies ist besonders dann der Fall, wenn der Eindruck besteht, dass andere aus freien Stücken heraus kooperieren (Falk & Fischbacher, 2006). Wenn nicht nachgewiesen werden kann, dass sich der andere bereits kooperativ verhalten hat, so reicht die Erwartung der Kooperation aus, um selbst kooperatives Verhalten zu zeigen (Pruitt & Kimmel, 1977).
3. Schon Adam Smith (1759/1976) schrieb, dass viele Menschen dem Wohlergehen anderer nicht gleichgültig gegenüberstehen. Im Gegensatz zu reinen Individualisten bewerten prosozial eingestellte Menschen nicht nur den eigenen Nutzen einer Transaktion, sondern auch den Nutzen für andere und integrieren dies in ihre eigene Gesamtbewertung (Kelley & Thibaut, 1978; van Lange, 1999). Als Resultat kann sich ein Gefangenendilemma subjektiv in ein Spiel der Hirschjagd verwandeln. Das heißt, auch wenn objektiv gesehen zwei Kooperateure zusammen weniger erwirtschaften als ein Kooperateur und ein Deserteur, so mag es subjektiv mehr erscheinen (Krueger, DiDonato & Freestone, 2012).

> 1. Kooperation durch Gewissenhaftigkeit bzw. moralische Verpflichtung;
>
> 2. Kooperation durch Reziprozität;
>
> 3. Kooperation durch Wohlwollen gegenüber anderen.

11.3.2 Kontext

Kooperatives Verhalten setzt die Aktivierung dieser sozialen Normen im Bewusstsein voraus. Hierbei sind verschiedene **Kontextfaktoren** entscheidend:

Solange verinnerlichte soziale Normen nur im Menschen schlummern, haben sie keinerlei Auswirkungen. Um tatsächlich kooperatives Verhalten in Gang setzen zu können, müssen sie aktiviert werden und ins Bewusstsein gelangen. Hierbei spielen ganz unterschiedliche **Kontextfaktoren** eine entscheidende Rolle. Einige seien im Folgenden erwähnt.

1. **Priming**,

Priming

Der deontologische (d. h. sich auf Rechte und Pflichten berufende) Aspekt des Gewissens kann beispielsweise über religiöse Symbole wachgerufen werden. So ließen Shariff und Noranzayan (2007) ihre Versuchsteilnehmer Wortvervollständigungsaufgaben bearbeiten, die sowohl einen neutralen als auch einen religiösen Inhalt hatten. In letzterem Fall – wenn beispielsweise Wörter wie Geist, Gott oder heilig vorkamen, verhielten sich die Teilnehmerinnen und Teilnehmer im anschließenden »Diktatorspiel« (Hoffman, McCabe, Shachat & Smith, 1994) prosozialer. In diesem Spiel wird eine Person zum »Diktator« ernannt und ihre Aufgabe ist es, einen vorgegebenen Geldbetrag zwischen sich und einer anderen Person aufzuteilen. Wie diese Aufteilung aussieht, also ob der Diktator den Betrag gleichmäßig aufteilt oder das ganze Geld selbst behält, bleibt ihm überlassen. Damit ist das Diktatorspiel kein Dilemma. Doch bezüglich des sozialen Kontextes zeigte sich in der Studie, dass Personen, deren Primes religiöse Begriffe waren, dem zweiten Spieler eine größere Summe überließen als Personen mit neutralen Primes.

Willensfreiheit

2. **Willensfreiheit**,

In einer weiteren berühmten Studie fanden Vohs und Schooler (2008), dass Personen sich moralischer verhalten, wenn ihnen suggeriert wird, dass sie Willensfreiheit besäßen. Wird ihnen dagegen glaubhaft gemacht, dass alles menschliche Verhalten durch bestimmte Umstände vorbestimmt ist (Determinismus), so schummeln sie mehr. Diese Befunde legen nahe, dass der Glaube an die Willensfreiheit soziale Kooperation erleichtert.

Interaktion und Reziprozität

3. **Interaktion vor dem Spiel** (Kommunikation und Kooperationsversprechen),

Der sich auf Interaktion und Reziprozität (Gegenseitigkeit) beziehende Aspekt der Moralität wird häufig getestet, indem man den Teilnehmenden gestattet, vor dem Spiel miteinander zu reden. Aus ökonomischer Sicht sind derartige Diskussionen nur »billiges Gerede« (»cheap talk«), da sie die Struktur des Dilemmas nicht ändern. In der Tat könnte man argumentieren, dass die Versuchung zu desertieren sogar ansteigt, wenn die Personen innerhalb der Gruppe betonen, das Wohl des Kollektivs im Blick zu haben. Haben nämlich viele Einzelpersonen ihre Kooperation zugesichert, wird jeder Einzelne (und gerade diejenigen, die selbst Versprechungen gemacht haben) besonders dazu geneigt sein, im Moment der Entscheidung abzuspringen, in der Hoffnung, dass die anderen ihre Versprechen halten werden. Die Natur des Dilemmas ist, dass gerade unter diesen Bedingungen der durch Desertieren zu erzielende Gewinn am höchsten wäre. Dennoch zeigt die empirische Forschung, dass **Diskussionen und** insbesondere **Versprechen vor dem Spiel** die Kooperationsrate erhöhen – ganz im Sinne der Reziprozitätshypothese (Dawes, McTavish & Shacklee, 1977).

Wertvorstellungen

Im Umgang mit anderen kommen natürlich auch die **eigenen Moralvorstellungen** zum Tragen. So hängt das Ausmaß meiner Kooperation auch davon ab, ob ich dem Nutzen anderer positiv gegenüberstehe oder ob ich nur meine eigenen Interessen verfolge. Pillutla und Chen (1999) untersuchten diesen Aspekt von Moral, indem sie den Versuchspersonen deren moralische Identität bewusst machten. In einer weiteren interessanten Studie prüfte Utz (2004) die Selbstaktivierungshypothese durch wiederholte Darbietung der Wörter »ich«, »mein, oder »mir«. Erstaunlicherweise hatte diese Intervention nicht den Effekt, alle Personen egoistischer zu machen. Stattdessen verhielten sich diese Personen stärker in Einklang mit ihren sozialen Wertvorstellungen. Folglich kooperierten prosozial orientierte Personen häufiger und Individualisten kooperierten seltener bzw. verhielten sich egoistischer. Ähnliche Effekte können durch einfaches »**Labeling**« (Etikettierung, Zuschreibung) erzielt werden. Ob ein Gefangenendilemma etwa als »Vertrauensspiel« oder als »Halsabschneiderspiel« bezeichnet wird, macht sich in der Kooperationsrate bemerkbar (Zhong, Loewenstein & Murnighan, 2007; siehe auch Liberman, Samuels & Ross, 2004). Ist diese hoch, so gilt dies als Zeichen für empfundenes Vertrauen; dagegen äußert sich unfaires Verhalten bzw. wahrgenommene »Halsabschneiderei« in einer niedrigeren Kooperationsbereitschaft.

> 4. persönliche Moralvorstellungen.

11.3.3 Wiederholung der Dilemmaspiele

Bislang haben wir uns nur mit Studien beschäftigt, bei denen die Dilemmaaufgabe nur einmal bearbeitet wurde. Werden Dilemmaspiele jedoch wiederholt, so ändert sich die Dynamik tiefgreifend. Theoretisch kann sich ein stabiles Plateau der Kooperation einpendeln (Nowak & Sigmund, 1993; Wu & Axelrod, 1995). In der Praxis – und aus dem einfachen Grund, dass das Desertieren die dominante Strategie bleibt – ist es allerdings selten so. Die Kooperation fällt diesem Wertewandel zum Opfer und in der letzten Runde des Spiels ist nur noch wenig kooperatives Verhalten zu beobachten (Dal Bó, 2005; Ledyard & Palfrey, 1995). Warum ist das so?

> Bei wiederholtem Spiel nimmt die Kooperationsbereitschaft ab.

Orthodoxen Spieltheoretikern zufolge erkennen denkende Menschen, dass das Desertieren in der letzten Runde die rationale Strategie ist, und schließen daraus, dass dies auch für die vorauslaufenden Runden gelten muss. Dieses Schlussfolgern vom Einzelfall auf allgemeingültige Gesetze nennt man auch Induktion (▶ Kap. 1). Des Weiteren wird selbst von Individuen mit prosozialen Werten nicht erwartet, dass sie weiterhin kooperieren, wenn sie erst einmal das Opfer eines Deserteurs geworden sind. Sprich, bei egoistischem Verhalten des Gegenübers wird selbst ein uneigennütziger Mensch seine Strategie in Richtung eigener Nutzenmaximierung ändern. Ein Hoffnungsschimmer ist allerdings, dass sich die Kooperation immer wieder kurzfristig erholt, sobald die Spielpartner getauscht werden (Andreoni, 1988).

> Bei egoistischem Verhalten des Gegenübers wird selbst ein uneigennütziger Mensch seine Strategie in Richtung eigener Nutzenmaximierung ändern.

11.4   Perspektivenübernahme

Perspektivenübernahme kann paradoxerweise das Handeln des Einzelnen **egoistischer** machen.

Auch wenn der Diskussionseffekt (= erhöhte Kooperationsbereitschaft durch vorherige Absprache bzw. durch Möglichkeit zur Kommunikation; vgl. Orbell, Van de Kragt & Dawes, 1988) Anlass zur Hoffnung gibt, ist seine Reichweite begrenzt. Bei Dilemmata globalen Ausmaßes mögen Regierungen miteinander reden und Einfluss auf ihre jeweiligen Bürger ausüben, aber dieser Einfluss ist bestenfalls indirekt. Direkte Maßnahmen wie Chinas »Ein-Kind-pro-Paar-Regel« wirken drakonisch und stehen im Widerspruch zu anderen moralischen Prinzipien, die die Selbstbestimmung des Einzelnen betreffen. Man könnte meinen, dass gerade in Situationen, in denen einzelne Gruppenmitglieder nicht in direktem Kontakt stehen, die Fähigkeit zur Perspektivenübernahme hilfreich sei. Sowohl in der wissenschaftlichen Psychologie als auch im Alltag geht man davon aus, dass sich Menschen mit hoher Empathiefähigkeit wohlwollender und altruistischer verhalten (Eisenberg & Miller, 1987). Leider bricht diese allgemeine Regel sozialen Nutzens im Bereich der Dilemmata ein. Epley, Caruso & Bazerman (2006) zeigten in einer Reihe von Studien, dass **Perspektivenübernahme** paradoxerweise **egoistisches Handeln** fördern und dazu führen kann, dass sich Menschen in verstärktem Maße an öffentlichen Ressourcen bedienen. Am Ende waren sogar diejenigen mit der besseren Fähigkeit zur Perspektivenübernahme desertierfreudiger als egozentrische Personen, sofern es sich um eine Wettbewerbssituation handelte (hier sei angemerkt, dass dieser Befund zu dem erstaunlichen Schluss führt, dass es einen Mechanismus geben muss, der vom Egozentrismus zur Kooperation führt). Epley et al. (2006) begründen diesen Befund damit, dass die Probanden erst durch Perspektivübername die egozentrischen Anreize der anderen Spieler richtig verstehen. Daraus entnehmen sie, dass andere sich tatsächlich egoistisch verhalten werden, was wiederum eigenes egoistisches Verhalten auslöst und rechtfertigt. Beispielhaft wird dies im vierten von Epleys Experimenten deutlich (▶ Studie: Wenn Perspektivenübernahme zu Egoismus führt).

Studie

Wenn Perspektivenübernahme zu Egoismus führt

In einer Studie von Epley et al. (2006) wurden die Teilnehmenden mit der Aufgabe betraut, in einer Backstube Kekse zu backen. Allerdings gab es nur eine begrenzte Menge an Schokoladensplittern, womit ein Ressourcendilemma geschaffen war. In der Kontrollbedingung wurden die Versuchspersonen dazu angehalten, die Situation aus ihrem eigenen Blickwinkel heraus zu betrachten. Im Gegensatz dazu sollten sich die Probanden in der experimentellen Bedingung die Situation auch aus der Sicht der anderen vorstellen. Zusätzlich zur Manipulation der **Perspektivenübernahme** wurde der **Kontext** variiert. Dabei wurde den Probanden entweder glaubhaft gemacht, dass sie später als gesamte Gruppe bewertet wurden (kooperative Bedingung) oder aber dass ihre Leistung einzeln analysiert wurde (Wettbewerbsbedingung).

Die Manipulation der Perspektivenübernahme war mit zwei scheinbar widersprüchlichen Ergebnissen verbunden: Zum einen hatten die Probanden der Experimentalbedingung eine bessere Vorstellung davon, wie eine gerechte Verteilung der Schokoladensplitter auszusehen habe. Zum anderen nahmen dieselben Personen aber auch an, alle anderen Spieler würden versuchen, eine überproportional große Menge an Schokosplittern zu ergattern. Diese Annahme führte wiederum dazu, selbst viel Schokolade zu beanspruchen – allerdings nur bei den Probanden in der Wettbewerbsbedingung. Wurde dagegen die Gruppe im Gesamten bewertet, so nahmen sich die Probanden unter hoher Perspektivenübernahme sogar weniger Schokolade als diejenigen, die nur ihre eigene Sichtweise beachten sollten.

11.5   Zurück zum Leviathan

Viele dieser Befunde trüben die Hoffnung, soziale Dilemmata durch bestimmte psychologische Merkmale beeinflussen bzw. lösen zu können. Hardins Pessimismus scheint sich also zu bestätigen. Was schlägt Hardin selbst vor? Der Kern seiner Annahme beruht auf der politischen Philosophie von Thomas Hobbes (1651/1963). Im »Leviathan« argumentiert Hobbes, dass die Menschen untereinander wie Wölfe seien, die sich gegenseitig bekriegen (»homo homini lupus est«). Hier sei angemerkt, dass die Hobbes'sche Metapher biologisch gesehen unsinnig ist: Denn als Rudeltiere sind Wölfe ausgezeichnete Kooperateure, wobei natürlich ihre Beutetiere das Nachsehen haben. Insofern ist eine Metapher eben manchmal nur eine Metapher!

> Nach der **Leviathan-Hypothese** lassen sich sozialer Frieden und Wohlstand nicht durch den guten Willen der Einzelnen erreichen.

Wie Hobbes so folgert Hardin, dass sich sozialer Frieden und Wohlstand nicht allein durch den guten Willen der Einzelnen erreichen lassen. Gewalt ist vonnöten. Genauer gesagt ist es die Gewalt des Staates (der Leviathan), die die Anreizstruktur so verändert, dass **Kooperation zur dominanten Strategie** wird. Dies kann beispielsweise durch Besteuerung oder Bestrafung (was auf das gleiche hinausläuft) des Desertierens erreicht werden. Der Einzelne zahlt X € für das Privileg, zu desertieren. Dabei muss X so groß sein, dass die Rangordnung der erzielbaren Werte (»payoffs«) diese ist: allseitiges Kooperieren > einseitiges Desertieren > einseitiges Kooperieren > allseitiges Desertieren. Egal was andere tun, Kooperation ist stets die attraktivste Strategie. Der Egoismus und der moralische Imperativ verlangen nun die gleiche Handlung. Nur Dumme würden unter diesen Bedingungen desertieren.

> Durch die **Bestrafung des Desertierens** kann erreicht werden, dass Kooperation zur dominanten Strategie wird (vgl. Leviathan).

Die Idee von Hardin besteht darin, die Werte einer Gesellschaft so zu verändern, dass egoistisches Handeln als unmoralisch eingestuft und bestraft wird. Doch wie kann man bewirken, dass sich Menschen auf einmal kooperativ verhalten und ihre eigenen Interessen hinter das Wohl der Gemeinschaft stellen? Wie oben beschrieben schlägt Hardin vor, dass dies durch staatliche Regelungen erreicht werden könne. Diese erzeugen zwar Druck und Zwang (»coercion«), verhindern aber auch gleichzeitig, dass allgemeine Güter (»commons«) systematisch aufgebraucht werden (Hardin, 1968). Am Beispiel der Steuern verdeutlicht Hardin seinen Ansatz: Jeder klagt darüber, Steuern zahlen zu müssen, sieht aber ein, dass diese Pflicht notwendig ist, da kein Mensch freiwillig Steuern zahlen würde. Die Einführung von Steuern und damit auch die Bestrafung von Steuerhinterziehung kommen also einer Verpflichtung bzw. einem Zwang gleich (»mutual coercion«), womit egoistisches Verhalten bestraft werden soll. Trotz eigener Nachteile des Einzelnen wird diese Idee allerdings von der Mehrheit geteilt (»mutually agreed upon«). Hardin fasst seine Lösung unter dem Begriff »**mutual coercion mutually agreed upon**« zusammen (◘ Abb. 11.5).

◘ **Abb. 11.5** »Mutual coercion mutually agreed upon«

11

| **Beispiel** | |

Die Umweltzone München

Die Münchner Innenstadt gilt seit 2008 als Umweltzone. Anfangs hatte dies zur Folge, dass die Innenstadt nur noch von Fahrzeugen befahren werden durfte, die über eine Feinstaubplakette verfügten (rot, gelb oder grün). Seit Oktober 2012 wurden diese Regelungen nochmal verschärft: Nun dürfen in der Innenstadt nur noch Autos mit einer grünen Plakette fahren. Eine grüne Plakette bekommen Fahrzeuge mit geringerer Schadstoffemission (z. B. Fahrzeuge mit Elektromotor), bei denen bestimmte Abgasnormen eingehalten werden. Ein Verstoß gegen diese Vorschrift der Umweltzone wird mit einer Geldstrafe bzw. einem Punkt in Flensburg quittiert.

Auch wenn die Hobbes-Hardin-Lösung (»**mutual coercion mutually agreed upon**«) zunächst einfach scheint, konnte sie nicht ohne weiteres umgesetzt werden.

Die Hobbes-Hardin-Lösung ist logisch und scheint einfach zu sein. Doch wenn wir ihre Umsetzung in unterschiedlichen Bereichen betrachten, so sehen wir, dass sie sich nicht durchgesetzt hat; es sind lediglich Teilerfolge zu berichten: etwa die chinesische Populationsregulierung oder Verträge zum Schutz bedrohter Tierarten (vor allem im internationalen Walfang). Andere Bemühungen sind aber kläglich gescheitert, wobei hier die internationale Unfähigkeit, das Verbrennen fossiler Treibstoffe einzuschränken, besonders ins Auge fällt.

Das Problem ist dreifacher Natur.

Die **Leviathan-Hypothese ist aus drei Gründen gescheitert**:
1. Die Idee einer gemeinsamen Absprache (»mutual coercion mutually agreed upon«) setzt die aktive Zustimmung auf einen Verzicht der individuellen Vorteile voraus.

1. Die Idee, durch eine gemeinsame Absprache die individuelle Souveränität an eine übergeordnete Instanz abzugeben (oder »mutual coercion mutually agreed upon«), ist in sich widersprüchlich. Sie verlangt vom Einzelnen genau das freiwillig zu tun, was in der Zukunft erzwungen werden soll. Mit anderen Worten, die Einzelnen müssen ihren Egoismus von selbst zumindest kurzfristig überwinden, sodass dieser dann von anderen mit Gewalt in Schranken gehalten werden kann. Denken Sie beispielsweise – auf ganz niedriger Ebene – an das allseits bekannte Problem der Anwesenheitspflicht in einigen Seminaren oder Kursen. Oft wird darüber zu Beginn eines Semesters abgestimmt und es gibt viele Studierende, die eine Anwesenheitspflicht befürworten. Möglicherweise befürchten sie, dass andere häufig fehlen könnten oder nur zu ihrem Referatstermin anwesend sind, oder dass der Kurs wegen mangelnder Teilnahme komplett ausfallen wird. Dies verlangt, dass sie kurzzeitig ihre eigenen Interessen in den Hintergrund stellen (Wer genießt nicht die Freiheit, daheim bleiben zu können, wenn ihm danach ist, ohne mit Konsequenzen rechnen zu müssen?); mit ihrer Stimme für eine Anwesenheitspflicht stimmen sie auch gleichzeitig gegen sich selbst bzw. ihre eigenen Freiheiten. Das ist natürlich nicht bei jedem zu beobachten: Viele Studierende würden eine Anwesenheitspflicht ablehnen, Schüler und Schülerinnen würden wohl kaum der Versuchung widerstehen, auf Noten zu verzichten, wenn sie gefragt würden etc. Eine gemeinsame Absprache führt also nicht immer zur gewünschten Lösung. Dass es hierbei zu Widerständen kommen kann, sollte daher keine Überraschung sein.

2. Die Durchsetzbarkeit entsprechender Regelungen ist schwierig, da **Verstöße oft unentdeckt bleiben** und angekündigte **Strafen nicht zwangsläufig verhängt** werden.

2. Derartige Übereinkünfte sind schwer durchzusetzen. Viele Akte des Desertierens bleiben – zumindest vorübergehend – unbemerkt. Man denke z. B. an Griechenlands kreative Anstrengungen, in die Eurozone aufgenommen zu werden, und – was psychologisch noch bemerkenswerter ist – auch drin zu bleiben. Desertierende Individuen

oder Nationen mögen soziale Dilemmata als Pokerspiele interpretieren. Sie spekulieren darauf, dass die vereinbarte und angedrohte Strafe für das Desertieren ein Bluff ist. Welche Nation ist beispielsweise bereit, mit Kanonenbooten isländische Walfänger zu schrecken, falls diese nach dem Zusammenbruch ihres Finanzsystems wieder auf große Fahrt gehen?

3. Die Einführung von strafender Gewalt ist eher eine Verschiebung des Dilemmas als eine Lösung. Das Kanonenbootbeispiel kann dies verdeutlichen: Wenn es keine zentrale Gewalt gibt, stellt sich die Frage, wer die Bestrafung von Deserteuren übernehmen soll. In einer vielbeachteten Artikelreihe der Zürcher Schule wurde gezeigt, dass hohe Kooperationsraten erreicht werden können, wenn Deserteure von Kooperateuren oder sogar Unbeteiligten durch Abzug von Punkten bzw. anderen gewonnenen Geldbeträgen bestraft werden (Fehr & Gächter, 2002). Dies ist jedoch mit Kosten für die Strafenden verbunden. Um beispielsweise einem Deserteur 10 Franken abziehen zu können, muss der »altruistisch Bestrafende« selbst 5 Franken berappen. Dadurch verändert sich die Struktur des Dilemmas wie von Hobbes und Hardin vorhergesagt. Jedoch entsteht ein übergeordnetes Dilemma. Wenn mehrere potenzielle Bestrafende bereitstehen, aber nur einer benötigt wird: Wer stellt sich freiwillig zur Verfügung? Müsste man dann – folgte man derselben Logik – nicht auch diejenigen bestrafen, die es unterlassen, die Deserteure zu strafen?

> 3. Ist keine zentrale Exekutive vorhanden, so sind **Freiwillige** vonnöten, die die entsprechenden Sanktionen verhängen.

11.6   Freiwillige vor: Das Freiwilligendilemma

Und damit sind wir beim **Freiwilligendilemma** (»volunteer's dilemma«) angelangt. Stellen Sie sich das typische Szenario vor: Mehrere Soldaten liegen im Schützengraben als eine Granate in den Graben fällt. Tut niemand etwas, so sterben alle. Greifen jedoch alle ein und werfen sich auf die Granate, so sterben auch alle. Für die Gruppe wäre es optimal, wenn sich genau ein Soldat für alle anderen opfern würde. Aber wer? Hier liegt das Dilemma. Wenn alle schnell und gleichzeitig entscheiden müssen, muss jeder die Wahrscheinlichkeit abschätzen, mit der sich andere opfern – und dann genau das Gegenteil von dem tun, was er von den anderen erwartet (Diekmann, 1985; Krueger, Ullrich & Chen, 2016). Das Freiwilligendilemma ist besonders schwierig, weil es **negative Koordination** verlangt. Würden alle das Gleiche tun (positive Koordination), wäre der Ausgang katastrophal.

> Das **Freiwilligendilemma** verlangt negative Koordination, d. h. das Gegenteil von dem, was die anderen tun.

In der Sozialpsychologie ist der **Bystander-Effekt** (Zuschauereffekt) das Beispiel des Freiwilligendilemmas (▶ Kap. 4). Oft wird in einer Notsituation nur die Hilfe von einer Person benötigt (z. B. den entscheidenden Anruf zu tätigen oder einen Reifen zu wechseln). Greifen mehr Leute ein, werden nur Zeit und Ressourcen vergeudet (Krueger & Massey, 2009). Analog dem Schützengraben-Beispiel wäre es also in einer Bystander-Situation optimal, wenn sich eine Person verantwortlich zeigen und eingreifen würde. Wie oben bereits erwähnt, ist es in Experimenten zum altruistischen Strafen ähnlich. Eine Strafe reicht aus, um einen Deserteur zum Umdenken zu bewegen. Viele sich summierende Strafen wären dem Schaden des Desertierens gegenüber nicht propor-

> Der **Bystander-Effekt** ist das **Paradebeispiel des Freiwilligendilemmas**: Es kann optimal sein, wenn sich eine Person verantwortlich zeigt und helfend einschreitet.

tional. Aus diesen Gründen ist die Forderung von Hobbes und Hardin, die Strafgewalt einer zentralen Stelle zu übergeben, nur verständlich.

11.7 Vom Abwehrmechanismus zum Hoffnungs-träger: Soziale Projektion

Projektion kann ebenfalls kooperatives Verhalten erklären. Damit meint man die Erwartung, dass andere genau das tun, was man selbst tut.

Die Forschung zeigt, dass weder moralische Erwägungen noch Lernprozesse allein (oder beides zusammen) das menschliche Kooperationsverhalten vollständig erklären können. Warum kooperieren also manche Menschen, wenn keine sozialen Normen vorherrschen und wenn die Rationalität zur Verfolgung des Eigeninteresses rät? Die **soziale Projektion** bietet hier eine Erklärung. Projektion bezieht sich auf die Erwartung, dass andere genau das tun, was man selbst tut. Im Gefangenendilemma hat man die Wahl zwischen zwei Strategien: dem Kooperieren (Schweigen) oder Desertieren (Gestehen). Sobald man erkennt, dass die eigene Wahl eher die Wahl der Mehrheit als diejenige der Minderheit sein muss, fällt auf, dass die Summe der Wahrscheinlichkeiten von gemeinsamer Kooperation und gemeinsamem Desertieren größer sein muss als die Summe der Wahrscheinlichkeiten des einseitigen Kooperierens und des einseitigen Desertierens (▶ Beispiel: Kooperation durch Projektion). Je stärker die Erwartung ist, dass andere es einem gleichtun werden, desto wahrscheinlicher ist auch die rationale Entscheidung, zu kooperieren (Krueger, DiDonato & Freestone, 2012). Das Erstaunliche an der projektionsgeleiteten Kooperation ist, dass sie aus rein egoistischen Gründen geschehen kann. Der Kooperateur braucht nur am eigenen Nutzen interessiert zu sein. Wohlwollen gegenüber anderen mag zwar erfreulich sein, aber es ist nicht notwendig für kooperatives Verhalten.

Beispiel

Kooperation durch Projektion: Noch einmal das Gefangenendilemma

Die Logik der projektionsgeleiteten Kooperation lässt sich am Beispiel des Gefangenendilemmas verdeutlichen. Betrachten wir die Nutzenwerte des Gib-was-Spiels in ▨ Abb. 11.1 (beidseitige Kooperation: 20€; eigene Kooperation bei Desertieren des anderen: 0€; beidseitiges Desertieren: 10€; eigenes Desertieren bei Kooperation des anderen: 30€). Bezeichnen wir darüber hinaus die subjektive Wahrscheinlichkeit der Reziprozität mit p (d. h., die subjektive Wahrscheinlichkeit dafür, dass die andere Person kooperiert, wenn auch ich kooperiere bzw. sie desertiert, wenn auch ich desertiere), so sieht man Folgendes: Der Erwartungswert der Kooperation setzt sich aus der Wahrscheinlichkeit der reziproken Kooperation von 20p und der Gegenwahrscheinlichkeit (ich kooperiere während die andere Person desertiert) von 0 (1−p) zusammen. Analog dazu ist der Erwartungswert des Desertierens 10p + 30 (1−p). Wir können sehen, dass der erwartete Wert der Kooperation mit dem erwarteten Wert des Desertierens identisch

ist, wenn p=.75. Die Kooperation bringt 20 Werteinheiten mit einer Wahrscheinlichkeit von .75 während das Desertieren 10 Einheiten mit einer Wahrscheinlichkeit von .75 bringt und 30 Einheiten mit einer Wahrscheinlichkeit von .25. Das Resultat sind 15 Einheiten in beiden Fällen. Um die Kooperation attraktiv zu machen, muss die geschätzte Wahrscheinlichkeit der Reziprozität also über .75 liegen. Sprich, je eher ich denke, dass sich die andere Person genauso verhält wie ich, desto wahrscheinlicher ist es, dass ich die kooperative Alternative wähle.

Damit die Projektion einen positiven Einfluss auf die Kooperation haben kann, darf die handelnde Person aber nur so wenig wie möglich über die anderen wissen. Je mehr konkrete Information ihr über andere Personen zur Verfügung steht, desto weniger lassen sich die eigenen Absichten übertragen, und desto stärker wird der Eindruck, dass das Desertieren dominant ist.

11.8 Ausblick

Es die Natur des Dilemmas, dass es keine offensichtliche Lösung hat. Heißt dies, dass alle Bemühungen, Ressourcen zu schaffen (»gib was«) oder zu erhalten (»nimm was«) zu einem tragischen Ende verurteilt sind? In Diamonds (2005) Übersicht untergegangener Kulturen (die Maya, Grönlands Nordmänner, die Osterinsulaner) spielt die Vernichtung öffentlicher Güter (Commons), und im Besonderen die Zerstörung des Waldes, eine zentrale Rolle. Durch das gesamte Werk Diamonds zieht sich die Frage, welche Lehren diese Episoden für die heutige globalisierte Menschheit bereithält. Erst am Ende des Buches stellt sich Diamond offen dieser Frage und beantwortet sie mit vorsichtigem Optimismus. Wenn alles auf dem Spiel steht, liegt es doch in der Kraft der Menschheit, ihren eigenen tragischen Untergang abzuwenden. Wir können aus der Vergangenheit lernen und unseren Weg selbst bestimmen, oder?

Bei Äschylos lesen wir, dass Prometheus den Menschen die Fähigkeit gab, in die Zukunft zu sehen. Die eifersüchtigen Götter ließen dies aber nicht zu. Was gab uns Prometheus als Ersatz? Die blinde Hoffnung! In sozialen Dilemmata müssen wir zwischen dem individuellen und dem kollektiven Interesse wählen. Wir haben nicht die Option »nicht zu spielen« (die gibt es nur im Experiment; Orbell & Dawes, 1993). Wenn wir uns also entscheiden, zu kooperieren, können wir nur hoffen, dass andere das Gleiche tun. Jetzt müssen Sie entscheiden!

> Soziale Dilemmata bringen es mit sich, dass wir auf jeden Fall eine Entscheidung treffen müssen: Bei der Wahl zur Kooperation bleibt nur die Hoffnung, dass sich die andere Person genauso entscheidet.

 Kontrollfragen

1. Wodurch zeichnen sich rationale Entscheidungen aus?
2. Was versteht man unter dem Trittbrettfahrerproblem?
3. Worin unterscheidet sich die Hirschjagd (»stag hunt«) vom Gefangenendilemma (»prisoner's dilemma«)?

4. Welches sind die drei Varianten moralisch begründeter Kooperation?
5. Was schlägt Hardin (1968) vor, um zu erreichen, dass kooperatives Verhalten zur dominanten Strategie wird?

Binmore, K. G. (2007). *Game theory: A very short introduction*. Oxford: Oxford University Press.

Komorita, S. S. & Parks, C. D. (1996). *Social dilemmas*. Boulder: Westview Press.

Poundstone, W. (1993). *Prisoner's dilemma*. New York: Doubleday.

Shultz, C. J. & Holbrook, M. B. (1999). Marketing and the tragedy of the commons: A synthesis, commentary, and analysis for action. *Journal of Public Policy & Marketing, 18,* 218–229.

▶ **Weiterführende Literatur**

Literatur

Acevedo, M. & Krueger, J. I. (2004). Two egocentric sources of the decision to vote: The voter's illusion and the belief in personal relevance. *Political Psychology, 25,* 115–134.

Aldrich, J. H. (1993). Rational choice and turnout. *American Journal of Political Science, 37,* 246–278.

Andreoni, J. (1988). Why free ride? *Journal of Public Economics, 37,* 291–304.

Baron, J. (2000). *Thinking and deciding* (3rd edition). New York: Cambridge University Press.

Bernoulli, D. (1738/1896). *Versuch einer neuen Theorie der Wertbestimmung on Glücksfällen*. Leipzig: Duncker & Humblot.

Colman, A. M. (2003). Cooperation, psychological game theory, and limitations of rationality in social interaction. *Behavioral and Brain Sciences, 26,* 139–153.

Dal Bó, P. (2005). Cooperation under the shadow of the future: experimental evidence from infinitely repeated games. *American Economic Review, 95,* 1591–1604.

Dawes R. M. (1980). Social dilemmas. *Annual Review of Psychology, 31,* 169–193.

Dawes, R. M., McTavish, J. & Shaklee, H. (1977). Behavior, communication, and assumptions about other people's behavior in a commons dilemma situation. *Journal of Personality and Social Psychology, 35,* 1–11.

Dawkins, R. (1976). *The selfish gene.* New York: Oxford University Press.

Diamond, J. (2005). *Collapse: How societies choose to fail or succeed.* New York: Viking.

Diekmann, A. (1985). Volunteer's dilemma. *Journal of Conflict Resolution, 29,* 605–610.

Eisenberg, N. & Miller, P. A. (1987). The relation between empathy and prosocial and related behaviors. *Psychological Bulletin, 101,* 91–119.

Epley, N., Caruso, E. M. & Bazerman, M. H. (2006). When perspective taking increases taking: Reactive egoism in social interaction. *Journal of Personality and Social Psychology, 91,* 872–889.

Falk, A. & Fischbacher, U. (2006). A theory of reciprocity. *Games and Economic Behavior, 54,* 293–315.

Fehr, E. & Gächter, S. (2002). Altruistic puishment in humans. *Nature, 415,* 137–140.

Flood, M. & Drescher, M. (1952). *Some experimental games. Research memorandum RM–789.* Santa Monica: Rand.

Guyer, M. J. & Rapoport, A. (1966). A taxonomy of 2 x 2 games. *General Systems, 11,* 203–214.

Hardin, G. (1968). The tragedy of the commons. *Science, 162,* 243–248.

Hobbes, T. (1651/1963). *Leviathan* (mit einer Einführung von J. Plamenatz). Cleveland: World Pub.

Hoffman, E., McCabe, K., Shachat, K. & Smith, V. (1994). Preferences, property rights and anonymity in bargaining games. *Games and Economic Behavior, 7,* 346–380.

Kant, I. (1785/2004). *Grundlegung zur Metaphysik der Sitten* (hrsg., eingel. und erl. von Jens Timmermann). Göttingen: Vandenhoeck & Ruprecht.

Kelley, H. H. & Thibaut, J. W. (1978). *Interpersonal relations: A theory of interdependence.* New York: Wiley.

Krueger, J. I. (2014). Heuristic game theory. *Decision, 1,* 59–61.

Krueger, J. I., DiDonato, T. E. & Freestone, D. (2012). Social projection can solve social dilemmas. *Psychological Inquiry, 23,* 1–27.

Krueger, J. I. & Massey, A. L. (2009). A rational reconstruction of misbehavior. *Social Cognition, 27,* 785–810.

Krueger, J. I., Massey, A. L. & DiDonato, T. E. (2008). A matter of trust: From social preferences to the strategic adherence of social norms. *Negotiation & Conflict Management Research, 1,* 31–52.

Krueger, J. I., Ullrich, J. & Chen, L. J. (2016). Expectations and decisions in the volunteer's dilemma: effects of social distance and social projection. *Frontiers in Psychology: Cognition, 7,* article 1909. doi: 10.3389/fpsyg.2016.01909.

Ledyard, J. O. & Palfrey, T. R. (1995). Experimental game theory introduction. *Games and Economic Behavior, 10,* 1–5.

Liberman, V., Samuels, S. M. & Ross, L. (2004). The name of the game: Predictive power of reputations versus situational labels in determining prisoner's dilemma game moves. *Personality and Social Psychology Bulletin, 30,* 1175–1185.

Luce, R. D. & Raiffa, H. (1957). *Games and decisions.* New York: Wiley.

Malthus, T. R. (1798). *An essay on the principle of population, as it affects the future improvement of society.* London: Johnson.

Nowak, M. & Sigmund, K. (1993). A strategy of win-stay, lose-shift that outperforms tit-for-tat in the prisoner's dilemma game. *Nature, 364,* 56–58.

Nummenmmaa, L., Hyönä, J. & Hietanen, J. K. (2009). I'll walk this way. *Psychological Science, 20,* 1454–1458.

Orbell, J. M., Van de Kragt, A. J. & Dawes, R. M. (1988). Explaining discussion-induced cooperation. *Journal of Personality and Social Psychology, 54,* 811–819.

Orbell, J. M. & Dawes, R. M. (1993). Social welfare, cooperators' advantage, and the option of not playing the game. *American Sociological Review, 58,* 787–800.

Organ, D. W. (1988). *Organizational citizenship behavior: The good soldier syndrome.* Lexington: Lexington Books.

Pilkey, O. J. & Pilkey-Jarvis, L. (2007). *Useless arithmetic: Why environmental scientists can't predict the future*. New York: Columbia University Press.

Pillutla, M. & Chen, X. P. (1999). Social norms and cooperation in social dilemmas. *Organizational Behavior and Human Decision Processes, 78,* 81–103.

Pruitt, D. G. & Kimmel, M. J. (1977). Twenty years of experimental gaming: Critique, sythesis, and suggestions for the future. *Annual Review of Psychology, 28,* 363–392.

Rousseau, J.-J. (1755/1992). *Discourse on the origins of inequality*. Indianapolis: Hackett.

Russell, B. A. W. (1959). *Common sense and nuclear warfare*. George Allen and Unwin: London.

Sally, D. (1995). Conversation and cooperation in social dilemmas. *Rationality and Society, 7,* 58–92.

Shariff, A. F. & Noranzayan, A. (2007). God is watching you: Priming god concepts increases prosocial behavior in an anonymous economic game. *Psychological Science, 18,* 803–809.

Smith, A. (1759/1976). *The theory of moral sentiments* (hrsg. D. D. Raphael & A. L. Macfie). Oxford: Clarendon Press.

Smith, M. J. (1982). *Evolution and the theory of games*. New York: Cambridge University Press.

Trivers, R. L. (1971). The evolution of reciprocal altruism. *The Quarterly Review of Biology, 46,* 35–57.

Utz, S. (2004). Self-activation is a two-edged sword: The effects of I primes on cooperation. *Journal of Experimental Social Psychology, 40,* 769–776.

Van Lange, P. A. M. (1999). The pursuit of joint outcomes and equality in outcomes: An integrative model of social value orientation. *Journal of Personality and Social Psychology, 77,* 337–349.

Von Neumann, J. & Morgenstern, O. (1947). *Theory of games and economic behavior*. Princeton. Princeton University Press.

Vohs, K. D. & Schooler, J. W. (2008). The value of believing in free will: Encouraging a belief in determinism increases cheating. *Psychological Science, 19,* 49–54.

Wu, J. & Axelrod, R. (1995). How to cope with noise in the iterated prisoner's dilemma. *The Journal of Conflict Resolution, 39,* 183–189.

Zhong, C,-B., Loewenstein, J. & Murnighan, J. (2007). Speaking the same language: The cooperative effects of labeling in the prisoner's dilemma. *Journal of Conflict Resolution, 51,* 431–456.

12 Soziale Neurowissenschaften: Einführung und ausgewählte Befunde

© Springer-Verlag GmbH Deutschland, ein Teil von Springer Nature 2018
P. Fischer et al. (Hrsg.), *Sozialpsychologie für Bachelor*, Springer-Lehrbuch
https://doi.org/10.1007/978-3-662-56739-5_12

Lernziele

- Das Feld »Social Neuroscience« thematisch eingrenzen und seine wesentlichen Ziele beschreiben können.
- Die technischen Grundlagen der funktionellen Magnetresonanztomografie erklären können.
- Befunde zur Verarbeitung selbstbezogener Information nennen können.
- Die Konstrukte Theory of Mind und Empathie beschreiben können.
- Neuronale Unterschiede zwischen Eigen- und Fremdgruppe in Bezug auf Empathie und prosoziales Verhalten darstellen können.

12.1 Grundlagen

Sie mögen verwundert darüber sein, dieses Kapitel zu »**Social Neuroscience**« in einem Sozialpsychologie-Lehrbuch zu finden – denn was hat Sozialpsychologie mit Hirnforschung, Biologie oder Technik zu tun? Um den Hintergrund hierfür etwas klarer zu machen, gehen Sie nochmal die vorherigen Kapitel gedanklich durch: Für beinahe jedes sozialpsychologische Phänomen lassen sich mehrere Erklärungsansätze finden – lerntheoretische Begründungen, unterschiedliche psychologische Erklärungen oder auch biologische und neurochemische Ansätze. So wissen Sie beispielsweise aus dem Kapitel zu Aggression (▶ Kap. 5), dass aggressives Verhalten u. a. erlernt sein kann (Bandura, 1977), von Einflüssen der Situation abhängt (Dollard, Miller, Doob, Mowrer & Sears, 1939) oder auch eine biologische Komponente aufweist (Lorenz, 1966). Jede dieser Annahmen kann wiederum mit unterschiedlichen methodischen Herangehensweisen überprüft werden. Ohne sich dabei gegenseitig aus-

Soziale Neurowissenschaften sind auch für die Sozialpsychologie relevant. Sie ermöglichen eine **mehrdimensionale Betrachtung** sozialpsychologischer Phänomene, was wiederum die externe Validität erhöht.

zuschließen, können mehrere Annahmen korrekt sein und einander ergänzen. Diese **mehrdimensionale Betrachtungsweise** bietet so einen noch tieferen und umfassenderen Einblick in die jeweilige Thematik. Zudem begünstigen gerade die neueren neurowissenschaftlichen Methoden die Entscheidung zwischen verschiedenen theoretischen Erklärungen für ein bestimmtes Phänomen. Denn sowohl auf subjektiver Ebene als auch der Verhaltensebene ist es oftmals schlicht nicht möglich, eine definitive Entscheidung darüber zu treffen, ob der eine oder andere Erklärungsansatz für ein bestimmtes Phänomen (z. B. Aggression) mehr oder weniger zutreffend ist. Die Neurowissenschaften liefern hier zwar auch keine definitive Antwort, aber zusammen mit anderen Methoden ermöglichen sie eine weitere Annäherung an eine valide Bestimmung psychologischer Prozesse.

12.1.1   Begriffsbestimmung

Wie der Name bereits vermuten lässt, beschäftigt sich das Feld Social Neuroscience mit den **neuronalen Grundlagen sozialpsychologischer Phänomene**. Die Forschungsbereiche klassische Sozialpsychologie, Kognitionswissenschaften und moderne Neurowissenschaften werden also miteinander kombiniert. Analog zum Eingangsbeispiel ist das Ziel darin zu sehen, durch die **Verknüpfung von biologischer und sozialer Perspektive** ein besseres und genaueres Verständnis des menschlichen Erlebens und Verhaltens zu erreichen (Decety & Keenan, 2006). Eine Kombination aus klassischen sozialpsychologischen und neurowissenschaftlichen Methoden kann besonders dann hilfreich sein, wenn die übliche methodische Herangehensweise keine neuen Erkenntnisse bringt bzw. bestimmte Fragestellungen damit nicht beantwortet werden können.

Vor diesem Hintergrund sehen Cacioppo und Berntson (2002) Social Neuroscience auch als ein Forschungsfeld an, das sich sowohl mit den neuronalen Prozessen des Gehirns als auch den sozialen Prozessen seiner Umwelt auseinandersetzt. Im Mittelpunkt steht dabei die wechselseitige Beziehung zwischen biologischem und sozialem System, von der jede der entsprechenden Disziplinen profitieren könne. Das Ziel ist also die Erforschung sozialen Verhaltens bzw. sozialpsychologischer Phänomene und entsprechender Hypothesen mithilfe multidisziplinärer Methoden (Cacioppo & Decety, 2011). Diese **mehrdimensionale Herangehensweise** klingt logisch – denn einerseits können mit unterschiedlichen Methoden auch unterschiedliche Aspekte eines Phänomens erfasst werden und andererseits wissen wir, dass sich Körper (Gehirn), Gedanken und Gefühle gegenseitig beeinflussen. Denken Sie beispielsweise an die Emotion »Angst«: Diese zeigt sich körperlich, etwa durch eine erhöhte Pulsfrequenz und vermehrtes Schwitzen, gedanklich, wenn wir uns z. B. Sorgen darüber machen, eine Prüfung nicht zu bestehen, und gefühlsmäßig, da wir uns angespannt, unsicher und eben ängstlich fühlen. Insofern stellen die neurowissenschaftlichen Methoden in der klassischen Sozialpsychologie keinesfalls nur einen »trendigen Hype« dar, sondern sind im Hinblick auf eine umfassende Hypothesentestung und Theorienbildung als eine Ergänzung und wichtige Herausforderung zu sehen (◻ Abb. 12.1).

Diese Entwicklung hin zur Miteinbeziehung neurowissenschaftlicher Methoden zeigt sich nicht zuletzt in der Vielzahl an wissenschaftlichen

---

Soziale Neurowissenschaften meint die Verknüpfung von klassischer Sozialpsychologie, Kognitionspsychologie und modernen Neurowissenschaften.

Bei dieser **mehrdimensionalen Herangehensweise** werden sozialpsychologische Phänomene mittels neurowissenschaftlicher Methoden erforscht. Ziel ist dabei eine integrative Theorienbildung und ein tieferes, prozessorientiertes Verständnis sozialpsychologischer Phänomene.

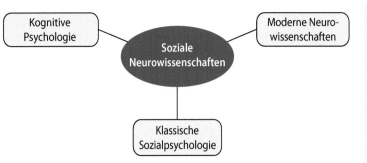

■ **Abb. 12.1** Soziale Neurowissenschaften – die Verknüpfung verschiedener Disziplinen

Zeitschriften, die in den letzten 20 Jahren in diesem Bereich neu auf den Markt kamen, etwa dem »Journal of Cognitive Neuroscience« oder »Nature Neuroscience«; ein weiteres Indiz ist auch die drastisch gestiegene Anzahl neurowissenschaftlicher Publikationen (Easton & Emery, 2005). Als eine der grundlegendsten Veröffentlichungen in der Geschichte der sozialen Neurowissenschaften gilt diejenige von Leslie Brothers (1990). Darin schlägt er vor, soziale Phänomene in verschiedensten Formen zu untersuchen; sei es durch Verhaltensbeobachtung, durch Ergebnisse aus dem **Tierbereich** oder auch anhand von Läsionsstudien am Menschen. Zudem setzt er bestimmte neuronale Schaltkreise im Gehirn mit bestimmtem Sozialverhalten in Verbindung und spricht sogar von einem »**sozialen Gehirn**«.

> Die Forderung nach einer solchen mehrdimensionalen Herangehensweise in den Sozialwissenschaften wurde bereits 1990 von **Leslie Brothers** gestellt.

Definition ────────────────────────────

Das Feld der **sozialen Neurowissenschaften** (»Social Neuroscience«) beschäftigt sich mit den neuronalen Grundlagen sozialpsychologischer Phänomene. Durch eine mehrdimensionale Herangehensweise werden die biologische, kognitive und soziale Perspektive miteinander verknüpft bzw. sozialpsychologische Fragestellungen, Hypothesen und Theorien mithilfe neurowissenschaftlicher Methodik überprüft. Das Ziel besteht darin, ein umfassenderes Bild menschlichen Erlebens und Verhaltens zu bekommen.

▶ Definition
Soziale Neurowissen-
schaften

12.1.2   Methodische Herangehensweise

Die Methoden der Neurowissenschaften sind sehr vielfältig. Typischerweise sind sie jedoch »**nichtinvasiv**« (Harmon-Jones & Beer, 2009), was bedeutet, dass sie dem menschlichen Körper keinen Schaden zufügen oder durch sie in irgendeiner anderen Art und Weise in den menschlichen Körper eingedrungen wird. Zwar werden teilweise Personen mit Hirnschäden oder Anomalien bzw. Auffälligkeiten im Gehirn untersucht (etwa bei Schlaganfall, Psychopathie, Autismus), es erfolgt aber natürlich keine künstliche Verletzung bzw. Schädigung.

Je nachdem, welche Zielsetzung man verfolgt, unterscheiden sich die methodischen Verfahren: Steht beispielsweise der Erkenntnisgewinn über die zugrunde liegende anatomische Struktur im Vordergrund, so sind Verfahren wie die Computertomografie (CT) oder die Magnetresonanztomografie (Kernspintomografie; MRT) geeignet. Soll dagegen die Aktivität bestimmter Nervenzellen gemessen werden, so greift man

> Die neurowissenschaftlichen Methoden sind meist »**nichtinvasiv**«, d. h., sie führen im menschlichen Körper zu keinerlei Schaden.

> Innerhalb der Neurowissenschaften stehen **unterschiedliche methodische Verfahren** zur Verfügung. Speziell im Bereich der *sozialen* Neurowissenschaften werden am häufigsten die funktionelle Magnetresonanztomografie (**fMRT**) sowie das Elektroenzephalogramm (**EEG**) eingesetzt.

z. B. auf das Elektroenzephalogramm (EEG) oder das Magnetenzephalogramm (MEG) zurück; sehr interessant sind auch bildgebende Verfahren, die die Funktion bestimmter Hirnareale bzw. deren Aktivierung sichtbar machen. Hierzu zählen die Positronenemissionstomografie (PET) oder auch die funktionelle Magnetresonanztomografie (fMRT). Im Gegensatz zum EEG, das eine hohe zeitliche Auflösung besitzt (d. h. die neuronale Aktivität lässt sich sehr genau in ihrer zeitlichen Abfolge feststellen), ist die räumliche Auflösung bei der fMRT sehr gut. Insofern können aktivierte Hirnregionen millimetergenau erkannt werden. In Anbetracht der Methodenvielfalt möchten wir uns in diesem Kapitel auf die funktionelle Magnetresonanztomografie (fMRT/fMRI) beschränken. Diese ist im Bereich Social Neuroscience neben dem EEG das wohl am häufigsten eingesetzte Verfahren; alle in diesem Kapitel vorgestellten Befunde beziehen sich daher ausschließlich auf fMRT-Untersuchungen.

Technische Grundlagen der funktionellen Magnetresonanztomografie (fMRT)

> Typisch für **fMRT-Studien** sind die »bunten Bilder« von bestimmten Hirnarealen. Diese stellen sowohl die **Anatomie** als auch **Aktivierung** der jeweiligen Hirnregionen dar.

Vielleicht kennen Sie die bunten Bilder, die bestimmte Hirnareale in unterschiedlichen Farben abbilden? Diese stammen häufig von fMRT-Untersuchungen. Die Bilder zeigen dabei neben der Lage bzw. **Anatomie** bestimmter Hirnregionen auch deren **Aktivierung** anhand unterschiedlicher Farben und Farbabstufungen. Die Farben Gelb und Rot stehen beispielsweise für positive Aktivierung, Blau dagegen für negative bzw. verringerte Aktivierung (Deaktivierung). Aber wie gelangt man zu diesen Aufnahmen? Und welche Aktivierung wird dabei erfasst? Diesen Fragen möchten wir im Folgenden auf den Grund gehen, wobei wir nicht das Ziel verfolgen, einen umfassenden Einblick in die technischen Grundlagen der Kernspintomografie zu geben – dazu könnte man ein gesamtes Buch schreiben; vielmehr geht es darum, Ihnen einen Eindruck darüber zu vermitteln, was mit diesem Verfahren überhaupt gemessen wird.

> **Funktionelle Magnetresonanztomografie** gibt sowohl Auskunft über die Hirnstruktur bzw. Anatomie (**struktureller Aspekt der MRT**) als auch über die Aktivität bestimmter Gehirnareale (**funktioneller Aspekt der fMRT**).

Generell sind für dieses Verfahren zwei wesentliche Bestandteile zentral: zum einen die grundlegenden Mechanismen der Magnetresonanztomografie (MRT; Kernspintomografie) und zum anderen der funktionelle Aspekt, der das Sichtbarmachen von Stoffwechselvorgängen und damit die indirekte Messung von Aktivität betrifft. Vereinfacht gesagt geht es also zum einen um die anatomischen Gegebenheiten, also den Aufbau der einzelnen Hirnstrukturen bzw. deren Lage (**Lokalisation**) und zum anderen darum, welche dieser Strukturen bei bestimmten Prozessen bzw. Aufgaben aktiv sind und welche Funktion ihnen zukommt (**funktionelle Aktivität**).

Magnetresonanztomografie (MRT)

> MRT-Messungen werden in einem Magnetresonanztomografen bzw. im sog. »**Scanner**« durchgeführt. Von diesem geht ein extrem starkes **Magnetfeld** (meist 1,5 bzw. 3 Tesla) aus.

Das Sichtbarmachen unterschiedlicher Hirnstrukturen, Blutgefäße, Ventrikel etc. gelingt mit Hilfe der MRT. Das Prinzip dahinter ist folgendermaßen: Die Versuchspersonen kommen zur Messung in einen Magnetresonanztomografen (MRT, oder umgangssprachlich in »die Röhre« bzw. in den »Scanner«, ◘ Abb. 12.2), von dem ein sehr starkes Magnetfeld ausgeht. Dieses weist gewöhnlich eine Feldstärke von 1,5 oder 3 Tesla auf und ist damit ca. 60.000 Mal stärker als das Magnetfeld der Erde (Bandettini, Birn & Donahue, 2000).

Was passiert nun? Unser Gehirn enthält eine große Menge an **Wasserstoffatomen**. Diese haben einen Eigendrehimpuls, d. h., sie kreisen

□ Abb. 12.2 Beispiel für einen MRT-Scanner

um ihre eigene Achse und erzeugen dadurch ein magnetisches Feld. Wenn nun eine Person im Scanner liegt, so richtet sich die Mehrzahl der Wasserstoffatome entlang der Längsachse dieses Magnetfeldes aus; sie rotieren also um die Längsachse des statischen Magnetfeldes (Längsmagnetisierung; longitudinale Magnetisierung). Die Geschwindigkeit ihrer Rotation wird dabei als »**Lamorfrequenz**« bezeichnet. Sind die Wasserstoffatome parallel ausgerichtet, befinden sie sich in einem energiearmen Zustand (andere Ausrichtungen bedeuten einen energiereichen Zustand). Wendet man nun künstliche Energie auf, indem über eine elektromagnetische Spule des Scanners **Radiofrequenzwellen** (RF) abgeschickt werden, so verlassen die Wasserstoffatome ihren energiearmen Zustand. Sie nehmen die eingestrahlte Energie auf, wechseln also in einen energiereichen Zustand und richten sich für die Dauer der RF-Einstrahlung antiparallel aus (Quermagnetisierung; transversale Magnetisierung). Nach Ende der RF-Einstrahlung geben die Wasserstoffatome ihre Energie wieder ab und kehren in den Ausgangszustand, parallel zur Längsachse zurück. Die dabei abgegebene Energie stellt das MRT-Signal dar und wird von einer Empfangsspule gemessen (Huettel, Song & McCarthy, 2009).

Im Scanner richten sich die Wasserstoffatome zunächst entlang der Längsachse des statischen Magnetfeldes aus. Durch **RF-Einstrahlung** mittels einer elektromagnetischen Spule kommt es zu einer energiereichen, **antiparallelen Ausrichtung**. Nach Ende der RF-Einstrahlung geben die Wasserstoffatome ihre Energie wieder ab und kehren in den parallelen Ausgangszustand zurück (**MRT-Signal**).

Funktionelle Magnetresonanztomografie (fMRT)

Wie bereits erwähnt, ist das Besondere an der funktionellen Magnetresonanztomografie (fMRT), dass die **Aktivität einzelner Hirnregionen** gemessen werden kann. Welche Areale sind beispielsweise aktiv, wenn ich ein Bild betrachte oder eine Entscheidung treffe? Die neuronale Aktivität wird dabei nicht direkt gemessen, sondern indirekt über den Blutsauerstoffgehalt im Gehirn. Dabei sind zwei Phänomene zentral:
1. die sog. **funktionelle Hyperämie** bzw. Luxusperfusion und
2. der **BOLD-Effekt** (»blood oxygenation level dependent«).

Der erste Punkt betrifft die Tatsache, dass neuronale Regionen, die aktiv sind, verstärkt mit Sauerstoff versorgt werden. Dieser wird über das Blut zu den jeweiligen Hirnregionen transportiert, wobei mehr Sauerstoff geliefert, als tatsächlich verbraucht wird. Es kommt daher zu einem O_2-Überschuss bzw. zu einer örtlichen Anreicherung von Sauerstoff. Daneben ist der sog. BOLD-Effekt wichtig, der die Tatsache beschreibt, dass die mag-

Das Besondere an der funktionellen Magnetresonanztomografie ist, dass die **neuronale Aktivität** in bestimmten Hirnregionen (indirekt) gemessen werden kann.

Die Funktionsweise der fMRT basiert v. a. auf zwei Phänomenen:
1. **funktionelle Hyperämie:** O_2-Überschuss in aktivierten Hirnarealen;
2. **BOLD-Effekt**: magnetische Eigenschaften von Blut sind abhängig von dessen O_2-Gehalt.

netischen Eigenschaften des Blutes (und damit verbunden auch die Stärke des Signals bei der fMRT-Messung) abhängig vom Blutsauerstoffgehalt (»blood oxygenation level dependent«) sind (Ogawa, Lee, Kay & Tank, 1990). Man macht sich also die Tatsache zunutze, dass sauerstoffreiches Blut (Oxyhämoglobin) und sauerstoffarmes Blut (Desoxyhämoglobin) unterschiedliche magnetische Eigenschaften aufweisen. Während Oxyhämoglobin kaum magnetisch ist, weist Desoxyhämoglobin, das im Ruhezustand (ohne Aktivität bzw. O_2-Verbrauch) vorzufinden ist, hohe magnetische Eigenschaften auf.

Aktivitätsunterschiede werden indirekt erfasst: Ist ein Gehirnareal aktiv, kommt es dort zu einer erhöhten O_2-Anreicherung bzw. einem **Überschuss an Oxyhämoglobin**. Da dieses paramagnetisch ist, gibt es weniger Magnetfeldinhomogenitäten und somit ein **stärkeres fMRT-Signal**.

Warum ist dieser Unterschied der magnetischen Eigenschaften nun wichtig? Sind bestimmte Hirnareale aktiv, kommt es lokal zu einem erhöhten Blutfluss und damit zu einer Anreicherung mit O_2, was wiederum dazu führt, dass mehr Oxyhämoglobin als Desoxyhämoglobin vorzufinden ist. Wie wir wissen, ist Desoxyhämoglobin stark magnetisch. Dadurch wird die Stärke des Magnetfeldes gestört und es kommt zu »Magnetfeldinhomogenitäten«. Dies führt wiederum dazu, dass das Signal schwächer wird. Im Gegensatz dazu verändert das wenig magnetische Oxyhämoglobin das statische Magnetfeld nicht. Folglich kommt es zu weniger Magnetfeldinhomogenitäten, was wiederum mit einem stärkeren fMRT-Signal einhergeht. Insofern geht eine hohe Aktivität in bestimmten Hirnregionen mit einem O_2-Überschuss einher, der wiederum zu einem stärkeren fMRT-Signal führt. Sie sehen, **neuronale Aktivitätsunterschiede werden indirekt erfasst**, indem man Veränderungen im Blutsauerstoffgehalt misst (◻ Abb. 12.3).

12.2   Ausgewählte Befunde aus dem Bereich der sozialen Neurowissenschaften

Dieser Abschnitt beschäftigt sich thematisch mit fMRT-Befunden zur Wahrnehmung der **eigenen Person**, zur Wahrnehmung **anderer Personen** und zur **Interkation mit anderen**.

Wie eingangs erwähnt, befasst sich das Gebiet der »Social Neuroscience« mit den Themen der klassischen Sozialpsychologie. Die Tatsache, dass das gesamte Buch sozialpsychologische Aspekte behandelt, wir aber nur dieses eine Kapitel im neurowissenschaftlichen Bereich haben, macht

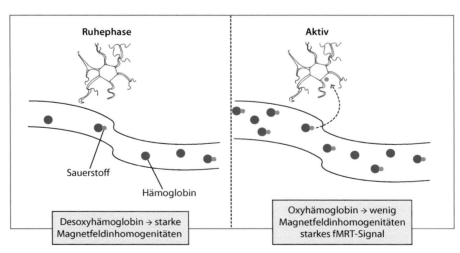

◻ **Abb. 12.3** Indirekte Erfassung von Aktivitätsunterschieden über den Blutsauerstoffgehalt. Bei neuronaler Aktivität kommt es zu einem O_2-Überschuss in aktivierten Hirnregionen und damit zu einem höheren Anteil an Oxyhämoglobin. Dies führt zu Unterschieden im fMRT-Signal. (Adaptiert nach Kellermann et al., 2008)

deutlich, dass es unmöglich ist, in dieses Kapitel alle entsprechenden Befunde einzuarbeiten. Daher widmen wir uns nur ausgewählten Aspekten und bleiben dabei ganz eng an der Definition von klassischer Sozialpsychologie: nämlich dem Einfluss, den tatsächlich oder imaginiert anwesende Personen auf das Erleben und Verhalten von Individuen haben (▶ Kap. 1). Da wirkliches Verhalten mit fMRT schwer zu untersuchen ist, beschränken wir uns hauptsächlich auf das **Erleben**. Hierbei unterteilen wir in »**selbst**« und »**andere**« bzw. »**Interaktion mit anderen**«. Es geht also um die Wahrnehmung unserer eigenen Person, die Wahrnehmung von anderen Personen sowie die Interaktion mit diesen. Eine strikte Trennung dieser Bereiche ist jedoch kaum möglich, schließlich erleben wir uns selbst innerhalb eines sozialen Kontexts, vergleichen uns mit anderen bzw. erhalten dadurch ein Bild von uns selbst.

12.2.1 Das Selbst

Kaum ein anderes Konstrukt ist vielschichtiger und wird häufiger beforscht als das Konstrukt des Selbst. Das Interesse an diesem Forschungsfeld liegt laut Leary (2007) u. a. darin begründet, dass die Repräsentation des eigenen Selbst eine Brücke zwischen der Umgebung eines Individuums und seinen individuellen Gedanken, Verhaltensweisen und Emotionen bildet. Es ist daher auch nicht verwunderlich, dass, insbesondere in den letzten Jahren, die Neurowissenschaften Interesse an diesem spannenden Themengebiet fanden. Wenn wir vom Konzept des Selbst aus neurowissenschaftlicher Perspektive sprechen, ist darunter kein einheitliches Konzept zu verstehen; vielmehr werden innerhalb des Selbst **verschiedene Prozesse** unterschieden (z. B. Northoff et al., 2006) oder es wird nach **inhaltlichen Bereichen** differenziert, beispielsweise anhand der zugrunde liegenden Stimulusmodalität (z. B. verbale Aufgaben oder emotionale Bilder). Insgesamt haben die Neurowissenschaften dazu beigetragen, das Konzept des Selbst mit seinen unterschiedlichen selbstbezogenen Prozessen näher zu differenzieren (z. B. Lieberman, 2007; Northoff et al., 2006).

Northoff und Bermpohl (2004) unterscheiden beispielsweise diverse Domänen, die sich auf unterschiedliche Teilaspekte des Selbst beziehen. Darunter fallen die **Repräsentation** von Stimuli als auf die eigene Person bezogen, das **Monitoring** bestimmter selbstbezogener Information, die **Evaluation und Bewertung** selbstbezogener Stimuli oder auch der Prozess der **Selbstaufmerksamkeit**, d. h. die Aufmerksamkeit und das Erkennen des eigenen Gesichts bzw. Körpers sowie interner Vorgänge. Aber auch Aspekte wie **Agency**, also das Gefühl, kausal in eine Handlung involviert zu sein (z. B. Ich selbst bin kausal für die Bewegung eines Objektes von A nach B verantwortlich), **Ownership**, die Wahrnehmung des eigenen Körpers und der Umwelt als selbstbezogen oder das **räumliche Selbst**, die Wahrnehmung des eigenen Körpers im Raum, werden unterschieden, um nur einige davon zu nennen.

So vielschichtig wie das menschliche Selbst sind auch die Ergebnisse, die neurowissenschaftliche Untersuchungen dazu in den letzten Jahren hervorgebracht haben. Unabhängig davon, welcher Gliederung des Selbst (z. B. Lieberman, 2007; Northoff & Bermpohl, 2004) man nun folgt und an welchem spezifischen Prozess des Selbst man interessiert ist –

Aus neurowissenschaftlicher Perspektive wird zur **Bestimmung des Selbst** entweder nach verschiedenen **Prozessen** oder nach verschiedenen **inhaltlichen Bereichen** unterschieden.

Northoff & Bermpohl (2004) unterscheiden u. a. folgende **inhaltliche Domänen**: Repräsentation selbstbezogener Stimuli, Monitoring, Evaluation und Bewertung, Selbstaufmerksamkeit, Agency, Ownership, räumliches Selbst.

In neurowissenschaftlichen Untersuchungen zum Selbst wird die **Verarbeitung selbstbezogener Informationen** mit einer Kontrollbedingung (z. B. der Verarbeitung fremdbezogener Informationen) verglichen.

allen gemeinsam ist, dass Stimuli zur Untersuchung herangezogen werden, die als stark auf die eigene Person bezogen wahrgenommen werden (z. B. Fotos der eigenen Person im Vergleich zu Fotos bekannter oder fremder Personen). Man spricht in diesem Zusammenhang deshalb auch von **selbstbezogener oder selbstrelevanter Informationsverarbeitung**. Häufig wird in Untersuchungen die Verarbeitung selbstrelevanter Informationen mit einer Kontrollbedingung, wie etwa der Verarbeitung fremdbezogener Informationen, verglichen. Dies kann sich beispielsweise auf verbale Aufgaben beziehen, bei denen Versuchspersonen mit Eigenschaftswörtern konfrontiert werden und bewerten sollen, inwiefern diese sie selbst (selbstbezogen) oder andere Personen (fremdbezogen, Kontrollbedingung) beschreiben (z. B. Kelley et al., 2002; Johnson et al., 2002). Aber auch emotional bedeutsame Bilder (z. B. Gusnard, Akbudak, Shulman & Raichle, 2001) oder Gedächtnisaufgaben (z. B. Macrae, Moran, Heatherton, Banfield & Kelley, 2004) können herangezogen werden, um selbst- und nicht selbstbezogene Verarbeitung miteinander zu vergleichen.

Kortikale Mittellinienareale (CMS) und die Verarbeitung selbstbezogener Information

Die »**cortical midline structures**« (CMS) spielen eine wichtige Rolle bei selbstbezogenen Prozessen. Diese Areale liegen entlang der Mittellinie des Gehirns und bilden eine funktionelle Einheit.

Überblicksarbeiten (z. B. Northoff et al., 2006) konnten zeigen, dass sich in Untersuchungen zu selbstbezogenen Prozessen – trotz einer enormen Fülle an Forschungsarbeiten – häufig die sog. **kortikalen Mittellinienareale** (»cortical midline structures«, CMS, ◨ Abb. 12.4) als besonders bedeutsam herauskristallisieren. Wie der Name bereits andeutet, werden hierzu jene Areale gezählt, die entlang der Mittellinie des menschlichen Gehirns angesiedelt sind und als eine anatomische und funktionelle Einheit betrachtet werden (Northoff et al., 2006). Konkret zählen dazu: der mediale orbitale präfrontale Kortex (moPFC), der ventromediale präfrontale Kortex (vmPFC), der sub-/prä- und supragenuale anteriore cinguläre Kortex (pACC/sACC), der dorsomediale präfrontale Kortex (dmPFC), der mediale parietale Kortex (mPC), der posteriore cinguläre Kortex (PCC) und der retrospleniale Kortex (RSC).

◨ **Abb. 12.4** Schematische Darstellung der Mittellinienareale (»cortical midline structures«, CMS). Folgende Areale lassen sich anatomisch den CMS zuordnen: Medialer orbitaler präfrontaler Kortex (moPFC), ventromedialer präfrontaler Kortex (vmPFC), prä- und subgenualer anteriorer cingulärer Kortex (pACC), supragenualer anteriorer cingulärer Kortex (sACC), dorsomedialer präfrontaler Kortex (dmPFC), medialer parietaler Kortex (mPC), posteriorer cingulärer Kortex (PCC) und retrosplenialer Kortex (RSC). (Aus Northoff et al., 2006, mit freundlicher Genehmigung von Elsevier)

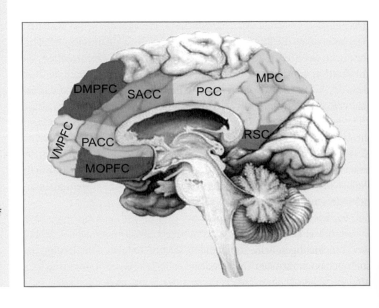

Verarbeitung selbstbezogener Information in kortikalen Mittellinienarealen (CMS)

Kelley et al. (2002) führten in diesem Zusammenhang eine Untersuchung durch, in der Versuchspersonen verschiedene Eigenschaftswörter bewerten mussten. Die Versuchspersonen durchliefen dabei drei Bedingungen: Sie bewerteten in zufälliger Reihenfolge das jeweilige Eigenschaftswort im Hinblick darauf, inwiefern die Eigenschaft auf sie selbst (Selbstreferenz) und auf den damaligen US-Präsidenten Bush (Fremdreferenz) zutrifft. In einer weiteren Kontrollbedingung beurteilten die Versuchspersonen semantische Aspekte der Eigenschaftswörter, beispielsweise in Bezug auf den Schrifttyp (Fallreferenz). Später verglichen die Autoren die Bedingungen »Selbstreferenz« vs. »Fremdreferenz« sowie »Selbstreferenz« vs. »Fallreferenz«. In beiden Vergleichen zeigte sich eine spezifische Aktivierung im **mPFC**.

In einer ähnlich aufgebauten Studie von Johnson et al. (2002) wurden die Versuchspersonen mit Statements zu ihren (möglichen) Fähigkeiten, Eigenschaften und Einstellungen konfrontiert (z. B. »Ich vergesse wichtige Dinge« oder »Ich bin ein guter Freund«). In der Kontrollbedingung wurden Statements präsentiert, die allgemeines semantisches Wissen erforderten (z. B. »Zehn Sekunden sind mehr als eine Minute«). In beiden Fällen mussten die Versuchspersonen ihre Zustimmung oder Ablehnung angeben. Ein Vergleich beider Bedingungen ergab ebenfalls eine verstärkte Aktivierung im anterioren **mPFC** sowie im **PCC** in der selbstrelevanten Bedingung. Die Autoren konnten damit zeigen, dass sich die Verarbeitung selbstbezogener Informationen deutlich von der Verarbeitung anderer semantischer Informationen abgrenzen lässt, und lieferten damit einen Hinweis darauf, dass das Selbst tatsächlich eine abgrenzbare kognitive Struktur darstellt.

Platek und Kemp (2009) untersuchten einen bereits oben erwähnten wichtigen Aspekt des Selbst – **die Erkennung des eigenen Gesichts**. Zu diesem Zweck wurden den Versuchspersonen Bilder von Familienmitgliedern, Freunden, Fremden und sich selbst präsentiert, wobei die Aufgabe darin bestand, die Bilder durch Tastendruck einer dieser Personen zuzuordnen (z. B. einem Familienmitglied oder einem Fremden). Die Autoren konnten je nach Relevanz des Gesichts für die jeweilige Person unterschiedliche Aktivierungsmuster zeigen. Die Erkennung des eigenen Gesichts ging mit einer erhöhten Aktivierung in anterioren medialen Substraten (ACC, mPFC) einher, wobei das Erkennen von Familienmitgliedern und das Erkennen des eigenen Gesichts starke Parallelen in der Aktivierung hervorriefen. Je höher die Ähnlichkeit anderer Gesichter zu unseren eigenen (was bei Familienmitgliedern wahrscheinlicher ist), desto größer auch die Schwierigkeit, das Gesicht genau zu identifizieren. So wundert es nicht, dass der ACC hier besonders aktiv war, dessen Aktivität häufig mit inneren Konflikten, Unsicherheit oder auch mit sozialen Dilemmata (Critchley, Tang, Glaser, Butterworth & Dolan, 2005; Sanfey, Rilling, Aronson, Nystrom & Cohen, 2003) in Verbindung gebracht wird. Darüber hinaus spielt der ACC eine Rolle bei der Verarbeitung relevanter Stimuli (Platek, Krill & Kemp, 2008).

Macrae et al. (2004) untersuchten die neuronalen Grundlagen eines weiteren wichtigen Selbstaspektes – jenen des **Selbstwissens**. Die Versuchspersonen mussten verschiedene Persönlichkeitseigenschaften dahingehend bewerten, in welchem Ausmaß die jeweilige Eigenschaft sie

Die Verarbeitung selbstbezogener Informationen unterscheidet sich von der Verarbeitung anderer Informationsarten. Dies zeigt sich an spezifischen Aktivitätsmustern der kortikalen Mittellinienareale.

Die **Erkennung des eigenen Gesichts** – im Vergleich zum Gesicht anderer – geht mit Aktivität in **anterioren medialen Arealen** einher. Je ähnlicher uns aber andere Personen sind (z. B. eigene Verwandte), desto stärker gleicht sich auch die neuronale Aktivität an.

Im Bereich des **Selbstwissens** konnte gezeigt werden, dass selbstbezogene Eigenschaftswörter mit einer Aktivierung des **mPFC** einhergehen und zudem besser erinnert werden als Eigenschaftswörter ohne Eigenbezug.

Unabhängig davon, welcher Aspekt des Selbst erfasst wird: Die Verarbeitung **selbstbezogener Information** geht relativ konsistent mit **Aktivität in kortikalen Mittellinienarealen** einher.

selbst beschrieb. Im Anschluss daran absolvierten die Versuchspersonen einen für sie überraschenden Gedächtnistest: Alle zuvor präsentierten Wörter wurden zusammen mit unbekannten Wörtern vorgegeben, wobei die Aufgabe darin bestand, anzugeben, ob das Wort bereits bekannt oder neu war. Wörter, die zuvor als selbstbezogen deklariert wurden, wurden besser erinnert als nicht selbstbezogene Wörter, wobei sich darüber hinaus für richtig erinnerte selbstbezogene Eigenschaften differenzielle Aktivierungsmuster im mPFC (neben anderen Regionen) zeigten.

Wir sehen also, dass sich in Untersuchungen zur Verarbeitung selbstbezogener Informationen eine bemerkenswerte Konsistenz in den Ergebnissen zeigt (Lieberman, 2007). Aber was bedeutet die Aktivierung in kortikalen Mittellinienarealen (CMS) nun konkret? Dieser Frage gingen Northoff et al. (2006) in einer Metaanalyse nach (▶ Studie: Funktionale Spezialisierung der Aktivierung in kortikalen Mittellinienarealen).

Studie

Funktionale Spezialisierung der Aktivierung in kortikalen Mittellinienarealen (CMS)

In Untersuchungen zu selbstbezogenen Prozessen stellt man sich häufig die Frage, inwieweit eine Aktivierung der CMS *spezifisch* für selbstbezogene Prozesse ist. Anders formuliert: Stehen verschiedene Aktivierungsmuster innerhalb der CMS auch für verschiedene selbstbezogene Prozesse? Northoff et al. (2006) interessierten sich zudem für die Frage, ob sich eine CMS-Aktivierung bei der Verarbeitung selbstbezogener Informationen über sämtliche inhaltliche Domänen hinweg findet – inwiefern sie also als aufgabenunabhängig zu verstehen ist? Zu diesem Zweck reanalysierten die Autoren 27 PET- und fMRT-Studien der letzten Jahre und bezogen dabei diverse inhaltliche Domänen ein. Sie analysierten beispielsweise Studien, in denen mit verbalen Aufgaben gearbeitet wurde, oder Studien, die sich auf die Bewertung emotionaler Bilder bzw. Bilder von Gesichtern bezogen. Eine Clusteranalyse (Verfahren zur Entdeckung bestimmter Strukturen bzw. Gruppen innerhalb eines Datensatzes) über alle Studien ergab drei Cluster, die sich innerhalb der CMS *anatomisch* voneinander abgrenzen lassen: ein **ventrales** (vmPFC, pACC), **dorsales** (dmPFC, sACC) und ein **posteriores** Cluster (PCC, Precuneus) (◘ Abb. 12.5). Inwiefern sich diese Cluster auch *funktional* spezifischen Domänen (z. B. verbale oder emotionale Domäne) zuordnen lassen, prüften die Autoren in einem nächsten Schritt. Sie konnten zeigen, dass die gefundenen Cluster unabhängig von der inhaltlichen Domäne sind (es spielt also keine Rolle, ob es sich z. B. um die Verarbeitung verbaler Informationen oder emotionaler Bilder handelt). Dies bedeutet allerdings nicht zwangsläufig, dass eine Aktivierung der CMS bei der Verarbeitung selbstbezogener Stimuli auch funktional völlig unspezifisch ist. Was heißt das nun?

Es zeigt sich zwar kein Zusammenhang mit dem Inhalt der Stimuli, aber die einzelnen Cluster lassen sich spezifischen Prozessen zuordnen, was die Verarbeitung selbstbezogener Information betrifft.

- Das **ventrale Cluster** scheint demzufolge dafür zuständig zu sein, externale oder internale Stimuli im Hinblick auf ihre Selbstbezogenheit einzuschätzen. Geht es also darum, **Stimuli überhaupt als selbstbezogen wahrzunehmen**, so werden Strukturen innerhalb dieses Clusters verstärkt aktiviert.

- Demgegenüber steht das **dorsale Cluster**: Dieses ist bei Prozessen aktiv, die sich auf die **Evaluation selbstbezogener Stimuli** beziehen, d. h. eine stark bewertende Dimension haben. Beispielhaft hierfür sind Aufgaben, bei denen man sich selbst bestimmte Eigenschaften zuschreiben soll (z. B. Johnson et al., 2002). Anatomisch wird dieser Prozess durch das dorsale Cluster repräsentiert.

- Der dritte Prozess, den die Autoren mit dem **posterioren Cluster** in Verbindung bringen, bezieht sich schließlich darauf, aktuelle selbstbezogene Information mit bereits vergangener zu verknüpfen. Folglich geht es hierbei darum, neue **selbstbezogene Information** in den emotionalen und autobiografischen Kontext der eigenen Person **einzuordnen**.

12

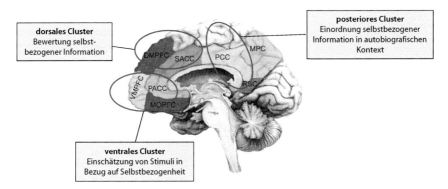

◘ Abb. 12.5 Anatomische und funktionale Unterteilung der CMS. (Nach Northoff et al., 2006, mit freundlicher Genehmigung von Elsevier)

Abgrenzung von Selbstrelevanz gegenüber emotionaler Valenz

Neben der funktionalen Spezialisierung der CMS-Aktivierung ist auch die Abgrenzung von Selbstbezogenheit oder Selbstrelevanz gegenüber emotionaler Valenz von Bedeutung. Eine Untersuchung, die sich mit der Verarbeitung selbstbezogener emotionaler Stimuli beschäftigt, ist jene von Fossati et al. (2003). Die Autoren verfolgten das Ziel, diejenigen neuronalen Regionen ausfindig zu machen, die spezifisch an der Verarbeitung selbstbezogener emotionaler Stimuli beteiligt sind und trugen damit einem Problem Rechnung, das bei der Untersuchung selbstbezogener Information häufig auftritt: der Tatsache, dass emotionale Valenz und Selbstbezogenheit konfundiert sind, d. h., häufig kann nicht eindeutig geklärt werden, auf welche der beiden konfundierenden Variablen (emotionale Valenz, Selbstbezogenheit) der Effekt der spezifischen Aktivierung bei der Verarbeitung selbstbezogener Information tatsächlich zurückgeht (Moran, Macrae, Heatherton, Wyland & Kelley, 2006). Oder, wie bei Moran et al. (2006, S. 1586) formuliert: »We have emotional reactions to information that is self-relevant«. Information, die wir mit unserer eigenen Person in Verbindung bringen, löst demnach eher eine emotionale Reaktion aus als nicht selbstbezogene Information (vgl. Northoff et al., 2006).

Fossati et al. (2003) konfrontierten ihre Teilnehmer unter drei verschiedenen Bedingungen mit Wörtern, die positive und negative Persönlichkeitseigenschaften widerspiegelten: 1. Die Versuchspersonen beurteilten die Eigenschaften im Hinblick auf die eigene Person (selbstbezogen) und 2. in der Kontrollbedingung im Hinblick auf semantische Aspekte (z. B. Überprüfung, ob ein bestimmter Buchstabe enthalten ist). 3. Zusätzlich bewerteten die Versuchspersonen die Eigenschaften in Bezug auf deren generelle Erwünschtheit. Speziell bei der selbstbezogenen Bewertung der Wörter fanden die Autoren eine verstärkte bilaterale (beidseitige) **Aktivierung des dorsalen medialen präfrontalen Kortex (dmPFC)**. Die Aktivierung erwies sich als unabhängig von der Valenz der Wörter, also unabhängig davon, ob es ich um positive oder negative Wörter handelte.

Zu ähnlichen Ergebnissen kamen auch Gusnard und Kollegen (2001), die ebenfalls eine verstärkte Aktivierung entlang des dorsalen mPFC bei der Bewertung selbstbezogener affektiver Bilder finden konnten. Die Autoren liefern damit weitere Hinweise darauf, dass die Verar-

Ein methodisches Problem besteht darin, dass **emotionale Valenz und Selbstbezogenheit konfundiert** sind: Selbstrelevante Information löst eine emotionale Reaktion aus.

Wird die emotionale Valenz kontrolliert, so zeigt sich für die Verarbeitung selbstbezogener Information Aktivität im Bereich des **mPFC**.

Ist die Verarbeitung selbstbezogener Information dagegen mit emotionaler Valenz verbunden, so sind andere kortikale bzw. subkortikale Areale aktiviert. (z. B. vACC, Insula).

Die Verarbeitung selbstbezogener Information (im Gegensatz zu Information ohne Eigenbezug) führt zu speziellen Aktivitätsmustern. Dabei kann nach unterschiedlichen Prozessen innerhalb des Selbst unterschieden werden.

beitung selbstbezogener Information, insbesondere die Bewertung von Information als relevant für die eigene Person, spezifische Aktivierung im Bereich des mPFC hervorruft (Lieberman, 2007), unabhängig von der emotionalen Valenz. Diese spiegelt sich in anderen kortikalen (etwa dem ventralen anterioren cingulären Kortex, vACC; Moran et al., 2006) und subkortikalen Arealen, wie der Insula oder der Amygdala wider (Northoff et al., 2006).

Zusammenfassend bleibt also festzuhalten, dass Informationen, die relevant für die eigene Person sind, spezielle Reaktionen im Gehirn hervorrufen. Darüber hinaus ist eine Unterscheidung in verschiedene selbstbezogene Prozesse möglich. Doch wie sieht es nun in Bezug auf die Wahrnehmung anderer Personen aus? Mit jenen Prozessen wollen wir uns in den folgenden Abschnitten befassen.

12.2.2 Soziale Wahrnehmung

Viele Hirnareale, die bei der Verarbeitung selbstbezogener Information aktiviert sind, zeigen auch Aktivität bei der Wahrnehmung anderer Personen.

Nachdem wir uns nun mit dem Selbst bzw. der Wahrnehmung selbstbezogener Information/Stimuli auseinandergesetzt haben, stellt sich natürlich die Frage, wie wir andere Menschen wahrnehmen und welche neuronalen Prozesse damit verbunden sind. Hier ist zunächst zu sagen, dass viele Areale, die bei Aspekten des Selbst aktiv sind, auch bei der Wahrnehmung anderer Personen beteiligt sind (▶ Studie: Eigen- und Fremdperspektive).

Exkurs

Eigen- und Fremdperspektive: Neuronale Unterschiede und neuronale Überlappung

Vogeley et al. (2001) konnten zeigen, dass das Einnehmen der eigenen Perspektive und das Einnehmen der Perspektive einer anderen Person teilweise zu einer gleichen neuronalen Aktivierung führen. Dazu präsentierten sie den Versuchspersonen (neben der Kontrollbedingung) vier unterschiedliche Versionen von Kurzgeschichten, mit der Vorgabe, dass entweder die eigene Perspektive (z. B. Geschichte über eigenen Wochenendausflug), die Perspektive einer anderen Person (z. B. derjenigen eines Räubers, der einen Laden überfällt) oder sowohl die eigene Perspektive als auch diejenige einer anderen Person (z. B. derjenigen eines Räubers, der den eigenen Laden überfällt) eingenommen werden sollte. Während das Einnehmen der Fremdperspektive mit

einer erhöhten Aktivität im Bereich des rechten anterioren cingulären Kortex (ACC) sowie des linken temporopolaren Kortex einherging, zeigten sich für das Einnehmen der eigenen Perspektive – also für die Verarbeitung selbstrelevanter Informationen – andere Aktivitätsmuster: Es konnte eine verstärkte Aktivierung des rechten temporoparietalen Übergangs (»temporo-parietal junction«, TPJ), gemeinsam mit einer ebenfalls erhöhten Aktivierung im ACC (hier jedoch bilateral) festgestellt werden. Zusätzlich zeigte sich in jener Bedingung, in der sowohl die eigene als auch die fremde Perspektive salient waren, eine verstärkte Aktivierung des rechten lateralen präfrontalen Kortex (rlPFC).

Wie kann diese Überlappung der Aktivierung bei selbst- und fremdbezogener Aufmerksamkeit nun interpretiert werden? Hierzu gibt es unterschiedliche Sichtweisen: Vogeley et al. (2001) sind der Ansicht, dass die gleichzeitige Salienz beider Perspektiven zusätzliche aufmerksamkeitsrelevante Mechanismen erfordert, die typischerweise im rechten lPFC repräsentiert sind. Darüber hinaus findet sich eine verstärkte Aktivierung dieses Areals auch bei Aufgaben, die stark konfliktbehaftet sind und deshalb besonderes »Monitoring« (Überwachung) erfordern.

Dagegen sind Northoff et al. (2006) der Meinung, dass auch das Einnehmen der Perspektive einer anderen Person bis zu einem gewissen Grad selbstbezogene Verarbeitung erfordert. Und zwar insofern, als die bloße Beobachtung oder Vorstellung einer anderen Person über einen Mimikry-ähnlichen Prozess (im Sinne von Nachahmung) dazu führt, dass sich die mentalen Zustände der beobachtenden und der beobachteten Person annähern.

Die neuronalen Befunde unterstützen damit die bereits erwähnte Schwierigkeit, beide Bereiche klar voneinander abzugrenzen: Soziale Wahrnehmung (und weiterführend auch soziale Interaktion) ist nicht gänzlich vom eigenen Selbst zu trennen. Wir nehmen andere wahr, setzen diese Wahrnehmungen in Bezug zu uns selbst, stellen Vergleiche an, etc. Oft sind damit auch emotionale Reaktionen verbunden. Im Bereich der sozialen Interaktion wird dies nochmal deutlicher: Schließlich interagieren wir mit anderen und treten als Individuum mit ihnen in Kontakt; wir gehen auf sie ein, nehmen Dinge von ihnen an, werden beeinflusst und ja auch in gewisser Weise durch andere geformt. Insofern ist es nachvollziehbar, dass auch auf neuronaler Ebene Überschneidungen bzw. Ähnlichkeiten zwischen erster und dritter Person auftreten. (Gallese, Keysers & Rizzolatti, 2004; Vogeley et al., 2001; ▶ Abschnitt 2.1).

Wenn wir uns im Folgenden mit sozialer Wahrnehmung beschäftigen, so ist sofort ein Schlagwort zentral: **soziale Kognition**. Wie wir bereits wissen, fallen darunter alle Aspekte, die mit uns selbst, mit anderen Personen bzw. unserer Beziehung zu diesen zu tun haben (Amodio & Frith, 2006); wie wir über andere Menschen denken, welche Persönlichkeitseigenschaften, Absichten, Ziele, Gedanken etc. wir ihnen zuschreiben, wie wir zu diesem Wissen gelangen, die jeweiligen Informationen hierzu speichern, verarbeiten oder abrufen. Eine hilfreiche Einteilung ist hierbei die Unterscheidung in kognitive (gedankliche) und affektive (gefühlsmäßige) Prozesse bei der sozialen Wahrnehmung.

Erkennen mentaler bzw. kognitiver Zustände anderer

Ein wichtiger Aspekt der sozialen Kognition ist das Erkennen mentaler Zustände anderer Menschen. Dies wird als **Theory of Mind** bezeichnet. Premack und Woodruff (1978) prägten diese Bezeichnung, zunächst in Zusammenhang mit ihrer Forschung an Schimpansen. Aber auch auf den Menschen bezogen versteht man darunter die Fähigkeit, eine Vorstellung über die Bewusstseinsvorgänge anderer Menschen zu entwickeln. Was könnte in der anderen Person vorgehen? Welche Gedanken, Gefühle, Absichten könnte sie haben? Den inneren Zustand des anderen zu kennen ist u. a. wichtig, um eine mögliche Handlung des anderen vorherzusagen. Wenn ich z. B. weiß, dass mein Freund sehr sensibel ist, so könnte ich aus einer sozialen Interaktion, in der er von anderen verbal angegriffen wurde, schließen, dass er mit großer Wahrscheinlichkeit nun verletzt ist. Da er zudem eher introvertiert ist, könnte ich vermuten, dass er sich nicht offen wehren, sondern eher zurückziehen und mit Schweigen reagieren wird. Diese Zuschreibung bzw. »Attribution« internaler (nach außen nicht immer sichtbarer) Zustände wird auch als »**Mentalisieren**« bezeichnet (Heberlein & Adolphs, 2005).

Die Überlappung der neuronalen Aktivierung bei selbst- und fremdbezogener Information wird unterschiedliche erklärt:
- die gleichzeitige Salienz von Eigen- und Fremdperspektive erfordert **zusätzliche Aufmerksamkeitsleistung**, was entsprechende Areale aktiviert,
- durch einen **Mimikry**-ähnlichen **Prozess** nähern sich die mentalen Zustände der beobachtenden und der beobachteten Person an.

Die Überlappung neuronaler Aktivität bei selbst- und fremdbezogener Informationsverarbeitung erscheint logisch – schließlich sind bei der Wahrnehmung anderer Personen Prozesse aktiv, die auch das Selbst betreffen.

Soziale Kognition beinhaltet alle Aspekte, die mit uns selbst, mit anderen Personen bzw. unserer Beziehung zu diesen zu tun haben.

Ein wichtiger Aspekt der sozialen Kognition ist die sog. »**Theory of Mind**« (ToM) – das Erkennen mentaler Zustände anderer Menschen. Dabei wird die Zuschreibung internaler Zustände als **Mentalisieren** bezeichnet.

▶ **Definition**
   Theory of Mind

Definition

Theory of Mind (ToM) beschreibt die Fähigkeit, die inneren Zustände einer anderen Person zu kennen bzw. nachvollziehen zu können. Den Prozess der Zuschreibung bestimmter Zustände nennt man auch Mentalisieren.

Die Theory of Mind wird klassischerweise mit dem »**False-Belief-Paradigma**« untersucht.

Überprüft wird die Theory of Mind klassischerweise mit dem »False-Belief-Paradigma« (Wimmer & Perner, 1983). Eine bekannte Form hierbei ist beschrieben im ▶ Exkurs: Sally-Anne-Aufgabe.

Studie

Die Sally-Anne-Aufgabe

Eine Versuchsperson sieht, wie zwei Kinder (Sally und Anne) in einem Raum sind und ein Spielzeug bei sich haben. Sally platziert dieses an einer bestimmten Stelle A und verlässt den Raum. Die Versuchsperson sieht nun, dass Anne das Spielzeug an einen anderen Ort legt. Als Sally wieder zurückkommt, wird die Versuchsperson gefragt, wo Sally nun wahrscheinlich nach ihrem Spielzeug suchen wird? Da Sally nichts von dem Ortswechsel weiß, wird sie glauben, das Spielzeug befinde sich noch an Stelle A, auch wenn dies natürlich nicht stimmt. Die Versuchsperson hat dagegen ein Informationsprivileg und weiß mehr als Sally. Die Frage ist, ob sie ihr eigenes Wissen auch Sally zuschreibt, also von sich auf andere schließt, oder ob sie fähig ist zu erkennen, dass andere Menschen auch andere Überzeugungen haben können, selbst wenn diese falsch sind (◘ Abb. 12.6).

◘ **Abb. 12.6** Theory of Mind: Ich weiß etwas, was Du nicht weißt …

Im Bereich der **ToM** sind zwei Gehirnareale zentral:
1. der **TPJ** (v. a. beim Erkennen von Handlungsabsichten),
2. der **mPFC** (v. a. bei High-Level-Aufgaben bzw. überdauernder Zuschreibung mentaler Zustände).

Im Bereich der ToM sind zwei Gehirnareale zentral: **der temporoparietale Übergang, TPJ** und **der mediale präfrontale Kortex, mPFC** (◘ Abb. 12.7). Hier fällt auf, dass mit dem mPFC wieder ein Bereich der kortikalen »midline structures« (CMS) aktiviert ist, die auch mit dem Selbst in Zusammenhang stehen (▶ Abschn. 12.2.1 »Kortiklale Mittellinienareale«). Dies könnte daran liegen, dass Mentalisieren eine sehr anspruchsvolle bzw. eine sog. »High-Level-Aufgabe« ist, die besondere Anforderungen an die Aufmerksamkeit von Personen stellt. Typischerweise ist der mPFC an derartigen Aufgaben beteiligt. (Amodio & Frith, 2006). Es wird außerdem angenommen, dass der mPFC besonders bei überdauernden Zuschreibungen mentaler Zustände eine Rolle spielt (van Overwalle, 2009), was in unserem Eingangsbeispiel bezüglich der Persönlichkeitseigenschaften (der introvertierte Freund) der Fall wäre. Bei klassischen ToM-Aufgaben – und damit beim Erkennen von Handlungsabsichten anderer – ist vor allem der TPJ aktiviert. Personen, die hier Schädigungen aufweisen, sind auch in ihrer Fähigkeit zur kognitiven Perspektivenübernahme beeinträchtigt. Dies ist beispielsweise bei autistischen Patienten der Fall (Baron-Cohen, Golan & Ashwin, 2009).

Erkennen emotionaler Zustände anderer

Zur sozialen Wahrnehmung gehört natürlich nicht nur das Erkennen mentaler Zustände anderer. Genauso wichtig ist es, die **Gefühlszustände** anderer beurteilen zu können; denn auch diese Fähigkeit hilft uns dabei, soziale Situationen einordnen zu können bzw. mit anderen zu kommunizieren, auf sie einzugehen und ihre Handlungen vorherzusagen (Ekman, 1992; Tooby & Cosmides, 1990). Doch wie lässt sich dies neurowissenschaftlich untersuchen? Häufig greift man hierbei auf Studien zurück, bei denen Versuchspersonen Fotos von Gesichtern anderer Personen präsentiert werden. Anhand dieser Fotos sollen die jeweiligen Gesichtsausdrücke bzw. der emotionale Zustand der dargestellten Person beurteilt werden. Wie vertrauenserweckend ist beispielsweise ihr Gesicht? Wie ängstlich oder wie ärgerlich scheint die Person zu sein?

Es ist mittlerweile gut belegt (McCarthy, Puce, Gore & Allison, 1997), dass bei der **Wahrnehmung von Gesichtern** ein ganz bestimmtes Hirnareal aktiviert ist: **das fusiforme Gesichtsareal** (»fusiform face area«, FFA). Das FFA befindet sich im Gyrus fusiformis bzw. im fusiformen Gyrus (FG), der am Übergang zwischen Temporal- und Okzipitallappen liegt. Betrachten wir also das Gesicht einer Person – im Gegensatz zu einem Objekt – so ist in diesem Areal eine verstärkte Aktivierung erkennbar. Wenn es jedoch um die Verarbeitung von **emotional besetzten Gesichtsausdrücken bzw. emotionalen Stimuli** i. Allg. geht, so ist eine weitere Hirnstruktur besonders wichtig: **die Amygdala**, auch Mandelkern genannt (Heberlein & Adolphs, 2005). Dies zeigt sich ganz eindrucksvoll in diversen Läsionsstudien. Ein berühmtes Beispiel ist dasjenige einer Frau, die in der Literatur unter S. M. bekannt ist. Bei ihr war die Amygdala beidseitig geschädigt. Dies hatte zur Folge, dass sie Emotionen bei anderen nur schlecht wahrnehmen konnte; so stufte sie das Ausmaß an Angst, Ärger oder Überraschung in den gezeigten Gesichtern im Vergleich zu gesunden Kontrollpersonen als wesentlich geringer ein (Adolphs, Tranel, Damasio & Damasio, 1994).

Die Amygdala ist besonders bei der Verarbeitung negativer Stimuli aktiv, die mit Angst, Furcht oder Bedrohung in Verbindung stehen (Vuilleumier, Armony, Driver & Dolan, 2001). Interessant dabei ist, dass die Amygdala, im Gegensatz zum fusiformen Gyrus, bei ängstlichen Gesichtsausdrücken unabhängig davon aktiviert ist, ob der Reiz zuvor als wichtig oder unwichtig beschrieben wurde (Vuilleumier et al., 2001). Die Amygdala ist also selbst dann beteiligt, wenn unsere Aufmerksamkeit nur gering ist. Gemäß zahlreicher Befunde ist die Amygdala als wichtige affektive (gefühlsbezogene) Region anzusehen. Es sei jedoch darauf hingewiesen, dass die Amygdala auch bei kognitiven Funktionen, wie z. B. dem assoziativen Lernen beteiligt ist (vgl. Pessoa, 2008).

12.2.3   Ausgewählte Bereiche der sozialen Wahrnehmung

Zu wissen, wie wir uns selbst bzw. grundsätzlich andere Personen wahrnehmen, ist ja schön und gut; aber welche Konsequenzen hat dies für unser Verhalten? Und nehmen wir tatsächlich alle Menschen gleich wahr oder machen wir da Unterschiede? Denken Sie an die Stichworte wie soziale Kategorisierung, In- und Outgroup-Bias, Stereotype und Vorur-

> Das **Erkennen und Beurteilen von Gefühlszuständen** ist ebenfalls ein wichtiger Bestandteil der sozialen Wahrnehmung. Neurowissenschaftlich wird dies oft untersucht, indem Vpn Gesichtsfotos präsentiert bekommen und den emotionalen Zustand der dargestellten Person beurteilen sollen.

> Bei der Wahrnehmung von Gesichtern ist das **fusiforme Gesichtsareal** (FFA) aktiviert. Handelt es sich um emotional besetzte Gesichtsausdrücke, so ist meist auch die **Amygdala** aktiv.

> Die **Amygdala** ist vorwiegend bei **negativen affektiven Reizen** aktiviert. Die Aktivität ist dabei unabhängig vom Grad der Aufmerksamkeit.

> Typische sozialpsychologische Phänomene wie soziale Kategorisierung, Stereotype oder Vorurteile lassen sich auch auf neuronaler Ebene nachweisen.

teile, Prosozialität oder Empathie, die uns bereits in den anderen Kapiteln begegnet sind. Diese Phänomene lassen sich auch auf neuronaler Ebene nachweisen. Im Folgenden möchten wir Ihnen daher einige Befunde zu einseitiger Wahrnehmung und damit verbunden auch unterschiedlichem Verhalten gegenüber unterschiedlichen Personen vorstellen.

Vorurteile und Stereotype

Eine der ersten fMRT-Studien zu impliziten Vorurteilen fand einen **Zusammenhang zwischen dem Ausmaß impliziter Vorurteile und der Stärke der neuronalen Aktivierung**.

Eine der ersten Untersuchungen, die implizite Vorurteile mittels fMRT zu untersuchen versuchte, ist jene von Phelps et al. (2000), die einen Zusammenhang zwischen der Stärke der kortikalen Aktivität und dem Ausmaß impliziter Vorurteile fanden (▸ Studie: Die Rolle der Amygdala bei impliziten Vorurteilen).

Studie

Die Rolle der Amygdala bei impliziten Vorurteilen

Phelps et al. (2000) maßen die Gehirnaktivität ihrer (hellhäutigen) Versuchspersonen während diese Bilder von Gesichtern hell- und dunkelhäutiger Menschen beobachteten. Die Autoren konnten eine tendenziell stärkere Aktivierung der Amygdala bei der Betrachtung dunkelhäutiger Gesichter feststellen. Wie bereits erwähnt ist die Amygdala an der Verarbeitung emotionaler Stimuli, insbesondere von Furcht oder Bedrohung, beteiligt (Vuilleumier et al., 2001). Die Aktivierung war umso stärker, je größer die impliziten Vorurteile (gemessen mittels impliziten Assoziationstests, IAT) der Versuchspersonen waren.

Die Autoren lieferten damit erste Hinweise für eine Beteiligung der Amygdala bei impliziten Vorurteilen, was seither in zahlreichen Studien repliziert werden konnte (Amodio & Lieberman, 2009), so beispielsweise von Cunningham et al. (2004). Sie zeigten ihren weißen Versuchspersonen ebenfalls Bilder von

dunkel- und hellhäutigen Personen und variierten dabei die Dauer, mit der die Bilder präsentiert wurden: entweder für eine sehr kurze Zeitdauer (subliminal, d. h. unterhalb der Bewusstseinsschwelle, 30 ms) oder für eine längere Zeitdauer (525 ms). Wie schon in Studien zuvor konnten die Autoren eine verstärkte Aktivierung der Amygdala bei der Betrachtung von Bildern dunkelhäutiger Personen finden, aber interessanterweise nur dann, wenn die Bilder subliminal, also unter der Bewusstseinsschwelle, präsentiert wurden. Bei einer längeren Darbietung reduzierte sich dieser Unterschied deutlich zugunsten einer stärkeren Aktivierung im präfrontalen Kortex (PFC) sowie im anterioren cingulären Kortex (ACC). Außerdem war das Ausmaß dieses Unterschiedes davon abhängig, wie stark die implizit gemessenen Vorurteile der Versuchspersonen ausgeprägt waren.

Studien konnten zeigen, dass die **Amygdala** vorwiegend dann aktiviert ist, wenn die vorurteilsbesetzten Stimuli subliminal dargeboten wurden. Dies wird damit begründet, dass es sich hierbei um eine **unkontrollierte Reaktion** handelt. Findet dagegen eine **bewusste Verarbeitung** statt (längere Bearbeitungsdauer), so wird die ursprüngliche Reaktion unterdrückt und entsprechende Areale (**PFC, ACC**) sind aktiv.

Woran liegt es nun, dass die Aktivierung der Amygdala und damit die emotionale Reaktion ausgerechnet dann stärker ausgeprägt waren, wenn die Versuchspersonen die Bilder nicht bewusst wahrnahmen? Die Autoren gehen davon aus, dass die Aktivierung der Amygdala während der sehr kurzen Darbietung eine unmittelbare und unkontrollierte Reaktion darstellt, während bei einer langen Darbietung und – damit verbunden – einer bewussten Verarbeitung der Bilder vorwiegend Areale aktiviert werden, die mit Inhibition, Konflikt und Kontrolle assoziiert sind (PFC, ACC). Die Versuchspersonen haben also scheinbar versucht, die (sozial) unerwünschte vorurteilsbehaftete Reaktion gegenüber Gesichtern dunkelhäutiger Personen zu kontrollieren bzw. zu unterdrücken (vgl. Systeme 1 und 2 ▸ Kap. 7).

Wie sieht es aber nun aus, wenn nicht Vorurteile, sondern **Stereotype** untersucht werden? Zeigen sich hierfür vergleichbare Ergebnisse? Vorweg sei gesagt, dass weit weniger Forschung zu diesem Bereich existiert. Amodio und Devine (2006) gehen aber dennoch davon aus, dass Vorurteile und Stereotype zwei voneinander unabhängige und unterscheidbare Prozesse darstellen. Implizite Stereotype basieren ihrer Ansicht nach auf der Repräsentation konzeptuellen Wissens und sind vorwiegend in kortikalen Regionen angesiedelt (im Gegensatz zu impliziten Vorurteilen, die subkortikalen Arealen, z. B. der Amygdala, zugeschrieben werden). Folglich sind **implizite Vorurteile** eher als **evaluativ-affektive Prozesse** zu betrachten, repräsentiert durch eine verstärkte Aktivierung der Amygdala, **während implizite Stereotype** eher **kognitive Prozesse** darstellen, was emotionale Reaktionen jedoch nicht ausschließt (z. B. Mitchell, Ames, Jenkins und Banaji, 2009). Dies unterstreicht zugleich auf kortikaler Ebene auch die unterschiedlichen Definitionen von Vorurteilen und Stereotypen (▶ Kap. 7).

Quadflieg et al. (2009) untersuchten die **neuronalen Korrelate impliziter Stereotype** und ließen ihre Versuchspersonen dazu in unterschiedlichen Durchgängen beurteilen, ob bestimmte Verhaltensweisen bevorzugt von einem bestimmten Akteur ausgeführt werden (z. B. Wird eine bestimmte Verhaltensweise eher von Frauen oder Männern gezeigt?) und ob sie an einem bestimmten Ort (z. B. Wird eine bestimmte Verhaltensweise eher drinnen oder draußen gezeigt?) stattfinden. Im Gegensatz zur Beispielstudie (s. oben) ging es hierbei um geschlechtsspezifische Stereotype. Die Autoren werteten die Ergebnisse getrennt für die beiden Bedingungen Akteur vs. Ort aus und filterten zusätzlich die Bedingungen heraus, in denen Stereotype abgefragt wurden, und verglichen sie mit allen Bedingungen. Hier zeigte sich, dass Geschlechtsstereotype mit Aktivität in Gehirnregionen assoziiert sind, die bei der **Repräsentation von Handlungswissen** (z. B. linker temporaler Gyrus, linker supramarginaler Gyrus) sowie bei **Bewertungsprozessen** (z. B. vmPFC, Amygdala) beteiligt sind. Es zeigen sich also vorwiegend kortikale Aktivierungen, die mit kognitiven Prozessen in Verbindung stehen, was die Abgrenzung gegenüber Vorurteilen unterstützt.

Prosoziales Verhalten und Empathie

Welche Auswirkungen kann nun eine verzerrte Wahrnehmung für unser Ausmaß an Empathie bzw. unsere Bereitschaft zu prosozialem Verhalten haben? Hierzu sei vorweggenommen, dass es schwierig ist, prosoziales Verhalten mittels fMRT zu messen. Die Handlungsmöglichkeiten einer Versuchsperson sind hier natürlich stark eingeschränkt – wie soll sie auch im Scanner liegend einer anderen Person helfen? In der Forschung versucht man daher, bestimmte **Komponenten prosozialen Verhaltens** zu erfassen und deren neuronale Korrelate zu bestimmen. Vielleicht erinnern Sie sich noch an die Empathie-Altruismus-Hypothese (Batson, 1991; ▶ Kap. 4): Diese beschreibt Empathie als eine notwendige Voraussetzung für Hilfeleistung. Unabhängig davon, ob man dieser Hypothese nun Glauben schenkt oder nicht, stellt das Konstrukt **Empathie** bereits eine wichtige Komponente von prosozialem Verhalten dar. Entsprechend häufig ist sie in den fMRT-Untersuchungen untersucht worden. Um die neuronalen Befunde hierzu besser verstehen zu können, ist es jedoch notwendig, zunächst einige grundlegende Aspekte zum Thema Empathie zu klären.

Die Unterscheidung zwischen Stereotypen und Vorurteilen wird auch auf neuronaler Ebene getroffen: **Implizite Stereotype** gelten als **kognitive Prozesse** (kortikale Aktivierung) und **implizite Vorurteile** als **evaluativ-affektive Prozesse** (subkortikale Aktivierung).

Quadflieg et al. (2009) konnten zeigen, dass **implizite Stereotype** zu Aktivierung in Gehirnarealen führen, die mit der **Repräsentation von Handlungswissen** sowie mit **Bewertungsprozessen** in Verbindung stehen.

Da sich **prosoziales Verhalten** nur schwer mittels fMRT untersuchen lässt, konzentriert man sich hierbei auf einzelne Aspekte, wie zum Beispiel **Empathie**.

Vereinfacht bedeutet **Empathie** die Fähigkeit, einen **Einblick in die Gefühle und Gedanken anderer Menschen** zu haben. Man unterteilt Empathie häufig in eine kognitive, affektive und motorische Komponente.

Kognitive Empathie meint v. a. die Fähigkeit, die internalen Zustände einer Person zu kennen (ToM). Als **emotionale Empathie** bezeichnet man die Fähigkeit, die Emotionen einer anderen Person nachzuempfinden und **motorische Empathie** bezieht sich auf die automatische Nachahmung der anderen Person (z. B. schmerzverzerrter Gesichtsausdruck).

▶ Definition
Empathie

Affektive (emotionale) Empathie zeigt sich auf neuronaler Ebene häufig in einer Aktivierung des **ACC**, der **AI** und Teilen des **Cerebellums**. Handelt es sich speziell um Empathie gegenüber Mitgliedern der **Eigengruppe**, so ist zusätzlich der **mPFC** aktiviert – und zwar korrelativ zur Höhe des Ingroup-Bias.

Grundlagen zu Empathie

Die Arbeiten im Bereich Empathie sind zum einen wesentlich für den neurowissenschaftlichen Bereich des pro- und antisozialen Verhaltens, zum anderen aber auch für das gesamte Fach Social Neuroscience. Dies liegt vor allem auch daran, dass Empathie per definitionem sehr vielschichtig ist und daher auch ganz unterschiedliche inhaltliche Aspekte bzw. psychologische Funktionen umfasst. Allgemein gesprochen versteht man unter **Empathie** die Fähigkeit, einen **Einblick in die Gefühle und Gedanken anderer Menschen** zu haben, und zwar aufgrund von Beobachtung, eigener Gedächtnisleistung, gesammeltem Wissen und Prozessen des Schlussfolgerns (Ickes, 1997). Man geht davon aus, dass sich Empathie aus verschiedenen Komponenten zusammensetzt. Zwar unterscheiden sich die vielen verschiedenen Auffassungen von Empathie darin, welches diese Komponenten sein sollen; dennoch lässt sich häufig die Einteilung in eine kognitive, affektive und motorische Komponente finden (Blair & Blair, 2009).

Kognitive Empathie meint dabei hauptsächlich, zu wissen, was die andere Person fühlt bzw. was in dieser vorgeht. Es geht also um die internalen Zustände anderer Menschen, was sich mit der Definition zur Theory of Mind deckt, die einen Teilaspekt von Empathie darstellt (s. oben). Unter **emotionaler Empathie** versteht man die Fähigkeit, nachzuempfinden, was der andere fühlt und möglicherweise auch dessen Emotionen zu teilen. Hierunter fallen Begriffe wie Mitgefühl oder Anteilnahme. Schließlich wird mit der **motorischen Empathie** der Aspekt der Nachahmung aufgenommen (vgl. Mimikry, ▶ Abschn. 12.2.2). Vielleicht ist Ihnen schon einmal aufgefallen, dass Babys oft anfangen zu weinen, wenn sie ein anderes Baby schreien hören? Oder Sie haben bei sich selbst gemerkt, dass Ihr Gesicht schmerzverzerrt ist, obwohl Sie nur Ihrem Freund zuhören, der Ihnen haargenau von seiner Knieoperation berichtet? In beiden Fällen werden die eigenen motorischen Antworten an diejenigen des anderen angepasst, was häufig auch als »motor mimicry« bzw. »facial empathy«, wenn es um den Gesichtsausdruck geht, bezeichnet wird (Batson, 2009).

> **Definition**
>
> **Empathie** ist die Fähigkeit, sich in den gefühlsmäßigen und gedanklichen Zustand einer anderen Person einfühlen bzw. diesen verstehen und nachvollziehen zu können. Zugleich besteht aber eine Grenze zur anderen Person, d. h., es kann zwischen eigener und anderer Person unterschieden werden (»detachment«). Empathie setzt sich dabei aus unterschiedlichen Komponenten zusammen: Häufig wird hierbei nach kognitiver, emotionaler und motorischer (mimischer) Empathie unterschieden.

Eingeschränkte Empathie und Prosozialität

Wir wissen, dass das Ausmaß an Empathie stark davon abhängen kann, auf welche Person sich die empathische Antwort bezieht. Dies spiegelt sich auch auf neuronaler Ebene wider. So fanden Mathur, Harada, Lipke und Chiao (2010) ein spezielles Aktivitätsmuster bei Empathie gegenüber Mitgliedern der Eigengruppe. Dieses unterschied sich von dem Aktivitätsmuster, das typischerweise bei Empathie zu beobachten ist (ohne eine Trennung in Eigen- und Fremdgruppe): **Empathie** steht häu-

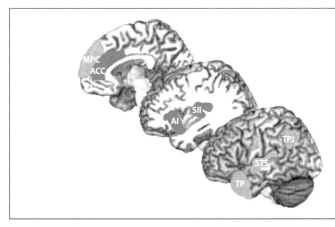

MPC = medialer präfrontaler Kortex
ACC = anteriores Cingulum
AI = anteriore Insula
S II = zweiter somatosensorischer Kortex
TP = Temporallappen
STS = superiorer temporaler Sulcus
TPJ = temporoparietaler Übergang

☐ **Abb. 12.7** Schematischer Überblick der Gehirnregionen, die mit Empathie in Zusammenhang stehen. *Hellblau*: kognitive Empathie der Perspektivenübernahme, *dunkelblau*: affektive Empathie. (Nach Hein & Singer, 2008, mit freundlicher Genehmigung von Elsevier)

fig in Verbindung mit einer Aktivierung des **anterioren cingulären Kortex (ACC), der anterioren Insula (AI) und Teilen des Cerebellums bzw. Kleinhirns** (Jackson, Meltzoff & Decety, 2005; Singer et al., 2004). Diese Regionen werden vorwiegend der affektiven Komponente von Empathie zugeteilt (s. oben). Nun fanden Mathur et al. (2010) jedoch, dass beim Betrachten von Bildern, die Menschen in schmerzvollen Situationen zeigten, zusätzlich noch eine weitere Region aktiv war, wenn es sich speziell um Empathie gegenüber Mitgliedern der Eigengruppe (hier: gleiche ethnische Herkunft) handelte: der mediale präfrontale Kortex (mPFC). Interessant war, dass das Ausmaß der Aktivierung im mPFC in Verbindung zum »Ingroup-Bias« (Ausmaß, in dem die Ingroup gegenüber der Outgroup bevorzugt wird) stand: Je stärker die Aktivität im mPFC war, desto ausgeprägter war auch das Hilfeverhalten gegenüber der Ingroup im Gegensatz zur Outgroup (☐ Abb. 12.7).

Einen weiteren Beleg für personenabhängige Empathie auf neuronaler Ebene liefert die ▶ Studie: Empathie in Abhängigkeit von wahrgenommener Fairness von Singer et al. (2006).

Studie ▮

Empathie in Abhängigkeit von wahrgenommener Fairness

In der Untersuchung von Singer et al. (2006) sollten die Versuchspersonen zunächst eine Version des Gefangenendilemmas spielen (▶ Abschn. 11.2.1). Hierbei konnten die beiden beteiligten Spieler entweder durch Kooperation versuchen, einen möglichst hohen Geldbetrag zu erhalten, oder aber sie verrieten sich gegenseitig, was dann aber auch mit einem geringeren finanziellen Betrag verbunden war. Die Versuchspersonen spielten dabei mit einem Konföderierten, d.h. einem Eingeweihten des Versuchsleiters. Es wurde variiert, ob sich der Konföderierte fair (hohe Angebote) oder unfair (niedrige Angebote) verhielt. Ein Manipulationscheck stellte sicher, dass die Versuchspersonen den geizigen Spieler tatsächlich auch als unfair einstuften bzw. den großzügigen als fair. Nach dem Spiel kam es dann zur eigentlichen fMRT-Messung, bei der untersucht werden sollte, ob es Unterschiede in der empathischen Antwort gegenüber den beiden Konföderierten gab. Gemessen wurde dabei Empathie bei Schmerz, d.h. die empathische Antwort gegenüber einer Person, die einen sensorischen Schmerzreiz erfährt. Dazu wurde sowohl den Versuchspersonen als auch den beiden Konföderierten an der Hand ein elektrischer Reiz (entweder stark oder schwach) zugefügt. Vor jedem Durchgang wurde den Versuchspersonen angezeigt, wem der Schmerz zugefügt wurde: entweder ihr selbst, dem fairen oder dem unfairen Konföderierten.

Die Ergebnisse zeigten, dass die für schmerzbezogene Empathie typischen Areale aktiviert waren (anteriore Insula, ACC), wenn der faire Spieler den elektrischen Impuls erhielt. Diese Aktivierung, und somit die empathische Reaktion, wurde jedoch stark reduziert (nur bei den männlichen Teilnehmern), wenn die Versuchspersonen zusahen, wie dem unfairen Spieler Schmerz zugefügt wurde. Hier kam es stattdessen zu einer Aktivität im Nucleus accumbens, einer Region, die zum Belohnungskreislauf gehört. Interessanterweise war diese Aktivierung begleitet von dem Wunsch, sich an dem unfairen Spielpartner zu rächen, was nach dem Experiment mittels Fragebogen erfasst wurde.

Das Ausmaß an Empathie ist modulierbar. So erhöht wahrgenommene Fairness das empathische Empfinden, und damit die Aktivität in Empathie-spezifischen Arealen, während unfaire Personen als Outgroup-Mitglied betrachtet werden, was die entsprechende neuronale Aktivität reduziert.

Der **Nucleus accumbens** ist ein wichtiger **Bestandteil des Belohnungssystems**. Insofern könnte seine Aktivierung beim Beobachten von als unfair wahrgenommenen Personen, denen Schmerz zugefügt wird (vgl. Beispielstudie), dadurch erklärt werden, dass wir dies als persönliche Genugtuung erleben.

Hein et al. (2010) fanden heraus, dass gezeigtem **Hilfeverhalten** eine Aktivierung der **anterioren Insula** vorausging. Dagegen war dem **Nichthelfen eines Mitgliedes der Fremdgruppe** die Aktivität des **Nucleus accumbens** vorangestellt.

Diese Studie macht deutlich, dass unser Ausmaß an Empathie modulierbar ist und stark davon abhängt, wie wir andere Menschen wahrnehmen bzw. wie wir deren Sozialverhalten bewerten. Wahrgenommene Fairness erhöht also das empathische Empfinden, was sich in einer verstärkten Aktivierung der anterioren Insula sowie des anterioren Cingulums zeigt. Dagegen lehnen wir unfaire Personen ab und ordnen sie einer symbolischen »Outgroup« zu. In diesem Fall reduziert sich die Aktivität in den Empathie-bezogenen Regionen (◩ Abb. 12.8).

An dieser Stelle wird außerdem die Rolle des **Nucleus accumbens** wichtig. Diese Kernstruktur ist ein wichtiger Bestandteil des Belohnungssystems und stark an emotionalen Lernprozessen (z. B. operante Konditionierung), dem Ausdruck von Motivation und Vorlieben sowie bei der Ausbildung und Aufrechterhaltung von Sucht beteiligt. Dies liegt u. a. daran, dass sich im Nucleus accumbens viele Dopamin-D2-Rezeptoren befinden, die bei der synaptischen Übertragung vieler Drogen (Amphetamine, Kokain, Opiate etc.) zentral sind. Grundsätzlich ist die Stimulation von D2-Rezeptoren auch für ein Glücksgefühl verantwortlich. Welche Bedeutung hat die Aktivität im Nucleus accumbens nun in der dargestellten Studie? Die Autoren vermuten, dass wir (zumindest die männlichen Personen!) uns möglicherweise freuen bzw. es als eine Genugtuung oder Belohnung erleben, wenn eine Person, die sich zuvor unfair verhalten hat, in irgendeiner Weise einen Nachteil erfährt.

Wie sich die Empfindung von Empathie auf nachfolgendes Verhalten auswirken kann, zeigt eine Studie von Hein, Silani, Preuschoff, Batson & Singer (2010). Die Autoren untersuchten die neuronalen Korrelate potenziellen Hilfeverhaltens gegenüber der Eigen- und Fremdgruppe. Dabei sahen Fußballfans, wie entweder einem Fan der eigenen oder

◩ Abb. 12.8 Schadenfreude oder Empathie? Darüber entscheidet die wahrgenommene Fairness

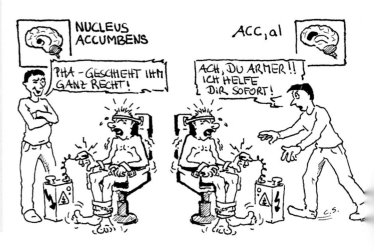

einem Fan einer anderen Mannschaft Schmerz zugefügt wurde. Sie hatten die Möglichkeit, diesem zu helfen, indem sie den Schmerz an dessen Stelle auf sich nahmen (nun wurde ihnen der Schmerzreiz zugefügt). Nicht überraschend war, dass Mitgliedern der Eigengruppe (Fans der Lieblingsmannschaft) häufiger geholfen wurde. Interessant war allerdings, dass dieses **Helfen** mit einer signifikant stärkeren Aktivierung der **anterioren Insula** (Empathieregion) einherging. Dagegen ging dem **Nichthelfen** eines Mitglieds der Fremdgruppe eine Aktivierung im **Nucleus accumbens** voraus (Teil des Belohnungsnetzwerks). Die Befunde bezüglich der Nucleus-accumbens-Aktivierung beider Studien decken sich also und unterstützen die Hypothese, dass wir so etwas wie »**Schadenfreude**« empfinden, wenn wir Mitglieder der Fremdgruppe leiden sehen (Cikara, Bruneau & Saxe, 2011).

Allerdings muss eine Aktivierung des Nucleus accumbens nicht zwangsläufig mit Belohnung im »negativen Sinne« (Schadenfreude, Nichthelfen) verbunden sein. Belohnungszentren können umgekehrt auch aktiviert sein, wenn wir z. B. ein Foto von unserem Partner sehen oder einer Mutter Fotos von ihrem Kind gezeigt werden – also bei partnerschaftlicher und mütterlicher Liebe (Bartels & Zeki, 2004). Gleiches gilt für den Bereich Freundschaft (Güroğlu, van Lieshout, Haselager & Scholte, 2007). Bartels und Zeki (2004) postulieren sogar, dass in diesem Fall Aktivität in Gehirnregionen unterdrückt wird, die mit negativen Emotionen und sozialen Urteilen über die Person in Verbindung stehen. Folglich spiegelt sich die Enge einer Beziehung in einem ganz bestimmten neuronalen Aktivitätsmuster wider. Wir sehen also, dass sich Verhaltensdaten, wie etwa gruppenabhängige Personenwahrnehmung und damit verbundene eingeschränkte Hilfeleistung, auch in den hirnphysiologischen Korrelaten ausdrücken.

> Weitere Befunde zeigen ebenfalls, dass sich personenabhängige Wahrnehmung (bzw. die Art der Beziehung) auf neuronaler Ebene widerspiegelt.

Validität von fMRT-Studien im Bereich Prosozialität

Wie bereits angedeutet, besteht die Schwierigkeit darin, wirkliches Verhalten mittels fMRT zu erfassen. Wir wissen beispielsweise nicht sicher, ob eine Aktivierung in Empathie-bezogenen Arealen tatsächlich auch zu einem Einschreiten in einer konkreten Situation führen würde. Reicht das Empfinden von Empathie bzw. eine Aktivierung in entsprechenden Arealen also aus, um nachfolgendes Hilfeverhalten vorhersagen zu können? Wie Sie bereits aus ▶ Kap. 4 wissen, wird diese Frage auch innerhalb der klassischen Sozialpsychologie nach wie vor stark diskutiert. Laut Batson (1991) ist ein hohes Ausmaß an Empathie hinreichend für späteres Hilfeverhalten (Batson et al., 1991), was zunächst dafür spricht, dass auch eine Aktivierung in Empathie-bezogenen Arealen zu prosozialem Verhalten führen könnte. Aber Hilfeleistung kann beispielsweise auch aufgrund von egoistischen Kosten-Nutzen-Überlegungen (Thibaut & Kelley, 1959) oder evolutionspsychologischen Motiven (Burnstein, Crandall & Kitayama, 1994) erfolgen. In diesem Fall wäre eine Empathie-bezogene Aktivierung der anterioren Insula oder des ACC eher unwahrscheinlich, auch wenn eine Hilfeleistung grundsätzlich möglich wäre. Um diesem Problem wirksam begegnen zu können, sollten Studien daher so konzipiert sein, dass sie auch tatsächliches Hilfeverhalten erfassen. Sie müssen valide sein. Die Entwicklung derartiger Studien steckt allerdings noch in den Kinderschuhen (vgl. obiges Beispiel). Dennoch findet man vereinzelt Beispiele, die mitunter sehr kreativ sind.

> Die **Schwierigkeit bei fMRT-Studien** im Bereich Prosozialität besteht darin, **wirkliches Verhalten im Scanner** zu erfassen. Die Entwicklung entsprechender Studien steht daher noch am Anfang.

Masten et al. (2011) konnten zeigen, dass bei **sozialem Schmerz** neben den typischen Empathie-bezogenen Arealen auch **kognitive Areale** aktiviert sind, die mit Mentalisieren in Verbindung stehen (mPFC, posteriores Cingulum). Möglicherweise wird damit die **kognitive Komponente von Empathie** erfasst. Zudem geht Aktivierung der AI sowie des mPFC nachfolgendem Hilfeverhalten voraus.

So etwa die Studie von Masten, Morelli und Eisenberger (2011), die versuchten, **Empathie bei sozialem Schmerz bzw. sozialem Ausschluss** (nicht wie meist: sensorischem Schmerz) auf neuronaler Ebene zu messen und mit nachfolgendem prosozialen Verhalten in Verbindung zu bringen. Dies ermöglichten sie, indem die Versuchspersonen zunächst den sozialen Ausschluss eines Opfers bei einem Ballspiel beobachteten und anschließend die Möglichkeit hatten, diesem per Schreiben eines Briefes zu »helfen«. Das Ergebnis war zum einen, dass die klassischen Gehirnareale für Empathie zwar aktiviert waren, aber zusätzlich um kognitive Regionen erweitert wurden, die mit Mentalisieren (▶ Abschn. 12.2.2 »Erkennen mentaler bzw. kognitiver Zustände anderer«) in Verbindung stehen (Bereiche des mPFC und der pCC). Das bedeutet, dass mit sozialem Schmerz möglicherweise eher die **kognitive Komponente von Empathie** erfasst wird, was wiederum verdeutlicht, wie vielschichtig dieses Konstrukt ist. Zum anderen konnte gezeigt werden, dass die Aktivität der anterioren Insula (vgl. auch Hein et al., 2010) und des mPFC in direktem Zusammenhang mit nachfolgendem Hilfeverhalten gegenüber dem Opfer stand.

12.3   Abschließende Bemerkungen

Die Befunde im Bereich prosozialen Verhaltens verdeutlichen sehr anschaulich, worin wesentliche Aufgaben der sozialen Neurowissenschaften liegen: einerseits nämlich in der Operationalisierung bestimmter Konstrukte, verbunden mit Fragen nach Reliabilität und Validität; andererseits in der Klärung von aktuellen Forschungsfragen aus der klassischen Sozialpsychologie.

Wesentliche Aufgaben der sozialen Neurowissenschaften sind:
- **Klärung aktueller Forschungsfragen** der klassischen Sozialpsychologie,
- **verbesserte Operationalisierung psychologischer Konstrukte.**

Durch die speziellen Methoden der sozialen Neurowissenschaften können Forschungsfragen zusätzlich auch auf neuronaler Ebene geklärt werden. Dies ermöglicht eine **ergänzende und integrative Forschung aller Teildisziplinen**.

Zukünftige neurowissenschaftliche Forschung sollte also versuchen, neuronale Aktivität mit möglichst verhaltensnahen Daten zu verbinden. Darüber hinaus gilt es, diejenigen Bereiche der klassischen Sozialpsychologie verstärkt herauszugreifen, bei denen man mit der üblichen Methodik »nicht mehr weiterkommt«. Wie eingangs beschrieben, sollte das Ziel der sozialen Neurowissenschaften nicht ausschließlich im sog. »Mapping« bestehen, d.h. in einer Auflistung, welche Gehirnareale bei welchen Aufgaben aktiv sind; vielmehr sollte es auch darum gehen, durch die spezifische Methodik der sozialen Neurowissenschaften eine weitere Herangehensweise zur Klärung von Forschungsfragen zu haben. Nur so können Effekte auf unterschiedlichsten Untersuchungsebenen (verhaltensbezogen, gefühlsmäßig, neuronal, etc.) gezeigt und repliziert werden; Testergebnisse aus verschiedenen Disziplinen können einander ergänzen und vielleicht sogar in eine Theorie integriert werden. Insofern dienen die Methoden der sozialen Neurowissenschaften dazu, ein umfassendes Bild innerhalb der sozialpsychologischen Forschungsthemen zu bekommen. Und getreu dem Motto einer umfassenden Betrachtungsweise haben daher auch wir versucht, Ihnen mit diesem Kapitel einen kleinen Einblick in das sehr große Gebiet »Social Neuroscience« zu geben, um damit auch gleichzeitig darauf hinzuweisen, wie vielschichtig Sozialpsychologie und damit auch die sozialpsychologische Forschung ist.

> **? Kontrollfragen**

1. Was versteht man unter »Social Neuroscience« und welches Ziel verfolgt diese Disziplin?
2. Wie funktioniert die funktionelle Magnetresonanztomografie und was ist das Besondere daran?
3. Was versteht man unter »Theory of Mind« und welche Gehirnareale sind hierbei von Bedeutung?
4. Was ist mit »kortikalen Mittellinienarealen« (CMS) gemeint und welche funktionale Spezialisierung kommt einzelnen Teilbereichen des CMS zu?
5. Inwiefern decken sich klassisch-sozialpsychologische Befunde zum Hilfeverhalten gegenüber Eigen-und Fremdgruppe mit neurowissenschaftlichen Befunden?

Ochsner, K. N. & Lieberman, M. D. (2001). The emergence of social cognitive neuroscience. *American Psychologist, 56,* 717–734.

Saxe, R. & Kanwisher, N. (2003). People thinking about thinking people. The role of the temporo-parietal junction in »theory of mind«. *NeuroImage, 19,* 1835–1842.

Stroman, P. W. (2011). *Essentials of functional MRI.* Broca Raton: CRC Press.

Tankersley, D., Stowe, C. J. & Huettel, S. A. (2007). Altruism is associated with an increased neural response to agency. *Nature Neuroscience, 10,* 150–151.

▶ **Weiterführende Literatur**

Literatur

Adolphs, R., Tranel, D., Damasio, H. & Damasio, A. (1994). Impaired recognition of emotion in facial expressions following bilateral damage to the human amygdala. *Nature, 372,* 669–672.

Amodio, D. M. & Devine, P. G. (2006). Stereotyping and evaluation in implicit race bias: Evidence for independent constructs and unique effects on behavior. *Journal of Personality and Social Psychology, 91,* 652–661.

Amodio, D. M. & Frith, C. D. (2006). Meeting of minds: the medial frontal cortex and social cognition. *Nature Reviews Neuroscience, 7,* 268–277.

Amodio, D. M. & Lieberman, M. D. (2009). Pictures in our heads: Contributions of fMRI to the study of prejudice and stereotypes. In T. Nelson (Ed.), *Handbook of prejudice, stereotyping, and discrimination* (pp. 347–366). New York: Psychology Press.

Bandettini, P. A., Birn, R. M. & Donahue, K. M. (2000). Functional MRI: Background, methodology, limits, and implementation. In J. T. Cacioppo, L. G. Tassinary & G. G. Berntson (Eds.), *Handbook of psychophysiology* (2nd ed., pp. 978–1014). Cambridge: Cambridge University Press.

Bandura, A. (1977). Self-efficacy: Toward a unifying theory of behavioral change. *Psychological Review, 84,* 191–215.

Baron-Cohen, S., Golan, O. & Ashwin, E. (2009). Can emotion recognition be taught to children with autism spectrum conditions? *Philosophical Transactions of the Royal Society B, 364,* 3567–3574.

Bartels, A. & Zeki, S. (2004). The neural correlates of maternal and romantic love. *NeuroImage, 21,* 1155–1166.

Batson, C. D. (1991). *The altruism question: Toward a social-psychological answer.* Hillsdale: Erlbaum.

Batson, C. D. (2009). These things called empathy: Eight related but distinct phenomena. In J. Decety & W. Ickes (Eds.), *The social neuroscience of empathy. Social neuroscience* (pp. 3–15). Cambridge: The MIT Press.

Batson, C. D., Batson, J. G., Slingsby, J. K., Harrell, K. L., Peekna, H. M. & Todd, R. M. (1991). Empathic joy and the empathy-altruism hypothesis. *Journal of Personality and Social Psychology, 61,* 413–426.

Blair, R. J. R. & Blair, K. S. (2009). Empathy, morality, and social convention: Evidence from the study of psychopathy and other psychiatric disorders. In J. Decety & W. Ickes (Eds.), *The social neuroscience of empathy. Social neuroscience* (pp. 139-152). Cambridge: The MIT Press.

Brothers, L. (1990). The social brain: A project for integrating primate behavior and neurophysiology in a new domain. In J. T. Cacioppo, G. G. Berntson, R. Adolphs, C. S. Carter, R. J. Davidson, M. K. McClintock, B. S. McEwen, M. J. Meaney, D. L. Schacter,

E. M. Sternberg, S. S. Suomi & S. E. Taylor (Eds.), *Foundations in social neuroscience* (pp. 367-386). Cambridge: The MIT Press.

Burnstein, E., Crandall, C. & Kitayama, S. (1994). Some neo-Darwinian decision rules for altruism: Weighing cues for inclusive fitness as a function of the biological importance of the decision. *Journal of Personality and Social Psychology, 67,* 773–789.

Cacioppo, J. T. & Berntson, G. G. (2002). Social neuroscience. In J. T. Cacioppo, G. G. Berntson, R. Adolphs, C. S. Carter, R. J. Davidson, M. K. McClintock, B. S. McEwen, M. J. Meaney, D. L. Schacter, E. M. Sternberg, S. S. Suomi, & S. E. Taylor (Eds.), *Foundations in social neuroscience* (pp. 3–10). Cambridge: The MIT Press.

Cacioppo, J. T. & Decety, J. (2011). Social neuroscience: Challenges and opportunities in the study of complex behavior. *Annals of the New York Academy of Sciences, 1224,* 162–173.

Cikara, M., Bruneau, E. G. & Saxe, R. R. (2011). Us and them: Intergroup failures of empathy. *Current Directions in Psychological Science, 20,* 149–153.

Critchley, H. D., Tang, J., Glaser, D., Butterworth, B. & Dolan, R. J. (2005). Anterior cingulated activity during error and autonomic response. *NeuroImage, 27,* 885–895.

Cunningham, W. A., Johnson, M. K., Raye, C. L., Gatenby, J. C., Gore, J. C. & Banaji, M. R. (2004). Separable neural components in the processing of black and white faces. *Psychological Science, 15,* 806–813.

Decety, J. & Keenan, J. P. (2006). Social neuroscience: A new journal. *Social Neuroscience, 1,* 1–4.

Dollard, J., Miller, N. E., Doob, L. W., Mowrer, O. H., & Sears, R. R. (1939). *Frustration and aggression.* New Haven: Yale University Press.

Easton, A. & Emery, N.J. (2005). *The cognitive neuroscience of social behaviour.* Hove: Psychology Press.

Ekman, P. (1992). An argument for basic emotions. *Cognition & Emotion, 6,* 169–200.

Fossati, P., Hevenor, S., Graham, S., Grady, C., Keightley, M. L., Craik, F. & Mayberg, H. (2003). In search of the emotional self: An fMRI study using positive and negative emotional words. *American Journal of Psychiatry, 160,* 1938–1945.

Gallese, V., Keysers, C. & Rizzolatti, G. (2004). A unifying view of the basis of social cognition. *Trends in Cognitive Sciences, 8,* 396–403.

Güroğlu, B., Van Lieshout, C. F. M., Haselager, G. J. T. & Scholte, R. H. J. (2007). Similarity and complementarity of behavioral profiles of friendship types and types of friends: Friendships and psychosocial adjustment. *Journal of Research on Adolescence, 17,* 357–386.

Gusnard, D. A., Akbudak, E., Shulman, G. L. & Raichle, M. E. (2001). Medial prefrontal cortex and self-referential mental activity: Relation to a default mode of brain function. *PNAS, 98,* 4259–4264.

Harmon-Jones, E. & Beer, J. S. (2009). *Methods in social neuroscience.* New York: The Guilford Press.

Heberlein, A. S. & Adolphs, R. (2005). Functional anatomy of human social cognition. In A. Easton & N. J. Emery (Eds.), *The cognitive neuroscience of social behaviour* (pp. 157–194). New York: Psychology Press.

Hein, G. & Singer, T. (2008). I feel how you feel but not always: The empathic brain and its modulation. *Current Opinion in Neurobiology, 18,* 153–158.

Hein, G., Silani, G., Preuschoff, K., Batson, C. D., & Singer, T. (2010). Neural responses to ingroup and outgroup members' suffering predict individual differences in costly helping. *Neuron, 68,* 149–160.

Huettel, S. A, Song, A. W. & McCarthy, G. (2009). *Functional Magnetic Resonance Imaging* (2nd ed.). Sunderland: Sinauer Associates.

Ickes, W. (Ed.) (1997). *Empathic accuracy.* New York: The Guilford Press.

Jackson, P. L., Meltzoff, A. N. & Decety, J. (2005). How do we perceive the pain of others? A window into the neural processes involved in empathy. *NeuroImage, 24,* 771–779.

Johnson, S. C., Baxter, L. C., Wilder, L. S., Pipe, J. G., Heiserman, J. E. & Prigatano, G. P. (2002). Neural correlates of self-reflection. *Brain, 125,* 1808–1814.

Kellermann, T., Stöcker, T. & Shah, N. J. (2008). Methodik der funktionellen Magnetresonanztomografie. In T. Kircher & S. Gauggel (Hrsg.), *Neuropsychologie der Schizophrenie - Symptome, Kognition, Gehirn* (pp. 19-35). Heidelberg: Springer.

Kelley, W. M., Macrae, C. N., Wyland, C. L., Caglar, S., Inati, S. & Heatherton, T. F. (2002). Finding the self? An event-related fMRI study. *Journal of Cognitive Neuroscience, 14,* 785–794.

Leary, M. R. (2007). Motivational and emotional aspects of the self. *Annual Review of Psychology, 58,* 317–344.

Lieberman, M. D. (2007). Social cognitive neuroscience: A review of core processes. *Annual Review of Psychology, 58,* 259–289.

Lorenz, K. (1966). *On aggression.* New York: Harcourt, Brace & World.

Macrae, C. N., Moran, J. M., Heatherton, T. F., Banfield, J. F. & Kelley, W. M. (2004). Medial prefrontal activity predicts memory for self. *Cerebral Cortex, 14,* 647–654.

Masten, C. L., Morelli, S. A. & Eisenberger, N. I. (2011). An fMRI investigation for «social pain« and subsequent prosocial behavior. *NeuroImage, 55,* 381–388.

Mathur, V. A., Harada, T., Lipke, T. & Chiao, J. Y. (2010). Neural basis of extraordinary empathy and altruistic motivation. *NeuroImage, 51,* 1468–1475.

McCarthy, G., Puce, A., Gore, J. C. & Allison, T. (1997). Face-specific processing in the human fusiform gyrus. *Journal of Cognitive Neuroscience, 9,* 605–610.

Mitchell, J. P., Ames, D. L., Jenkins, A. C. & Banaji, M. R. (2009). Neural correlates of stereotype application. *Journal of Cognitive Neuroscience, 21,* 594–604.

Moran, J. M., Macrae, C. N., Heatherton, T. F., Wyland, C. L. & Kelley, W. M. (2006). Neuroanatomical evidence for distinct cognitive and affective components of self. *Journal of Cognitive Neuroscience, 18,* 1586–1594.

Northoff, G. & Bermpohl, F. (2004). Cortical midline structures and the self. *Trends in Cognitive Sciences, 8,* 102–107.

Northoff, G., Heinzel, A., de Greck, M., Bermpohl, F., Dobrowolny, H. & Panksepp, J. (2006). Self-referential processing in our brain – a meta-analysis of imaging studies on the self. *NeuroImage, 31,* 440–457.

Ogawa, S., Lee, T.-M., Kay, A. R. & Tank, D. W. (1990). Brain magnetic resonance imaging with contrast dependent on blood oxygenation. *PNAS, 87,* 9868–9872.

Pessoa, L. (2008). On the relationship between emotion and cognition. *Nature Reviews Neuroscience, 9,* 148–158.

Phelps, E. A., O'Connor, K. J., Cunningham, W. A., Funayama, E. S., Gatenby, J. C., Gore, J. C. & Banaji, M. R. (2000). Performance on indirect measures of race evaluation predicts amygdala activation. *Journal of Cognitive Neuroscience, 12,* 729–738.

Platek, S. M. & Kemp, S. M. (2009). Is family special to the brain? An event-related fMRI study of familiar, familial, and self-face recognition. *Neuropsychologia, 47,* 849–858.

Platek, S. M., Krill, A. R. & Kemp, S. M. (2008). The neural basis of facial resemblance. *Neuroscience Letters, 437,* 76–81.

Premack, D. G. & Woodruff, G. (1978). Does the chimpanzee have a theory of mind? *ehavioral and Brain Sciences, 1,* 515–526.

Quadflieg, S., Turk, D. J., Waiter, G. D., Mitchell, J. P., Jenkins, A. C. & Macrae, C. N. (2009). Exploring the neural correlates of social stereotyping. *Journal of Cognitive Neuroscience, 21,* 1560–1570.

Sanfey, A. G., Rilling, J. K., Aronson, J. A., Nystrom, L. E. & Cohen, J. D. (2003). The neural basis of economic decision-making in the ultimatum game. *Science, 300,* 1755–1758.

Singer, T., Seymour, B., O'Doherty, J., Kaube, H., Dolan, R. J. & Frith, C. D. (2004). Empathy for pain involves the affective but not sensory components of pain. *Science, 303,* 1157–1162.

Singer, T., Seymour, B., O'Doherty, J., Stephan, K. E., Dolan, R. J. & Frith, C. D. (2006). Empathic neural responses are modulated by the perceived fairness of others. *Nature, 439,* 466–469.

Thibaut, J. W. & Kelley, H. H. (1959). *The social psychology of groups.* Oxford: John Wiley.

Tooby, J. & Cosmides, L. (1990). The past explains the present: Emotional adaptations and the structure of ancestral environments. *Ethology and Sociobiology, 11,* 375–424.

van Overwalle, F. (2009). Social cognition and the brain: A meta-analysis. *Human Brain Mapping, 30,* 829–858.

Vogeley, K., Bussfeld, P., Newen, A., Herrmann, S., Happe, F., Falkai, P., Maier, W., Shah, N. J., Fink, G. R. & Zilles, K. (2001). Mind reading: Neural mechanisms of theory of mind and self-perspective. *NeuroImage 14,* 170–181.

Vuilleumier, P., Armony, J. L., Driver, J. & Dolan, R. J. (2001). Effects of attention and emotion on face processing in the human brain: An event-related fMRI study. *Neuron, 30,* 829–841.

Wimmer, H. & Perner, J. (1983). Beliefs about beliefs: Representation and constraining function of wrong beliefs in young children's understanding of deception. *Cognition, 13,* 103–128.

Stichwortverzeichnis

Printed by Printforce, the Netherlands